Zum Rechtsschutz gegen Fluglärm

Europäische Hochschulschriften
Publications Universitaires Européennes
European University Studies

Reihe II
Rechtswissenschaft

Série II Series II
Droit
Law

Bd./Vol. 4046

PETER LANG
Frankfurt am Main · Berlin · Bern · Bruxelles · New York · Oxford · Wien

Christoph Alber

Zum Rechtsschutz gegen Fluglärm

Insbesondere gegen die Festlegung so genannter Flugrouten

PETER LANG
Europäischer Verlag der Wissenschaften

Bibliografische Information Der Deutschen Bibliothek
Die Deutsche Bibliothek verzeichnet diese Publikation in der Deutschen Nationalbibliografie; detaillierte bibliografische Daten sind im Internet über <http://dnb.ddb.de> abrufbar.

Zugl.: Freiburg (Breisgau), Univ., Diss., 2003

D 25
ISSN 0531-7312
ISBN 3-631-53172-9

www.peterlang.de

Meiner Familie

und Birgit

Strebe nach Ruhe,
aber durch Gleichgewicht,
nicht durch den Stillstand
deiner Tätigkeit!

(F. v. Schiller)

Vorwort

Die in dieser Arbeit behandelte Fluglärmproblematik stellt eine sehr aktuelle, komplexe und einer äußerst dynamischen Entwicklung unterworfene Materie dar, die auch weiterhin sowohl die Betreiber von Flugverkehr als auch die Behörden, Fachstellen und Gerichte sowie die von den Auswirkungen betroffenen Bevölkerungsgruppen bewegen wird. Nach Einarbeitung in die Thematik hatte ich Gelegenheit, durch den Wechsel meiner Arbeitsstelle an das Landratsamt Schwarzwald-Baar-Kreis im Dezember 2002 und die dortige Beschäftigung mit der Problematik um den Flughafen Zürich den praktischen Umgang mit den vielschichtigen Interessenkonflikten zwischen den Beteiligten kennen zu lernen.

Die Arbeit wurde im Wintersemester 2003/2004 von der Albert-Ludwigs-Universität Freiburg i.Br. als Dissertation angenommen. Sie wurde anschließend noch geringfügig ergänzt und aktualisiert, so dass Gesetzgebung, Literatur und Rechtsprechung bis März 2004 berücksichtigt werden konnten.

Herzlich danken möchte ich Herrn Prof. Dr. Thomas Würtenberger für seine Bereitschaft, mich als Doktorand zu betreuen sowie für die Erstbegutachtung meiner Arbeit. Dank schulde ich auch Herrn Prof. Dr. Reinhard Sparwasser für die Erstellung des Zweitgutachtens. Ihm sowie den Herren Rechtsanwälten Dr. Richard Pfaff und Dr. Torsten Heilshorn danke ich außerdem für instruktive Fachgespräche zu Beginn und im Verlauf der Erstellung der Arbeit. Mein weiterer Dank gilt Herrn Frank Lindenmayer, Frau Gabriele Zaki und Frau Judith Schmitz von der Deutschen Flugsicherung GmbH, die mir einen Einblick in die Praxis der Flugverfahrensplanung gewährt haben. Herrn Landrat Karl Heim danke ich für die praktischen Erfahrungen, die ich bei meiner Tätigkeit im Landratsamt in Sachen Fluglärm sammeln konnte.

Mein persönlicher Dank gilt schließlich meinen Eltern Helmut und Renate Alber, die mich bei meinem beruflichen Werdegang maßgeblich unterstützt und mir diesen letztlich ermöglicht haben, sowie Birgit Vogels für die gewissenhafte Korrekturlektüre sowie für ihre wertvolle EDV-technische Unterstützung.

Villingen-Schwenningen, im April 2004 — Christoph Alber

Inhaltsverzeichnis

Abkürzungsverzeichnis

a.A.	anderer Ansicht
a.a.O.	am angegebenen Ort
ABl.	Amtsblatt
Abs.	Absatz
Abschn.	Abschnitt
a.E.	am Ende
AEG	Allgemeines Eisenbahngesetz
a.F.	alte Fassung
allg.	allgemein(-e, -er)
Alt.	Alternative
Anh.	Anhang
Anm.	Anmerkung
AÖR	Archiv des öffentlichen Rechts (Zeitschrift, zit. nach Bänden u. Jahrgang)
Art.	Artikel
Aufl.	Auflage
BAG	Bundesarbeitsgericht
BAnz.	Bundesanzeiger
BauGB	Baugesetzbuch
BauNVO	Baunutzungsverordnung
BauR	Baurecht (Zeitschrift)
Bay.	Bayerisch
BayVBl.	Bayerische Verwaltungsblätter (Zeitschrift)
BAZL	Bundesamt für Zivilluftfahrt, Bern
BBauG	Bundesbaugesetz
Bd.	Band
BGB	Bürgerliches Gesetzbuch
BGBl. I	Bundesgesetzblatt, Teil 1
BGH	Bundesgerichtshof
BGHZ	Entscheidungen des BGH in Zivilsachen (Amtl. Sammlung)
BImSchG	Bundesimmissionsschutzgesetz
BImSchV	Verordnung zur Durchführung des BImSchG
BMI	Bundesministerium des Innern
BMU	Bundesministerium für Umwelt, Naturschutz und Reaktorsicherheit
BMVBW	Bundesministerium für Verkehr, Bau und Wohnungswesen
BMVg	Bundesministerium der Verteidigung

BNatSchG	Bundesnaturschutzgesetz
BR	Bundesrat
BR-Drs.	Bundesratsdrucksache
BReg.	Bundesregierung
BSG	Bundessozialgericht
bspw.	beispielsweise
BT	Bundestag
BT-Drs.	Bundestagsdrucksache
Buchholz	Sammel- und Nachschlagewerk der Rechtsprechung des BVerwG (zit. mit Gliederungsziffer, §, Entsch.-Nr.)
BVerfG	Bundesverfassungsgericht
BVerfGE	Entscheidungen des BVerfG (Amtl. Sammlung)
BVerwG	Bundesverwaltungsgericht
BVerwGE	Entscheidungen des BVerwG (Amtl. Sammlung)
BW	Baden-Württemberg
BWGZ	Die Gemeinde (Zeitschrift)
BWVP	Baden-Württembergische Verwaltungspraxis (Zeitschrift)
bzgl.	bezüglich
bzw.	beziehungsweise
d.h.	das heißt
dB(A)	Dezibel (A-bewertet)
ders.	derselbe
DIN	Deutsches Institut für Normung
DÖV	Die Öffentliche Verwaltung (Zeitschrift)
dt.	deutsch
DVBl.	Deutsches Verwaltungsblatt (Zeitschrift)
DVO	Durchführungsverordnung
E	Entscheidungssammlung
ECAC	European Civil Aviation Conference
EG	Europäische Gemeinschaften
EG	Vertrag zur Gründung der Europäischen Gemeinschaft (neue Fassung)
EGMR	Europäischer Gerichtshof für Menschenrechte
EGV	Vertrag zur Gründung der Europäischen Gemeinschaft (alte Fassung)
EMRK	Europäische Menschenrechtskonvention

ESVGH	Entscheidungen des Hessischen Verwaltungsgerichtshofs und des Verwaltungsgerichtshofs Baden-Württemberg
EU	Europäische Union
EuGH	Gerichtshof der Europäischen Gemeinschaft
EuGRZ	Europäische Grundrechte-Zeitschrift
EWG	Europäische Wirtschaftsgemeinschaft
F.	Fassung
f.	und folgende Seite
ff.	und fortfolgende Seiten
FlugLG	Gesetz zum Schutz gegen Fluglärm
Fn.	Fußnote
FStrG	Fernstraßengesetz
G	Gesetz
GBl.	Gesetzblatt
GewArch	Gewerbearchiv
GG	Grundgesetz
ggf.	gegebenenfalls
GMBl.	Gemeinsames Ministerialblatt
GS	Gesetzessammlung
GVBl.	Gesetz- und Verordnungsblatt
ha	Hektar
Hbg.	Hamburg
h.M.	herrschende Meinung
Hdb.	Handbuch
HdStR	Handbuch des Staatsrechts (s. Literaturverzeichnis)
Hess.	Hessisch
Hrsg.	Herausgeber
Hs.	Halbsatz
ICAO	Internationale Zivilluftfahrt-Organisation
i.d.F.	in der Fassung
i.e.S.	im engeren Sinne
IFR	Instrument Flight Rules
i.S.(d.)	im Sinne (des)
i.Ü.	im Übrigen
i.V.m.	in Verbindung mit
i.w.S.	im weiteren Sinne

JA	Juristische Arbeitsblätter
JuS	Juristische Schulung (Zeitschrift)
JZ	Juristenzeitung (Zeitschrift)
KOM	Dokument der Kommission der Europäischen Gemeinschaften
LAI	Länderausschuss für Immissionsschutz
LBA	Luftfahrtbundesamt
LfU	Landesanstalt für Umweltschutz
lit.	Littera (Buchstabe)
LKV	Landes- und Kommunalverwaltung (Zeitschrift)
LS	Leitsatz
LT-Drs.	Landtagsdrucksache
LuftVG	Luftverkehrsgesetz
LuftVO	Luftverkehrsordnung
LuftVZO	Luftverkehrszulassungsordnung
M.	Meinung
m.w.N.	mit weiteren Nachweisen
MDR	Monatsschrift für Deutsches Recht (Zeitschrift)
MV	Mecklenburg-Vorpommern
Nds.	Niedersachsen
n.F.	neue Fassung
NJW	Neue Juristische Wochenschrift (Zeitschrift)
NuR	Natur und Recht (Zeitschrift)
NVwZ	Neue Zeitschrift für Verwaltungsrecht
NVwZ-RR	NVwZ-Rechtsprechungs-Report
NW	Nordrhein-Westfalen
NZV	Neue Zeitschrift für Verkehrsrecht
OVG	Oberverwaltungsgericht
RGBl.	Reichsgesetzblatt
RegE	Regierungsentwurf
resp.	respektive
Rh.-Pf.	Rheinland-Pfalz
RL	Richtlinie
Rn.	Randnummer
ROG	Raumordnungsgesetz des Bundes
Rs.	Rechtssache

Rspr.	Rechtsprechung
S.	Seite, Satz
s.	siehe
Schl.-Holst.	Schleswig-Holstein
SGG	Sozialgerichtsgesetz
Slg.	Sammlung
s.o.	siehe oben
sog.	so genannte(r)
SRU	Sachverständigenrat für Umweltfragen
st.	ständig(e)
str.	streitig
s.u.	siehe unten
TA Lärm	Technische Anleitung zum Schutz gegen Lärm
TA Luft	Technische Anleitung zur Reinhaltung der Luft
Tz.	Textziffer
u.a.	und anderes / unter anderem
u.ä.	und ähnliche(s)
UBA	Umweltbundesamt
UPR	Umwelt- und Planungsrecht (Zeitschrift)
u.U.	unter Umständen
UVPG	Gesetz über die Umweltverträglichkeitsprüfung
V, VO	Verordnung
VBlBW	Verwaltungsblätter für Baden-Württemberg (Zeitschrift)
VDI	Verein deutscher Ingenieure
VerwArch	Verwaltungsarchiv (zit. nach Bänden u. Jahrgang)
VerwRspr.	Verwaltungsrechtsprechung in Deutschland (Entscheidungssammlung)
VFR	Visual Flight Rules
VG	Verwaltungsgericht
VGH	Verwaltungsgerichtshof
vgl.	vergleiche
VkBl.	Verkehrsblatt
VR	Verwaltungsrundschau
VRS	Verkehrsrechtssammlung
VVDStRL	Veröffentlichungen der Vereinigung der Deutschen Staatsrechtslehrer
VwGO	Verwaltungsgerichtsordnung

VwVfG	Verwaltungsverfahrensgesetz
WaStrG	Wasserstraßengesetz
ZfL	Zeitschrift für Lärmbekämpfung (zit. nach Bänden u. Jahrgang)
zit.	zitiert
ZLW	Zeitschrift für Luftrecht und Weltraumfragen
ZPO	Zivilprozessordnung
ZUR	Zeitschrift für Umweltrecht

A. I. Einleitung und Problemabriss

1.) Die Fluglärm-Problematik

a) Aktuelle Belastungen der Bevölkerung durch Luftverkehrslärm

Die Lärmbelastung durch Flugverkehr wird von den betroffenen Bevölkerungsteilen in jüngerer Zeit zunehmend als Problem empfunden, welches einer dringlichen Lösung bedarf. Empirisch ist die Beeinträchtigung durch Verkehrslärm seit langem die allen Umfragen zufolge von der Bevölkerung meist genannte und am stärksten als belastend wahrgenommene und empfundene Erscheinungsform von schädlichen Umwelteinwirkungen i.S.v. § 3 BImSchG, deutlich vor den Beeinträchtigungen durch Industrie-, Gewerbe- oder Freizeitlärm[1]. Verkehrslärm – und damit auch Fluglärm – stellt sich dabei als eine Problematik mit rechtlicher, sozialer und sozial-medizinischer Dimension dar[2].

Nach Schätzung der EG-Kommission ist ein Fünftel der Bevölkerung der EU-Mitgliedstaaten tagsüber erheblichen Lärmbelastungen – 65 dB(A) oder mehr – ausgesetzt[3]. Nach dem Straßenverkehr ist der Luftverkehr die bedeutendste Lärmquelle[4]. Repräsentativen Umfragen zufolge fühlten sich 1994 in der gesamten BRD 68 % der Befragten von Straßenverkehrslärm, 43 % von Fluglärm, 22 % von Schienenverkehrslärm, 21 % von Industrie-/Gewerbelärm und 21 % von Nachbarschaftslärm betroffen[5]. Beim Flugverkehr, der zweitbedeutendsten

---

1 vgl. Sachverständigenrat für Umweltfragen (SRU), Zur Umsetzung einer dauerhaft-umweltgerechten Entwicklung, Umweltgutachten 1996, BT-Drs. 13/4108, S. 195; Schulze-Fielitz, DÖV 2001, 181; Hansmann, NuR 1997, 53.

2 vgl. Berkemann, ZUR 2002, 202.

3 Grünbuch der Europäischen Kommission: Künftige Lärmschutzpolitik, KOM (96) 540 endg., S. 4.

4 Umweltbundesamt (UBA), Daten zur Umwelt 2000/2001, 321; SRU, Sondergutachten „Umwelt und Gesundheit", BT-Drs. 14/2300, 163.

5 s. Belästigung der Bevölkerung durch Lärm, Ergebnisse repräsentativer Bevölkerungsumfragen zum Umweltbereich Lärm, Umweltbundesamt, Berlin 1994; s. auch Länderausschuss für Immissionsschutz (LAI), Leitlinie zur Beurteilung von Fluglärm durch die Immissionsschutzbehörden in der am 14.05.1997 beschlossenen Fassung, Abschnitt B.; vgl. außerdem Ortscheid/Wende, Studie „Fluglärmwirkungen" (2000), herausgegeben vom UBA (Stand: 14.08.2001), www.umweltbundesamt.de/uba-info-daten/daten/fluglaerm/4.htm; Bender/Sparwasser/Engel, UmweltR, Kap. 8 Rn. 27; nach dem Sondergutachten Umwelt und Gesundheit des SRU (1999), Tz. 84, fühlen sich sogar etwa 70 % der Deutschen durch Straßenverkehrslärm und 50 % durch Flugzeuge belästigt, s. www.umweltrat.de/son99kf.htm.

Lärmquelle, zeigt die Erhebungsstatistik einen leichten Anstieg der Zahl der Belästigten. Dieser Anteil hat seit 1984 im Durchschnitt pro Jahr um rund 3 % zugenommen. Der Zuwachs resultiert zum einen aus dem Anwachsen von einem Prozent bei den stark Lärmbelästigten, zum anderen aus einem Anstieg von 2 % bei den weniger stark Belästigten. Der Fluglärm wird insgesamt von der Bevölkerung zunehmend als störend empfunden[6].

Nach einer neueren Studie des Umweltbundesamts sind in Deutschland 18 Millionen Menschen vom Fluglärm betroffen. Die Zahl der Flugbewegungen hat zwischen 1993 und 2000 um fast 40 Prozent zugenommen, von 1987 bis 1997 hat sich der Flugverkehr verdoppelt[7]. Die Luftverkehrsbranche wächst, ebenso wie die damit zusammenhängenden Industriezweige (Luftfahrtindustrie, Fremdenverkehr), rascher als die Wirtschaft der Europäischen Union im Durchschnitt. Der Personenflugverkehr hat im Gebiet der Europäischen Union seit 1960 um fast 9 % jährlich zugenommen, d.h. 2,4 mal so schnell wie das durchschnittliche Bruttoinlandsprodukt[8].

b) Prognosen zur künftigen Entwicklung des Luftverkehrs

Auch für die Zukunft bestätigen die Prognosen diesen Trend. So wird sich in den nächsten Jahren auf den Flughäfen in Baden-Württemberg[9] das Passagieraufkommen nach Schätzungen des Verkehrsministeriums Stuttgart, die auf einer von der Landesregierung bestellten wissenschaftlichen Studie basieren, von 12,3 Millionen im Jahr 2000 auf voraussichtlich 21,7 Millionen im Jahr 2015 um 76 Prozent erhöhen[10]. Ohne wirksame Lösungsansätze wird sich die Fluglärmpro-

---

6 LAI, Leitlinie zur Beurteilung von Fluglärm durch die Immissionsschutzbehörden v. 14.05.1997, Abschnitt B.

7 vgl. Koch, NVwZ 2000, 490 ff. m.w.N. sowie die Angaben der Dt. Flugsicherung GmbH (DFS) in: Dt. Arbeitsring für Lärmbekämpfung e.V. (DAL), Interdisziplinäre Konferenz Fluglärm, S. 92: Hiernach hat sich das Flugverkehrsaufkommen in Deutschland von 1993 bis 2000 von 1.872.623 auf 2.583.610 Flugbewegungen (IFR Movements) erhöht.

8 vgl. Sonderbericht des Intergovernmental Panel on Climate Change (IPCC) über Luftfahrt und die globale Atmosphäre („Aviation and the Global Atmosphere"), Cambridge University Press, 1999, Zusammenfassung für die politischen Entscheidungsträger, www.ipcc.ch.

9 Gemeint sind damit die Flughafenregionen Stuttgart, Friedrichshafen, Baden-Airport (Karlsruhe/Baden-Baden) und Mannheim-City.

10 s. Staatsanzeiger für BW v. 03.09.2001, „Erste Engpässe schon jetzt vorhanden", u. v. 25.03.2002, „SPD will Neukonzeption für den Luftverkehr", sowie den Statistischen

Jahresbericht 2001 der Flughafen Stuttgart GmbH, www.flughafen-stuttgart.de/unternehmen/jahresbericht/jahresbericht.html: allein auf dem Stuttgarter Flughafen werden die Fluggastzahlen Prognosen zufolge von acht Millionen (2002) auf 13,6 Millionen im Jahr 2015 steigen; der Luftfrachtverkehr soll im gleichen Zeitraum bundesweit um sechs Prozent wachsen, in Stuttgart werden 160.000 Tonnen Luftfracht erwartet, s. Staatsanzeiger BW v. 25.03.2002, a.a.O.; s. auch Reed Business Information, Sept. 1999, S.11, wonach für die nächsten Jahre im internationalen Luftverkehr ein durchschnittliches Wachstum von über 3,5 % erwartet wird. Dass auf dem Stuttgarter Flughafen im Jahr 2001 die Fluggastzahlen nicht um vier bis fünf Prozent gewachsen sind – wie es vorausgesagt war –, sondern sich ein Minus von 6,1 Prozent auf rund 7,6 Mio. Passagiere ergab (die Flugbewegungen verringerten sich um 2,4 Prozent auf rd. 147.000 Starts und Landungen, der Luftfrachtgüterumschlag sank gegenüber dem Vorjahr um rd. 12.000 (minus 14,9 Prozent) auf 69.000 Tonnen, die Luftpost um 9,6 Prozent auf rd. 16.000 Tonnen), stellt eine Auswirkung der Terroranschläge vom 11.09.2001 in den USA dar und lässt auf keine Trendwende hinsichtlich des allgemein weiter wachsenden Flugverkehrs schließen, vgl. hierzu auch Mechel, DVBl. 2002, 1459 sowie Staatsanzeiger BW v. 25.03.2002, a.a.O., außerdem die Stellungnahme des Ministeriums für Umwelt und Verkehr Baden-Württemberg zur Luftverkehrskonzeption des Landes, LT-Drs. 13/1505. Nach Schätzung der Flughafen Stuttgart GmbH wird sich das Luftverkehrsaufkommen weltweit bis 2020 verdreifachen, s. Staatsanzeiger BW v. 30.12.2002, „Im Jahr 2002 eine „schwarze Null“.
Am Flughafen Frankfurt/Main – dem zweitgrößten Flughafen in Europa sowie dem Siebtgrößten der Welt (s. z.B. die Darstellung bei Pfaff/Heilshorn, BWGZ 2002, 514, 516) – wird bis zum Jahr 2015 eine Erhöhung der Passagierzahlen von 49,369 Mio. im Jahr 2000 (2001: 48.569 Mio.) auf 81 Mio. prognostiziert, die zivilen Flugbewegungen sollen im selben Zeitraum von 458.731 (2001: 456.452) auf 656.000 wachsen, www.fraport.de/online/unternehmen/de/jsp/unt_datenfakten_verkehrszahlen.jsp.
Der Flughafen München zählte im Jahr 2001 23,6 Mio. Fluggäste und 321.700 Flugbewegungen. Zehn Jahre zuvor lagen diese Zahlen noch bei 10,8 Mio. Passagieren bzw. 183.900 Flugbewegungen, www.munich-airport.de/unternehmen/zahlen/luftverkehr/verk_flugbew.html. Am Düsseldorfer Flughafen wuchs die Zahl der Fluggäste zwischen 1994 und 2000 von 14 auf 16,03 Millionen (2001: 15,40 Mio.), die der Flugbewegungen von 175.526 auf 194.016 (2001: 193.514), www.duesseldorf-airport.de/d/idex.php?type=ueberschrift&path=07_unternehmen.
In Zürich liegt das durchschnittliche Wachstum der Passagierzahlen seit 1990 bei 2,4 Prozent pro Jahr, das der Flugbewegungen bei 1,6 Prozent. In 2001 betrug die Zahl der Starts und Landungen 309.250. Aufgrund der Ereignisse des 11. September sowie wegen des Swissair-Grounding sank die Zahl der Passagiere gegenüber dem Vorjahr um 7,4 Prozent auf ca. 21 Millionen, die Zahl der Starts und Landungen ging um fünf Prozent zurück, s. www.uniqueairport.com/partner/8unique/fact01sd.htm sowie Tagesanzeiger v. 21.01.2002, „309.250 Starts und Landungen“ (www.tagesanzeiger.ch; zur Entwicklung im Jahr 2002 s.u. Fn 292). Im Jahr zuvor hatte Zürich-Kloten hingegen ein Wachstum bei den Flugbewegungen um 6,3 Prozent auf 325.622 Starts und Landungen verzeichnet, 1999 lag der Zuwachs bei 6,4 Prozent. Gegenüber dem Jahr 1990 (221.000 Flugzeuge) hatten die Bewegungen zehn Jahre später um 47 Prozent oder 4,7 Prozent jährlich zugenommen. Die Passagierzahlen stiegen im Jahr 2000 um 8,4 Prozent, die Erträge aus dem Fluggeschäft – im Wesentlichen die Lande- und Passagiergebühren –

blematik mittelfristig also noch erheblich verschärfen. Diese Entwicklung ist europaweit zu verzeichnen[11], denn alle verfügbaren Prognosen lassen europaweit ein Wachstum des Verkehrsaufkommens erkennen; wirtschaftliches Wachstum als eine zentrale Bedingung für die Schaffung von Arbeitsplätzen und für die Mehrung des Wohlstands einer Volkswirtschaft scheint unlösbar mit einem Wachstum von Mobilität und Güterverkehr zu Lande, zu Wasser und in der Luft verbunden zu sein[12]. Mit dem Wachstum insbesondere des Auto- und

---

erhöhten sich um 7,3 Prozent auf 251 Mio. Franken. Insgesamt 22,6 Mio. Passagiere, davon 20,5 Mio. im Linienverkehr (plus 8,9 Prozent) und 2,1 Mio. Reisende im Charterverkehr (plus 3,9 Prozent) wurden in 2000 gezählt. Nur die Kleinfliegerei nahm um 4,7 Prozent auf 48.000 Passagiere ab. Im Frachtzentrum wurden rd. 545.000 Tonnen Güter abgefertigt (10,2 Prozent mehr als 1999), die spedierte Luftpost stieg um 4,8 Prozent auf rd. 23.000 Tonnen.

Bei einem weiterhin unabgeschwächten Wachstum würden die für 2010 prognostizierten 420.000 Flugbewegungen schon im Jahr 2005 erreicht und beliefen sich in 2010 hochgerechnet auf 530.000 Starts und Landungen, vgl. Bieri, „Wieder mehr Flüge", Tagesanzeiger v. 03.03.2001.

11 Die Unique Zurich Airport hat eine Studie erstellen lassen, wonach bei einer Einführung von Parallelanflügen auf Zürich-Kloten 1530 startende und landende Flugzeuge zwischen 6 und 23 Uhr durchgeschleust werden könnten. Dies wären eineinhalb mal so viele wie beim Tagesrekord vom 02.07.1999 mit 1009 Starts und Landungen. Die für 2010 prognostizierte Zahl von 420.000 Flugbewegungen pro Jahr könnte so technisch deutlich übertroffen werden. Vor der kantonalen Volksabstimmung über die fünfte Ausbauetappe 1995 hatte der Kanton für 2010 noch mit 259.000 Bewegungen gerechnet. Auch der Flughafen Zürich erkennt dabei aber, dass der Entwicklung des Flughafens durch den engen Schweizer Luftraum, die Anzahl Flugzeugplätze (max. 52 Fingerdockgates und 35 Standplätze), die „hohe Regulierungsdichte" und durch „politische Unwägbarkeiten" Grenzen gesetzt werden, vgl. Haas, „Brisanter Südanflug auf die Börse", Tagesanzeiger v. 27.10.2000.

12 So waren Ende 2000 über 20.000 Menschen am Münchener Flughafen beschäftigt, knapp 3000 mehr als 1997. Über 1,2 Milliarden Mark wurden dort im Jahr 2000 an Löhnen und Gehältern ausbezahlt. Die Beschäftigtenzahl könnte Prognosen zufolge bis 2010 auf 40.000 wachsen, www.munich-airport.de/unternehmen/zahlen/wirtschaftsfaktor/index.html.

Die volkswirtschaftliche Bedeutung des Flughafens Zürich-Kloten wird mit einer Wertschöpfung von neun Milliarden Franken sowie ca. 93.000 Arbeitsplätzen beziffert, s. Schmid, „Eingriff ins Eigentum", Tagesanzeiger v. 17.08.2001; der Umsatz der Flughafengesellschaft und ihrer 1406 Mitarbeiter lag 2001 bei 538 Mio. sFr., www.uniqueairport.com/partner/8unique/fact01sd.htm; vgl. auch den Hinweis der Koalitionsfraktionen auf die herausragende Bedeutung des Standortfaktors Flughafen für die deutsche Wirtschaft in BT-Drs. 13/11140 v. 23.06.1998 sowie die Rede des Parl. Staatssekretärs des Bundesministeriums für Verkehr, Bau- u. Wohnungswesen, L. Ibrügger, „Ausbau der Infrastruktur im Luftverkehr" beim Dt. Verkehrsforum am 28.10.1999 in Berlin (www.bmvbw.de), wonach über 700.000 Arbeitsplätze direkt und indirekt mit dem Luftverkehr als dem schnellsten wachsenden Verkehrssektor verbunden seien. Binnen 15 Jahren werde die Verdoppelung der Fluggastzahlen in Europa erwartet, global bereits in zehn Jahren. Weltweit mehr als 3 Miard. Fluggäste würden im

des Flugverkehrs wächst entsprechend auch europaweit das Ausmaß der mit Verkehr verbundenen Immissionen, namentlich der Verkehrslärmimmissionen[13]. Die umfangreichen neuen Angebote der sog. Billigfluglinien, mit denen noch bis vor wenigen Jahren kaum zu rechnen war, könnten noch zu einer weiteren Dynamisierung dieser Entwicklung führen. Durch die durch diese neuen Angebote beschleunigte „Demokratisierung der Luft" wird der im Straßenverkehr schon lange bekannte Trend hin zum Individualverkehr auch in den Luftverkehr übergeleitet. Gleichzeitig ist in der Bevölkerung insgesamt eine Steigerung der Sensibilität gegenüber Lärmbelastungen zu beobachten[14]. Dass in diesem Spannungsfeld die Lösung von Lärmkonflikten künftig nicht einfacher wird, liegt auf der Hand.

c) Veränderung der Belastungssituation: leisere Triebwerke, aber mehr Flugbewegungen

Zwar haben technische Entwicklungen wie erheblich leisere Flugzeugtriebwerke, verbesserte Flugleitmaßnahmen sowie ein erheblich verminderter Militärflugverkehr die Belastung der Bevölkerung durch Fluglärm scheinbar gesenkt. Aufgrund der Fortschritte im Triebwerksbau ist die emittierte Gesamtlärmmenge des Luftverkehrs erheblich hinter den früher angenommenen Mengen zurückgeblieben; dadurch ist bislang die Zunahme der Flugbewegungen in Bezug auf die Gesamtlärmmenge überkompensiert worden. Das zeigen Vergleiche der Take-off-Noise-Areas alter und neuer Flugzeugmuster, aber vor allem die zahlreichen Nachberechnungen von Lärmschutzzonen: Am Flughafen Düsseldorf etwa umschloss die Kurve Leq = 67 dB(A)[15] im Jahre 1978 eine Fläche von 32,78 km² bei 54.420 Flugbewegungen, im Jahre 1991 nur noch 13,35 km² bei 85.650 Flugbewegungen. Der Bereich Leq(4) > 75 dB(A), also die Schutz-

---

Jahr 2010 das Luftverkehrssystem in Anspruch nehmen; die Bedeutung des Stuttgarter Flughafens als Voraussetzung für Wirtschaftswachstum und Wohlstand in Baden-Württemberg betonte auch Finanzminister G. Stratthaus, s. Staatsanzeiger BW v. 15.07.2002, „Flughafenprivatisierung derzeit kein Thema".

13 Schulze-Fielitz, DÖV 2001, 181; s. auch Schulte/Schröder, DVBl. 2000, 1090 f.

14 vgl. LAI, Leitlinie zur Beurteilung von Fluglärm durch die Immissionsschutzbehörden v. 14.05.1997, Abschnitt B.

15 s. hierzu näher unten, A. II. 2. b) und Fn. 141.

zone 1 des Fluglärmgesetzes, beschränkt sich bei dem heutigen Flugbetrieb großer Flughäfen im Wesentlichen auf die Start- und Landebahnen[16].

Das Problem hat sich allerdings deutlich verschoben: Die Zeit/Pegel-Struktur des Fluglärms stellt sich heute gänzlich anders dar, die Einzelschallereignisse sind erheblich leiser, aber wesentlich zahlreicher geworden und rufen deutlich heftigere Belästigungsreaktionen in der betroffenen Bevölkerung hervor[17]. Untersuchungen haben ergeben, dass sich die Bevölkerung mit steigender Bewegungszahl immer stärker belästigt fühlt, obwohl die Dauerschallpegel aufgrund technischer Fortschritte gesunken sind[18]. Die starke Zunahme der Flugbewegungen sowie häufigere Flüge in der Nacht und zu den Tagesrandzeiten haben somit die erreichten Verbesserungen für die Umwelt mehr als kompensiert und zu einer verstärkten Sensibilität in der Bevölkerung geführt19.

Dies führt außerdem dazu, dass die meisten Flughafeninfrastrukturprojekte auf starken Widerstand stoßen und verzögert werden, was wiederum Verkehrsüberlastung und unnötigen Treibstoffverbrauch zur Folge haben kann – es entsteht folglich ein Teufelskreis, der den wirtschaftlichen Erfolg des Luftverkehrssektors, die Umwelt und die Lebensqualität der Bürger gefährdet[20].

---

16 s. Wysk, Betriebserweiterungen im Rahmen bestehender Anlagenkapazitäten, in: Ziekow (Hrsg.), Speyerer Luftverkehrsrechtstag 2001, S. 36.

17 Wysk, Betriebserweiterungen im Rahmen bestehender Anlagenkapazitäten, in: Ziekow (Hrsg.), Speyerer Luftverkehrsrechtstag 2001, S. 36.

18 vgl. Oeser/Beckers, Fluglärm 2000, S. 361; Beckers, Merkblatt LT003 („Wie wird sich Fluglärm künftig entwickeln?") der Bundesvereinigung gegen Fluglärm e.V. (BVF), www.fluglaerm.de/bvf/mzukunft.htm; s. auch Guski in: BVF, Fluglärm, S. 23 ff.

19 s. die Begründung des Referentenentwurfs zur Novellierung des FlugLG, Stand: 15.11.2000, Abschnitt A.; vgl. auch die Mitteilung der Kommission v. 01.12.1999 an den Rat, das Europäische Parlament, den Wirtschafts- und Sozialausschuss und den Ausschuss der Regionen – Luftverkehr und Umwelt: Wege zu einer nachhaltigen Entwicklung, KOM 99/0640 (endg.); Kritik wächst auch gegen den hohen Anteil des Transferverkehrs an den europäischen Flughäfen. Von 1982 bis 2001 stieg der Anteil der Transferpassagiere, die in Zürich-Kloten auf ein anderes Flugzeug umsteigen, von 33 auf 44 Prozent. Gleich hoch ist der Transferanteil in Amsterdam; in Frankfurt und Kopenhagen liegt er bei rund 50 Prozent, in London-Heathrow bei 35 Prozent, Brüssel, 32 und München rd. 25 Prozent. Nach einer Faustregel in der Luftverkehrsbranche ist ein Flug mit 50 Prozent Transferpassagieren nicht mehr rentabel. Gegenüber 1999 betrug der Transfer-Zuwachs in Zürich-Kloten im Jahr 2000 rund 13,4 Prozent. Die schweizerische Stiftung gegen den Fluglärm in Zumikon kritisiert diese Entwicklung als volkswirtschaftlich fragwürdig. Durch eine Halbierung der Transferaufkommen könnten die Flugbewegungen in Kloten von 320.000 im Jahr auf die vor dem Ausbau prognostizierten 250.000 reduziert werden, s. Schmid, „Umsteigeverkehr in Kloten ist umstritten", Tagesanzeiger v. 18.07.2001.

20 s. die Mitteilung der Kommission v. 30.11.1999 an den Rat, das Europäische Parlament, den Wirtschafts- und Sozialausschuss und den Ausschuss der Regionen – Luftverkehr und Umwelt: Wege zu einer nachhaltigen Entwicklung, KOM 99/0640 (endg.).

Zu der Belästigung der betroffenen Anwohner durch Fluglärm kommt noch dessen wirtschaftliche Dimension hinzu[21]. So werden beispielsweise die Südanflüge auf den Flughafen Zürich-Kloten, die infolge des bilateralen Staatsvertrags zwischen Deutschland und der Schweiz bzw. der stattdessen erlassenen Rechtsverordnungen[22] geplant sind, mit der dadurch bezweckten Umlagerung der Flugrouten von Deutschland auf die Schweiz zu Werteinbußen von Immobilien in der Schweiz führen, die auf 0,95 bis 1,6 Milliarden Franken (0,63 bis 1,06 Mrd. Euro) geschätzt werden[23].

Lärmschutz wird daher unverändert eine Daueraufgabe für die Zukunft bleiben[24]. Hierbei wird die Konfliktlage in den nächsten Jahren insbesondere durch die Fragen geprägt, wie die Leistungen der bestehenden Flughäfen gesteigert werden können und welche Belastungen der betroffenen Menschen und der natürlichen Lebensgrundlagen dabei verantwortbar sind. Die Aspekte der Flughafenkapazität sowie der Zumutbarkeit werden also die planerischen Überlegungen maßgeblich bestimmen[25].

---

21 außerdem die sonstigen, ebenfalls zunehmenden Umweltauswirkungen des Luftverkehrs wie z.B. Treibhauseffekt und Abbau der Ozonschicht (vgl. hierzu z.B. die Mitteilung der Kommission, s.o., Fn. 19, 20, sowie die Referate von Friedrich, Richter und Pache beim gemeinsamen Symposium des UBA und der Forschungsstelle Umweltrecht der Universität Hamburg v. 10. - 11.06.2002 in Hamburg, s. den Bericht von Mechel, DVBl. 2002, 1459, 1461), die allerdings nicht Thema dieser Arbeit sind.

22 s. hierzu unten, A. II. 3.

23 s. Schmid/Sigrist, „Fluglärm bringt Milliardenverluste", Tagesanzeiger v. 20.08.2001; die Prognosen basieren auf Hochrechnungen des Liegenschaftswertes pro Gemeinde.

24 Schulze-Fielitz, DÖV 2001, 191; „Eines Tages wird der Mensch den Lärm ebenso bekämpfen müssen wie die Pest" soll Robert Koch bereits 1910 bemerkt haben, vgl. den Umweltbrief 2/96 des Instituts für Umwelttechnik und Energietechnik des TÜV Rheinland; Hansmann, NuR 1997, 53.

25 s. Wysk in: Ziekow, Speyerer Luftverkehrsrechtstag 2001, S. 29 ff., dort auch näher zum Kapazitätsbegriff als Kennzeichnung für die Betriebsleistungen eines Flughafens. Zu dem neueren Begriff der „Umweltkapazität" s. außerdem unten, C. VII.

d) Das Fehlen von rechtsverbindlichen Grenzwerten für den Luftverkehr

Für den Luftverkehr gibt es keine rechtsverbindlichen Lärmgrenzwerte[26]. Die Deutsche Flugsicherung GmbH (DFS) geht in ihrer unveröffentlichten, im Einvernehmen mit dem Bundesverkehrsminister angewandten „Planungsrichtlinie Fluglärmminderung" davon aus, dass bei einer Flughöhe von 5000 Fuß (ca. 1525 m) unabhängig von Flugzeugtyp, Wohnlage und Witterungsbedingungen „kein dominierendes Lärmereignis" vorliege[27]. Mit dieser internen Festlegung werden zumindest indirekt Lärmgrenzwerte fixiert, die den „Schutz der Bevölkerung gegen Fluglärm" (§ 32 I Nr. 15 LuftVG) betreffen. Diese Vorschrift erfordert aber eine Rechtsverordnung, die der Zustimmung des Bundesrats bedarf. Wäre die interne Planungsrichtlinie Fluglärmminderung mit der Rechtsverordnung nach § 32 I Nr. 15 LuftVG gleichzusetzen, dann wäre sie aus Verfahrensgründen rechtswidrig; andernfalls ist sie rechtswidrig, weil verwaltungsmäßig festgesetzte Lärmgrenzwerte unzulässig sind[28]. Im Übrigen dürften Fluglärmimmissionen, die physikalisch in Dauerschallpegeln gemessen werden[29], rechtlich wohl nicht anders als sonstige Lärmimmissionen behandelt werden können[30].

Auch das **Gesetz zum Schutz gegen Fluglärm (FlugLG)** bietet keine „echten" Lärmgrenzwerte, sondern ermöglicht in seiner aktuellen Fassung[31] lediglich im engsten Flughafenbereich Maßnahmen des passiven Lärmschutzes. So wird als Grenzwert für die Schutzzone 1 ein äquivalenter Dauerschallpegel[32] von 75

26 näher hierzu unten, A. I. 2. a); nach Ansicht Berkemanns (ZUR 2002, 202, 205) gerät daher die Umschreibung der Rechtsposition des Lärmbetroffenen bei konkreter Betrachtung in den Bereich der Beliebigkeit.

27 vgl. BT-Drs. 13/2329 v. 18.09.1995.

28 BVerwGE 77, 285, 286 f. = NJW 1987, 2886 ff.; vgl. auch Berkemann, ZUR 2002, 202, 205.

29 vgl. hierzu das Gesetz zum Schutz gegen Fluglärm, s. unten, Fn. 31.

30 Kilian, NVwZ 1998, 142.

31 FlugLG v. 30.03.1971 (BGBl. 1971, 282), zuletzt geändert am 29.10.2001 (BGBl. I S. 2785, 2794).

32 näher hierzu unten, A. II. 2 b) und Fn. 141; der energieäquivalente Dauerschallpegel, der Stärke, Dauer und Häufigkeit der Schallereignisse berücksichtigt, ist nach der Rechtsprechung für die Beurteilung von Verkehrslärmimmissionen ein geeignetes und praktikables Kriterium, s. BVerwG, NVwZ 1998, 513, 516; NVwZ-RR 1998, 225 ff.; OVG Koblenz, Entscheidung vom 01.07.1997 – Az. 7 C 11843/93; vgl. auch Hofmann/Grabherr, LuftVG, § 9 Rn. 65; in der Praxis der lärmphysikalischen Gutachten zur Berechnung von Fluglärm erfolgt die Berechnung des Dauerschallpegels mit einem Äquivalenzparameter von $q = 3$, vgl. etwa das Gutachten der Hessischen Landesanstalt für Umwelt über die Fluglärmbelastung in der Umgebung des Flughafens Frankfurt a.M.

dBA festgelegt (§ 2 II). In dieser Zone dürfen Wohnungen (§ 5 II) und schutzwürdige Einrichtungen (§ 5 I) grundsätzlich nicht errichtet werden, der Flugplatzhalter hat Entschädigungen für Bauverbote zu leisten und Aufwendungen für bauliche Schallschutzmaßnahmen an früher errichteten Wohngebäuden zu erstatten, §§ 8, 9. Die Schutzzone 2, in der Wohngebäude nur errichtet werden dürfen, wenn bestimmte bauliche Schallschutzanforderungen eingehalten werden (§ 6), umfasst den Bereich in der Flugplatzumgebung, in dem der fluglärmbedingte Dauerschallpegel einen Wert von 67 dB(A) übersteigt (§ 2 I i.V.m. II).

Nach § 16 können die Länder im Einzelfall weitergehende planungs- und entschädigungsrechtliche Regelungen treffen.

Die „Schall"belastung wird in einem komplizierten Verfahren ermittelt. Es handelt sich um eine Prognose (wobei der Prognosezeitraum i.d.R. mindestens zehn Jahre ab der geplanten Inbetriebnahme beträgt, § 4 III FlugLG)[33].

Die im FlugLG festgelegten Werte für die Lärmschutzbereiche mit 67 dB(A) und 75 dB(A) sind als deutlich zu hoch anzusehen[34] und lassen weder eine Aussage über die Gesundheitsschädlichkeit noch über die Zumutbarkeit des Fluglärms zu[35]. Auch wenn die Planfeststellungs- oder Genehmigungsbehörde auf den niedriger liegenden Fluglärmbegriff im Sinne der (zivilrechtlichen) Rechtsprechung zu § 9 II LuftVG (sog. enteignungsrechtliche Zumutbarkeitsschwelle[36], s. hierzu näher unten, A. I. 2.) abstellen und den Einzelfall mitberücksichtigen würde, so wäre eine solche Planung doch ohne weiteres fehlerhaft[37].

In der Praxis wird versucht, Lärmvorsorgemaßnahmen auszurichten an einem durch Konturen energetisch gemittelter Maximalschallpegel umgrenzten Bereich

für den Ist-Zustand 1998 im Auftrag der Mediationsgruppe Flughafen Ffm., März 1999; in der aktuellen Fassung des FlugLG gilt hingegen noch der Äquivalenzfaktor q = 4.

33 Czybulka, UPR 1999, 126, 128; vgl. aber auch die Stellungnahme der Bundesvereinigung gegen Fluglärm e.V. (BVF) zu den Eckwerten des Bundesumweltministeriums (BMU) zur Novelle des FlugLG (www.fluglaerm.de/bvf/stfluglg.htm), wonach die Prognosedaten auf den zu erwartenden maximalen Ausbau zu beziehen sein sollten. Dies sei insbesondere für die neuen Bundesländer wichtig, da dort ein besonders starker Anstieg über den Verkehr der nächsten zehn Jahre hinaus zu erwarten sei und für Rechtssicherheit auch in der ferneren Zukunft gesorgt werden müsse; ebenso im BVF-Merkblatt BV002: „Zur Novelle des FlugLG"; Oeser/Beckers, Fluglärm 2000, S. 329, 347.

34 so etwa G. Jansen bei der Frühjahrstagung des Wissenschaftsverbunds Um-Welt (WVU) an der Universität Rostock v. 08.05.1998, berichtet von Beaucamp, ZLW 1999, 66; mehr dazu unten, A. I. 2. a), II. 2. c).

35 Czybulka, UPR 1999, 126, 128; s. hierzu sogleich unten, A. I. 2.).

36 vgl. dazu etwa BGH NJW 1995, 1700 f.

37 vgl. BVerwGE 56, 110, 123 f.; 87, 332, 342; s.u., A. I. 2. b).

von mehr als 60 dB(A)[38] oder durch niedrigere Schallwerte im Hausinneren, die eine ungestörte Kommunikation zulassen sollen[39].

2.) Die Ermittlung der Zumutbarkeitsschwellen bezüglich des Fluglärms

Die Bestimmung von Zumutbarkeitsschwellen hinsichtlich des Fluglärms hat allerdings weit über den Anwendungsbereich des FlugLG hinaus Bedeutung. Zu unterscheiden sind hierbei der verfassungsrechtliche und der fachplanerische Zumutbarkeitsmaßstab[40] sowie die Abwägungserheblichkeit von Fluglärm.

a) Verfassungsrechtliche Zumutbarkeitsschwelle

Die Bestimmung der Zumutbarkeit von Lärm lässt sich methodisch nicht anhand der statistischen Abfrage der Belästigungsschwelle ermitteln. Eine Untersuchung des im Wesentlichen nur ermittelten psychischen Wirkungsbereichs genügt nicht. Damit werden relevante psycho-soziale Lärmwirkungen nur teilweise, verdeckte endokrine Reaktionen und Risiken etwa im Herz-Kreislauf-Bereich überhaupt nicht festgestellt. Belästigungsaussagen erfordern bewusstseinsmäßiges Erleben, und dieses erlaubt für Nachtwerte bestenfalls Aussagen über erlebte Schlafqualität[41].

Die Zumutbarkeitsgrenze bezüglich des Fluglärms muss – mangels normierter Grenzwerte – im Einzelfall situationsbedingt anhand der konkreten Gegebenheiten und unter Beachtung der hinreichend gesicherten **Erkenntnisse der**

---

38 so VGH BW, NuR 1991, 16 ff. (Leitsatz S. 19), der noch eine ausbaubedingte Zunahme des Lärms um 2 dB(A) vorsieht.

39 Im Falle des Flughafens München II wurde die Zumutbarkeitsgrenze in § 9 II LuftVG (nur diese) im Wege eines Ausschlusses höherer fluglärmbedingter Schallpegel als 55 dB(A) festgelegt, was vom BVerwG (E 87, 332, Leitsatz S. 334) nicht beanstandet wurde; s. auch Czybulka, UPR 1999, 126, 129.

40 s. Hofmann/Grabherr, LuftVG, § 9 Rn. 51 ff.

41 s. Berkemann, ZUR 2002, 202, 204.

Lärmwirkungsforschung durch wertende Beurteilung in tatrichterlicher Würdigung bestimmt werden[42], wobei die Rechtsprechung zur Prüfung grundrechtlicher Gewährleistungen auf Leben und körperliche Unversehrtheit (Art. 2 II 1 GG) und Eigentum (Art. 14 I GG) als unmittelbare Anspruchsgrundlage oder Zumutbarkeitsmaßstab für Fluglärm übergegangen ist. Sie ist dafür auf lärmmedizinische Gutachten angewiesen, deren Kriterien umstritten sind und deren fachliche Qualität oftmals in Frage gestellt wird[43].

aa) Art. 2 II S. 1 GG

Auf der Grundlage des Gesundheitsbegriffs der Weltgesundheitsorganisation (WHO) sind Fluglärmfolgen nicht nur wegen somatischer (körperlicher), sondern bereits wegen solcher das psychische und soziale Wohlbefinden beeinträchtigenden Auswirkungen zu bekämpfen. In diesem Sinne ist Fluglärm auch deshalb eine gesundheitliche Beeinträchtigung, weil er die Kommunikation im

---

42 BVerwGE 56, 110, 131 f.; 87, 332, 361; Beschluss v. 29.04.2002 – 9 B 10.02; NuR 2000, 36; 2000, 416; UPR 1999, 226 (zu § 9 LuftVG); OVG Berlin, Urteil v. 09.05.2003 – 6 A 8.03; (Flughafen Tegel II); BGHZ 122, 76, 81 f.; 129, 124, 127; Hofmann/Grabherr, LuftVG, § 9 Rn. 51 ff.; Giemulla/Schmid, LuftVG, § 9 Rn. 5 a; Halama/Stüer, NVwZ 2003, 140 ff.; Berkemann (ZUR 2002, 202 f.) hält es für erschreckend, mit welchen kaum gesicherten rechtlichen Instrumenten die Gerichte mangels gesetzgeberischer Regelungen Konfliktlagen zu entscheiden haben. Unter Verweis auf die vom Umweltbundesamt 2000 herausgegebene Studie „Fluglärmwirkungen" von Ortscheid/Wende (s. unter www.umweltbundesamt.de) sowie aus Gründen der auch durch die Rechtsprechung zu verantwortenden Rechtssicherheit fordert er eine klare „richterliche Sprache". Die Obersten Gerichtshöfe des Bundes sollten angesichts der ihnen zugewiesenen Leitungsfunktion hierzu den Mut finden. Nach Ansicht von Schulze-Fielitz (Referat beim gemeinsamen Symposium des UBA und der Forschungsstelle Umweltrecht der Universität Hamburg v. 10. - 11.06.2002 in Hamburg, s. den Bericht von Mechel, DVBl. 2002, 1459 f.) verstößt die Zumutbarkeitsprüfung in Form einer tatrichterlichen Einzelfallwürdigung der Lärmauswirkungen gegen den Gleichbehandlungsgrundsatz.

43 Kukk, NVwZ 2001, 409; vgl. auch den Aussetzungsbeschluss des OVG Hamburg (3 E 32/98.P) im Verfahren um den Ausbau des Flughafens Hamburg wegen des Gutachterstreits um die lärmmedizinischen Auswirkungen; Wysk (Referat beim gemeinsamen Symposium des UBA und der Forschungsstelle Umweltrecht der Universität Hamburg v. 10. - 11.06.2002 in Hamburg, s. den Bericht von Mechel, DVBl. 2002, 1459, 1461) hält die außergewöhnlich starke Lagerbildung der Lärmwirkungsforscher für problematisch. Dies erschwere die Bestimmung der gesundheitlichen Gefahrenschwelle durch das Gericht erheblich und berge die Gefahr, dass durch die Auswahl eines Gutachters das Ergebnis eines Rechtsstreits im Voraus bestimmt werden könne.

weitesten Sinne stört, den Erholungswert des Zuhauses (Wohnung) herabsetzt, Konzentration und Aufmerksamkeit mindert, Nervosität und Irritationsgefühle verursacht und Erschrecken, Verärgerung und Furchtassoziationen auslöst. Dies alles sind hinreichend gesicherte Ergebnisse der Lärmwirkungsforschung[44].

Legt man dagegen einen sozial-psychische Komponenten eher ausklammernden Gesundheitsbegriff zugrunde, dann reduziert dies die Gesundheitsschäden und die darin begründeten Gefahrenpotentiale weitgehend auf medizinisch-physiologische Bereiche[45].

Die empirische Frage lautet hinsichtlich beider Gesundheitsbegriffe, bei welcher Intensität Fluglärm die genannten Wirkungen auslöst. Dabei ist typisierend auf einen durchschnittlich empfindsamen Menschen abzustellen[46]. So sind bei Fluglärmbelastungen durch Dauerschallpegel von 60 dB(A) am Tage und 50 dB(A) in der Nacht aus präventivmedizinischer Sicht Gesundheitsbeeinträchtigungen zu befürchten. Oberhalb von 65 dB(A) tags und 55 dB(A) nachts sind Gesundheitsbeeinträchtigungen in Form von Herz-Kreislauf-Erkrankungen zu erwarten[47].

Nicht abgelenkt werden darf hierbei allerdings von der grundrechtlich maßgeblichen Frage, welche Erkenntnisfortschritte in der Lärmwirkungsforschung bestehen und in welcher Weise empirische Unsicherheiten als eine Frage der Risikozuweisung thematisierbar sind[48].

bb) Art. 14 I GG

Entsprechendes gilt hinsichtlich des durch Art. 14 I GG gewährten Schutzes. Denn eine – entschädigungslos zulässige – Sozialbindung des Eigentums (Art.

---

44 vgl. hierzu allgemein Bartels/Ising, Nachtfluglärmproblematik, Ergebnisse des Workshops in Neufahrn im Juli 2001, veranstaltet vom Verein der Ärzte für vorbeugende Umweltmedizin e.V. sowie vom Verein für Wasser-, Boden- und Lufthygiene, Berlin.

45 s. Berkemann, ZUR 2002, 202 f.

46 vgl. Böhm, Der Normmensch, S. 96.

47 Ortscheid/Wende, Studie „Fluglärmwirkungen“, www.umweltbundesamt.de/uba-info-daten/daten/fluglaerm.htm; vgl. auch Merkblatt LT006: „Lärmwirkungen und Anhaltswerte“ der BVF, www.fluglaerm.de/bvf/mwirk.htm, und Beckers, Merkblatt LT007: „Lärmkriterien“, www.fluglaerm.de/bvf/mlt007.htm; Oeser/Beckers, Fluglärm 2000, S. 364 f.; s. auch Berkemann, ZUR 2002, 202, 204; Griefahn, Extraaurale Lärmwirkungen und Bewertung von Fluglärm, in: Ziekow, Speyerer Luftverkehrsrechtstag 2002, S. 27 ff., sowie unten, Fn. 90.

48 s. hierzu unten, B. V. 1.

14 II GG) kann jedenfalls dann nicht mehr vorliegen, wenn die Verkehrslärmeinwirkungen den Gebrauch des Eigentums bzw. seine funktionsgerechte Verwendung unmöglich machen. Das Erleiden erheblicher Gesundheitsschäden beim Bewohnen eines Wohnhauses entspricht nicht mehr seiner funktionsgerechten Nutzung[49].

Entstehen infolge der öffentlich-rechtlichen Zulassung eines Vorhabens sowie durch die darauf gründende Ausführung und damit durch die Veränderungen der tatsächlichen Gegebenheiten drittbelastende eigentumserhebliche Nachteile bei Grundstücken, die als Inhalts- und Schrankenbestimmungen anzusehen sind (Art. 14 I 2 GG), so überschreitet die – etwa durch Planfeststellungsbeschluss zugelassene – Einwirkung die Grenze zulässiger Sozialbindung, wenn durch das Vorhaben Beeinträchtigungen hervorgerufen werden, welche die vorgegebene Grundstückssituation nachhaltig verändern und dadurch Nachbargrundstücke schwer und unerträglich treffen. In solchen Fällen mittelbarer Eingriffe jenseits zulässiger Sozialbindung ist über die Tatsache der Eingriffsschwere und damit auch über das „Ob" einer etwaigen Entschädigungsgewährung im Planfeststellungsbeschluss selbst zu entscheiden. Nur so wird verhindert, dass die Frage, ob im Interesse der mit der Planung verfolgten Ziele „enteignungsgleiche" Einwirkungen auf die Umgebungsgrundstücke erfolgen (sollen), in der planerischen Abwägung nicht offen, der Abwägungsvorgang also insoweit nicht defizitär bleibt (eigentumsrechtliche Konfliktbewältigung)[50]. Die Grenzwerte für die enteignungsrechtliche Schwelle müssen folglich höher als die fachplanungsrechtliche Zumutbarkeitsschwelle angesetzt werden; die Grenze der zumutbaren Lärmbelastung lässt sich dabei nicht mathematisch exakt, sondern nur aufgrund einer Beurteilung innerhalb eines gewissen Spektrums von Möglichkeiten festlegen[51]. Dabei ist nicht nur auf das Ausmaß, sondern auch auf die Art des Lärms abzuheben, wobei auch Gebietsart und (tatsächliche oder plangegebene) Lärmvorbelastung eine wesentliche Rolle spielen können; hinzu treten können weitere Umstände wie etwa die Stärke, die Dauer, die Häufigkeit, die Tageszeit des Auftretens, die Frequenzzusammensetzung und die Auffällig-

49 s. Peine, DÖV 1979, 818; Papier in: M/D, GG, Art. 14 Rn. 465.

50 s. BVerwGE 32, 173, 179; 36, 248 ff.; 61, 295, 304; BGH, DVBl 1986, 766 ff.; HessVGH, NVwZ-RR 2003, 729 ff.; Papier in: M/D, GG, Art. 14 Rn. 461, 465; Korbmacher, DÖV 1982, 520 f. ; zu den Entwicklungstendenzen bei den Inhalts- und Schrankenbestimmungen s. Sellmann, NVwZ 2003, 1417 ff.; zur Enteignungsentschädigung insbesondere bei Drittschäden s. Kapsa, NVwZ 2003, 1423 ff.

51 BGH, DVBl. 1986, 766, 768; NJW 1986, 1980; NJW 1993, 1700 f.; VGH BW, DÖV 1983, 512 f.; BVerwGE 51, 15, 29; 52, 122, 127; 88, 210, 213; Papier in: M/D, GG, Art. 14 Rn.465; Jarass, BImSchG, § 3 Rn. 33.

keit (Lärmart nebst Impulshaltigkeit)[52]. Die Grenze zwischen entschädigungsfrei zulässiger und allenfalls nur gegen Entschädigung zulässiger Sozialbindung wurde teilweise mit Werten (Dauerschallpegeln) von 75 dB(A) tags und 65 dB(A) nachts[53], teilweise von 65/55 dB(A)[54] konkretisiert.

b) Fachplanerische Zumutbarkeitsschwelle

Im Planfeststellungsverfahren entnimmt die Rechtsprechung des BVerwG und der Oberverwaltungsgerichte aus der Vorschrift des § 9 II LuftVG das kategorische, der Abwägung entzogene Gebot, keine unzumutbaren Lärmbelastungen durch den Flughafenbetrieb zuzulassen. § 9 II LuftVG setzt der Lärmbelastung Dritter hiernach also eine äußerste, durch Abwägung nicht überwindbare Grenze[55]. Wird die fachplanungsrechtliche Zumutbarkeitsgrenze überschritten, so sind Schutzanordnungen gemäß § 9 II LuftVG i.V.m. § 74 II 2 VwVfG zu treffen. Dabei wird – auf der Grundlage der Ergebnisse der Lärmwirkungsforschung – angenommen, dass dann keine unzumutbaren Verhältnisse im Wohninnenbereich auftreten, wenn ein Innenraumpegel von nicht mehr als 55 dB(A) zu verzeichnen ist. Insbesondere wird dabei als medizinisch gesichert vorausgesetzt, dass die Aufweckschwelle durch Fluglärm erst jenseits der Pegelspitzen von 55 dB(A) liege[56].

---

52 BVerwG DVBl. 1990, 419; Hofmann/Grabherr, LuftVG, § 9 Rn. 54 f.; BGH, NJW 1993, 701, wonach die enteignungsrechtliche Zumutbarkeitsschwelle für Verkehrslärmimmissionen in Wohngebieten im Allgemeinen bei Werten von 70-75 dB(A) tags und 60-65 dB(A) nachts anzusetzen ist; s. auch BGH, NJW 1986, 1980; DVBl. 1978, 110, 112; NVwZ 1992, 404.

53 Hoppe, Stellungnahme im Rahmen der Befragung von Sachverständigen zu dem Entwurf eines Verkehrslärmschutzgesetzes, 1978, S. 118.

54 Peine, DÖV 1979, 812, 818; vgl. auch OVG Saarlouis, NJW 1981, 1464: Lärmpegel von 70 dB(A) tags und 60 dB(A) nachts lägen noch merklich unterhalb der Schwelle eines enteignenden Eingriffs; nach BGH NJW 1986, 2423 wird die enteignungsrechtliche Zumutbarkeitsschwelle bei einem Dauerschallpegel von 76,5 dB(A) mit plötzlichen, fast knallartigen Spitzenschallpegeln von über 100 dB(A) bis 112 dB(A) überschritten; s. auch Hofmann/Grabherr, LuftVG, § 9 Rn. 64 ff.

55 BVerwGE 107, 313, 322 f. = NVwZ 1999, 644 ff. (Erfurt-Urteil); s. hierzu auch Franke, Lärmgrenzwerte, S. 106 ff., 214 ff.

56 BVerwGE 87, 332, 354 ff. = NVwZ-RR 1991, 601 ff. = NVwZ 1992, 166 L; in BVerwGE 107, 313, 329 f. = NVwZ 1999, 644 ff. setzt sich das Gericht erneut detailliert mit der medizinischen Forschung auseinander (16 Überflüge pro Nacht mit einem Innen-

Erhebliche Belästigungen wie z.B. Schlafstörungen können jedoch bereits bei Pegelspitzen von 45 dB(A) innen bzw. Mittelungspegeln innen über 35 dB(A) auftreten[57]. Tagsüber sind Belästigungen von Flugzeuglärm ab einem Mittelungspegel von 55 dB(A) sicher zu erwarten. Steigt der durchschnittliche Lärmpegel auf Werte bis 65 dB(A), was subjektiv einer Verdoppelung des Lärms entspricht, ist von einer erheblichen Belästigung auszugehen[58]. Nach einer Studie des Umweltbundesamts (UBA) wird die Grenze zu erheblichen Belästigungen bereits bei 55 dB(A) tags und 45 dB(A) nachts erreicht[59]. Als konkreten Grenzwert, bei dem die Zumutbarkeitsgrenze in einem nicht vorbelasteten Wohngebiet überschritten ist, hat das Bundesverwaltungsgericht einen äquivalenten Dauerschallpegel (Außenpegel) von etwa 55 dB(A) tags und 45 dB(A) nachts herausgearbeitet[60]. Die Zumutbarkeitsgrenze für Fluglärmbeeinträchtigungen (auch der Außenwohnbereiche) kann nur im Einzelfall unter Berücksichtigung der konkreten örtlichen Verhältnisse durch tatrichterliche Würdigung bestimmt werden[61]. Zudem werden in der Rechtsprechung insbesondere bei der Beurteilung von Nachtfluglärm sog. Maximalpegel als zusätzliches Kriterium herangezogen. Eine Beurteilung der Lärmemissionen allein anhand eines Mit-

---

raumpegel von max. 55 dB(A) sind hiernach zumutbar); s. auch Koch, NVwZ, 2000, 490, 498 und ders./Prall, NVwZ 2002, 666, 674; Halama/Stüer, NVwZ 2003, 173; Stüer, DVBl. 2004, 31.

57 Koch, NVwZ 2000, 490, 499; Wysk, ZLW 1998, 485 ff., 488; vgl. auch den Zwischenbericht der groß angelegten Untersuchung des Dt. Zentrums für Luft- und Raumfahrt (DLR) in Köln zu den Wirkungen von Nachtfluglärm, s. Rubner, „Die Last des Lärms – Neue Studie belegt schädliche Wirkung von Nachtflügen", Süddeutsche Zeitung v. 24.10.2002.

58 G. Jansen anlässlich der Frühjahrstagung des WVU v. 8.5.1998, mitgeteilt von Beaucamp, ZLW 1999, 66.

59 Ortscheid/Wende, Studie „Fluglärmwirkungen", hrsg. vom Umweltbundesamt, 2000 (Stand: 14.08.2001), s. unter: www.umweltbundesamt.de/uba-info-daten/daten/fluglerm.htm.

60 BVerwGE 51, 15, 34 bzgl. Straßenverkehrslärm (zur Vergleichbarkeit von Straßenverkehrs- und Fluglärm vgl. Oeser/Beckers, Fluglärm 2000, S. 212, 366 f.; das OVG Koblenz (Urt. v. 06.05.1998 – 1 U 1568/93) hat bei Ermittlung des äquivalenten Dauerschallpegels einen Fluglärmmalus von 10 dB(A) eingeräumt); teilweise anders BVerwG, NVwZ 1998, 846 f. unter Bezugnahme auf BVerwG, NJW 1995, 2572 ff. und auf verschiedene Forschungsberichte: eine Gesundheitsgefährdung besteht hiernach, wenn der äquivalente Dauerschallpegel innen in Wohnräumen 40 dB(A) bzw. in Schlafräumen 35 dB(A) überschreitet. Nach der Entscheidung des BVerwG vom 12.04.2000 – 11 A 24/98 – (zum Schienenverkehrslärm) ist von einer Gesundheitsbeeinträchtigung auszugehen, wenn der Dauerschallpegel am Ohr des Schläfers nachts 30 – 35 dB(A) überschreitet bzw. die Pegelspitzen über 40 dB(A) liegen, wobei für den Mittelungspegel außen ein Zuschlag von 20 – 25 dB(A) vorzunehmen sei; s. auch OVG Hamburg, Urt. v. 03.09.2001 – 3 E 32/98.P.

61 s. BVerwG, Beschluss v. 29.04.2002 – 9 B 10/02; Beschluss v. 29.12.1998 – 11 B 21.98.

telungspegels oder eines äquivalenten Dauerschallpegels wäre nämlich nicht sachgerecht, weil die subjektive Gestörtheit während des Schlafs maßgebend durch die bei den einzelnen Flugbewegungen auftretenden Maximalpegel bestimmt wird[62]. Die sog. „Aufweckschwelle“ soll bei Maximalpegeln von 60 dB(A) am Ohr des Schläfers bzw. unter Berücksichtigung der Dämmwirkung eines halb geöffneten Fensters von 15 dB(A)[63] bei Außenpegeln von 75 dB(A) überschritten sein. Bis zu 6 Lärmereignisse oberhalb von 55 dB(A) im Innenraum pro Nacht werden als seltenes Ereignis und damit als noch zumutbar angesehen (sog. „Jansen-Kriterium“)[64].

Allerdings wenden hiergegen Kritiker ein, dass das Aufweckkriterium als solches die Zeitstruktur des Schlafes sowie die Schlafstadienverteilung und nachteiligen Wirkungen körpereigener Kompensation nicht hinreichend zu erfassen vermöge[65].

Auch planungsbedingte Veränderungen der tatsächlichen Grundstücksnutzung können belastende Einwirkungen auf Umgebungsgrundstücke auch diesseits der verfassungsrechtlich relevanten Eingriffsschwelle haben. Die Planungen können Nutzungen zulassen, die für die Umgebung des Vorhabens erhebliche, nach der einfachgesetzlichen Ordnung kompensationspflichtige Eigentumsbeeinträchtigungen bewirken. Die Planfeststellung ist bei dieser Fallvariante nur rechtmäßig, wenn mit ihr ein Ausgleich für die mittelbaren Eigentumseinwir-

---

62 VGH BW, VBlBW 2000, 27, 30 f.; OVG Koblenz, Entscheidung vom 01.07.1997 – Az. 7 C 11843/93, DVBl. 1998, 61.

63 für die Berücksichtigung einer Dämmwirkung von max. 10 dB(A) – sofern keine messtechnische Ermittlung im Einzelfall erfolgt – Oeser/Beckers, Fluglärm 2000, S. 358 sowie Beckers, BVF-Merkblatt LT001: „Zur Schalldifferenz außen/innen bei geöffneten Fenstern – Messergebnisse aus Geräuschgutachten“.

64 vgl. Jansen/Notbohm, Andere Umweltfaktoren, Kap. VII/I: Lärm, in: Wichmann/Schlipköter/Füllgraf, Handbuch der Umweltmedizin, 1994; Jansen/Notbohm/Schwarze, Gesundheitsbegriff und Lärmwirkungen, in: Materialien zur Umweltforschung, hrsg. v. Sachverständigenrat für Umweltfragen (SRU), 1999; VGH BW, VBlBW 2000, 27, 31; OVG Lüneburg, Urt. v. 26.05.2000 – 12 K 1303/99 u. v. 09.06.1997 – Az. 12 K 325/96; Wysk, ZLW 1998, 18, 488; vgl. zu den Bewertungskriterien für Fluglärm auch Griefahn/Jansen/Scheuch/Spreng, ZfL 49 (2002), Nr. 5.

65 vgl. Maschke/Hecht/Wolf/Feldmann, 19 x 99 Dezibel (A) – ein gesicherter Befund der Lärmwirkungsforschung?, in: Bundesgesundheitsblatt 2001, 137 ff.; Maschke/Hecht/Wolf, Beginnende Aufwachreaktionen bei Maximalpegeln von 60 dB(A)?, in: Bundesgesundheitsblatt 2001, 1001 ff.; vgl. auch Maschke beim gemeinsamen Symposium des UBA und der Forschungsstelle Umweltrecht der Universität Hamburg v. 10. - 11.06.2002 in Hamburg, s. den Bericht von Mechel, DVBl. 2002, 1459; Hermann, Schutz vor Fluglärm bei der Planung von Verkehrsflughäfen im Lichte des Verfassungsrechts, S. 66 ff.; Berkemann (ZUR 2002, 202, 204) fordert daher eine Beendigung der in BVerfGE 56, 54, 73 hingenommenen „Experimentierklausel“ hinsichtlich des aus Art. 2 II 1 GG folgenden Schutzanspruchs.

kungen angeordnet wird. Diese Kompensationen durch Schutzmaßnahmen oder durch Festsetzung einer angemessenen Entschädigung betreffen zwar erhebliche, aber (noch) keine Eigentumseinwirkungen jenseits der Grenzen entschädigungsfreier Sozialbindung.

Diese Grenze kompensationspflichtiger Einwirkungen im Vorfeld des verfassungsrechtlich Gebotenen (Art. 14 I GG) wird mit dem Begriff der Zumutbarkeit umschrieben, ist aber nicht mit dem verfassungsrechtlichen Zumutbarkeitskriterium identisch. Die erheblich eigentumsbeeinträchtigenden Planwirkungen können nur dann im Planfeststellungsbeschluss zu berücksichtigende Kompensationspflichten hervorrufen, wenn der einfache Gesetzgeber dies besonders bestimmt hat. Ohne ausdrückliche positiv-rechtliche Normierung im einfachen (Fach-)Planungsrecht muss angenommen werden, dass das Planungsrecht die widerstreitenden Interessen generell in der Weise gegeneinander abgegrenzt hat, dass Drittbetroffene die planbedingten Einwendungen nicht nur prinzipiell, sondern auch ohne naturale oder geldliche Kompensation zu dulden haben. Die Grenze kompensationsloser Duldung bildet dann allein der Eingriff jenseits verfassungskonformer Sozialbindung[66].

Als Bemessungsgrundlage für eine solche Kompensation (Entschädigung) wird in der Regel eine Verminderung des Verkehrswerts in Betracht kommen, wie sie durch die Beeinträchtigung oberhalb der Zumutbarkeitsgrenze eintritt[67].

Die fachplanerische Zumutbarkeitsgrenze, nach der zu entscheiden ist, ob Vorkehrungen und Anlagen zur Vermeidung von Nachteilen für Rechte anderer erforderlich sind (§ 74 II 2 VwVfG), wird inzwischen im öffentlichen und im privaten Immissionsschutzrecht sowie von BVerwG und BGH einheitlich beurteilt. So stellt das Tatbestandsmerkmal „erheblich" in §§ 3 I, 5 I Nr. 1, 22 I, 41 I BImSchG ebenso wie das Tatbestandsmerkmal „wesentlich" in § 906 BGB die Zumutbarkeitsgrenze nach § 74 II 2 (und auch nach § 75 II 2) VwVfG dar. Auch die Zumutbarkeitsgrenze nach dem LuftVG stimmt im Wesentlichen mit der in § 906 BGB normierten Duldungsgrenze überein[68].

66 s. Papier in: M/D, GG, Art. 14 Rn. 463; Korbmacher, DÖV 1982, 521 ff.
67 BVerwG, NVwZ 1999, 649; BVerwGE 87, 332, 388 ff.
68 BVerwGE 84, 32; 79, 254, 258; NVwZ 1998, 513, 517; BGHZ 111, 63, 65; 122, 76, 78; BVerfG, Beschluss v. 11.11.2002 – 1 BvR 218/99; Bender/Sparwasser/Engel, Umweltrecht, Kap. 4 Rn. 52; Jarass, BImSchG, § 3 Rn. 31 ff.

c) Die Schwelle der Abwägungserheblichkeit

Damit ist auch bereits die Schwelle der Abwägungserheblichkeit angesprochen. Lärmauswirkungen unterhalb der oben beschriebenen, insbesondere aus § 9 II LuftVG folgenden (fachplanerischen) Zumutbarkeitsschwelle, die nicht lediglich als geringfügig einzustufen sind, müssen gleichwohl in die planerische Abwägung eingestellt werden[69]. Hier geht es z.B. um planbedingte Einwirkungen auf das Eigentum Dritter, die einerseits die Intensität eines die Sozialbindungsgrenzen überschreitenden Eingriffs nicht erreichen, die aber andererseits noch nicht einmal eine Kompensation im verfassungsrechtlichen „Vorfeld" auslösen, weil solche Entschädigungsleistungen im einfachen Recht nicht vorgesehen sind oder weil die belastenden Drittwirkungen gar nicht den Grad einer „erheblichen" nachteiligen Wirkung oder Belästigung i.S.d. § 74 II VwVfG und der anderen verwandten Vorschriften des Fachplanungsrechts erreichen. Diese Einwirkungen bedürfen der „planerischen Bewältigung", d.h. die nicht unerheblichen Eigentumsbelastungen Dritter müssen in den planerischen Abwägungsprozess einbezogen und in der Abwägung eine angemessene Berücksichtigung erfahren. Nur auf der Grundlage einer gerechten Abwägung mit den für die Planung sprechenden Belangen kann jener Eigentümerbelang rechtlich einwandfrei überwunden werden[70]. So ist etwa Lärmschutzgesichtspunkten unterhalb der Zumutbarkeitsschwelle des § 2 I der 16. BImSchV bei der Planung im Rahmen der Abwägung Rechnung zu tragen[71]. Auf die Frage, ab welcher Intensität Fluglärm abwägungserheblich ist, wird unten (B. IV. 1. h) noch einzugehen sein.

d) Speziell zur Zumutbarkeit von Nachtfluglärm

Gerade mit Blick auf diese Grenzziehung zeichnet sich ab, dass mit der unbeschränkten Zulassung von Nachtflügen auch bei besonders lärmarmen Flugzeugtypen Lärm erzeugt würde, der zumindest unter gesundheitsprophylaktischen Gesichtspunkten nicht von vornherein bedenkenfrei ist. Dieser Umstand müsste in eine Abwägungsentscheidung, die einer „Öffnungsklausel" zugunsten

---

69 BVerwGE 107, 313, 322 f. = NVwZ 1999, 644 ff. (Erfurt-Urteil); NVwZ-RR 1991, 118, 125.

70 s. Papier in: M/D, GG, Art. 14 Rn. 464; Korbmacher, DÖV 1982, 523 f.

71 BVerwG, NVwZ-RR 1999, 556 f.; s. hierzu unten, B. IV. 1. h); zur 16. BImSchV s. u., C. I.

derartiger Flugzeugtypen zugrunde liegt, mit dem ihm zukommenden Gewicht eingestellt werden[72].

Nachtflüge sind an den deutschen Flughäfen teils erlaubt, teils verboten oder eingeschränkt[73]. Deren grundsätzliche Zulässigkeit hat das BVerwG bejaht und im Wesentlichen als ein Problem der abwägungsbezogenen Gestaltungsfreiheit der Behörde bewertet[74].

Wie soeben oben unter b) dargelegt, werden bis zu sechs Lärmereignisse oberhalb von 55 dB(A) im Innenraum pro Nacht als seltenes Ereignis und damit als noch zumutbar (bezogen auf die fachplanerische Zumutbarkeitsschwelle) angesehen. Das *OVG Berlin* hat unlängst Maximalpegel von 6 mal 60 dB(A) im Innenraum als grundsätzlich zumutbar hinsichtlich Art. 2 II 1 GG erachtet, wobei mehrere Lärmereignisse in einzelnen Nächten mit einem Maximalpegel von 80-84 dB(A) außen noch nicht als Überschreitung der gesundheitlichen Gefahrenschwelle angesehen wurden[75].

Auch Nachtfluglärm, der mehr als sechs Mal pro Nacht den Außen-Maximalpegel an Schlafräumen von 75 dB(A) oder den nächtlichen Dauerschallpegel von 55 dB(A) überschreitet, kann nach Ansicht des *Hessischen VGH* in verfassungsrechtlich nicht zu beanstandender Weise durch baulichen (passiven) Schallschutz verringert werden, so dass ein Teilwiderruf der Flughafenplanfeststellung als „ultima ratio" nicht erforderlich ist. „Aktiver" Lärmschutz in Form von betrieblichen Einschränkungen des Nachtflugverkehrs kann von Drittbetroffenen somit nur unter den Voraussetzungen des § 49 II VwVfG und überdies nur dann beansprucht werden, wenn nachträgliche Schutzauflagen (§

72 BVerwGE 107, 313, 324 f. = NVwZ 1999, 644 f.; zur Bestimmung „leiser" Flugzeugtypen s. unten, A. II. 1. a, b).

73 s. hierzu Kilian, NVwZ 1998, 142 sowie zu den Nachtflugbeschränkungen am Flughafen Köln/Bonn www.fluglaerm.com/nachtflug.shtml; am Flughafen Frankfurt www.fraport.de/online/umwelt/de/jsp/umw_laerm_nachtflug.jsp; zur Begleitung des Frankfurter Flughafenausbaus wurde ein Zehn-Punkte-Programm beschlossen, welches Nachtflugbeschränkungen (Verzicht auf geplante Linienflüge, Begrenzung der Fracht- und Ferienflüge bei Optimierung der Kapazität am Tage) enthält, s. http://195.27.205.171/online/general/de/jsp/popup_zehnpunkte_druckbar.jsp; s. außerdem zu Nachtflugbeschränkungen am Flughafen München www.munich-airport.de/unternehmen/publikationen/daten/pub_download.html und am Flughafen Hannover www.hannover-airport.de/deutsch/presse/umwelt/laerm/lae_akti.htm.

74 BVerwGE 87, 332, 368; DVBl. 2001, 1848 ff.; 1998, 1184 ff.; vgl. allerdings auch BVerwGE 107, 313, 329; Berkemann (ZUR 2002, 202, 204 f.) hält diesen rechtlichen Zustand auf dem „bestehenden Niveau der offenkundigen Unsicherheit" für unerfreulich und auf Dauer rechtsstaatlich schwerlich tolerabel. Ein Abwägungsbereich ergebe sich erst unterhalb rechtlich festgesetzter oder – in Ermangelung entsprechender Normierung – aufgrund tatsächlich ermittelter Lärmgrenzwerte; zur Nachtfluglärmproblematik s. auch unten, A. II. 2. f).

75 OVG Berlin, Urteil v. 09.05.2003 – 6 A 8.03 – (Flughafen Tegel II) unter Hinweis auf Griefahn/Jansen/Scheuch/Spreng, ZfL 2002, 171, 175.

75 II 2 VwVfG) nicht ausreichen, um Gefahren für grundrechtlich geschützte Rechtsgüter zu begegnen[76].

Feststellbar ist in jüngerer Zeit auch eine Tendenz, die Nachtruhe in Zeitabschnitte mit unterschiedlich starker Schutzbedürftigkeit zu unterteilen. So sah das *OVG Hamburg* den unabdingbaren Schutz vor erinnerbarem nächtlichen Aufwachen infolge Fluglärms als sichergestellt und bejahte dessen (fachplanerische) Zumutbarkeit, wenn in Schlafräumen und Kinderzimmern bei geschlossenen Fenstern und ausreichender Belüftung Dauerschallpegel von 36 dB(A) in der Zeit von 22 bis 1 Uhr und Maximalpegel von 55 dB(A) nicht überschritten werden und im Übrigen Flugbewegungen zwischen 1 und 6 Uhr selten sind[77].

3.) Das Fluglärmgesetz als passives Entschädigungsgesetz

Während für den Schutz vor Straßen- bzw. Schienenlärm der Vorrang des aktiven Lärmschutzes anerkannt ist, verweist das Fluglärmgesetz die Betroffenen weitgehend auf passiven Lärmschutz[78]. So fehlt es für luftverkehrsrechtliche Planfeststellungen an einem Pendant zu dem in den §§ 41 ff. BImSchG normierten vierstufigen „Lärmbekämpfungsmodell“[79] – eine unmittelbare Anwendung dieser Normen auf den Betrieb von Flugplätzen scheidet wegen § 2 II BImSchG aus[80] –, welches – unbeschadet des planerischen Optimierungsgebots in § 50 BImSchG – hinsichtlich des Straßen- und Schienverkehrs in § 41 BImSchG verlangt, dass nach dem Stand der Technik vermeidbare schädliche Umwelteinwirkungen durch Verkehrsgeräusche vermieden werden. Hierzu kön-

76 HessVGH, Urteil v. 02.04.2003 – 2 A 2646/01 –, im Anschluss an BVerwGE 105, 6, 13 ff; zur Möglichkeit (nachträglicher) Betriebsbeschränkungen s. näher unten, C. 2.

77 s. OVG Hamburg, Urteil v. 03.09.2001 – 3 E 32/98.P; BVerwG, Beschluss v. 29.04.2002 – 9 B 10/02; s. auch Eiding in: BVF, Fluglärm, S. 101 ff.; zu den Nachtfluglärmwirkungen s. Maschke in: BVF, Fluglärm, S. 31 ff.

78 Geulen/Klinger, NJW 2001, 1039; s.o., A. I. 1. d).

79 Schulze-Fielitz, DÖV 2001, 181, 185; Koch, NVwZ 2000, 490, 498; vgl. allerdings § 32 I Nr.15 LuftVG sowie Czybulka, DÖV 1991, 410 ff. zu § 29 b LuftVG; s. hierzu auch unten, B. I. 5 a).

80 Rechtspolitisch ist die Ausnahme des § 2 II BImSchG unbefriedigend und war auch hinderlich für die Rechtsentwicklung. Allerdings sind die materiellen Regelungen des BImSchG als Anhaltspunkte bei der Anwendung von § 6 II, III LuftVG heranzuziehen, s. Jarass, BImSchG, § 2 Rn. 17; Czybulka in: Ziekow, Speyerer Luftverkehrsrechtstag 2001, S. 25.

nen gem. § 43 I Nr.1 BImSchG durch Rechtsverordnung Grenzwerte zum Schutze der Nachbarschaft festgelegt werden[81].

Der im BImSchG normierte Vorrang des aktiven Lärmschutzes ist auch nicht analog auf die Planfeststellung von Flughäfen anwendbar[82]. Das FlugLG ist daher als reines Entschädigungsgesetz oder gar als Gesetz zum Schutz der Flughäfen[83] bzw. als Gesetz mit raumplanerischer Zielsetzung anzusehen[84], nicht aber als wirksames und aktiv auf die Eindämmung des Fluglärms gerichtetes Gesetz zur Störungsabwehr[85].

Auch für den planungsrechtlichen Lärmschutz taugen die exorbitant hohen Dauerschallpegel nicht; sie bieten keine sinnvolle Anknüpfung für die Entwicklungsplanung in den angrenzenden Gemeinden[86].

Hinzu kommt, dass die Lärmwirkungen offensichtlich nicht proportional zu dem Verlauf der Dauerschallpegel-Kurven sind. Die Betroffenen fühlen sich mit steigender Bewegungszahl immer stärker belästigt, obwohl die Dauerschallpegel aufgrund technischer Fortschritte gesunken sind[87].

Bereits in ihrem Fluglärmbericht vom 07.11.1978[88] vertrat die Bundesregierung die Auffassung, dass auch jenseits der Grenzen der Lärmschutzbereiche Belästigungen auftreten könnten. Der Deutsche Bundestag hat in seinem Be-

---

81 so die Verkehrslärmschutzverordnung v. 12.06.1990, BGBl. I 1036 (16. BImSchV); vgl. hierzu etwa Schulze-Fielitz, UPR 1994, 1 ff.; Maier, BWVP 1991, 101 ff.; Alexander, NVwZ 1991, 318 ff.; s. außerdem unten, C. I. 2.

82 BVerwG, NVwZ 1998, 850 f.; Schulze-Fielitz, DÖV 2001, 181, 185.

83 VGH München, DVBl. 1990, 114, 116; Wysk, ZLW 1998, 456, 483; Geulen/Klinger, NJW 2001, 1039; Schulze-Fielitz, DÖV 2001, 181, 185; Koch, NVwZ 2000, 490, 499; Jarass, BImSchG, Einl. Rn. 6; Bender/Sparwasser/Engel, UmweltR, Kap. 8 Rn. 48; Kilian, NVwZ 1998, 142, spricht vom Luftverkehrsrecht als einem aus Sicht lärmgeplagter Bürger nahezu rechtsfreien Raum. Der rechtliche Schutz des Flughafenbetriebs stellt freilich noch kein illegitimes Ziel dar, bedarf aber einer Austarierung mit dem Schutz der davon betroffenen Bevölkerung.

84 wobei das Gesetz aufgrund der Verkleinerungstendenzen der Schutzzonen in den letzten Jahrzehnten seine Planungsfunktion, nämlich die Siedlungsentwicklung in der Umgebung der Flugplätze zu beeinflussen, vor allem bei den Verkehrsflughäfen nicht mehr zu erfüllen vermag, vgl. den Beschluss des Dt. Bundestags v. 02.09.1998 sowie das Eckpunktepapier des BMU zur Novelle des FluglärmG (Stand: Mai 2000), Ziff. 3 I; s. außerdem LAI, Leitlinie zur Beurteilung von Fluglärm durch die Immissionsschutzbehörden der Länder i.d.F. vom 14.05.1997, Abschn. C. I, III. a); Näheres hierzu s. unten, A. II. 2. e).

85 Kukk, NVwZ 2001, 409; Quaas, NVwZ 1991, 16 f.; Schulze-Fielitz, DÖV 2001, 181, 185; Koch, NVwZ 2000, 490, 499; auch Luckow, DVBl. 1981, 1133, 1141, bemängelt die „Passiv-Lastigkeit“ des Fluglärmschutzes.

86 Geulen/Klinger, NJW 2001, 1039; Czybulka, UPR 1999, 126, 129; auch nach Ansicht von Berkemann (ZUR 2002, 202, 205) hat sich das FlugLG im luftverkehrsrechtlichen Fachplanungsrecht letztlich als bedeutungslos erwiesen; Näheres s. u., A. II. 2. e).

87 s. o., A. I. 1. c).

88 BT-Drs. 8/2254.

schluss vom 2. September 1998 eine Verbesserung des Gesamtschutzniveaus (Zumutbarkeitsgrenzen, Schutzzonen, Schutzauflagen, Eingriffsschwellen, Bewertungsverfahren) gefordert[89]. Auch die medizinische Forschung hat – wie oben (A. I. 2.) dargelegt – schon seit einiger Zeit eindeutige Beweise für Gesundheitsschäden durch Fluglärmimmissionen oberhalb von 55 dB(A) erbracht[90]. Es besteht Einigkeit dahingehend, dass das FlugLG in der derzeitigen Fassung nicht einmal den Schutz vor gesundheitlichen Beeinträchtigungen sicherstellt. Der nach dem BImSchG über die reine Gefahrenabwehr hinausreichende geforderte Schutz vor erheblichen Belästigungen ist somit zwangsläufig auch nicht gewährleistet[91].

Eine Novellierung des Regelungswerkes ist daher überfällig, da der Schutz gegen Fluglärm in bedenklicher Weise unterreguliert ist[92]. Die gesetzlichen Regelungsdefizite des Schutzes vor Fluglärm haben die Schwelle der verfassungsrechtlichen Handlungspflicht des Gesetzgebers (Art. 2 II 1 GG) erreicht[93].

---

89 vgl. den Bericht und Beschlussempfehlung des Ausschusses für Verkehr (15. Ausschuss), BT-Drucks. 13/11140 v. 30.06.1998 und Plenarprotokoll (246. Sitzung) v. 02.09.1998 (S. 23016 D); dass diese Forderung erst 1998 am Ende der 13. Legislaturperiode erhoben wurde, zeigt nach Ansicht Berkemanns (ZUR 2002, 202) ein gemindertes gesundheitspolitisches Engagement.

90 vgl. Maschke/Ising/Arndt, Bundesgesundheitsblatt 1995, 130; Kilian, NVwZ 1998, 142; s. außerdem Maschke/Hecht/Wolf/Feldmann, Bundesgesundheitsblatt 2001, 137, und Maschke/Hecht/Wolf, Bundesgesundheitsblatt 2001, 1001; s. auch SRU, Sondergutachten Umwelt und Gesundheit (1999), Tz. 85 ff., www.umweltrat.de/son99kf.htm.

91 Ortscheid/Wende, Studie „Fluglärmwirkungen“, hrsg. vom Umweltbundesamt, 2000 (Stand: 14.08.2001), s. unter www.umweltbundesamt.de/uba-info-daten/daten/fluglerm.htm.

92 Czybulka, UPR 1999, 127; ders., ZUR 2001, 271; ders./Wandres, DÖV 1990, 1034; Kukk, NVwZ 2001, 409; Rupp, NVwZ 2002, 290; Koch/Prall, NVwZ 2002, 666, 672; Berkemann, ZUR 2002, 202 f.; ders., ZfL 2001, 134 ff.; einen dringenden Novellierungsbedarf sieht auch das Umweltbundesamt, s. Troge in: Oeser/Beckers, Fluglärm 2000, im Vorwort; auch nach Ansicht der BVF müssen die neuen Erkenntnisse aus der Lärmwirkungsforschung Eingang finden in die Novellierung des Fluglärmgesetzes. Dies sei seit Jahrzehnten überfällig, s. Beschluss der Mitgliederversammlung v. 14.10.1995, BVF-Merkblatt BV004: „Forderungen zur Luftverkehrsgestaltung“, www.fluglaerm.de/bvf/mluftges.htm.; Oeser/Beckers, Fluglärm 2000, S. 349; zu den rechtlichen Aspekten des Fluglärmschutzes insgesamt s. auch Dolde in: Ziekow, Speyerer Luftverkehrsrechtstag 2002, S. 37 ff.

93 Geulen/Klinger, NJW 2000, 1038 f.; Czybulka in: Ziekow, Speyerer Luftverkehrsrechtstag 2001, S. 25; vgl. auch unten, B. V.

II. Fortschritte bei der Bekämpfung von Fluglärm

1.) Europarechtliche Neuerungen

Während also die Novellierung des Fluglärmgesetzes noch aussteht[94], wurden beim Fluglärmschutz an der Quelle durch Regelungen der Europäischen Gemeinschaft gewisse Fortschritte erzielt.

a) Das Luftfahrtabkommen der ICAO als Grundlage

Grundlage einer solchen Lärmbekämpfung an der Quelle, also vorrangig an den Triebwerken, ist das Luftfahrtabkommen der Internationalen Zivilluftfahrt-Organisation (ICAO). In Anhang 16 Band I („Aircraft Noise") sind Flugzeuge nach zulässigen Lärmgrenzwerten eingeteilt, die sog. Kapitel-2-Flugzeuge sind die lauteren[95], die Kapitel-3-Flugzeuge die leiseren[96]. Nach der „Unterschallverordnung"[97] mussten die Luftverkehrsgesellschaften ihre zu lauten Luftfahrzeuge entweder ausmustern oder die Triebwerke mit Umrüstsätzen ausstatten lassen, die die Einhaltung der Lärmgrenzwerte nach Kapitel 3 gewährleisten. An diese Differenzierung hat die Fluglärmpolitik der Europäischen Gemeinschaft angeknüpft. Nach verschiedenen Zwischenschritten[98] konnte in der Richtlinie 92/14/EWG[99] geregelt werden, dass die Kapitel-2-Flugzeuge seit 01.04.1995 schrittweise bis zum 31.03.2002 Landeverbot auf den Flughäfen der Europäischen Gemeinschaft erhielten[100]. Mit den Richtlinien 1998/20/EG[101] und

---

94 s. hierzu unten, A. II. 2.

95 Boeing 737-200, 727-200, CD 9 u.a., s. Koch, NVwZ 2000, 490, 498.

96 Airbus A 300, A 310, A 320; Boeing 737-300 bis 737-800; MD 80 etc.; vgl. hierzu den 6. Immissionsschutzbericht der BReg. (BT-Drs. 13/4825), S. 24; zur organisatorischen Struktur der ICAO s. Mengel/Siebel, Ziviler Flugverkehr und Klimaschutz, in: Koch/Caspar, Klimaschutz im Recht, S. 275, 301.

97 Verordnung zur Änderung der LuftVO und der LuftVZO v. 21.07.1986 (BGBl. I S. 1097).

98 zur Entwicklung des Europarechts s. Koch in: Rengeling, Hdb. z. europ. u. dt. UmweltR, Bd. II, Rn. 24 ff.

99 AblEG 1992, Nr. L 76, S. 21, zuletzt geändert durch AblEG 1999, Nr. L 118, S. 53.

100 sofern die Erteilung des Lufttüchtigkeitszeugnisses für das jeweilige Flugzeug mehr als 25 Jahre zurückliegt, § 11c II LuftVO; s. hierzu auch Czybulka, UPR 1999, 126 f.; mit dem Abschluss der Außerdienststellung der Kapitel-2-Flugzeuge müssen die vorliegenden Fluglärmsystematiken aktualisiert werden. Dies ist nach Ansicht der Kommission (KOM 99, 640 [endg.]) der richtige Zeitpunkt für die Festlegung einer gemeinsamen

1999/28/EG[102] sowie der Verordnung (EG) 991/2001[103] sind begleitende Präzisierungen beim „phase-out“ von Kapitel 2-Flugzeugen erfolgt. Im deutschen Recht wurden die Vorgaben der Gemeinschaft in § 11 c LuftVO[104] umgesetzt. Seit dem 01.04.2002 dürfen Kap. 2-Flugzeuge in Deutschland grundsätzlich nicht mehr starten und landen. Auch bis dahin waren solche Flugzeuge nur mit gewissen Einschränkungen start- und landeberechtigt. Weiterhin sind allerdings gem. § 11 c IV LuftVO Ausnahmen von diesem Verbot zulassungsfähig, wozu – mit erheblichen Restriktionen – auch nachgerüstete Flugzeuge gehören[105].

b) Fortschritte bei der Minderung von Triebwerkslärm

Durch konstruktive Maßnahmen an den Triebwerken konnte in den vergangenen dreißig Jahren eine deutliche Minderung der Geräuschemissionen von Strahlverkehrsflugzeugen erreicht werden[106]. Seit Beginn der planmäßigen Düsenluftfahrt in Deutschland 1959 konnten z.B. die Startlärm-Zulassungspegel bis 1989 um mehr als 40 EPNdB[107], die Landelärmpegel um über 20 EPNdB gesenkt werden[108]. Offenbar wirkt sich auch eine abverlangte Senkung des Treibstoffverbrauchs positiv auf die Lärmentwicklung aus, so dass es als sinnvoll erscheint, weitere ökonomisch wirksame Instrumente zur Treibstoffeinsparung zu erproben, um so eine weitere Lärmreduzierung durch Verbesserung der Triebwerke zu erreichen[109].

Fluglärmsystematik im Rahmen von Kapitel 3, um die Ausweitung unterschiedlicher lokaler Systeme zu vermeiden.

101 RL vom 30.03.1998, AblEG 1998 Nr. L 107, S.4.

102 RL v. 21.04.1999, AblEG 1999 Nr. L 118, S. 53.

103 VO v. 21.05.2001, AblEG 2001 Nr. L 138, S. 12.

104 LuftVO i.d.F.v. 27.03.1999, BGBl. I, 580, zuletzt geändert am 28.10.2000, BGBl. I, 1494.

105 s. hierzu Koch/Prall, NVwZ 2002, 666, 672.

106 s. LAI, Leitlinien zur Beurteilung von Fluglärm durch die Immissionsschutzbehörden der Länder v. 14.05.1997, Abschnitt B.; zur Lärmminderung an der Quelle vgl. auch die Referate von Mau und Schulte beim gemeinsamen Symposium des UBA und der Forschungsstelle Umweltrecht der Universität Hamburg v. 10. - 11.06.2002 in Hamburg, s. den Bericht von Mechel, DVBl. 2002, 1459 f.; Marohn in: BVF, Fluglärm, S. 7 ff.

107 EPNdB = „Effective Perceived Noise Decibel“, ein energetisches und bewertetes Lärmmaß, das neben der Lautstärke auch die Zeit erfasst.

108 s. Beckers, Merkblatt LT003 ("Wie wird sich der Fluglärm künftig weiterentwickeln?") der BVF, www.fluglaerm.de/bvf/mzukunft.htm; Oeser/Beckers, Fluglärm 2000, S. 361.

109 vgl. Weyer, Landtag NW, Enquete-Kommission „Zukunft der Mobilität“, Protokoll der öffentlichen Expertenanhörung zum Thema „Wirtschaftliche und ökologische Folgewir-

Betrachtet man allerdings den mittlerweile erzielten technischen Fortschritt, so sollte auch innerhalb des weiten Rahmens der Kapitel-3-Flugzeuge zwischen den älteren Maschinen, die die maßgeblichen Grenzwerte gerade noch einhalten, und den modernen Fluggeräten, die die Grenzwerte deutlich unterschreiten, unterschieden werden[110]. So weisen moderne Flugzeuge wie etwa der Airbus A 320 einen um bis zu 20 dB(A) geringeren Lärmpegel auf als die Ende der 60er Jahre eingesetzten Strahlenflugzeuge[111]. Die Europäische Gemeinschaft drängt daher seit langem und insbesondere gegen den hartnäckigen Widerstand der

---

kungen des Luftverkehrs in Nordrhein-Westfalen" v. 21.10.1998 in Düsseldorf, S. 45; Oeser/Beckers, Fluglärm 2000, S. 325; Czybulka, UPR 1999, 126, 128; auch die Kommission hat die Einführung einer Mineralölsteuer auf Kerosin vorgeschlagen, s. KOM (1996) 549; vgl. auch die Mitteilung der Kommission v. 01.12.1999 an den Rat, das Europäische Parlament, den Wirtschafts- und Sozialausschuss und den Ausschuss der Regionen – Luftverkehr und Umwelt: Wege zu einer nachhaltigen Entwicklung, KOM 99/0640 (endg.), in der zudem die Einführung von Umweltgebühren befürwortet wird. Diese könnte nach Ansicht der Kommission aus einer Grundgebühr und einer Staffelung der Gebührensätze in Abhängigkeit von der Umweltverträglichkeit des Fluggeräts kombiniert werden, um die umwelt-, wirtschafts- und verkehrspolitischen Ziele in Einklang zu bringen.

Da bei einer solchen – nichtsteuerlichen – Abgabe, also einer Vorzugslast (eine Umweltabgabe in Form der Steuer scheidet aus, da sich die Höhe der Abgaben nicht an der Leistungsfähigkeit der Emittenten, sondern an der Nutzung der Umwelt orientiert) das Äquivalenzprinzip sowie die Freiheits- und Gleichheitsgrundrechte zu beachten sind, wäre die Einführung von drosselnden Umweltabgaben eine denkbare Lösung: Bis zur Erreichung eines festgesetzten Emissionszieles werden die Abgaben schrittweise erhöht, bis sich ein Gleichgewichtspreis einpendelt. Erforderlich wäre bei einem solchen öffentlich-rechtlichen Ausgleichsystem eine institutionalisierte Erfolgskontrolle, die als Anpassungsmechanismus für eine jeweils angemessene Höhe der Abgaben sorgen müsste. Zu beachten ist auch, dass eine zu niedrige Abgabenhöhe unverhältnismäßig sein kann, nämlich dann, wenn sie keine umweltschützende Wirkung zeigt, zur Zielerreichung also ungeeignet ist (so das Referat von G. Morgenthaler zu den rechtlichen Möglichkeiten und Grenzen von Umweltabgaben beim Regionalen Arbeitskreis Christlich Demokratischer Juristen in Mosbach am 07.08.2002).

Die Steuerfreiheit internationaler Flüge wird von der Kommission (KOM 99/0640 [endg.]) auch mit Blick auf die Gleichbehandlung der Branchen, den Binnenmarkt, die Verkehrspolitik generell und das Ziel der Internalisierung der externen Kosten (vgl. hierzu Bender/Sparwasser/Engel, Kap. 1 Rn. 90 u. Kap. 2 Rn. 44) des Luftverkehrs als problematisch angesehen; auch die BVF fordert eine Abschaffung der Mineralölsteuerbefreiung der Flugzeugtreibstoffe. Die umweltbedingten Folgekosten des Luftverkehrs müssten den Verursachern angelastet werden, damit die Wettbewerbsverzerrungen gegenüber anderen Verkehrsträgern beseitigt würden, s. Beschluss der Mitgliederversammlung v. 14.10.1995, BVF-Merkblatt BV004: „Forderungen zur Luftverkehrsgestaltung", www.fluglaerm.de/bvf/mluftges.htm.; Oeser/Beckers, Fluglärm 2000, S. 349.

110 Koch, NVwZ 2000, 498.

111 vgl. LAI, Leitlinien zur Beurteilung von Fluglärm durch die Immissionsschutzbehörden der Länder v. 14.05.1997, Abschnitt B. sowie C. II. 1., wo auch eine dem Stand der Technik entsprechende Neuklassifikation der Kap.-3-Flugzeuge gefordert wird.

USA auf eine Verschärfung der internationalen Standards. Demgegenüber haben die US-Luftfahrtgesellschaften ihre alten Kapitel 2 - Flugzeuge mehr schlecht als recht mit sog. „hushkits“ nachgerüstet, so dass diese gerade eben die Kap.- 3 - Standards erreichen. Dagegen hatte die EG ihre „Hushkits-Verordnung“[112] erlassen, der zufolge solche nachgerüsteten und „neu bescheinigten“ Unterschall-Strahlflugzeuge seit dem 01.05.2000 nicht mehr in die mitgliedstaatlichen Luftfahrzeugrollen eingetragen werden durften (Art. 3 I Hushkits-Verordnung)[113]. „Neu bescheinigte“ Flugzeuge waren hiernach ursprüngliche Kapitel-2-Flugzeuge, die durch technische Maßnahmen oder Betriebsbeschränkungen den Kap.-3-Status (gerade schon) erlangt hatten, Art. 2 Nr.2 der Richtlinie; diese Einordnung als „neu bescheinigt“ galt nicht für Flugzeuge, die durch vollständige, bestimmten Bedingungen genügende Neuausrüstung mit Triebwerken umgerüstet worden waren.

Die USA waren zu einem Kompromiss – Aussetzen der Verordnung gegen eine Verschärfung des Standes der Technik – nicht bereit und haben statt dessen am 14.03.2000 ein Streitschlichtungsverfahren gem. Art. 84 ICAO-Konvention eingeleitet. Nach der 33. ICAO-Versammlung von Ende September 2001 zeichnete sich ein fataler Kompromiss ab, demzufolge die Hushkits-Verordnung aufgehoben wurde[114] und stattdessen zukünftig flughafenspezifische, örtliche Lärmschutzmaßnahmen gegen die umstrittenen Flugzeuge zulässig sein sollen – was im Standortwettbewerb der europäischen Verkehrsflughäfen weitgehend leer laufen dürfte[115]. Die ebenfalls von der ICAO-Versammlung beschlossene Einführung eines neuen Kapitels 4 für besonders lärmarme Flugzeuge dient allein als Zertifizierungssystem und darf explizit nicht als Anknüpfungspunkt für lärmschutzbedingte Landebeschränkungen herangezogen werden[116].

Eine Differenzierung zwischen den unterschiedlich lauten Kap.-3-Flugzeugen versuchen die deutschen Flughäfen nun seit ein paar Jahren dadurch umzusetzen, dass den moderneren Flugzeugen ein Bonus bei den Landegebühren gewährt wird[117]. In Anknüpfung an diese **Bonus-Liste** hat außerdem der Betreiber des Nürnberger Flughafens **Nachtflugverbote als Genehmigungs-**

112 EG 925/1999 des Rates v. 29.04.1999.

113 AblEG v. 04.05.1999, Nr. L 115, S. 1.

114 diese Aufhebung der Verordnung ist gem. Art. 15 der Richtlinie 2002/30/EG über Regeln und Verfahren für lärmbedingte Betriebsbeschränkungen auf Flughäfen der Gemeinschaft v. 26.03. 2002 (AblEG 2002 Nr. L 85, S. 40) mit deren Inkrafttreten geschehen.

115 Koch/Prall, NVwZ 2002, 666, 672 f.

116 s. ICAO, Resolutions adopted at the 33rd Session of the Assembly – Provisional Edition, Res. A33-7, Appendix E, Nr. 4.

117 zur Entwicklung der Flughafengebühren s. Giesberts/Geisler, ZLW 1998, 35 ff.

auflage für besonders laute Kap.-3-Flugzeuge verfügt. Das BVerwG hat diese konkrete Regelung für zulässig erachtet und zugleich offen gelassen, ob eine generelle Orientierung von Nachtflugbeschränkungen an der Bonus-Liste mit dem Gleichheitssatz vereinbar ist[118].

Eine solche Differenzierung innerhalb der Kapitel-3-Maschinen ist europarechtlich unbedenklich, weil die allein zwischen Kapitel-2- und Kapitel-3-Flugzeugen differenzierende Richtlinie nur Mindeststandards normiert und die Landegebührenregelung außerdem nicht diskriminierend und aus Gründen des Umweltschutzes gerechtfertigt ist[119]. Auch mit dem Vorschlag einer Richtlinie über Flughafengebühren[120] ist eine Differenzierung unter Lärmschutzgesichtspunkten vereinbar, denn nach Art. 5 I des Richtlinienentwurfes ist vorgesehen, dass in die Berechnung der Flughafengebühren „externe Kosten des Flugverkehrs im Zusammenhang mit dem Umweltschutz" eingehen dürfen.

Für die weitere Entwicklung und rechtliche Würdigung solcher Differenzierungen ist u.a. zu bedenken, dass geradezu eine „Flugverkehrslawine" nachgerüsteter ehemaliger Kapitel-2-Flugzeuge aus den USA auf den europäischen Markt drängt. Insofern besteht gerade auch mit Blick auf die Nachtruhe ein hohes Schutzbedürfnis[121].

c) Weitere europarechtliche Maßnahmen

Auch in den nächsten Jahren soll es weitere Verbesserungen beim Schutz der Bevölkerung vor Fluglärm geben. In ihrer Mitteilung über „Luftverkehr und Umwelt: Wege zu einer nachhaltigen Entwicklung" vom 01.12.1999[122] entwarf die Kommission Handlungsziele für die nächsten fünf Jahre. Grundlegend war die Annahme, dass technologische und operationelle Fortschritte nicht ausreichen würden, um den wachsenden Luftverkehr umweltverträglich zu gestalten.

---

118 BVerwG, DVBl. 1998, 1184 ff.; zu den verfassungsrechtlichen Bedenken s. Geisler, ZLW 1997, 307 ff.

119 Koch, NVwZ 2000, 498; vgl. zur Zulassungsverschärfung als stärkerem Eingriff EuGH, NVwZ 1998, 1057 f.; eine Staffelung der Start- und Landegebühren hält auch Czybulka, UPR 1999, 126, 128, für sinnvoll.

120 AblEG 1998, Nr. C 319, S. 4.

121 Koch, NVwZ 2000, 498.

122 KOM (99) 640 endg.; s. auch die Stellungnahme des Europäischen Parlaments v. 07.09.2000, AblEG 2001 Nr. C 135, S. 199; zum Nachhaltigkeitsgrundsatz im Umweltrecht s. Rehbinder, NVwZ 02, 657 ff.; zur Verknüpfung der Reformprozesse Verwaltungsmodernisierung und Nachhaltigkeitsstrategie s. Kubala/Petschow, Verwaltung u. Management, 2001, 171 ff.

Daher wurden die Einbeziehung von Umwelterwägungen in die sektorbezogene Politik sowie „kohärente, integrierte politische Maßnahmen“ vorgeschlagen. Diese umfassen einen verstärkten Einsatz ökonomischer Instrumente, den Ausbau wirtschaftlicher und rechtlicher Anreize für den Markt (z.B. Landegebühren, Kerosinsteuer, Umweltgebühren), die Verknüpfung von verschiedenen Verkehrsträgern im Rahmen der transeuropäischen Verkehrsnetze und deren Anbindung an die lokalen Netze, die langfristige Förderung des technischen Fortschritts[123], die Verbesserung technischer Umweltnormen für Lärm- und Gasemissionen, lokale Vorschriften für Flughäfen sowie betriebsbezogene und planerische Maßnahmen.

Im Grünbuch „Künftige Lärmschutzpolitik“ und in den Studien, auf denen es beruht, wurden außerdem die Merkmale und die Auswirkungen der Ansätze der Europäischen Union und der Mitgliedstaaten analysiert. Aus dieser Analyse wurde der Schluss gezogen, dass die Wirkung der bisherigen Rechtsvorschriften über Umgebungslärm insgesamt unzulänglich sei[124].

Die Kommission maß außerdem der Festlegung eines **gemeinsamen Lärmbelastungsindexes** und einer Standardmethodik zur Berechnung der Lärmbelastung im Umkreis von Flughäfen große Bedeutung zu. Solche **gemeinsamen Standards** würden einen aussagekräftigen Vergleich zwischen dem vorhandenen Lärmbelastungsniveau und den entsprechenden Grenzwerten ermöglichen. Darüber hinaus lieferten sie einen allgemeinen Bezugsrahmen, anhand dessen sich beurteilen lasse, ob die Vorschriften über die Flughafenkapazität den Umweltzielen entsprechen. Auch die Festlegung transparenter und vergleichbarer gemeinsamer Ziele werde hierdurch erleichtert. Im Anschluss an das o.g. Grünbuch bereitete die Kommission nun Maßnahmen zur Vereinheitlichung der Lärmindizes sowie der Berechnungs- und Messmethodiken für alle verkehrsbedingten Lärmquellen vor[125].

Hinsichtlich **betrieblicher Vorschriften und Beschränkungen** wurde von der Kommission ein **Gemeinschaftsrahmen für die Entscheidungsverfahren** befürwortet[126]. Die einzelnen Entscheidungen seien jedoch weiterhin auf lokaler

---

123 als Ziel wurde benannt, gegenüber der derzeit optimalen Technologie den Fluglärm innerhalb von zehn Jahren um 10 dB(A) zu senken.

124 KOM 96 (540) endg. v. 04.11.1996.

125 KOM 99 (640) endg. v. 01.12.1999; ein EU-einheitliches Berechnungs- und Bewertungsverfahren zur Ermittlung und Bewertung von Fluglärm, etwa auf der Grundlage des Dokuments 29 der „European Civil Aviation Conference“ (ECAC 29), ist auch nach Ansicht des Sachverständigenrats für Umweltfragen anzustreben, s. SRU, Sondergutachten Umwelt u. Gesundheit 1999, Tz. 98, www.umweltrat.de/son99kf.htm.

126 etwa durch die Einsetzung von Gremien, in denen die verschiedenen Interessengruppen in ausgewogenem Verhältnis vertreten sind, die Gewährung von für Flughafenanrainer

Ebene zu treffen, um den jeweiligen Sachverhalten vor Ort gerecht zu werden. Harmonisierungsinitiativen der Gemeinschaft wären insoweit nicht mit dem Subsidiaritätsprinzip vereinbar[127].

In der von der Kommission am 26.07.2000 vorgeschlagenen und schließlich am 15.05.2002 nach zweiter Lesung und Vermittlungsverhandlungen zwischen der Europäischen Kommission und dem Europaparlament von diesem gebilligten „**Richtlinie des Europäischen Parlaments und des Rates über die Bewertung und Bekämpfung von Umgebungslärm**“[128] wurden wesentliche Elemente eines kohärenteren und wirksameren Ansatzes entwickelt. Für „Umgebungslärm“ im Sinne dieser Richtlinie sind zwei Definitionselemente wesentlich. Das eine bezieht sich auf den Einwirkungsort des Lärms und das andere auf die rechtlich relevanten Lärmquellen, zu denen auch der Flugverkehr gehört[129]. Die Bestimmung des Art. 3 der Richtlinie macht unzweifelhaft klar, dass diese auf eine summative Betrachtung aller Lärmquellen abzielt. Das quellenseparierende deutsche Lärmschutzrecht[130] wird dieser Betrachtungsweise somit nicht gerecht[131].

Erstens sollen – entsprechend dem Postulat der Kommission in ihrer o.g. Mitteilung vom 01.12.1999 – die **Lärmindizes und die Bewertungsmethoden**

---

durchsetzbare Rechte auf Konsultation und Verhandlung bzgl. neuer Betriebsregelungen oder die Einführung gemeinsamer Bezugsgrößen für die Messung der Lärmbelastung von Vorgängen, die eingeschränkt werden sollen. Vorgeschlagen wurde auch die Einführung eines Gemeinschaftssystems zur Ermittlung besonders lärmintensiver Flughäfen, um die dortigen, besonders hohen Belastungen sowie die Zahl der belästigten Bürger zu verringern. Ein solches System bestünde in der Festlegung objektiver, kontrollierbarer Gemeinschaftsvorschriften, die es einem einzelnen Flughafen gestatten, auf Antrag des betr. Mitgliedsstaates gemäß einer Entscheidung der Kommission im Anschluss an eine Einzelfallprüfung, in die auch ein beratender Ausschuss einbezogen würde, strengere Lärmschutznormen einzuführen, bevor diese auf dem Markt der Gemeinschaft allgemein in Kraft treten.

127 KOM 99 (640) endg.

128 RL 2002/49/EG vom 25.06.2002, AblEG 2002, Nr. L 189; KOM (2000) 468 endg.; der Entwurf (2000/0194 [COD]) wurde am 08.04.2002 vom Vermittlungsausschuss gebilligt, das Parlament stimmte am 15.05.2002 zu.

129 s. Art. 2 I, 3 lit. a RL.

130 s. hierzu unten, C. I. 2. und C. V.; zu den eng begrenzten Ansätzen der Rechtsprechung in Richtung einer summierenden Betrachtung verschiedener Lärmquellen s. BVerwG, NVwZ 2001, 1167 ff. (Freizeitlärm).

131 Koch/Prall, NVwZ 2002, 666, 673; s. auch Irmer in: BVF, Fluglärm, S. 107 ff.; zu den Spannungslagen zwischen deutschem und europäischem Recht vgl. auch Kloepfer, NVwZ 2002, 645 ff.

für Umgebungslärm harmonisiert werden. Zweitens sollen anhand gemeinsamer Indizes und Bewertungsmethoden **Lärmbelastungsinformationen** in Form von ‚Lärmkarten' zusammengetragen und dadurch der Informationsstand verbessert werden. Drittens sieht die besagte Richtlinie vor, die so gewonnenen **Informationen der Öffentlichkeit** zur Verfügung zu stellen. Auf lokaler/regionaler Ebene sollen diese Informationen dann als Grundlage von „Lärmaktionsplänen" genutzt werden. Schließlich begründet die Richtlinie die Verpflichtung der Mitgliedsstaaten zur Erarbeitung von „**Aktionsplänen**" (für Ballungszentren mit mehr als 250.000 Einwohnern bis 31.12.2005, für Ballungszentren mit mehr als 100.000 Einwohnern bis 31.12.2020)[132].

Unter Bezugnahme auf die o.g. Mitteilung der Kommission vom 01.12.1999 wurde außerdem am 26.03.2002 die **Richtlinie 2002/30/EG über Regeln und Verfahren für lärmbedingte Betriebsbeschränkungen auf Flughäfen der Gemeinschaft** verabschiedet, welche einen gemeinschaftsweiten „ausgewogenen Ansatz" für lärmbedingte Betriebsbeschränkungen auf den Flughäfen der Gemeinschaft einführte[133].

Außerdem liegt ein Richtlinienentwurf für eine harmonisierte Lärmeinstufung ziviler Unterschallflugzeuge zur Berechnung von Lärmentgelten vor[134].

Ein anzustrebendes **Lärmschutzniveau**, also europaweit einheitliche Grenzwerte, ist hingegen – zumindest vorerst – nicht vorgesehen. Hier bleibt es (bis auf Weiteres) bei den politischen Zielsetzungen der Kommission, wie sie insbesondere im Grünbuch „Künftige Lärmschutzpolitik" entwickelt worden sind[135]. „Zu einem späteren Zeitpunkt" könnten Zielwerte aufgestellt und Maß-

---

132 der Mindestinhalt dieser Aktionspläne ergibt sich aus Anhang V der Richtlinie.

133 AblEG 2002 Nr. L 85, S. 40; bei der Prüfung einer Entscheidung über Betriebsbeschränkungen sind gem. Art. 5 I bestimmte, in Anhang II der Richtlinie aufgeführte Informationen zu berücksichtigen. Zur Lieferung der im Anhang der Richtlinie verlangten Informationen zur Prüfung von Betriebsbeschränkungen sind Lärmkarten oder Aktionspläne nach der o.g. Umgebungslärm-Richtlinie zu benutzen, ebenso – soweit verfügbar – die hiernach festgelegten Lärmindizes zur Einschätzung der Lärmbelastung, s. RL 2002/30/EG, Anh. II Nr. 4.1, 4.2.

134 Vorschlag für eine Richtlinie des Europäischen Parlaments und des Rates über die Festlegung eines Gemeinschaftsrahmens für die Lärmeinstufung ziviler Unterschallflugzeuge zur Berechnung von Lärmentgelten v. 20.12.2001, KOM (2001), 74 endg.

135 KOM (1996) 540 endg.; nach Ansicht von Seebohm (Referat beim gemeinsamen Symposium des UBA und der Forschungsstelle Umweltrecht der Universität Hamburg v. 10. - 11.06.2002 in Hamburg, s. den Bericht von Mechel, DVBl. 2002, 1459) ist ein politi-

nahmen vorgeschrieben werden, um die in der Richtlinie formulierten Ziele zu erreichen[136]. Die normative Festlegung von Grenzwerten soll (vorerst) den Mitgliedstaaten überlassen werden. Der (deutsche) Gesetzgeber ist also auf jeden Fall neben den europäischen Bemühungen weiterhin gefordert.

2.) Die geplante Novellierung des Fluglärmgesetzes

a) Erweiterung des Anwendungsbereichs

Wie bereits angesprochen[137] bedarf es dringend einer Novellierung des aktuell gültigen Fluglärmgesetzes. Der Referentenentwurf des Umweltbundesamtes (UBA) für ein Gesetz zur Verbesserung des Schutzes vor Fluglärm in der Umgebung von Flugplätzen (Stand: 15.11.2000) sieht in seinem Artikel 1 Nr. 2 vor, durch die Änderung von § 1 FlugLG den Geltungsbereich dieses Gesetzes auf zahlreiche weitere Flugplätze, bei denen sich zukünftig relevante Lärmschutzbereiche ergeben, auszudehnen. Erfasst werden sollen alle Flugplätze, an denen vergleichbare Fluglärmbelastungen auftreten können wie an Verkehrsflughäfen, namentlich Flughäfen ohne Fluglinienverkehr (§ 21 LuftVG), wo der Schutz vor Lärmbelastungen durch den dort stattfindenden Gelegenheitsverkehr nach § 22 LuftVG verbessert werden soll, außerdem Landeplätze mit beträchtlichem Verkehrsaufkommen[138] sowie – neben den bisher erfassten militärischen Flugplät-

---

sches Einvernehmen für gemeinschaftseinheitliche Lärmgrenzwerte in absehbarer Zukunft nicht zu erzielen. Die der EU zur Integration von Umweltaspekten in die Verkehrspolitik zur Verfügung stehenden Möglichkeiten seien auch wegen der Einbindung der Union in die ICAO begrenzt.

136 KOM (2000) 468 endg.; zum Einfluss des Europarechts im Luftverkehrsrecht vgl. auch Jannasch, VBlBW 2001, 470, 476 ff. sowie Koch, NVwZ 2000, 490, 498 und ders. in: Rengeling, Hdb. z. europ. u. dt. UmweltR, Bd. II, Rn. 24 ff.; zur neueren Entwicklung des europäischen Umweltrechts s. auch Falke, ZUR 2001, 198 ff. sowie Jarass, UPR 2000, 241 ff.; außerdem Schumacher, Mitteilung zum Rostocker Umweltrechtstag 2000, „Europäisierung des nationalen Umweltrechts: Stand u. Perspektiven", NVwZ 2001, 1382 ff.

137 s. oben unter A. I. 3.

138 Landeplätze mit mehr als 5000 Starts motorgetriebener Luftfahrzeuge in den sechs verkehrsreichsten Monaten des Prognosejahrs; der Verband der Allgemeinen Luftfahrt e.V. (AOPA-Germany) sieht in der Einbeziehung von Landeplätzen in den Geltungsbereich des FlugLG nach der 1999 erfolgten Verschärfung der LandeplatzVO eine Verletzung des rechtsstaatlichen Übermaßverbotes sowie des Vertrauensschutzes der betroffenen Flugplatzhalter, s. AOPA-Stellungnahme v. 26.03.2001, unter www.aopa.de.

zen mit Strahlflugzeugbetrieb – sonstige stärker frequentierte[139] militärische Flugplätze, auf denen schwere Propellerflugzeuge oder Hubschrauber stationiert sind.

Luft/Boden-Schießplätze unterfallen bereits jetzt dem FlugLG. Sie sollen aus Gründen der Klarstellung künftig ausdrücklich im Gesetz genannt werden[140].

b) Änderung des Verfahrens zur Lärmermittlung und -bewertung

Das derzeit im FlugLG festgelegte Verfahren zur Ermittlung und Bewertung von Fluglärm weist im Vergleich mit Lärmschutzregelungen für andere Geräuschquellenarten einige Besonderheiten auf. Hierzu gehört insbesondere das in der Anlage zu § 3 FlugLG festgelegte Verfahren zur Bildung des äquivalenten Dauerschallpegels[141] mit dem Äquivalenzfaktor (Halbierungsparameter) q = 4. Bei diesem Faktor führt eine Verdoppelung der Zahl der Fluglärmereignisse zu einer Erhöhung des Mittelungspegels um 4 dB[142]. Dagegen wird in den nationalen Lärmschutzregelungen für andere Geräuschquellenarten wie etwa den Straßen- oder Schienenverkehr oder den Industrie- und Freizeitlärm sowie zunehmend in den Regelungen anderer Staaten zum Fluglärm (z.B. Schweiz, Skandinavien mit Zuschlägen für Lärmereignisse am Abend und in der Nacht, USA mit Zuschlag für Lärmereignisse in der Nacht) der energieäquivalente Mittelungspegel LAeq(3) mit dem Äquivalenzfaktor (Halbierungsparameter) q = 3 als Standard verwendet[143]. Bei diesem Mittelungsverfahren führt eine Halbierung der

139 s.o., Fn. 121.

140 vgl. UBA, Begründung des Referentenentwurfs zur FlugLG-Novelle (Stand: 15.11.2000), Abschnitt B., zu Art. 1 Nr. 2.; die BVF vermisst in ihrer Stellungnahme zu den Eckwerten des BMU zur Novellierung des FlugLG (www.fluglaerm.de/bvf/stflug-lg.htm) in dem Entwurf eine Regelung für die Tieffluggebiete; s. hierzu unten, A. II. 2 j).

141 zum Mittelungspegel LAeq vgl. Nr. 2.7 TA-Lärm: der Mittelungspegel ist der nach DIN 45 641 (Ausgabe Juni 1990) aus dem zeitlichen Verlauf des Schalldruckpegels oder mit Hilfe von Schallpegelmessern nach DIN EN 60 804 (Ausgabe Mai 1994) gebildete zeitliche Mittelwert des Schalldruckpegels; der Beurteilungspegel schließlich ist aus dem Mittelungspegel abgeleitet und berücksichtigt weitere Faktoren wie Höhe und Anzahl der Pegelspitzen, Auffälligkeit, Ortsüblichkeit, Art und Betriebsweise der Geräuschquellen, vgl. Jarass, BImSchG, § 3 Rn. 52; Kutscheidt, NVwZ 1989, 196; Bender/Sparwasser/Engel, UmwR, Kap. 8 Rn. 32; s. auch unten, C. VI. 5 a).

142 vgl. Bender/Sparwasser/Engel, UmwR, Kap. 8 Rn. 34 Fn. 25.

143 hierzu näher BVF, Merkblatt LT002: „Beurteilungspegel L(r) und die Dauerschallpegel Leq(3) und Leq(4)“, www.fluglaerm.de/bvf/mleq3.htm; Oeser/Beckers, Fluglärm 2000, S. 359 f.; außerdem DIN 45645-1 des Dt. Instituts für Normung: „Ermittlung von Beur-

Geräuschdauer bei einem Geräusch mit konstantem Pegel zu einer Abnahme des Mittelungspegels und der Schallenergie um 3 dB. Hiervon abweichend ergibt sich bei dem im Rahmen des FlugLG verwendeten Halbierungsparameters von q = 4 durch eine Halbierung der Dauer eines konstanten Geräuschs eine Abnahme des äquivalenten Dauerschallpegels um 4 dB. Ein höherer q-Wert führt also zu einem geringeren äquivalenten Dauerschallpegel und damit zu einer milderen Beurteilung und letztlich zu einer „Leiserrechnung", die zur Aufweichung von Lärmschutzforderungen ausgenutzt werden kann[144].

Nicht zuletzt wegen seiner vielfältigen Anwendung ist der energieäquivalente Dauerschallpegel heute der unter Wirkungsgesichtspunkten am genauesten untersuchte Deskriptor für Belastungen durch Umweltlärm. Seine Anwendung ermöglicht eine weitgehende Erfassung der Lärmbelastung an Spitzentagen sowie bei verschiedenen Wetterlagen und Betriebsänderungen. Dagegen können bei Anwendung des Leq(4) die Spitzentage, Wetterlagen, Betriebsänderungen sowie die Wochenendruhe (bei Militärflugplätzen) „weggemittelt" werden[145].

Der Deutsche Bundestag hat in seinem Beschluss vom 02.09.1998[146] eine Modernisierung des Berechnungsverfahrens bei größtmöglicher Harmonisierung mit den Verfahren in anderen Bereichen (Straßen-, Schienenverkehr) gefordert. Die Immissionsschutzbehörden der Länder schlagen bereits seit längerem eine Anpassung des im FlugLG festgesetzten Verfahrens zur Bewertung von Fluglärm an die in anderen Bereichen gebräuchlichen Methoden vor[147], da dies die Vergleichbarkeit von Angaben zu den Geräuschimmissionen aus verschiedenen Geräuschquellen verbessern würde. Neben der Beseitigung von Ungleichbehandlungen gegenüber den durch andere Lärmquellen Betroffenen wäre eine erhebliche Verbesserung des Lärmschutzstandards beim Fluglärm die Folge – dies freilich auch verbunden mit entsprechenden Mehrkosten für die Verursacher durch die Vergrößerung der Schutzzonen und den dort zu gewährenden Schallschutz[148].

---

teilungspegeln aus Messungen. Geräuschimmissionen in der Nachbarschaft" sowie DIN 45643: „Messung und Bewertung von Flugzeuggeräuschen", Teil 1: „Mess- und Kenngrößen"; Teil 2: „Fluglärmüberwachungsanlagen im Sinne von § 19 a LuftVG"; Teil 3: „Ermittlung des Beurteilungspegels für Fluglärmimmissionen", Berlin, Oktober 1984.

144 s. Oeser/Beckers, Fluglärm 2000, S. 108 ff.

145 s. Eckpunktepapier des BMU zur Novelle des FluglärmG (Stand: Mai 2000), Abschn. 2. I.

146 s.o., Fn. 89.

147 vgl. z.B. LAI, Leitlinien zur Beurteilung von Fluglärm durch die Immissionsschutzbehörden der Länder v. 14.05.1997.

148 vgl. Oeser/Beckers, Fluglärm 2000, S. 107 ff., 111 mit der exemplarischen Berechnung, dass für eine Anwendung der niederländischen Schallschutzkriterien auf den Flughafen

Eine Anpassung des im FlugLG festgelegten Verfahrens zur Ermittlung der Fluglärmimmissionen an die in anderen Bereichen üblichen Methoden hinsichtlich des energieäquivalenten Dauerschallpegels LAeq(3) mit einem Äquivalenzfaktor q = 3 erscheint daher im Ergebnis als angebracht[149].

§ 2 FlugLG soll zudem in seiner künftigen Fassung die getrennte Bewertung der Tages- und Nachtzeit (LAeq-Tag und LAeq-Nacht [22-6 Uhr]) vorschreiben, um so ein Verfahren zur Bewertung von Fluglärm entsprechend der Beurteilungssystematik der VerkehrslärmschutzVO (16. BImSchV)[150], der TA Lärm[151] und der MagnetschwebebahnVO[152] einzuführen[153].

Außerdem soll in der künftigen Anlage zu § 3 FlugLG das Verfahren zur Ermittlung regelmäßiger Überschreitungen von Maximalpegeln in Innenräumen bestimmt werden.

In der bisherigen Regelung werden die Schutzzonen auf der Basis des über die Betriebsrichtungen (Start- und Landerichtungen abhängig von der Windrichtung) gemittelten Fluglärms bestimmt. Dem gegenüber soll künftig in § 3 I FlugLG festgelegt werden, dass die Fluglärmbelästigung nunmehr getrennt für die Betriebsrichtungen zu bestimmen ist. Die Schutzzonen 1 und 2 sowie die Nachtschutzzone ergeben sich jeweils als „Umhüllende" der für die Betriebsrichtungen ermittelten Konturen. Damit soll dem Gesichtspunkt Rechnung getragen werden, dass über mehrere Wochen bestehende erhöhte Belastungen durch Fluglärm aufgrund einer bestimmten Betriebsrichtung am Flugplatz nicht durch längere Zeiten mit einer geringeren Lärmbelastung bei einer anderen Betriebsrichtung kompensiert werden können[154].

Wegen der besonderen Bedeutung der Datenerfassungssysteme für den zivilen und für den militärischen Bereich (DES bzw. DES-MIL[155]) und der Berechnungsvorschrift („AzB"[156]) für die fachlich korrekte Festsetzung des Lärmschutzbereichs ist vorgesehen, in § 3 II FlugLG festzulegen, dass diese Rege-

---

Düsseldorf trotz des dort geringeren Verkehrs ca. 10 Milliarden DM ausgegeben werden müssten.

149 Eckpunktepapier BMU, Abschn. 1. II.; ebenso SRU, Sondergutachten Umwelt u. Gesundheit 1999, Tz. 98 und Bender/Sparwasser/Engel, UmwR, Kap. 8 Rn. 34 Fn. 25.

150 Verkehrslärmschutzverordnung v. 12.06.1990, BGBl. I 1036.

151 Technische Anleitung zum Schutz gegen Lärm v. 26.08.1998, GMBl. 1998 S. 503.

152 Magnetschwebebahn-LärmschutzVO v. 23.09.1997 (BGBl. I 2338).

153 s. UBA, Begründung zum Referentenentwurf, Abschn. B. zu Art. 1 Nr. 3 und Nr.4 (§ 3 FlugLG).

154 UBA, Begründung zum Referentenentwurf, Abschn. B. zu Art. 1 Nr.4 (§ 3 FlugLG).

155 s. hierzu unten, Fn. 160.

156 s. unten, Fn. 160.

lungen künftig in Form von Rechtsverordnungen getroffen werden. Gleichzeitig soll damit dem Gesichtspunkt Rechnung getragen werden, durch die bundeseinheitlich vorgegebenen Grundlagen des Verfahrens für eine einheitliche Handhabung des Gesetzesvollzugs durch die Länder zu sorgen[157].

Dagegen belegen nach Ansicht des Bundesministeriums für Umweltschutz, Naturschutz und Reaktorsicherheit (BMU) die Ergebnisse der Lärmwirkungsforschung, dass der im geltenden FlugLG festgelegte Bezugszeitraum – die sechs verkehrsreichsten Monate des Prognosejahrs – unter Zugrundelegung der prognostizierten Verteilung der Start- und Landerichtungen für die Beschreibung der Belästigungswirkungen lang dauernder Fluglärmbelastungen insgesamt sehr gut geeignet sei. Gegen die Beibehaltung dieser Festlegungen ergeben sich somit von Seiten des BMU keine Bedenken[158].

c) Absenkung der Grenzwerte für die Lärmschutzbereiche

Um der Lärmbelastung auch bei einer zukünftigen Entwicklung der Flugplätze entgegenzuwirken, muss neben technischen, betrieblichen und organisatorischen Maßnahmen im Bereich des Luftverkehrs ein ausreichender Abstand zwischen Flugplatz und Wohnbebauung sichergestellt werden. Gemäß dem FlugLG werden daher für alle Verkehrsflughäfen, die dem Fluglinienverkehr angeschlossen sind, und für alle militärischen Flugplätze, die dem Betrieb von Flugzeugen mit Strahltriebwerken zu dienen bestimmt sind, Lärmschutzbereiche durch Rechtsverordnung mit Zustimmung des Bundesrates festgesetzt[159]. Der Lärmschutzbereich umfasst das Gebiet außerhalb des Flugplatzgeländes, in dem der äquivalente Dauerschallpegel mehr als 67 dB(A) beträgt. Dieser Bereich wird in zwei Schutzzonen unterteilt. Die Schutzzone 1 umfasst das Gebiet, in

---

157 UBA, Begründung zum Referentenentwurf, Abschn. B. zu Art. 1 Nr.4 (§ 3 FlugLG).

158 Eckpunktepapier BMU, Abschn. 1. II.; die BVF fordert dagegen, dass auch die Mittelungspegel der zwei verkehrsreichsten Wochen ausgewiesen werden, da diese Werte zur problemgerechten Ermittlung der erforderlichen Schalldämmwerte nötig seien. Berücksichtigt werden müssten auch die zehn lautesten Ereignisse der Tage der Spitzenwoche, s. die Stellungnahme zu den Eckwerten des BMU zur Novellierung des FlugLG unter www.fluglaerm.de/bvf/stfluglg.htm.

159 derzeit sind für insgesamt 17 Verkehrsflughäfen sowie für 24 militärische Flugplätze und Luft/Boden-Schießplätze Lärmschutzbereiche festgelegt (aufgelistet im Anhang zu § 15 FlugLG).

dem der äquivalente Dauerschallpegel mehr als 75 dB(A) beträgt, und die Schutzzone 2 beinhaltet das übrige Gebiet des Lärmschutzbereiches. Die Ermittlung der Lärmschutzbereiche erfolgt nach der Anlage zu § 3 des FlugLG und den hierzu erlassenen Ausführungsbestimmungen[160].

Das BMU sieht in seinem Eckpunktepapier vom Mai 2000 zur Novelle des FlugLG vor, bei Verkehrsflughäfen die Grenzwerte für die Schutzzone 1 auf 65 dB(A) und für die Schutzzone 2 auf 60 dB(A) abzusenken, um hierdurch dem Stand der Lärmwirkungsforschung zu entsprechen und gesundheitliche Risiken zu vermeiden sowie erhebliche Belästigungen zu vermindern[161].

Auf der Grundlage der genannten Parameter wurden Modellrechnungen für einige beispielhafte Verkehrsflughäfen durchgeführt. Diese ergaben deutliche Ausweitungen der Lärmschutzbereiche, die in der Regel etwas über die in den 70er und 80er Jahren festgelegten Lärmschutzbereiche hinausgehen. Ein derartiges Resultat würde nach Ansicht des BMU der Forderung nach einer „Weitergabe des emissionsseitigen technischen Fortschritts an die Bevölkerung" entsprechen[162].

160 siehe das Datenerfassungssystem für die Ermittlung von Lärmschutzbereichen an zivilen Flugplätzen nach dem Gesetz zum Schutz gegen Fluglärm v. 30.03.1971 (BGBl. I S. 282) – DES – v. 27.02.1975 (GMBl. 1975 Nr.8 S. 127) sowie das Datenerfassungssystem für die Ermittlung von Lärmschutzbereichen an militärischen Flugplätzen nach dem Gesetz zum Schutz gegen Fluglärm v. 30.03.1971 (BGBl. I S. 282) – DES-MIL – v. 27.02.1975 (GMBl. 1975 Nr. 8 S. 145); außerdem die Anleitung zur Berechnung von Lärmschutzbereichen an zivilen und militärischen Flugplätzen nach dem Gesetz zum Schutz gegen Fluglärm v. 30.03.1971 (BGBl. I S. 282) – AzB – v. 27.02.1975 (GMBl. 1975 Nr.8 S. 162) sowie die Ergänzung zur AzB v. 20.02.1984, Der Bundesminister des Innern, U II 4 – 560 120/43.

161 Der Verband der Allgemeinen Luftfahrt e.V. hält diese Grenzwerte für sachlich und rechtlich nicht vertretbar und sieht darin eine grobe Benachteiligung des Luftverkehrs zu anderen Verkehrsträgern, s. AOPA-Stellungnahme v. 26.03.2002, unter www.aopa.de; die BVF hingegen hält die Grenzwerte für immer noch zu hoch (insb. der Grenzwert für den Nachtfluglärm sei um mindestens 10 dB(A) zu hoch) und bemängelt, dass die Chance vertan werde, „echte" immissionsschutzrechtliche Grenzwerte einzuführen, deren Überschreitung zu Betriebsbeschränkungen führe, s. die Stellungnahme zu den Eckwerten des BMU zur Novellierung des FlugLG (www.fluglaerm.de/bvf/stfluglg.htm); näher hierzu unten, C. VI. 2., 5.

162 Eckpunktepapier BMU, Abschn. 3. II.; die BVF fordert zudem eine Orientierung nicht nur an den Durchschnittswerten, sondern eine verstärkte Berücksichtigung der Spitzenpegel bei der Ermittlung von Lärmschutzzonen an Flughäfen, s. Beschluss der Mitgliederversammlung v. 14.10.1995, BVF-Merkblatt BV004: „Forderungen zur Luftverkehrsgestaltung", www.fluglaerm.de/bvf/mluftges.htm; Oeser/Beckers, Fluglärm 2000, S. 349.

Die Grenzwerte sollten außerdem dem Stand der wissenschaftlichen Erkenntnisse – insbesondere der Lärmwirkungsforschung – periodisch angepasst werden[163].

Bei militärischen Flugplätzen und Luft/Boden-Schießplätzen soll zunächst eine Absenkung in der Schutzzone I auf 68 dB(A) und für die Zone II auf zunächst 63 dB(A) erfolgen, um die sich aus der unterschiedlichen zeitlichen Verteilung des militärischen und zivilen Flugbetriebs ergebenden Wirkungsunterschiede zu berücksichtigen. Denn unter der Annahme, dass in Anlehnung an die im Bereich des anlagenbezogenen Lärmschutzes gebräuchlichen, wirkungsseitig begründeten Differenzierungsparameter auch bei Fluglärmimmissionen Wirkungszuschläge von 5 dB(A) für den Abend und das Wochenende und von 10 dB(A) für die Nacht berücksichtigt würden, ergäben sich allein durch die unterschiedliche Verteilung des Flugbetriebs Wirkpegeldifferenzen zwischen zivilem und militärischem Flugbetrieb von 3 dB(A)[164].

Modellrechnungen auf der Grundlage der genannten Grenzwerte von 68 und 63 dB(A) haben für einige beispielhaft ausgewählte militärische Flugplätze Ausweitungen der Lärmschutzbereiche ergeben. In der Regel erreichen die in den Modellrechnungen ermittelten Schutzzonen 1 etwa den Umfang der heutigen Schutzzonen 2[165].

Nach Ablauf einer Übergangsfrist von zehn Jahren sollen die für Verkehrsflughäfen geltenden Grenzwerte der Schutzzonen 1 und 2 auch auf die Militärflugplätze angewandt werden. Die längere Übergangszeit berücksichtigt, dass bei den Militärflugplätzen in den besonders lärmsensiblen Abend- und Nachtstunden sowie am Wochenende normalerweise kein oder nur ein deutlich verminderter Flugbetrieb stattfindet[166].

Zudem hält es das BMU „aus fachlichen und rechtlichen Gründen" für geboten, für den Neubau und die wesentliche Änderung von Flugplätzen abgesenkte Grenzwerte, nämlich 60 dB(A) in der Schutzzone 1 und 55 dB(A) in der Schutzzone 2, festzulegen und eine Entschädigungsregelung für Beeinträchtigungen des Außenwohnbereichs in der Schutzzone 1 zu treffen[167].

Nach dem geltenden FlugLG werden Lärmschutzbereiche sowohl für bestehende als auch für den Neubau und die wesentliche Änderung von Flugplätzen

163 gem. § 2 III FlugLG künftiger Fassung sollen die Grenzwerte nach 10 Jahren unter Berücksichtigung des Standes der Lärmwirkungsforschung und der Luftfahrttechnik zu überprüfen sein.
164 Eckpunktepapier BMU, Abschn. 4. II.
165 Eckpunktepapier BMU, Abschn. 4. II.
166 UBA, Begründung zum Referentenentwurf, Abschn. B. zu Art. 1 Nr. 3.
167 Eckpunktepapier BMU, Abschn. 6. II.

nach denselben Kriterien festgesetzt. In der Praxis haben die zuständigen Behörden und Gerichte jedoch für den Neubau und die wesentliche Änderung von Flugplätzen Schutzmaßnahmen festgelegt, deren Umfang regelmäßig deutlich über das vom FlugLG derzeit Geforderte hinausgeht. Auch in vielen anderen Bereichen des Lärmschutzes gelten für den Neubau und die wesentliche Änderung von lärmrelevanten Einrichtungen strengere Anforderungen an den Schutz vor Lärmemissionen als bei vorhandenen. Beispiele hierfür sind die Lärmschutzregelungen für den Neubau und die wesentliche Änderung von Straßen und Schienenwegen, aber auch die sich unter Berücksichtigung des Bestandsschutzes in der Praxis ergebenden Anforderungen an den Lärmschutz bei industriell und gewerblich genutzten Anlagen[168]. Gebiete mit geringerer Vorbelastung genießen somit also einen erhöhten Lärmschutz.

In dem neu gefassten § 2 Abs. 2 S. 2, 3 FlugLG ist zudem eine Definition der wesentlichen Änderung eines Flugplatzes vorgesehen[169], die exakt die für eine relevante Lärmsteigerung kausalen Veränderungen am Flughafen erfasst und diese von den aus einem allgemeinen Verkehrszuwachs resultierenden Erhöhungen der Lärmbelastungen abgrenzt, die Anlass zu einer regulären Überprüfung der Lärmschutzbereiche sind. Als einen Lösungsansatz sieht das BMU die insoweit vergleichbare Verkehrslärmschutzverordnung (16. BImSchV), die Lärmschutzregelungen nur für den Neubau und die wesentliche Änderung von Straßen und Schienenwegen trifft[170].

---

168 vgl. z.B. die Verkehrslärmschutzverordnung v. 12.06.1990, BGBl. I 1036 (16. BImSchV); Eckpunktepapier BMU, Abschn. 6. I.

169 Erhöhung der Flugbewegungen um mehr als 25 % oder Erhöhung des äquivalenten Dauerschallpegels an der Grenze der Schutzzone 2 oder der Nachtschutzzone (s. hierzu unten, A. II. 2. f.) um mind. 3 dB(A) aufgrund einer baulichen Erweiterung.

170 Eckpunktepapier BMU, Abschn. 6. II.; vgl. hierzu unten, C. VI. 5.; die BVF fordert, wesentliche Betriebsausdehnungen baulichen Erweiterungen gleichzustellen, s. die Stellungnahme zu den Eckwerten des BMU zur Novellierung des FlugLG (www.fluglaerm.de/bvf/stfluglg.htm). Relevant sei hierbei aufgrund der lärmphysikalischen Unterschiede gegenüber linearen Verkehrsträgern bereits eine Steigerung von 1 dB(A), vgl. hierzu auch Oeser/Beckers, Fluglärm 2000, S. 370 f. (Beckers, BVF-Merkblatt LT010: „Wahrnehmen von Pegeländerungen“).

d) Verfahrensmäßige Änderungen

In dem neu gefassten FlugLG soll in § 4 I geregelt werden, dass die Lärmschutzbereiche künftig von den Ländern durch Rechtsverordnung festgesetzt werden. Hierdurch soll insbesondere eine Beschleunigung der Umsetzung der Novelle, deren Geltungsbereich etwa 100 Flugplätze umfasst, erreicht werden.

§ 11 I FlugLG soll im Hinblick darauf, dass das Gesetz künftig von den Ländern vollzogen wird, die Festlegung treffen, dass der Betreiber eines Flugplatzes (oder eines Luft/Boden-Schießplatzes) die zur Ermittlung des Lärmschutzbereiches erforderlichen Auskünfte der zuständigen obersten Landesbehörde zu erteilen hat. Die für die Flugsicherung zuständige Stelle wird ebenfalls zur Erteilung der erforderlichen Auskünfte verpflichtet, da sie vor allem durch die Festlegung von Flugstrecken beträchtlichen Einfluss auf die Verteilung des Flugaufkommens und auf die Fluglärmimmissionen in der Umgebung des Flugplatzes hat[171].

In § 4 II FlugLG soll außerdem die wesentliche Änderung der Fluglärmbelastung als Auslösekriterium für eine Neufestsetzung des Lärmschutzbereichs neu definiert werden, da sich das Berechnungsverfahren und die Einteilung der Schutzzonen deutlich geändert haben[172].

Mit der in § 4 III FlugLG geregelten Neufestsetzung der Lärmschutzbereiche soll klargestellt werden, dass für neu gebaute oder wesentlich erweiterte Flugplätze die für den Neubau oder die wesentliche Erweiterung geltenden Werte auch weiterhin zugrunde zu legen sind.

§ 4 IV FlugLG künftiger Fassung soll vorschreiben, dass bei der wesentlichen baulichen Erweiterung eines unter den Geltungsbereich des Gesetzes fallenden Flugplatzes oder eines Luft/Boden-Schießplatzes ein neuer Lärmschutzbereich unter Zugrundelegung der Grenzwerte für den Neubau und die wesentliche bauliche Erweiterung festzusetzen ist.

§ 4 V schließlich soll klarstellen, dass die Kosten für die Festsetzung der Lärmschutzbereiche vom Flugplatzhalter zu tragen sind. Kosten entstehen ins-

---

171 UBA, Begründung zum Referentenentwurf, Abschn. B. zu Art. 1 Nr.9; zur Flugroutenfestlegung s. u., B.

172 UBA, Begründung zum Referentenentwurf, Abschn. B. zu Art. 1 Nr.5.; die BVF schlägt vor, die Lärmschutzbereiche nach dem FlugLG im Zusammenhang mit den Flugrouten festzusetzen,
vgl. die Stellungnahme der BVF zur Novellierung des FlugLG, Anhang 1: Festlegung von Flugrouten und immissionsschutzrechtliche Betriebsregelungen, unter www.fluglaerm.de/bvf/st-fluglaermgesetz-anhang1.htm; s. auch unten, C. VI.

besondere für die Aufbereitung der Daten zu Art und Umfang des künftigen Flugbetriebs, für die Berechnung der Lärmschutzbereiche und für die kartenmäßige Darstellung der Schutzzonen[173].

In § 7 FlugLG wird die Anhörung der beteiligten Kreise vor dem Erlass der neuen Schallschutzverordnung gemäß dieser Vorschrift eingeführt. Die Rechtsverordnung soll künftig auch Anforderungen an Belüftungseinrichtungen festlegen.

e) Die raumplanerische Dimension des Fluglärmgesetzes

Die Regelungen des FlugLG zu baulichen Nutzungsbeschränkungen sind aber auch unter planerischem Blickwinkel zu betrachten. Hierbei ist zu bedenken, dass die Geräuschminderung an zivilen Flugzeugen für die Zukunft i.d.R. trotz steigender Flugbewegungszahlen insbesondere bei Verkehrsflughäfen eine Verringerung der Schallimmissionspegel erwarten lässt[174]. Diese Entwicklungsprognose zieht die Folge nach sich, dass sich nach dem Verfahren zur Berechnung der Lärmschutzbereiche gemäß dem FlugLG auf der Basis prognostizierter Flugbewegungsdaten und eines zukünftigen Flugzeugmixes die Fläche mit einem äquivalenten Dauerschallpegel von mehr als 75 dB(A) – Lärmschutzzone 1 – verkleinern wird[175]. Dies basiert auf der Annahme, dass sog. überlaute, nicht lärmzertifizierte und laute Kapitel-2-Flugzeuge dann nicht mehr starten und landen dürfen[176]. Durch die kleiner werdenden Lärmschutzbereiche würde ein zunehmendes Heranrücken der Wohnbebauung an die Flugplatzgrenze ermöglicht.

Die nach dem aktuell gültigen FlugLG errechneten 75 dB(A)- und 67 dB(A)-Zonen reichen jedoch nicht aus, um einen nach der empfundenen Lärmbelästigung ausreichenden Abstand zwischen Flugplatz und Wohnbebauung sicher zu stellen. Das FlugLG genügt somit nicht mehr den heutigen Anforderungen des Immissionsschutzes bei der städtebaulichen Planung. Daher sollten die Möglichkeiten des § 16 FlugLG zur Berücksichtigung des Immissionsschutzes in der

173 UBA, Begründung zum Referentenentwurf, Abschn. B. zu Art. 1 Nr.5.
174 s.o., A. I. 1. c) sowie LAI, Leitlinien zur Beurteilung von Fluglärm durch die Immissionsschutzbehörden der Länder v. 14.05.1997, Abschn. C. III. a).; diese Prognose bezweifelt allerdings Beckers, s.u., Fn. 223.
175 vgl. zum Beispiel des Flughafens Düsseldorf oben, A. I. 1. c).
176 vgl. oben, A. II. 1. a, b).

Planung (z.B. in Raumordnungsprogrammen, Landesentwicklungs-, Gebietsentwicklungs-, Bauleitplänen) verstärkt berücksichtigt werden[177].

Bei der nach § 8 LuftVG planfeststellungs- bzw. plangenehmigungsbedürftigen Anlage von Flughäfen handelt es sich um raumbedeutsame Planungen und Maßnahmen im Sinne von § 3 Nr. 6 Raumordnungsgesetz (ROG), so dass sie Gegenstand raumordnerischer Befassung und Einwirkung ist. Als „Planung der Planungen" kommt der Raumordnung im Spannungsfeld ökonomisch geprägter Mobilitätsziele und ökologischer Auswirkungen des Flughafenneu- oder ausbaus (insbesondere Fluglärm) in räumlicher Hinsicht ein umfassender Koordinierungsauftrag zu. Mit dessen seit 1998 im ROG unter Beachtung des Nachhaltigkeitsgrundsatzes erfolgter Konturierung ist die Akzentuierung einer umfassenden neutralen Abstimmung in räumlicher Hinsicht im Sinne einer dauerhaften, großräumig ausgewogenen Ordnung, mithin in der Verantwortung für künftige Generationen und ohne apriorische Vorränge im ökonomisch/ökologisch/sozialen Kontext, einhergegangen[178].

In einigen Bundesländern sind in Raumordnungsprogrammen und Landesentwicklungsplänen Gebiete abgegrenzt worden, die über die gemäß dem FlugLG festgesetzten Lärmschutzbereiche hinaus weitergehende Planungs- und Siedlungsbeschränkungen in der Umgebung von Flugplätzen festlegen. Diese Festlegungen sollen den Planungsbehörden sowohl für die Bemessung des Raumbedarfs bestehender und geplanter Flugplätze als auch für die übrige bauliche Entwicklung in der Umgebung von Flugplätzen dienen.

Wegen der Bedeutung dieser Problematik sind schon seit geraumer Zeit die Immissionsschutzbehörden der Länder aufgefordert, den Belangen des Immissionsschutzes gerecht werdende Planungsvorgaben zu erarbeiten, um mit den für den Luftverkehr zuständigen Behörden den Lärmschutz in der Umgebung von

---

177 LAI, Leitlinien zur Beurteilung von Fluglärm durch die Immissionsschutzbehörden der Länder v. 14.05.1997, Abschn. B.; auch nach Ansicht des BMU kann das FlugLG aufgrund der Verkleinerungstendenzen der Schutzzonen in den letzten Jahrzehnten seine Planungsfunktion, nämlich die Siedlungsentwicklung in der Umgebung der Flugplätze zu beeinflussen, vor allem bei den Verkehrsflughäfen nicht mehr erfüllen, s. Eckpunktepapier, Abschn. 3. I.; nach Ansicht von Koch (Referat beim gemeinsamen Symposium des UBA und der Forschungsstelle Umweltrecht der Universität Hamburg v. 10. - 11.06.2002 in Hamburg, s. den Bericht von Mechel, DVBl. 2002, 1459, 1461) sind die vom BMU in seinem Entwurf vorgesehenen Siedlungsbeschränkungen unzureichend, um die weitere Entstehung von Nutzungskonflikten auszuschließen; vgl. auch Czybulka, UPR 1999, 126, 127, der außerdem mit Blick auf die Kompetenz des Bundes (Art. 87 d I GG) eine – aufs Ganze Bezogene – zielbildende Verkehrsplanung mit Prioritätensetzung für das Bundesgebiet vermisst und eine normative, also gesetzlich verankerte Bundesverkehrsplanung auch und gerade für Flugplätze, aber auch im Hinblick auf eine Harmonisierung der bislang wohl eher wildwüchsigen zukünftigen (und gegenwärtigen) Fernverkehrssysteme fordert.

178 s. Erbguth, NVwZ 2003, 144 f., 148.

Flugplätzen sicherzustellen. Der Sicherung eines ausreichenden Schutzes vor Fluglärm für lärmempfindliche Nutzungen durch die Einhaltung der hierfür notwendigen Abstände zum Flugplatz kommt deshalb besondere Bedeutung zu, weil beim Fluglärm gebietsabschirmende Vorkehrungen nicht oder nur sehr eingeschränkt möglich sind[179].

Dabei hat es in der Vergangenheit in den Ländern unterschiedliche und auch umstrittene Lösungsansätze gegeben, die z.T. auf dem Angebot des BMU basierten, zusätzlich zu den Schutzzonen des FlugLG eine weitere Schutzzone zu berechnen, in der der durch den Fluglärm hervorgerufene äquivalente Dauerschallpegel 62 dB(A) übersteigt. Die Gründe für die divergierenden Ansätze lagen in den vom FlugLG unabhängigen Planungsüberlegungen der Raumordnungsbehörden, in der Unsicherheit bei der Bewertung des Fluglärms in der vom FlugLG nicht erfassten Größenordnung unter 67 dB(A) äquivalenter Dauerschallpegel, der Überschneidung mit anderen Lärmarten sowie in der Berücksichtigung von standortpolitischen, verkehrlichen und wirtschaftlichen Interessen.

In Anbetracht dieser Situation sehen die Immissionsschutzbehörden der Länder die Notwendigkeit, Mindestanforderungen für die aus der Sicht des Immissionsschutzes notwendigen raumordnerischen und städtebaulichen Schutzziele zu definieren, um auf diese Weise die Voraussetzungen für eine bundeseinheitliche Vorgehensweise zu schaffen[180].

Der Länderausschuss für Immissionsschutz (LAI) empfiehlt daher die **Ausweisung von Siedlungsbeschränkungen** zum Schutz der Bevölkerung vor Fluglärm sowie zur Sicherung der Funktion und der Entwicklung der Flugplätze in der Bundesrepublik. Zur Ausweisung von Siedlungsbeschränkungsbereichen i.S.v. § 16 FlugLG an den unter das FlugLG fallenden Flugplätzen sollen die Lärmkonturen mit Hilfe der bekannten Verfahren auf der Grundlage der DIN 45 643[181] sowie der für den jeweiligen Flugplatz für jede Betriebsrichtung zu erstellenden modifizierten Datenerfassungssysteme DES bzw. DES-MIL[182] und nach den entsprechend der Formel angewandten Bestimmungen der AzB[183] be-

179 LAI, Leitlinien zur Beurteilung von Fluglärm durch die Immissionsschutzbehörden der Länder v. 14.05.1997, Abschn. B. und C. III. a); s. hierzu auch Laven in: BVF, Fluglärm, S. 65 ff. und Wendland, ebenda, S. 79 ff.

180 LAI, Leitlinien zur Beurteilung von Fluglärm durch die Immissionsschutzbehörden der Länder v. 14.05.1997, Abschn. B.

181 s. DIN 45 643 (Messung und Beurteilung von Flugzeuggeräuschen, Okt. 1984), Teil 1 (Mess- und Kenngrößen), Abschn. 3.1.2 und 3.2.2.

182 s. hierzu oben, Fn. 160.

183 s.o., Fn. 160.

rechnet werden[184]. Die Anzahl der Fluglärmereignisse sollte sich auf die im wirtschaftlich und politisch angestrebten Endausbauzustand zu erwartende Nutzung des Flugplatzes beziehen. Jedes modifizierte DES enthält die für die jeweilige Betriebsrichtung relevanten Flugstrecken im Umkreis von 20 km vom Flugplatzbezugspunkt (Airport Reference Point, ARP) und die Anzahl der prognostizierten Flugbewegungen pro Tag. Dabei erfolgt die Berechnung für die unterschiedlichen Betriebsrichtungen mit voller Flugbewegungszahl, soweit dieses flugbetrieblich und genehmigungsrechtlich möglich ist (100% - Regelung)[185]. Die Fluglärmkonturen bestimmen sich als „Umhüllende" aller Orte mit gleichem energieäquivalenten Dauerschallpegel LAeq. Sie sind nach diesem Vorschlag für die energieäquivalenten Dauerschallpegel 62, 60 und 55 dB(A) zu ermitteln und in einer Karte darzustellen. Für die zwischen den dargestellten Fluglärmkonturen befindlichen Punkte können die Werte interpoliert oder extrapoliert werden[186].

Die Fluglärmkonturen liefern Orientierungsdaten für die städtebauliche Planung. Sie sind jedoch keine exakte Begrenzung der jeweils tatsächlichen Schallpegelbereiche. Um diese nicht vermeidbaren Ungenauigkeiten auszugleichen, können Toleranzbereiche beiderseits der Fluglärmkonturen eingeführt werden. Dies ermöglicht im einzelnen Planungsfall auch eine Anpassung der Baugebietsabgrenzung an den Verlauf vorhandener Grundstücksgrenzen[187].

---

184 s. LAI, Leitlinien zur Beurteilung von Fluglärm durch die Immissionsschutzbehörden der Länder v. 14.05.1997, Abschn. C. I. und C. III. a).

185 auch Oeser/Beckers, Fluglärm 2000, S. 329, fordern die Ermittlung der Mittelungspegel für jede Betriebsrichtung getrennt für Starts und für Landungen mit je 100 % des Verkehrs und die Anwendung der jeweils höchsten Werte (Hüllkurve) für die Zonenermittlung und für die Schutzmaßnahmen, um eine „Wegmittelung" der Gefahren zu vermeiden; die Ergänzung von § 3 FlugLG sowie der Anlage zu § 3 um die 100 %-Regelung fordert auch die BVF, s. Novellierungsvorschlag der BVF zum FlugLG, www.fluglaerm.de/bvf/st-fluglaermgesetz-vorschlag.htm, außerdem die Stellungnahme der BVF zu den Eckwerten des BMU zur Novellierung des FlugLG, www.fluglaerm.de/bvf/stfluglg.htm sowie www.fluglaerm.de/bvf/mlt012betriebsrichtungen.htm; vgl. auch BayVGH, Urt. v. 27.07.1989 – 20 B 81 D.I –, DVBl. 1990, 114 ff., und Urt. v. 04.11.1997 – 20 A 92.40134 ff., BayVBl. 1998, 756 f.; anders dagegen VGH BW, Urt. v. 04.06.2002 – 8 S 460/01 –, VBlBW 2003, 67 f. im Anschluss an NVwZ-RR 1991, 137 ff.

186 LAI, Leitlinien zur Beurteilung von Fluglärm durch die Immissionsschutzbehörden der Länder v. 14.05.1997, Abschn. C. I.

187 s. LAI, Leitlinien zur Beurteilung von Fluglärm durch die Immissionsschutzbehörden der Länder v. 14.05.1997, Abschn. C. I.

Als Beurteilungsgröße wird also auch nach diesem Vorschlag der energieäquivalente Dauerschallpegel verwendet. Zuschläge für Tonhaltigkeit und Impulshaltigkeit[188] werden bei der Berechnung vernachlässigt. Auch auf die Anwendung des Ruhezeitenzuschlages wird verzichtet, um die Analogie zum Straßen- und Schienenverkehr (16. BImSchV) herzustellen. Hierdurch wird auch die Vergleichbarkeit der Belastungen bei Situationen mit mehreren Quellen ermöglicht. Werden durch Flugbewegungen zur Nachtzeit (22 bis 6 Uhr) Siedlungsbeschränkungsbereiche erweitert, so ist eine Einzelfallbetrachtung notwendig. Im Hinblick auf Aufwachreaktionen sollten als Lärmkonturen die Kurven konstanter A-bewerteter Maximalschallpegel herangezogen werden, wobei auch die Häufigkeit der nächtlichen Flugbewegungen zu berücksichtigen ist[189].

Eine Umrechnung oder ein Vergleich mit anderen Lärmquellen ist mit dem Berechnungsverfahren nach dem FlugLG nicht möglich. Da aber in sehr vielen Fällen im Wohnumfeld die örtliche Vorbelastung mit zu berücksichtigen ist, muss ein Bewertungsverfahren angewendet werden, das geeignet ist, die Gesamtbelastung zu erfassen (vgl. § 47a BImSchG).

Die nach dem vom LAI vorgeschlagenen Verfahren ermittelten energieäquivalenten Dauerschallpegel könnten näherungsweise zum Vergleich mit Richt- und Grenzwerten anderer Regelwerke und zur Ermittlung der Gesamtbelastung am Immissionsort herangezogen werden, sofern die Beurteilungszeiten und -verfahren übereinstimmen[190].

Zur angemessenen Berücksichtigung des Schallschutzes in der städtebaulichen Planung könnten für die verschiedenen Nutzungen die Orientierungswerte des Beiblattes 1 zur DIN 18 005 Teil 1[191] herangezogen werden. Die errechneten Fluglärmkonturen sind mit den auf die Tageszeit („tags“) bezogenen Orientierungswerten nach DIN 18 005 Teil 1 Beiblatt 1 zu vergleichen. Dabei sollte nach Ansicht des LAI als obere Grenze für die Ausweisung neuer Wohngebiete in einer Planungszone eine Kontur angesetzt werden, die einem energieäquivalenten Dauerschallpegel von 60 dB(A) entspricht.

---

188 gemäß DIN 45 643 Teil 3: Messung und Beurteilung von Flugzeuggeräuschen, Ermittlung des Beurteilungspegels für Fluglärmimmissionen, Okt. 1984.

189 LAI, Leitlinien zur Beurteilung von Fluglärm durch die Immissionsschutzbehörden der Länder v. 14.05.1997, Abschn. C. I.

190 LAI, Leitlinien zur Beurteilung von Fluglärm durch die Immissionsschutzbehörden der Länder v. 14.05.1997, Abschn. C. III. a).

191 DIN 18 005, Teil 1, Beiblatt 1: Schallschutz im Städtebau, Berechnungsverfahren, Schalltechnische Orientierungswerte für die städtebauliche Planung, Mai 1987.

Der LAI empfiehlt den Immissionsschutzbehörden, darauf hinzuwirken, dass zum Schutz gegen Fluglärm als raumordnerisches Ziel ein **Siedlungsbeschränkungsbereich** in den Regionalplänen ausgewiesen wird, der das Gebiet mit einem prognostizierten energieäquivalenten Dauerschallpegel größer 60 dB(A) umfasst. Die Immissionsschutzbehörden der Länder sollten empfehlen, dass innerhalb dieses festgelegten Siedlungsbeschränkungsbereiches in Flächennutzungsplänen, Bebauungsplänen sowie Vorhabens- und Erschließungsplänen neue Flächen bzw. Gebiete für Wohnnutzungen oder schutzbedürftige Einrichtungen i.S.d. § 5 I FlugLG nicht ausgewiesen oder festgesetzt werden. Das gilt auch für Satzungen nach § 34 II BauGB im Sinne von Neuplanungen, wenn auf den bebauten Grundstücken gem. § 34 I und II BauGB nur Wohnnutzungen oder schutzbedürftige Einrichtungen i.S.d. § 5 I FlugLG zulässig wären[192].

Noch weitergehend ist der Vorschlag der Bundesvereinigung gegen Fluglärm e.V. (BVF), § 5 FlugLG (Nutzungsbeschränkungen) dahingehend zu ergänzen, dass ein **regionalplanerischer Ausgleich** sowie ein Ausgleich durch den Flughafenhalter vorzusehen sind, wenn die Entwicklung der jeweiligen Gemeinde durch die Auswirkungen des Fluglärms stark beeinträchtigt wird und die Ausweisung von Bauflächen aus Immissionsschutzgründen nicht zu vertreten ist. Die für die Regional- oder Landesplanung zuständige Stelle sollte hiernach ermächtigt werden, **Planungen zu untersagen** und **planerische Maßnahmen** oder **Ausgleichsmaßnahmen** vorzusehen. Noch nicht ausgeübte, vorhandene und potentielle **Baurechte** könnten in allen Schutzzonen aufgrund eines regionalplanerisch oder landesplanerisch definierten öffentlichen Interesses **eingeschränkt** werden. Die die Inhaltsbestimmung des Eigentums überschreitenden Eingriffe in Baurechte sollen durch den Flughafenhalter **entschädigt** werden.

Innerhalb eines angemessenen Zeitraums (z.B. vier Jahre) haben im Rahmen dieses Vorschlags die Träger der Landes- oder Regionalplanung mit Beteiligung der Gemeinden, der Immissionsschutzbehörden und des Flughafenhalters die Grundstücksflächen zu benennen, deren Baurechte eingeschränkt werden sollen, und finanzielle Ausgleichsvorschläge zu unterbreiten. Bis zu diesem Zeitpunkt unterliegt die bauliche Entwicklung der Bauflächen in den Schutzzonen einer Veränderungssperre. Die Festsetzung der Lärmschutzbereiche ist Voraussetzung für den Eintritt der Veränderungssperre.

Entsprechend wäre auch das Vorkaufsrecht des § 24 I BauGB auf Grundstücke in den festgesetzten Lärmschutzbereichen nach dem FlugLG auszuweiten.

Der Flugplatzhalter hat dann im Einvernehmen mit den Gemeinden Umsiedlungen in den Bereichen vorzunehmen, in denen der LAeq 65 dB(A) über-

192 LAI, Leitlinien zur Beurteilung von Fluglärm durch die Immissionsschutzbehörden der Länder v. 14.05.1997, Abschn. C. I.

schreitet oder in denen täglich über 100 Flugbewegungen mit Pegelüberschreitungen (NAT[193]) von 70 dB(A) Lärmbelastungen hervorrufen[194].

Begründet wird dies damit, dass bislang ein regional- oder landesplanerischer Ausgleich zwischen Gemeinden, die von Fluglärm betroffen sind, und solchen, die wirtschaftlich vorteilhaft gestellt sind (diese und jene sind oftmals nicht identisch), fehle. Hierauf beruhende bzw. sich verstärkende Konfliktlagen und Fehlentwicklungen seien in der Vergangenheit planerisch zumeist nicht vermeidbar gewesen. Die Regionen und Kommunen würden die Verantwortung für die flughafenfreundliche Siedlungsentwicklung tragen. In vielen Fällen sei der unangenehme Eingriff in die Baurechte unterblieben, politisches Konfliktpotential im Ort sei vermieden worden, während sich die übergreifende Konfliktlage verschärft und sich die Zahl der Betroffenen, die gesundheitlichen Gefährdungen ausgesetzt sind, erhöht habe. Sollte der Flughafenhalter ein Interesse an der Verhinderung von zusätzlichen (noch nicht ausgeschöpften) Baurechten haben, so sollte er die Gemeinden oder die Regionen um Unterstützung ersuchen und sie gleichzeitig finanziell freistellen. Je intensiver eine Zusammenarbeitgefördert werde, desto stärker würden die Gemeinden motiviert sein, den ohnehin

193 „Noise above threshold"; s. hierzu Oeser/Beckers, Fluglärm 2000, S. 368 f.; Beckers, BVF-Merkblatt LT 009: "Bündeln oder Streuen?".

194 s. Stellungnahme der BVF zur Novellierung des FlugLG – Novellierungsvorschlag der BVF, Art. 1
§ 5, www.fluglaerm.de/bvf/st-fluglaermgesetz-vorschlag.htm; Bock in: BVF, Fluglärm, S. 85 ff.

vorhandenen Siedlungsdruck[195] in die richtigen Bahnen zu lenken und die weitere Entstehung von Baurechten auszuschließen[196].

Diese Vorschläge erscheinen zwar als ein Beitrag von raumplanerischer Seite zur Lösung der Fluglärmproblematik durchaus bedenkenswert, übersteigen allerdings die dem Raumplanungsrecht derzeit zugewiesenen Eingriffs- und Gestaltungsmöglichkeiten[197].

Möglich ist zwar im Rahmen des Landesplanungsrechts die zeitlich befristete Untersagung raumordnungswidriger Planungen und Maßnahmen nach § 7 ROG durch die höhere Raumordnungsbehörde im Benehmen mit dem berührten öffentlichen Planungsträger[198]. Für den Fall, dass einer raumbedeutsamen Maßnahme Ziele der Raumordnung entgegenstehen, sieht § 12 I Nr. 1 ROG außerdem die neu eingeführte Möglichkeit der unbefristeten Untersagung vor (vorbe-

195 in den alten Bundesländern hat sich der tägliche Verbrauch von Freiflächen für Siedlungszwecke zwischen 1950 und 1985 von 94 auf 120 Hektar gesteigert, der Anteil von Siedlungsflächen an der Bodenfläche stieg im selben Zeitraum von 7,5 auf 12,5 Prozent, s. www.rp.baden-wuerttemberg.de/karlsruhe/bodenlehrpfad_weiherfeld/bod_flaechenverbrauch.htm.; nach Berechnungen des Statistischen Bundesamts lag 1997 der Anteil der Siedlungs- und Verkehrsfläche in Deutschland bei 11,8 Prozent, bis zum Jahr 2010 wird der Anteil der Siedlungsfläche auf 13,4 Prozent steigen. Der tägliche Flächenverbrauch lag im Jahr 2001 bei 129 ha (entsprechend 15 qm pro Sekunde), www.bbr.bund.de/raumordnung/siedlung/siedlung.htm. In Baden-Württemberg verkleinert sich das unbebaute Land täglich um zwölf Fußballfelder, so Staatssekretär S. Mappus beim Regionalverband Schwarzwald-Baar-Heuberg, s. Südkurier v. 25.06.2003, „Lieb und insbesondere teuer"; der Flächenverbrauch soll hier nach Berechnungen des Statistischen Landesamtes BW ohne Gegenmaßnahmen von derzeit täglich 12 Hektar auf 13,5 Hektar bis 2010 und auf 15,9 ha bis 2015 steigen, s. www.melap-bw.de. Die Tatsache, dass eine Generation nahezu das gleiche Maß an Flächen verbraucht hat wie sämtliche vorherigen Generationen zusammen, stimmt jedenfalls nachdenklich und stellt die kritische Frage, ob dieser Weg weiter fortsetzungsfähig ist.

196 s. Stellungnahme der BVF zur Novellierung des FlugLG – Anhang 1 Festlegung von Flugrouten und immissionsschutzrechtliche Betriebsregelungen, Begründung zu § 5, www.fluglaerm.de/bvf/st-fluglaermgesetz-anhang1.htm; ähnlich Koch beim gemeinsamen Symposium des UBA und der Forschungsstelle Umweltrecht der Universität Hamburg v. 10. - 11.06.2002 in Hamburg (s. den Bericht von Mechel, DVBl. 2002, 1459, 1461): Die in § 38 BauGB normierte Vorrangigkeit der Fachplanung gegenüber den bauplanungsrechtlichen Zulässigkeitstatbeständen sollte durch spezifische Planungs- und Genehmigungsschranken – teilweise mit Entschädigungsansprüchen – durchgesetzt werden. Zum Flughafenbau in der Landesplanung vgl. auch die Referate von Erbguth und Müller, ebenda, S. 1459 f.

197 vgl. hierzu Dörr in: Achterberg/Püttner/Würtenberger, BesVerwR, Bd. I, Kap. 3 Rn. 72 ff., 95 ff., 143 ff.

198 s. etwa § 15 LPlG BW; Dörr in: Achterberg/Püttner/Würtenberger, BesVerwR, Bd. I, Kap. 3 Rn. 182 ff.; zur thematisch-begrifflichen Differenzierung zwischen "Raumordnung" und "Landesplanung" s. Erbguth, NVwZ 2003, 144.

haltlich der Möglichkeit des Planungsträgers, sich nach Maßgabe des § 5 ROG durch Widerspruch aus der Zielbindung zu lösen[199]). Dies ist erforderlich geworden, da durch die parallele BauGB-Novelle das Anzeigeverfahren für Bauleitpläne, die aus dem Flächennutzungsplan entwickelt wurden, entfallen ist. So können Rechtsverstöße gegen § 1 IV BauGB nicht mehr im Anzeige- bzw. Genehmigungsverfahren geltend gemacht und behoben werden, falls der Flächennutzungsplan, aus dem der Bauleitplan entwickelt wurde, noch nicht an ein geändertes Ziel der Raumordnung angepasst ist. Diese Lücke soll durch die Möglichkeit der unbefristeten Untersagung geschlossen werden[200].

Über die Möglichkeit des § 12 ROG hinaus ist die Einhaltung der Raumordnungsziele aber nicht prozessual sanktioniert. In den Zulassungsverfahren nach § 8 LuftVG[201] sind zwar die gesetzlichen Raumordnungsgrundsätze des § 2 II ROG von der zuständigen Behörde zu berücksichtigen; den Grundsätzen kommt mithin rechtliche Abwägungsrelevanz zu. Über § 4 III ROG, dem die Anlage/Änderung von Flughäfen aufgrund ihrer Gemeinwohlorientiertheit und der mehrheitlichen Beteiligung der öffentlichen Hand an der Betreiberseite unterfällt, kommt es ferner zu einer entsprechenden Inpflichtnahme jener Unternehmen selbst: Sie haben die Raumordnungsgrundsätze bei ihren privaten (Flughafen-)Planungen zu berücksichtigen. Zum anderen ergibt sich eine insbesondere standortbezogene Ingerenz aus Zielen der Raumordnung in landesweiten Raumordnungs- und Regionalplänen. Anders als Grundsätze sind Ziele in ihrem raumordnerischen Gehalt, der durch die Anforderungen der Überörtlichkeit und Überfachlichkeit bestimmt und begrenzt wird, strikt verbindlich[202].

Ferner gilt – erneut – § 4 III ROG, der hinsichtlich der Zielbeachtlichkeit zunächst auf die entsprechende Geltung des § 4 I 2 Nr.1 ROG verweist, womit für die Flughafenzulassung nach § 8 LuftVG die bereits aus § 4 I 2 Nr. 2 ROG rührende Bindung auch als solche gegenüber einer Maßnahme öffentlicher Stellen zementiert wird. Überdies zieht § 4 III ROG den Absatz 1 Satz 1 der Vorschrift analog heran mit der Folge, dass zu Lasten der privatrechtlich organisierten Träger von Flughafenvorhaben – neben besagter Geltung der Grundsätze – eine di-

199 s. Erbguth, NVwZ 2003, 148.

200 s. Dörr in: Achterberg/Püttner/Würtenberger, BesVerwR, Bd. I, Kap. 3 Rn. 183.

201 s. hierzu näher unten, C. II.

202 § 4 IV ROG ändert daran vorliegend nichts, weil dessen Geltung im Anwendungsbereich der Zielbindung nach § 4 I 2 Nr. 2 ROG ausgeschlossen ist; die flughafenrechtliche Planfeststellung und -genehmigung unterfallen letzterer Vorschrift, s. Erbguth, NVwZ 2003, 147 f.; s. ebenda, S. 146 (Fn. 34), auch die Nachweise zu der – unterschiedlich beantworteten – Frage der Gemeinnützigkeit flughafenrechtlicher Planfeststellungen.

rekte, d.h. nicht (zulassungs)behördlich vermittelte Bindung an Raumordnungsziele eintritt[203].

Es ist aber z.B. unmöglich, unmittelbar gem. § 7 ROG auf das Baugenehmigungsverfahren einzuwirken, da sich die Sicherungsinstrumente des Raumordnungs- und Landesplanungsrechts nur an die planende Behörde richten (arg. § 3 III ROG)[204]. Für den Bürger werden die Ziele und Grundsätze der Raumordnung mittelbar dadurch verbindlich, dass sie Eingang in die gemeindliche Bauleitplanung finden. Sie beschränken dann aber lediglich über die §§ 29, 30 BauGB die Zulässigkeit baulicher Vorhaben. Im Rahmen der Bauleitplanung gehört das Ergebnis eines Raumordnungsverfahrens zum Abwägungsmaterial. Im Außenbereich (§ 35 BauGB) können sie als öffentlicher Belang Berücksichtigung finden[205], nicht hingegen im unbeplanten Innenbereich[206].

Ein unmittelbarer „Durchgriff" der Raumordnung auf die Nutzbarkeit von einzelnen Baugrundstücken zur Vermeidung einer an einen Flughafen heranrükkenden Wohnbebauung ist somit derzeit nicht möglich. Eine entsprechende Rechtsänderung erscheint aber durchaus erwägenswert, dies gerade vor dem oben dargelegten Hintergrund, dass im Standortwettbewerb der Kommunen eine angemessene Berücksichtigung der raumplanerischen Belange oftmals zu kurz kommt und daher eine Effektivierung des raumordnerischen Instrumentariums grundsätzlich zu begrüßen wäre.

Freilich wären hiermit erhebliche Kosten für die Flughafenhalter verbunden, die die Realisierbarkeit einer solchen Rechtsänderung gerade in Zeiten knapper Kassen in Frage stellen – bei dem bisherigen, immer noch andauernden Warten auf die Novelle zum FlugLG konnte mittlerweile diese Lehre gezogen werden.

---

203 Erbguth, NVwZ 2003, 144 ff., 148; neben planerischen Einwirkungen der Raumordnung auf die Zulassung von Flughäfen stehen jene einer Abstimmung raumbedeutsamer Maßnahmen im und durch Raumordnungsverfahren. Als sonstige Erfordernisse der Raumordnung wirken seine Ergebnisse in der flughafenrechtlichen Planfeststellung oder -genehmigung wie Grundsätze der Raumordnung; es gilt also das zu § 4 II und III ROG Ausgeführte.

204 vgl. BGHZ 88, 51 ff. = BRS 40 Nr. 168; Dörr in: Achterberg/Püttner/Würtenberger, BesVerwR, Bd. I, Kap. 3 Rn. 50.

205 OVG Lüneburg, BRS 18 Nr. 55; zu den Grundsätzen der Abwägungs(fehler)lehre s.u., B. II. 4. a, aa) und B. IV.

206 s. BGHZ 88, 51 ff. = BRS 40 Nr. 168; Finkelnburg in: ders./Ortloff, Öff. BauR, Bd. I, S. 271, 274 f.

f) Die besondere Problematik des Schutzes der Nachtruhe

Im Zuge einer Novellierung des FlugLG ist ein verstärktes Augenmerk auch auf die besondere Lärmproblematik des Nachtflugverkehrs zu richten. Nachtflüge sind an einigen Flughäfen verboten (etwa Charterflüge in Frankfurt), an anderen erlaubt (Charterflüge in Hannover), an weiteren Flughäfen begrenzt erlaubt (bis 160 Flüge pro Nacht in Köln/Bonn; z.B. keine Starts und Landungen für Flugzeuge nach Kap. 3 ICAO-Annex 16, die nicht auf der Bonusliste des BMV stehen, zwischen 22 und 6 Uhr)[207].

Um gesundheitlich relevante Schlafstörungen bei den betroffenen Anwohnern zu vermeiden, schlägt das BMU die Einrichtung von Nachtschutzzonen vor, deren Konturen sich ausschließlich aus den nächtlichen Fluglärmereignissen bestimmen[208]. Die Grenze der Nachtschutzzone soll bei einem aus Wirkungsuntersuchungen abgeleiteten, auf den Schutz vor gesundheitsrelevanten Störungen des Nachtschlafes abstellenden Wert des Mittelungspegels über die Nacht von 50 dB(A) außen liegen. Zur Nachtschutzzone bei vorhandenen Flugplätzen sollen auch die Bereiche gehören, in denen regelmäßig fluglärmbedingte nächtliche Maximalpegel von 55 dB(A) in Schlafräumen überschritten sind. Für den Neu- und Ausbau von Flugplätzen und Luft/Boden-Schießplätzen wird neuerer Rechtsprechung folgend auf einen um 5 dB(A) niedrigeren Nachtmittelungspegel [also 45 dB(A)] außen und einen auf 52 dB(A) abgesenkten Maximalpegel innen abgestellt[209]. Die Nachtschutzzone ergibt sich als Umhüllende der beiden nach diesen Kriterien ermittelten Konturen, wobei jeweils die Betriebsrichtungen getrennt berücksichtigt werden[210].

Als Rechtsfolge denkt das BMU unter Hinweis auf das Verursacherprinzip an die Erstattung der Kosten für den Einbau belüfteten Schallschutzes durch den Flugplatzhalter. Betroffen wären von dieser Rechtsfolge nur die wenigen Verkehrsflughäfen, an denen in beträchtlichem Umfang Nachtflugbetrieb stattfin-

---

207 s. www.fluglaerm.com/nachtflug.shtml, dort auch zu geplanten Lenkungsmaßnahmen durch Gebührenentlastungen für Tagesfracht; ähnliche Regelungen gelten am Flughafen Düsseldorf, s. www.duesseldorf-international.de; am Flughafen München herrscht zwischen 22 und 24 Uhr sowie zwischen 5 und 6 Uhr eingeschränkter Flugbetrieb, www.munich-airport.de, in Hamburg zwischen 23 und 6 Uhr, www.fluglaerm-hh.de/Nachtflug0.htm, ebenso in Stuttgart, s. unter www.lfu.baden-wuerttemberg.de; zu den völker- und europarechtlichen Rahmenbedingungen für die Einführung eines Nachtflugverbots am Bsp. des Flughafens Frankfurt/Main s. Hobe/Stoffel, ZLW 2003, 1 ff.; s. auch Kilian, NVwZ 1998, 142 sowie oben, Fn. 73 u. unten, Fn. 211.

208 BMU, Eckpunktepapier (Stand: Mai 2000), Abschn. 5. II.

209 UBA, Begründung d. Referentenentwurfs zur FlugLG-Novelle, Stand: 15.11.2000, unter Allgemeines, Abschn. A.3 sowie B. zu Art. 1 Nr. 3 (§ 2 FlugLG).

210 s. hierzu oben, A. II. 2. b, e), dort auch Fn. 165.

det[211]. Bei diesen Flughäfen würden allerdings Modellrechnungen zufolge ausgedehnte Nachtflugzonen entstehen[212].

Darüber hinaus erscheint es dem BMU zur Lösung der Problematik geboten, Betriebszeiteinschränkungen für laute Verkehrsflugzeuge ins Luftverkehrsrecht aufzunehmen. Hierfür kommt in erster Linie ein generelles Verbot nächtlicher Starts und Landungen von Verkehrsflugzeugen in Betracht, die nicht auf der Bonusliste für besonders lärmgeminderte Verkehrsflugzeuge[213] stehen. Außerdem sollte sichergestellt werden, dass neben dem Bundesministerium für Verkehr, Bau- und Wohnungswesen (BMVBW) auch das BMU an der Fortschreibung der Bonusliste mitwirkt[214].

Durch diese Maßnahmen zur Verbesserung des Schutzes der Nachtruhe kann nach Ansicht des BMU in aller Regel erreicht werden, dass in ausreichend belüfteten Schlafräumen nächtliche Maximalpegel von 55 dB(A) oder mehr nicht auftreten[215]. Sofern es gleichwohl im Einzelfall regelmäßig zu Überschreitungen dieses Maximalwertes kommt, soll auch außerhalb der Nachtschutzzone ein Anspruch auf belüfteten Schallschutz bestehen[216].

Die bisherigen Einschränkungen der baulichen Nutzung in der Schutzzone 2 sollen im neu gefassten § 6 FlugLG für die neuen Nachtschutzzonen entsprechend übernommen werden. Dies soll zusammen mit den für die Nachtschutzzonen geltenden Schallschutzanforderungen sicherstellen, dass die Anwohner in

---

211 einen hohen Nachtfluganteil hat z.B. der Flughafen Köln/Bonn, s. Friedrich (UBA), Ökonomische Aspekte zur Novellierung des Fluglärmgesetzes, in: DAL (Hrsg.), Interdisziplinäre Konferenz Fluglärm, S. 111.

212 BMU, Eckpunktepapier (Stand: Mai 2000), Abschn. 5. II.

213 s. hierzu oben, A. II. 1. b).

214 BMU, Eckpunktepapier (Stand: Mai 2000), Abschn. 5. II.

215 Spitzenpegel von max. 55 dB(A) in Schlafräumen fordert auch die BVF, s. Beschluss der Mitgliederversammlung v. 14.10.1995, BVF-Merkblatt BV004: „Forderungen zur Luftverkehrsgestaltung", www.fluglaerm.de/bvf/mluftges.htm; Oeser/Beckers, Fluglärm 2000, S. 349. Gefordert werden außerdem die ausdrückliche Übernahme eines Rechts auf Nachtruhe, Grenzwerte für die lärmsensiblen Tagesrandzeiten, die Einführung von Maximalpegelkriterien zusätzlich zu den Mittelungspegelkriterien sowie Maßnahmen und Verantwortlichkeiten der Immissionsschutzbehörden zur Einhaltung der Grenzwerte. Bei der Verwendung von Mittelungspegeln dürften diese 32 dB(A) am Ohr nicht überschreiten und es dürfe keine größere Differenz als 10 dB(A) zwischen innen und außen bei ausreichend gekippten Fenstern angesetzt werden, s. BVF-Stellungnahme zu den Eckwerten des BMU zur Novellierung des FlugLG (www.fluglaerm.de/bvf/stfluglg.htm); Koch (Referat beim gemeinsamen Symposium des UBA und der Forschungsstelle Umweltrecht der Universität Hamburg v. 10. - 11.06.2002 in Hamburg, s. den Bericht von Mechel, DVBl. 2002, 1459, 1461) hält den für die Nachtschutzzone vorgesehenen Maximalpegel von 55 dB(A) innen für fragwürdig. Näheres zu diesen Punkten unten, B. IV. 1 b aa), C. VI. 2., 5.

216 BMU, Eckpunktepapier (Stand: Mai 2000), Abschn. 5. II.

der Nachtschutzzone in Schlafräumen vor nächtlichem Fluglärm geschützt werden[217].

Während die Vorschläge zur Schaffung von Nachtschutzzonen grundsätzlich der Verbesserung des passiven Schallschutzes, den das FlugLG in seiner aktuellen Fassung gewährt, dienen, ist die geplante Aufnahme von Nachtflugverboten in das Gesetz bemerkenswert. Denn hiermit würden erstmals auch Maßnahmen des aktiven Schallschutzes in diesem Gesetz geregelt und vorgeschrieben. Bislang kommen Nachtflugverbote und -beschränkungen (oder auch Lärmkontingentierungen) nur als Betriebsregelungen in Frage, die rechtlich vor allem als Nebenbestimmungen zu Verwaltungsentscheidungen oder als selbständige Anordnungen fixierbar sind[218]. An gesetzlichen Betriebsregelungen gibt es lediglich die in den §§ 2 I Nr. 4 und 29 b LuftVG normierte Pflicht, vermeidbare Geräusche zu verhindern und die Ausbreitung unvermeidbarer Geräusche auf ein Mindestmaß zu beschränken. Ob diese Regelungen tatsächlich einen wichtigen Anteil an der fraglos eingetretenen Lärmreduzierung gehabt haben, ist zweifelhaft[219].

Durch die Erweiterung des FlugLG um Betriebsregelungen wie Nachtflugbeschränkungen könnte das Gesetz an das Lärmbekämpfungsmodell der §§ 41 ff. BImSchG (Vorrang des aktiven Lärmschutzes, s.u. C. I. 2.) ein Stück weit angenähert werden.

Zwar sind an fast allen deutschen Flughäfen Nachtflugbeschränkungen in Abhängigkeit der jeweiligen Lärmklassifizierung eingeführt worden[220]. Allerdings sind diese Nachtflugbeschränkungen unter Berücksichtigung der örtlichen Gegebenheiten sehr stark von einer Vielzahl unterschiedlicher Ausnahmeregelungen geprägt, so dass ein generelles Nachtflugverbot sich bisher nicht durchsetzen ließ.

Zur Erreichung eines effektiven Immissionsschutzes zur Nachtzeit (22 bis 6 Uhr) sollten Standardanforderungen für alle europäischen Verkehrsflughäfen erhoben werden, um zu verhindern, dass ein Flughafen als Ausweichflughafen angeflogen wird, der weniger strengen Nachtflugbeschränkungen unterliegt, und so die Flughäfen im europäischen Standortwettbewerb gegeneinander ausgespielt werden.

---

217 UBA, Begründung zum Referentenentwurf, Abschn. B. zu Art. 1 Nr.6.

218 vgl. § 6 IV 1 LuftVG; s. auch BVerwGE 87, 332 ff. und Czybulka, UPR 1999, 126, 128.

219 s. Czybulka, UPR 1999, 126, 128; näher zu § 29 b LuftVG s. unten, B. IV. 1. b, aa).

220 s. hierzu das Luftfahrthandbuch Deutschland, DFS Deutsche Flugsicherung GmbH, Langen.

Unter Berücksichtigung der örtlichen Gegebenheiten sollte schrittweise erreicht werden, dass Ruhestörungen durch Fluglärm in der Nachtzeit (22 bis 6 Uhr) Ausnahmecharakter haben[221].

Die von 1995 bis 2002 erfolgte sukzessive Ausmusterung der lauten Kap.-2-Flugzeuge gemäß der EG-Richtlinie 92/14/EWG[222] und deren Umsetzung in nationales Recht (§ 11 c LuftVO) hat zur Eliminierung einer gewichtigen Lärmquelle geführt[223]. Für alle Flugzeuge ohne Lärmzulassung und mit Lärmzulassung nach ICAO-Anhang 16, Band I Kap. 2 sollte an Verkehrsflughäfen ein generelles Nachtflugverbot gelten.

Die nach ICAO-Anhang 16, Bd. I Kap. 3 zertifizierten Flugzeuge sind neu dem Stand der Technik entsprechend zuzuordnen. Für die dann neu klassifizierten Kapitel-3-Flugzeuge der lauteren Lärmklasse empfiehlt der LAI die Einführung eines Nachtflugverbots von 22.30 bis 6 Uhr. Die modernen Kap.-3-

221 LAI, Leitlinie zur Beurteilung von Fluglärm durch die Immissionsschutzbehörden der Länder v. 14.05.1997, Abschn. C. III. b).

222 Richtlinie 92/14/EWG des Rates v. 02.03.1992 zur Einschränkung des Betriebs von Flugzeugen des Teils II Kap. 2 Bd. 1 des Anhangs 16 zum Abkommen über die Internationale Zivilluftfahrt, 2. Ausgabe (1988), Amtsblatt der Europäischen Gemeinschaften Nr. L 76 S. 21 v. 23.03.1992; s.o., A. II. 1. a, b).

223 Beckers (BVF-Merkblatt LT003: „Wie wird sich der Fluglärm künftig weiter entwickeln?“, www.fluglaerm.de/bvf/mzukunft.htm; Oeser/ders., Fluglärm 2000, S. 361) hält daher das Erfolgspotential für weitere Lärmreduzierungen an der Quelle für nur noch sehr gering. Die theoretischen Möglichkeiten seien weitgehend ausgeschöpft und weitere Verbesserungen erforderten immer kleinere und aufwändigere Schritte. Zudem mache sich beim Landelärm der aerodynamische Lärm (z.B. die Wirbelbildung an Fahrwerken, Klappen etc.) immer stärker bemerkbar und überdecke unter bestimmten Abstrahlwinkeln bereits den Triebwerkslärm. Hinzu komme, dass sich Verbesserungen in den Dauerschallpegeln erst bemerkbar machten, wenn es fast nur noch solche Flugzeuge gebe, denn die Dauerschallpegel würden von den (wenigen) lautesten Pegeln bestimmt. Ein lautes Flugzeug erzeuge die gleiche Schallenergie wie 100 um 20 resp. 26,6 dB(A) leisere Flugzeuge beim Leq(3) resp. Leq(4). Zu bedenken sei auch, dass neue Antriebstechniken den Lärm sogar noch erhöhen könnten. So seien die ersten UDF-Ausführungen der neu entwickelten „Propfan“-Triebwerke so laut gewesen, dass sie aus 10.000 m Höhe noch über 75 dB(A) am Boden erzeugten.
Mangels internationaler Einigungen auf strengere Zulassungsbedingungen sei nach der Ausmusterung der Kap.-2-Flugzeuge im Jahr 2002 wieder mit deutlichen Anstiegen der Dauerschallpegel aufgrund des Mehrverkehrs zu rechnen; vgl. hierzu auch ders., „Führen weniger laute Flugzeuge zu einem Rückgang der Lärmprobleme?“, ZfL 38 (1991), S. 109 ff.; nach Ansicht von Schulte (Vortrag beim gemeinsamen Symposium des UBA und der Forschungsstelle Umweltrecht der Universität Hamburg v. 10. - 11.06.2002 in Hamburg, s. den Bericht von Mechel, DVBl. 2002, 1459 f.) gibt es aufgrund der langen Lebensdauer von Flugzeugen und der langen Entwicklungszyklen neuer Technologien in diesem Bereich keine Aussicht auf kurzfristige Lösungen. Für Flugzeuge der nächsten Generation seien Lärmminderungen von 5-10 dB(A) möglich.

Flugzeuge, die mit besonders leisen Triebwerken ausgestattet sind, sollen in einer Kernzeit – z.B. von 0 bis 6 Uhr – nicht starten und landen dürfen.

Zudem sollte der nächtliche Post-, Kurier- und Frachtflugverkehr innerhalb des Bundesgebiets zwischen 23 und 6 Uhr soweit wie möglich auf lärmarme Verkehrsträger (z.B. Bahn) verlagert und nur auf das unabdingbar Notwendige beschränkt werden, wenn eine angemessene oder zumutbare Alternative angeboten wird[224].

Ausnahmen von diesen Nachtflugbeschränkungen sollten – abgesehen von Modifikationen aufgrund besonderer örtlicher Gegebenheiten – auf Härte- und Notfälle sowie auf Starts und Landungen aus Sicherheitsgründen beschränkt werden. Hierzu gehören Landungen von Luftfahrzeugen, die den Flughafen nachweislich aus meteorologischen, technischen oder sonstigen Sicherheitsgründen als Ausweichflughafen anfliegen; Starts und Landungen von Luftfahrzeugen, die sich im Katastrophen- oder dringenden medizinischen Hilfeleistungseinsatz befinden sowie in Notfällen; Vermessungsflüge, soweit sie zur Aufrechterhaltung der Flugsicherheit notwendig sind, sowie Starts und Landungen in Härtefällen nach Genehmigung durch die jeweils zuständigen Luftaufsichtsbehörden sowie von Luftfahrzeugen der Flugbereitschaft des Bundesverteidigungsministeriums (BMVg) in unabdingbar notwendigen Fällen[225].

Demgegenüber wird der Auftrag der Bundeswehr und der in der BRD stationierten Streitkräfte der Bündnispartner keine generellen Nachtflugbeschränkungen für militärische Flugplätze zulassen. Die sich aus dem militärischen Auftrag ergebenden besonderen Aufgaben insbesondere zur Herstellung und Erhaltung der Nachteinsatzfähigkeit der fliegenden Besatzungen sowie u.a. die Sicherung der Lufthoheit stehen einer Beschränkung von Einsätzen während der Nachtstunden entgegen.

Der Umfang des Nachtflugbetriebs an militärischen Flugplätzen, der grundsätzlich bis 24 Uhr beendet wird, ist auf das zur Erfüllung des Einsatz- und Ausbildungsauftrages unbedingt notwendige Mindestmaß begrenzt. Da militärische Flugplätze i.d.R. in weniger dicht besiedelten Gebieten liegen, ist das Ausmaß

224 LAI, Leitlinie zur Beurteilung von Fluglärm durch die Immissionsschutzbehörden der Länder v. 14.05.1997, Abschn. C. II.1, III. b); eine generelle Verlagerung von Kurzstreckenflügen unter 500 km auf die Schiene fordert außerdem die BVF, s. Beschluss der Mitgliederversammlung v. 14.10.1995, Merkblatt BV004: „Forderungen zur Luftverkehrsgestaltung", www.fluglaerm.de/bvf/mluftges.htm; Oeser/Beckers, Fluglärm 2000, S. 349; vgl. auch die Ausführungen von Th. Schmidt (beim gemeinsamen Symposium des UBA und der Forschungsstelle Umweltrecht der Universität Hamburg v. 10. - 11.06.2002 in Hamburg, s. den Bericht von Mechel, DVBl. 2002, 1459): Die Luftverkehrskonzepte der Bundesregierung verfolgten einen integrierten Ansatz und strebten eine effiziente Nutzung und Verzahnung der bestehenden Infrastruktur an.

225 LAI, Leitlinie zur Beurteilung von Fluglärm durch die Immissionsschutzbehörden der Länder v. 14.05.1997, Abschn. C. II. 1.

der Lärmbelastung der Bevölkerung auch nicht vergleichbar mit der an Verkehrsflughäfen in Ballungsgebieten[226].

Die Anhörung beteiligter Kreise sieht der Referentenentwurf zur Änderung des FlugLG in Art. 1 Nr. 12 § 14 FlugLG vor[227]. Soweit Ermächtigungen zum Erlass von Rechtsverordnungen zur Durchführung des FlugLG die Anhörung der beteiligten Kreise vorschreiben, ist ein jeweils auszuwählender Kreis von Vertretern der Wissenschaft, der Technik, der Flugplatzunternehmen, der kommunalen Spitzenverbände, der BVF, der Kommission nach § 32 b LuftVG und der für die Luftfahrt und den Immissionsschutz zuständigen obersten Landesbehörden zu hören.

g) Erweiterung von Verfahrens-, Beteiligungs- und Informationsrechten

Mit der geplanten Änderung von § 10 II LuftVG wird die Beteiligung der BVF als dem auf diesem Gebiet bundesweit tätigen Verband[228] an Planfeststellungsverfahren zur Genehmigung von Flugplätzen erreicht. § 10 VI LuftVG räumt dieser Vereinigung sowie den nach § 29 I BNatSchG anerkannten Verbänden ein Klagerecht gegen Planfeststellungsbeschlüsse oder an deren Stelle tretende Plangenehmigungen ein, sofern diese Auswirkungen auf den Schutz vor Fluglärm haben können. Hierdurch erhält die **Verbändebeteiligung** im Verwaltungsverfahren auf diesem Gebiet des Umweltschutzes mehr Gewicht und trägt auf diese Weise auch zur Stärkung der Belange des Lärmschutzes vor Ort bei[229]. Das Verfahren richtet sich nach den Vorschriften der VwGO, soweit sich aus Satz 2 und den Absätzen 7 bis 9 nichts anderes ergibt.

Abs. 6 S.2 schließt das Klagerecht aus verfahrensökonomischen Gründen in den Fällen aus, in denen ein in Abs. 6 genannter Verwaltungsakt aufgrund einer

226 LAI, Leitlinie zur Beurteilung von Fluglärm durch die Immissionsschutzbehörden der Länder v. 14.05.1997, Abschn. C. II. 2.; zum Tieffluglärm s.u., A. II. 2. j).
227 s. UBA, Referentenentwurf, Abschn. B. Begründung zu Art. 1 Nr. 12 (§ 14 FlugLG).
228 in der BVF (www.fluglaerm.de) sind 81 Schutzvereinigungen sowie 34 Städte, Gemeinden und Kreise vertreten; s. auch Bosshardt, „Kloten vor erheblichen Nachspielen“, Tagesanzeiger v. 06.09.2001.
229 zur „Privatisierung des Gemeinwohls“ durch das Instrument der Verbandsklage vgl. Calliess, NJW 2003, 97 ff.

vorausgegangenen verwaltungsrechtlichen Entscheidung erlassen wurde. Ebenfalls ausgeschlossen sind nach Abs. 7 Rechtsbehelfe mit allen Einwendungen, die bereits im Rahmen des Verwaltungsverfahrens hätten geltend gemacht werden können. Durch diese Regelung soll erreicht werden, dass die Verbände ihre Sachkunde bereits im Verwaltungsverfahren einbringen und damit den zuständigen Behörden ermöglichen, sich bereits in diesem Stadium mit etwaigen Bedenken auseinander zu setzen. Damit dient die Regelung auch der Verfahrensbeschleunigung (vgl. hierzu die materielle Präklusion in § 73 IV 3 VwVfG). Nach Abs. 8 bleibt das Klagerecht unberührt, wenn rechtswidrig von den in Abs. 6 genannten Verwaltungsakten abgesehen wurde oder an deren Stelle andere, eine Verbandsklage ausschließende Verwaltungsakte gesetzt wurden. Abs. 9 begrenzt die Frist, in der bei unterlassener Bekanntgabe von Verwaltungsakt oder Widerspruchsbescheid Klage oder Widerspruch erhoben werden kann. Die Regelung dient der Schaffung von Rechtssicherheit[230].

§ 19 a LuftVG soll die Einrichtung und den Betrieb fortlaufender **Messeinrichtungen** (Fluglärmüberwachungsanlagen) an Verkehrsflughäfen, die dem Fluglinienverkehr angeschlossen sind, vorschreiben. Diese Bestimmung wird auf zivile Flugplätze mit Lärmschutzbereich ausgedehnt, da an diesen Flugplätzen eine erhebliche Fluglärmbelastung auftreten kann. Darüber hinaus wird vorgeschrieben, die Messdaten der Fluglärmüberwachungsanlagen nunmehr regelmäßig zu veröffentlichen, um eine angemessene **Information der Bevölkerung** über die Fluglärmsituation am jeweiligen Flugplatz sicherzustellen[231].

Das Einvernehmen mit dem BMU beim Erlass von Rechtsverordnungen nach den Nr. 1, 3 und 18 soll die Bedeutung unterstreichen, die der Wahrung des Schutzes vor Fluglärm bei den entsprechenden Regelungen zukommt[232].

Nach § 32 a LuftVG ist beim BMU und beim BMVBW ein Beratender Ausschuss zu bilden, der vor Erlass von Rechtsverordnungen und allgemeinen Verwaltungsvorschriften zum LuftVG zu hören ist, soweit sie dem Schutz gegen Fluglärm und gegen Luftverunreinigungen durch Luftfahrzeuge dienen. Der Ausschuss wird in der geplanten Neufassung in § 32 a I S. 3 LuftVG um einen Vertreter des für diesen Bereich sachverständigen UBA erweitert.

---

230 UBA, Referentenentwurf, Abschn. B., Begründung zu Art. 2 Nr. 1 (§ 10 LuftVG).

231 UBA, Referentenentwurf, Abschn. B., Begründung zu Art. 2 Nr. 2 (§ 19a LuftVG); das Ziel einer besseren Information der Öffentlichkeit verfolgt auf europäischer Ebene z.B. auch die neue Umgebungslärmrichtlinie, s. o., A. II. 1. c).

232 UBA, Referentenentwurf, Abschn. B., Begründung zu Art. 2 Nr. 3 (§ 32 I LuftVG).

h) Stärkung der Funktion der „Fluglärmkommission“ sowie des Fluglärmbeauftragten

Nach § 32 b LuftVG ist an allen Verkehrsflughäfen, für die ein Lärmschutzbereich nach dem FlugLG festzusetzen ist, eine Kommission zu bilden, die die Genehmigungsbehörde über Maßnahmen zum Schutz gegen Fluglärm und gegen Luftverunreinigungen durch Luftfahrzeuge berät (sog. Fluglärmkommission). Über diese gesetzliche Verpflichtung hinaus bestehen bereits an verschiedenen zivilen Flugplätzen Fluglärmkommissionen, die auf freiwilliger Basis von der zuständigen Genehmigungsbehörde eingerichtet wurden.

Ebenso sind auch an verschiedenen militärischen Flugplätzen mit Strahlflugzeugbetrieb Fluglärmkommissionen gebildet worden. Die Einrichtung dieser Kommissionen geht auf eine Weisung des Inspekteurs der Luftwaffe aus dem Jahre 1989 zurück und wird als Instrument der Öffentlichkeitsarbeit vom BMVg verstanden[233].

Die Einrichtung der Fluglärmkommission an den Verkehrsflughäfen hat sich nach Ansicht des UBA in der Vergangenheit sehr bewährt. Aus diesem Grund und als Folge der Ausweitung des Geltungsbereichs des novellierten FlugLG wird § 32 b LuftVG auf die Flugplätze und Luft/Boden-Schießplätze erweitert, für die ein Lärmschutzbereich festgesetzt wird. Damit wird auch einem Anliegen des Verkehrsausschusses des Deutschen Bundestags Rechnung getragen, der in einer Beschlussempfehlung vom 17.06.1998 die Bürgerbeteiligung als ein Verbesserungsziel benannt hat[234].

Nach Ansicht des UBA hat es sich zudem sehr bewährt, dass es an den meisten deutschen Verkehrsflughäfen einen Fluglärmbeauftragten gibt[235]. Solche Fluglärmschutzbeauftragten sollen daher für alle zivilen Flugplätze eingeführt werden, an denen ein Lärmschutzbereich nach dem FlugLG festgesetzt wird. Die Fluglärmschutzbeauftragten werden von der Genehmigungsbehörde im Einvernehmen mit der Immissionsschutzbehörde bestellt und sind vom Flugplatzunternehmer unabhängig.

Nach der bisherigen Rechtslage ist das Luftfahrtbundesamt (LBA) ermächtigt, Flugverfahren einschließlich der Flugwege, Flughöhen und Meldepunkte durch Rechtsverordnung festzulegen. Durch die vorgesehene Änderung der

233 s. unter www.fluglaerm-erlensee.de/BR060601.htm.
234 UBA, Referentenentwurf, Abschn. B., Begründung zu Art. 2 Nr. 5 (§ 32b I LuftVG).
235 UBA, Referentenentwurf, Abschn. B., Begründung zu Art. 2 Nr. 6 (§ 32d LuftVG).

LuftVO[236] soll eine stärkere Berücksichtigung der Lärmschutzbelange bei der Festlegung der Flugstrecken und Verfahren erreicht werden. Dazu soll in § 27 a II LuftVO festgelegt werden, dass Rechtsverordnungen, die von grundsätzlicher Bedeutung für die Fluglärmminderung sind, im Einvernehmen mit dem UBA erlassen werden[237].

Art. 4 des Referentenentwurfs regelt die Rückkehr zum einheitlichen Verordnungsrang für die durch dieses Gesetz geänderten Vorschriften der LuftVO. Dies bedeutet, dass es möglich sein soll, die auf Art. 3 beruhenden Teile der dort geänderten Rechtsverordnungen aufgrund der jeweils einschlägigen Ermächtigungen durch Rechtsverordnung zu ändern.

i) Erstattungsregelungen im FlugLG

Die Erstattungsregelung in § 9 I, III FlugLG für die Schutzzone 1 (Erstattung der Aufwendungen für bauliche Schallschutzmaßnahmen bis zu einem bestimmten Höchstbetrag durch den Flugplatzhalter) hat sich nach Ansicht des UBA bewährt und soll daher für die neue Schutzzone 1 entsprechend übernommen werden. § 9 II der angedachten Fassung räumt nunmehr in Ergänzung der bisherigen gesetzlichen Regelungen dem Eigentümer eines in der Nachtschutzzone gelegenen Grundstücks den Anspruch auf Erstattung von Aufwendungen ein, die für den Einbau von Schallschutz- und Belüftungseinrichtungen in Schlafräumen entstehen. Hierdurch wird eine deutliche Verbesserung des Schutzes innerhalb der Wohngebäude erwartet[238].

§ 9 V FlugLG soll in seiner künftigen Fassung im Gegensatz zur bisherigen Regelung den Höchstbetrag zur Erstattung der Aufwendungen für bauliche

---

236 s. UBA, Referentenentwurf, Abschn. B., Begründung zu Art. 3.

237 nach Ansicht der DFS (s. Mevenkamp in: DAL (Hrsg.) , Interdisziplinäre Konferenz Fluglärm, S. 89 ff., 102) bringt eine „Konkurrenzsituation" zwischen LBA und UBA im Bereich Rechtsverordnungen hingegen keine qualitative Steigerung des Lärm- und Umweltschutzes; ähnlich der Verband der Allgemeinen Luftfahrt e.V. (AOPA-Germany), der durch die Doppelzuständigkeit von LBA und UBA verwaltungsorganisatorische Komplikationen und Verzögerungen erwartet. Zudem sei die Formulierung „Rechtsverordnungen von besonderer Bedeutung..." zu unbestimmt; s. AOPA-Stellungnahme v. 26.03.2001, unter www.aopa.de; zu den Novellierungsmöglichkeiten hinsichtlich der Flugverfahren s. ausführlich unten, C. VI.

238 UBA, Begründung zum Referentenentwurf, Abschn. B. zu Art. 1 Nr.8.

Schallschutzmaßnahmen nicht selbst festlegen, sondern eine Ermächtigung zum Erlass einer entsprechenden Rechtsverordnung enthalten[239].

Entsprechend den Absätzen 6 bis 8 soll beim Neubau von Flughäfen, Landeplätzen, militärischen Flugplätzen und Luft/Boden-Schießplätzen und nach wesentlichen baulichen Erweiterungen bestehender Flugplätze bzw. Luft/Boden-Schießplätze für Gebäude in der Schutzzone 1 eine Entschädigung für Beeinträchtigungen des Außenwohnbereichs (Terrassen, Balkone etc.), die durch bauliche Maßnahmen nicht angemessen geschützt werden können, gewährt werden, um der nach Fertigstellung der Baumaßnahme geänderten Fluglärmsituation Rechnung zu tragen. Abs. 8 enthält die Ermächtigung, die Entschädigungsregelung für die Schutzzone 1 in einer Rechtsverordnung zu treffen[240].

j) Tieffluglärm

Die BVF fordert auch eine Regelung im FlugLG für die Tieffluggebiete, in denen ihrer Ansicht nach die schlimmsten Fluglärmbelastungen überhaupt stattfinden. Es könne nicht angehen, dass die Menschen in solchen Gebieten gar nicht geschützt würden[241].

Eine Studie des Bundesgesundheitsamts über militärischen Tieffluglärm[242] hat ergeben, dass enge Zusammenhänge zwischen Schreck und Angstreaktionen, die auf hohen Pegelanstiegsgeschwindigkeiten beruhen, und sehr starken Belästigungen bestehen. Ein Vergleich der ermittelten Belästigungsangaben mit Angaben zu Fluglärm an Verkehrsflughäfen[243] zeigt, dass in den hochbelasteten Tieffluggebieten ein Belästigungsmaß besteht, das an Verkehrsflughäfen erst bei 20 dB(A) höheren Pegeln zu erwarten ist [Tiefflugmalus von 20 dB(A)]. Dieser Maluswert nimmt aber bei niedrigeren Mittelungspegeln ab. Bei Werten unter 60 dB(A) wird etwa das gleiche Belästigungsausmaß erreicht wie bei Fluglärm an Verkehrsflughäfen[244].

---

239 als Folgeänderung entfallen in § 9 IV FlugLG die Sätze 2 und 3.

240 UBA, Begründung zum Referentenentwurf, Abschn. B. zu Art. 1 Nr.8.

241 s. Stellungnahme der BVF zur Novellierung des FlugLG, www.fluglaerm.de/bvf/stflug-lg.htm und www.fluglaerm.de/bvf/st-fluglaermgesetz-ref1.htm.

242 Nachweise bei Ortscheid/Wende, Studie „Fluglärmwirkungen“, hrsg. vom UBA, Stand: 14.08.2001, www.umweltbundesamt.de/uba-info-daten/daten/fluglaerm/4.htm.

243 s. Richtlinie VDI 3722 Blatt 1.

244 s. Ortscheid/Wende, Studie „Fluglärmwirkungen“, UBA, www.umweltbundesamt.de/uba-info-daten/daten/fluglaerm/4.htm.

Zu beachten ist allerdings, dass die dieser Studie zugrunde liegenden Belastungs- und Belästigungserhebungen in Gebieten vorgenommen wurden, in denen die Mindestflughöhen 75 bzw. 150 Meter betrugen. Tiefflüge – also Flüge mit strahlgetriebenen Kampfflugzeugen im niedrigen Höhenband – finden jedoch grundsätzlich nur noch im Höhenbereich von 300 bis 450 Meter statt, die Mindestflughöhe von 150 Metern über Grund wurde vom BMVg ausgesetzt. Auch die 7 Tiefstfluggebiete bis herab zu 75 Metern über Grund wurden abgeschafft[245].

Zudem ist die Zahl der Tiefflüge aufgrund der politischen Entspannung in Europa in den letzten Jahren drastisch gesunken. Nach Angaben der Flugbetriebs- und Informationszentrale (FLIZ) des Luftwaffenamtes wurden 1980 noch 130.000 Tiefflüge jährlich durchgeführt, mittlerweile sind es nur noch rund 14.000[246]. Der Bestand an Kampfflugzeugen in Deutschland verringerte sich von ursprünglich etwa 2.300 im Jahr 1990 auf rund 750 im Jahr 1995. In Baden-Württemberg wurde auf den drei größeren militärischen Flughäfen Bremgarten, Lahr und Söllingen der militärische Betrieb eingestellt, so dass im Land nur noch wenige militärisch genutzte Landebahnen verbleiben[247].

Bei Tiefflügen in der Nacht mit strahlgetriebenen Militärflugzeugen muss eine Mindestflughöhe von 300 Metern über dem höchsten Hindernis eines Flugabschnitts eingehalten werden. Der zeitliche Abstand zweier tiefer Überflüge muss nachts mindestens fünf Minuten betragen, die maximale Fluggeschwindigkeit ist auf 780 km/h festgesetzt (beim Flugzeugtyp Tornado führt z.B. die Erhöhung der Fluggeschwindigkeit von 770 auf 920 km/h zu etwa 12 dB(A) höheren Lärmpegeln). Erlaubt sind nächtliche Tiefflüge in Deutschland nur bis 24 Uhr, hierfür wurde eigens ein Flugkorridorsystem geschaffen, das beachtet werden muss. In Baden-Württemberg sind etwa 15% der Landesfläche betroffen. Dicht besiedelte Gebiete werden weitgehend ausgespart. Aufgrund des so begrenzten Umfangs der Nachttiefflüge spielen diese derzeit in der öffentlichen Diskussion keine herausragende Rolle, was sich auch in der Beschwerdelage widerspiegelt[248].

245 überschlägig kann hier mit einer Geräuschabnahme von 6 dB(A) bei einer Verdoppelung der Flughöhe gerechnet werden; s. Landesanstalt für Umweltschutz (LfU) BW, Lärmbekämpfung – Ruheschutz, Kap. 9.3 Militärischer Fluglärm – Tiefflüge am Tage, www.lfu.baden-wuerttemberg.de/lfu/abt3/laerm/kap-093.htm; außerdem www.umweltlexikon-online.de/fp/archiv/RUBmobilitaet-verkehr/Tieffluege.shtml.

246 s. Neue Osnabrücker Zeitung v. 17.01.2002, „Kontrolle im Dienste des Bürgers", www.neue-oz.de/_archiv/noz_print/tecklenburger_land/2002/01/flug.html.

247 siehe LfU BW, Lärmbekämpfung – Ruheschutz, Kap. 9.3 Militärischer Fluglärm – Belästigungen durch militärischen Fluglärm, www.lfu.baden-wuerttemberg.de/lfu/abt3/laerm/kap-093.htm.

248 LfU BW, Lärmbekämpfung – Ruheschutz, Kap. 9.3 Militärischer Fluglärm – Tiefflüge in der Nacht, www.lfu.baden-wuerttemberg.de/lfu/abt3/laerm/kap-093.htm.

Der Tieffluglärm erscheint in seinem gegenwärtigen Umfang als weitgehend zumutbar. Eine trotzdem sinnvolle, in das FlugLG aufzunehmende Regelung könnte sich inhaltlich an der 1991 vom UBA veröffentlichten Studie über „Gesundheitliche Wirkungen des Tieffluglärms" orientieren. Diese schlägt zur Vermeidung gesundheitlicher Beeinträchtigungen, insbesondere einer Gehörschädigung, die Einhaltung von Lärmrichtwerten bei Überflügen vor. Der maximale Geräuschpegel sollte hiernach 115 dB(A) und die maximale Pegelanstiegsgeschwindigkeit 60 dB(A) innerhalb einer Sekunde nicht übersteigen. Bei einer Begrenzung der Mindestflughöhe auf 300 Meter für militärische Tiefflüge werden diese Richtwerte nicht überschritten, so dass eine besondere, tiefflugspezifische gesundheitliche Gefährdung nicht mehr gegeben ist. Im Übrigen sollte der Tieffluglärm auf das für anderen Umweltlärm allgemein tolerierte Ausmaß begrenzt werden[249]. Insoweit wird auf die entsprechenden Ausführungen in dieser Arbeit[250] verwiesen.

k) Die Novelle des Fluglärmgesetzes unter Kostenaspekten[251]

In Zeiten knapper öffentlicher Kassen haben freilich auch die mit einer Gesetzesnovelle verbundenen Kosten einen wesentlichen Einfluss auf die Reformfreudigkeit des jeweiligen Gesetzgebers.

Die mit der geplanten Novellierung des FlugLG verbundenen Kosten belaufen sich nach Berechnungen des UBA auf 365 Mio. DM (186,62 Mio. EUR) für die Verkehrsflughäfen und auf 455 Mio. DM (232,64 Mio. EUR) für die militärischen Flugplätze und Luft/Boden-Schießplätze[252].

249 so die allgemein gehaltene Formulierung der LfU BW, Lärmbekämpfung – Ruheschutz, Kap. 9.3 Militärischer Fluglärm – Besonderheiten des militärischen Fluglärms, www.lfu.baden-wuerttemberg.de/lfu/abt3/laerm/kap-093.htm.

250 s. unter A. I. 2.; C. VI. 5.

251 s. hierzu Friedrich (UBA), Ökonomische Aspekte zur Novellierung des FluglärmG, in: DAL, Interdisziplinäre Konferenz Fluglärm, S. 103 ff.

252 zum Ermittlungsverfahren hinsichtlich der Kosten s. UBA, Referentenentwurf zur FlugLG-Novelle, Stand: 15.11.2000, Abschn. Kosten, A. 1.

aa) Kosten für die öffentlichen Haushalte

Dem Bund entstehen bei der geplanten Novellierung des FlugLG Kosten in Höhe von schätzungsweise 455 Mio. DM (232,64 Mio. EUR), da dieser nach § 12 FlugLG für die von der Bundeswehr und von den alliierten Streitkräften genutzten militärischen Flugplätze zahlungspflichtig ist. Die Kostenfolgen für den Bundeshaushalt werden sich in Abhängigkeit von der erstmaligen Festsetzung von Lärmschutzbereichen aufgrund dieses Gesetzes und der nachfolgenden Geltendmachung von Ansprüchen durch die Berechtigten voraussichtlich auf mehrere Jahre verteilen.

Für den Vollzug des FlugLG sollen künftig die Länder zuständig sein. Dabei fallen insbesondere Kosten für die Aufbereitung der vom Flugplatzbetreiber gemäß §§ 11 i.V.m. 3 II FlugLG vorzulegenden Daten zu Art und Umfang des künftigen Flugbetriebs, für die Berechnung der Lärmschutzbereiche und für die kartenmäßige Darstellung der Ergebnisse an, die vom jeweiligen Flugplatzhalter zu tragen sind. Für die Ermittlung eines Lärmschutzbereichs auf der Grundlage des Gesetzes von 1971 fallen derzeit externe Kosten von rund 40.000 DM (20.500 EUR) an; die Durchführung der Berechnungen erfolgt heute überwiegend durch private Anbieter. Durch die Modernisierung und Erweiterung des Berechnungsverfahrens (getrennte Berücksichtigung der Betriebsrichtungen, Nachtschutzzone) könnten sich die Durchführungskosten erhöhen.

Fluglärmschutzbeauftragte sind bereits an zahlreichen Flughäfen tätig; durch die diesbezüglichen Regelungen des Gesetzes können daher nur Kosten für die Länder entstehen, in denen noch keine entsprechenden Beauftragten bestellt sind[253].

bb) Kosten für die Wirtschaft und Preiswirkungen

Die Novelle verursacht nach Berechnungen des UBA Gesamtkosten für die Halter der 17 Verkehrsflughäfen, die derzeit vom FlugLG von 1971 erfasst werden, in Höhe von geschätzt zusammen 355 Mio. DM (181,51 Mio. EUR). Die Kostenfolgen für den einzelnen Flugplatzhalter werden sich in Abhängigkeit von der Geltendmachung durch die Anspruchsberechtigten voraussichtlich auf die ersten Jahre nach der Festsetzung des jeweiligen Lärmschutzbereichs verteilen.

253 UBA, Referentenentwurf zur FlugLG-Novelle, Stand: 15.11.2000, Abschn. Kosten, A. 2.

Seit dem Inkrafttreten des FlugLG 1971 haben die deutschen Flughäfen nach Auskunft der Arbeitsgemeinschaft Deutscher Verkehrsflughäfen mehr als 900 Mio. DM (460 Mio. EUR) für im Rahmen des FlugLG vorgeschriebene Schallschutzmaßnahmen und darüber hinausgehende freiwillige Maßnahmen aufgewandt[254].

Wesentliche Auswirkungen der Novelle auf die Preise sind nach Einschätzung des UBA nicht zu erwarten. Aufgrund der Kosten für die Erstattung von Aufwendungen für baulichen Schallschutz in den von der Novelle neu eingeführten Nachtschutzzonen könnten Verkehrsflughäfen, an denen in beträchtlichem Umfang Nachtflugbetrieb stattfindet, die Entgelte für nächtliche Starts und Landungen anheben. Diese könnten sich unter Berücksichtigung des Verhältnisses der dargelegten Kostenauswirkungen der Novelle zu den bisherigen Aufwendungen der Erstattungszahlungen erhöhen. Das allgemeine Preisniveau, insbesondere das Verbraucherpreisniveau, wird durch die Novelle nicht beeinflusst[255].

l) Ergebnis: Geplante Novelle zum Fluglärmgesetz ausreichend?

Ob die in der Gesetzesnovelle des BMU derzeit vorgesehenen Änderungen insgesamt ausreichenden Lärmschutz für die in der Nähe der Flughäfen wohnenden Bevölkerung bieten würden, ist – trotz einiger begrüßenswerter Fortschritte[256] – zweifelhaft. So liegen zum einen die darin vorgesehenen Dauerschallpegel von 65 bzw. 60 dB(A) in den Schutzzonen noch weit entfernt von den Lärmgrenzwerten des Straßen- und Schienenwegerechts[257], und sie stellen

254 Der Verband der Allgemeinen Luftfahrt e.V. ist der Ansicht, dass die erkennbaren finanziellen Auswirkungen zu einer volkswirtschaftlich nicht vertretbaren Schwächung des Luftverkehrs und des Flughafensystems in der BRD führen würden und damit den wiederholten Beschlüssen der Verkehrsministerkonferenz zur Stärkung des dezentralen Flughafensystems widersprächen, vgl. AOPA-Stellungnahme v. 26.03.2002, unter www.aopa.de.

255 Referentenentwurf zur FlugLG-Novelle, Stand: 15.11.2000, Abschn. Kosten, A. 3.

256 s. hierzu auch unten, C. VI. 1.

257 nach Ansicht der BVF liegen die Grenzwerte immer noch zu hoch, da sie direkt an der Gesundheitsgefährdungsgrenze (tags) bzw. weit über dieser (nachts) liegen. Eine solche Festschreibung wäre verfassungswidrig, da sie den gegenwärtigen Verstoß gegen Art. 2 II 1 GG nicht heile. Der vorgeschlagene Grenzwert für den Nachtfluglärm liege mindestens 10 dB(A) zu hoch. Außerdem sei aufgrund der Besonderheiten des Fluglärms gegenüber dem Straßenverkehrslärm ein Fluglärmmalus zu berücksichtigen, der vom OVG Koblenz (Urteil v. 06.05.1998 – 1 U 1568/93) mit 10 dB(A) beziffert wurde, vgl.

keine „echten“, an den Grundrechten der Betroffenen (Art. 2 II 1, 14 I GG) bemessenen Grenzwerte für zumutbaren Lärm dar. Zum anderen sieht zwar das Eckpunktepapier des BMU, nicht aber der Referentenentwurf des UBA aktive Lärmschutzmaßnahmen wie etwa Nachtflugverbote vor. Diese sollen zudem nicht für lärmgeminderte, auf der Bonusliste stehende Flugzeuge gelten. Hier sollte auf einen weitergehenden Schutz der Nachtruhe hingewirkt werden mit dem Ziel, dass in bestimmten Nacht-Kernzeiten (z.B. von 0 bis 6 Uhr) jeglicher Flugverkehr nur noch in Ausnahmefällen zulässig ist[258].

Das Gesetz stellt auch im Novellierungsentwurf weiterhin in erster Linie ein bloßes Entschädigungsgesetz dar. Defizite liegen auch hinsichtlich der genauen Lärmberechnung, der Frage der Summenpegel sowie bezüglich der Lärmsanierung vor[259].

Wie eine Lösung dieser noch unzulänglich angegangenen Probleme aussehen könnte, soll hier im Rahmen des Schwerpunkts dieser Arbeit, des Rechtsschutzes gegen Flugverfahren, entwickelt werden, so dass an dieser Stelle insoweit nach unten (Abschn. B., C.) verwiesen wird. Da der räumliche Radius der Lärmbetroffenheit durch Flugrouten wesentlich größer ist als die vom FlugLG erfassten Lärmschutzbereiche, kann eine Lösung dieser Problematik ohnehin nicht allein im Rahmen der FlugLG-Novelle erfolgen.

Stellungnahme der BVF zu den Eckwerten des BMU zur Novellierung des FlugLG, www.fluglaerm.de/bvf/stfluglg.htm sowie Oeser/Beckers, Fluglärm 2000, S. 366 (Bekkers/Kraft, BVF-Merkblatt LT 008: „Zu den irreführenden Vergleichen Kraftfahrzeuglärm/Fluglärm“); vgl. auch Koch beim gemeinsamen Symposium des UBA und der Forschungsstelle Umweltrecht der Universität Hamburg v. 10. - 11.06.2002 in Hamburg, s. den Bericht von Mechel, DVBl. 2002, 1459, 1461.

258 so auch der LAI in seinen Leitlinien zur Beurteilung von Fluglärm durch die Immissionsschutzbehörden der Länder v. 14.05.1997, Abschn. C. II. 1.; s. oben, A. II. 2. f); vgl. auch Geulen/Klinger, NJW 2001, 1039; Kukk, NVwZ 2001, 409.

259 vgl. Berkemann, ZUR 2002, 202, 206; zum Stand der Novellierung siehe Lahl in: BVF, Fluglärm, S. 41 ff.

3.) Streit um gerechte Lärmverteilung: Zürich-Kloten und der Staatsvertrag

Die Fluglärmproblematik erfordert also, wie bisher dargelegt, vor allem die Suche nach Lösungen zur Verringerung von Lärmimmissionen. Dass sich das Problem allerdings nicht nur auf die Lärmvermeidung beschränkt, sondern dass auch die Frage der gerechten Verteilung des vorhandenen Fluglärms ein erhebliches Konfliktpotential birgt, zeigt besonders anschaulich der inzwischen zum grenzüberschreitenden Politikum angewachsene Streit um den bilateralen Staatsvertrag zum Flughafen Zürich-Kloten.

a) Hintergrund und bisheriger Verlauf

Über 140.000 Flugzeuge waren es beispielsweise im Jahr 2000, die – teilweise im Minutentakt – im Landeanflug auf den 15 Kilometer entfernten Flughafen Zürich-Kloten die Hochrhein-Gemeinde Hohentengen im Landkreis Waldshut passierten[260]. Nachdem Deutschland im Mai 2000 zum 31.05.2001 die bisherige Verwaltungsvereinbarung vom September 1984[261] gekündigt und im Dezember 2000 mit dem Erlass einer Verordnung gedroht hatte, führten die Verhandlungen zwischen Bundesverkehrsminister Kurt Bodewig und seinem Schweizer Kollegen Moritz Leuenberger schließlich zu dem am 18.10.2001 zwischen Deutschland und der Schweiz geschlossenen Staatsvertrag zur Reduzierung des Fluglärms durch den Zürcher Flughafen.

Kernpunkte des nach dreijährigen Beratungen geschlossenen Vertrags bildeten die Verlängerung des Nachtflugverbots um drei Stunden von 22 bis 6 Uhr (Art. 6 I a), außerdem ab 2002 ein Flugverbot auch an Wochenenden und Feier-

260 „Belastung für Bevölkerung bleibt hoch", Staatsanzeiger für BW v. 10.09.2001

261 mit der damaligen Regelung (Abschnitt I – Lärmmindernde Flugsicherungsverfahren) sollte die Lärmbelastung für die grenznahen deutschen Gemeinden gemindert werden, indem die in Nord-Süd-Richtung verlaufenden Landebahnen 14 und 16 „ausgewogen" benutzt werden sollten. Die überwiegend von Norden erfolgenden Landungen haben sich im Laufe der Zeit jedoch zunehmend von der Landebahn 14 auf die Landebahn 16 verlagert (1984 waren es noch 62 %, 1994 bereits 91 %), da die hauptsächlich genutzte Startbahn 28 (West-Ost) die LB 16 kreuzt; vgl. Brentzien, ZLW 2002, 493 ff.

tagen von 20 bis 22 und von 6 bis 9 Uhr (Art. 6 I b i.V.m. 16 I) sowie die stufenweise Reduzierung der Zahl der Anflüge über Süddeutschland nach Zürich-Kloten von damals 154.000 auf unter 100.000 innerhalb einer Übergangszeit von 41 Monaten, also bis 2005 (Art. 16 I)[262]. Die in Art. 6 des Vertrags festgelegten Flugverbote bezogen sich dabei auf den Bereich unterhalb der Flugfläche 100 (= 3.050 m über Meereshöhe). 96 Prozent aller Anflüge auf Zürich-Kloten führen derzeit über deutsches Gebiet, die Grenze liegt 12 Kilometer von der Landebahn entfernt und wird in etwa 800 Metern Höhe überflogen[263].

Während auf der einen Seite etwa die frühere Schweizer Fluggesellschaft „Swissair“ und der Zürcher Flughafenbetreiber die neue Vereinbarung aufgrund „gravierender Nachteile“ ablehnten und sich mit Beschwerden an die EG-Kommission wandten, sahen auf der anderen Seite der Baden-Württembergische Ministerpräsident Erwin Teufel, Landesverkehrsminister Ulrich Müller sowie die Landräte der in Süddeutschland betroffenen Landkreise Waldshut, Bodensee und Schwarzwald-Baar[264] die Belastungen nach wie vor als zu hoch und das Verhandlungsergebnis – insbesondere unter Verweis auf das Verursacherprinzip[265] – als unzureichend und nachbesserungsbedürftig an. Bürgerinitiativen gegen den Fluglärm sprachen gar von einem „schwarzen Tag“ und forderten das Land Baden-Württemberg zur Klage gegen das Abkommen auf[266]. Der Deutsche

---

262 Die erste Stufe der Flugbeschränkungen sah vor, dass ab dem 19.10.2001 Anflüge bei Nacht über Deutschland die Flugfläche 100 (= 3.050 m NN) nicht unterschreiten dürfen. Als zweite Stufe sah der Vertrag eine Ausdehnung dieser Beschränkungen auf die Morgenstunden von 6 bis 9 Uhr und die Abendstunden von 20 bis 22 Uhr zum 27.10.2002 vor. In einer dritten Stufe sollten ab dem 20.02.2005 nur noch weniger als 100.000 Flüge pro Jahr über deutschem Hoheitsgebiet erfolgen dürfen.

263 s. „Weniger Anflüge über Süddeutschland“, Rhein-Neckar-Zeitung (RNZ) v. 18.05.2002.

264 die Schweiz fertigte zur Zeit der Kündigung des alten Staatsvertrags im Mai 2000 rund 95 Prozent der Flugbewegungen des Zürcher Flughafens über diesen Kreisen ab, vgl. Staatsanzeiger BW v. 10.09.2001, „Belastung für Bevölkerung bleibt hoch“; keine gerechte Lärmverteilung sieht darin auch der Bodenseerat, bestehend aus Vertretern des österreichischen Vorarlberg, der Schweizer Kantone St. Gallen, Thurgau, Schaffhausen, Appenzell, Innerroden und Außerroden sowie der Landkreise Konstanz, Bodenseekreis, Sigmaringen, Ravensburg, Lindau und Oberallgäu, vgl. K. Koch, „Bodenseerat drängt auf Fluglärmlösung“, Schwarzwälder Bote vom 30.09.2002.

265 vgl. hierzu Bender/Sparwasser/Engel, UmwR, Kap. 1 Rn. 89 ff.

266 vgl. Staatsanzeiger für Baden-Württemberg v. 10.09.2001, „Belastung für Bevölkerung bleibt hoch“, und v. 01.10.2001, „Bund stützt den Fluglärm-Vertrag“; „Von Teufel gibt es kein grünes Licht“, RNZ v. 16.10.2001, u. „Drei Stunden länger Nachtruhe“, RNZ v. 19.10.2001; „schwerwiegende Defizite“ stellte auch die Gemeinde Hohentengen in ihrer im Oktober 2001erstellten Bewertung des Staatsvertrags fest, vgl. Anhang zum Mitteilungsblatt der Gemeinde vom 25.10.2001; Oberbürgermeister M. Matusza betonte beim Journalistentag am 30.05.2002 in Villingen-Schwenningen, dass derjenige, der den wirtschaftlichen Vorteil habe, nicht den wirtschaftlichen Nachteil exportieren könne, s.

Bundestag hat das Abkommen am 17.05.2002 gebilligt[267]. Der Schweizer Nationalrat lehnte das bilaterale Abkommen jedoch am 19.06.2002 mit den Stimmen der bürgerlichen Mehrheit ab[268]. Am 12.12.2002 stimmte der Ständerat als Vertretung der Kantone mit 29 zu 10 Stimmen für den Staatsvertrag und gab der Verkehrskommission des Ständerats (KVF)[269] das Geschäft zurück, um nach Vertragsverbesserungen zu suchen. Der Schweizerische Bundesrat sollte nun mit Deutschland nochmals verhandeln, Bundesverkehrsminister Manfred Stolpe wollte sich solchen Sondierungsgesprächen zunächst grundsätzlich nicht verschließen[270]. Die Regierung in Bern beauftragte Verkehrsminister Moritz Leu-

---

Streck, „Warteräume in der Luft müssen verlegt werden", Schwarzwälder Bote v. 31.05.2002.
Unter diesem Aspekt geht auch die von Schweizer Seite häufig betonte wirtschafts- und beschäftigungspolitische Bedeutung des Flughafens Zürich (s.o., Fn. 12) fehl, da gerade dann klar sein muss, dass die Seite, die einen solchen erheblichen Nutzen aus dem Betrieb des Flughafens zieht, auch die damit verbundenen Lasten zu tragen hat und diese nicht über die Grenze verschieben kann. Hinweise darauf, dass die Schweiz bereits den Großteil der Lärmbelastung trage (s.u., Fn. 268 u. 309), stellen daher lediglich die Betonung einer Selbstverständlichkeit dar; vgl. hierzu sogleich unten, A. II. 3. b). u. B. III. 5.

267 Die Fraktionen der CDU/CSU und FDP stimmten nach kontroverser Debatte im Bundestag dagegen, da das Abkommen aus ihrer Sicht die Bevölkerung im deutschen Grenzgebiet benachteiligt, vgl. RNZ v. 18.05.2002, „Weniger Anflüge über Süddeutschland".

268 s. hierzu Aschinger, „Deutschland den Tarif erklären"; ders./Bosshard, „Keine Chance für den Staatsvertrag", sowie Schmid, „Ich wahre die Interessen der Schweiz", Tagesanzeiger v. 20.06.2002; mit Beschluss vom 24.04.2002 (www.kanton.zh.ch) hatte zuvor auch der Schweizer Regierungsrat den Staatsvertrag abgelehnt, da er nicht im langfristigen Interesse der Bevölkerung des Kantons und des Flughafens Zürich liege. Die Flughafen Zürich AG würde durch den Vertrag erhebliche betriebliche Schwierigkeiten sowie empfindliche Wettbewerbsnachteile erleiden. Zudem würde die am dichtesten besiedelte Region in der Schweiz, die ohnehin schon den größten Teil der Fluglärmbelastung trage (nach Zurkinden, „Der Staatsvertrag Schweiz-Deutschland unter EU-rechtlichen Gesichtspunkten", Jusletter v. 27.08.2001, www.weblaw.ch/jusletter/Artikel.jsp?ArticleNr=1260&Language=1, tragen die Schweizer die Fluglärmbelastung zu 95 Prozent), unverhältnismäßig mit zusätzlichem Lärm belastet, während dünn besiedelte Gebiete Süddeutschlands privilegiert würden (und dort ohnehin fast ausschließlich Landelärm hörbar sei, Zurkinden, Jusletter v. 27.08.2001; s. hierzu aber oben, Fn. 266). Befürchtet wird außerdem ein „verheerender Schneeballeffekt" dahingehend, dass auch andere Mitgliedsstaaten nach dem Vorbild des Staatsvertrags derartige Forderungen gegenüber ihren Nachbarstaaten stellen könnten; der Staatsvertrag sei also auch aus EG-politischer Sicht nicht korrekt, s. Zurkinden a.a.O.

269 die Verkehrskommission hatte bereits zuvor schon für den Staatsvertrag gestimmt, s. Staatsanzeiger v. 23.09.2002, „Staatsvertrag hat derzeit keine Chance".

270 vgl. Köhler, Südwestpresse v. 11.12.2002, „Niemand will, dass sich das hochschaukelt", und „Auch Stolpe für ‚Sondierungen'", ebenda; außerdem Voegeli/Gujer, „Wir schließen Nachverhandlungen nicht aus", Schaffhauser Nachrichten v. 11.12.2002. Kritik über diese weitere Verhandlungsbereitschaft der deutschen Seite wurde auf Seiten der

enberger Anfang Dezember 2002, weitere Gespräche mit seinem deutschen Amtskollegen zu führen[271]. Ein im Februar 2003 zwischen Leuenberger, Stolpe und Teufel geführtes Sondierungsgespräch ist jedoch an „unüberbrückbaren Positionen" insbesondere hinsichtlich der Nacht- und Feiertagsregelungen gescheitert[272].

Der Schweizer Verkehrsminister Leuenberger wollte sich weiterhin für die Ratifikation des Staatsvertrages einsetzen, sah die Chancen für dessen Zustandekommen aber als gering an[273].

Der Ständerat ist bisher nicht der Forderung einer Minderheit des Gremiums gefolgt, den „juristischen Hosenlupf" gegen die BR Deutschland zu wagen[274]. Allerdings hat die Verkehrskommission des Ständerates am 20.02.2003 diesem empfohlen, den Vertrag nicht zu ratifizieren. Der Ständerat lehnte den Vertrag schließlich am 18.03.2003 mit 30 zu 13 Stimmen ab.

Der Deutsche Bundesrat legte am 12.07.2002 auf Antrag des Landes Baden-Württemberg Einspruch gegen die Ratifizierung des Staatsvertrags ein[275]. Da der Einspruch nicht mehr vor der Bundestagswahl am 22.09.2002 mit der sog. Kanzler-Mehrheit im Bundestag zurückgewiesen wurde, war das Ratifizierungsgesetz neu ins Parlament einzubringen. Bei einer Billigung im Berner Parlament wollte Bundesverkehrsminister Stolpe den Vertrag abermals im Bundestag einbringen, andernfalls sollte auf Deutscher Seite eine einseitige Verordnung in

Betroffenen laut, vgl. etwa die Schreiben der Landräte K. Heim (Schwarzwald-Baar-Kreis) und B. Wütz (Lkr. Waldshut) an Verkehrsminister Stolpe, s. Schwarzwälder Bote v. 14.12.2002, „Heim macht beim Verkehrsminister Druck" sowie Südwestpresse v. 12.12.2002, „Wütz kritisiert Stolpe-Zusage"; außerdem Stiller, „Bürgerinitiative fordert harte Haltung", Schwarzwälder Bote v. 13.12.2002; „Wütz: Keinen Spielraum mehr", Kommunal-intern, Heft 2/2003, S. 11.

271 s. Schwarzwälder Bote v. 10.12.2002, „Wochenendruhe stört Schweizer gewaltig – Eidgenossen wollen Staatsvertrag ändern" sowie K. Koch, „Schweiz hält die Tür für Nachverhandlungen offen", Schwarzwälder Bote v. 13.12.2002; außerdem Bonanomi/Köhler, „Kehrtwende beim Staatsvertrag", Südkurier v. 07.12.2002 und dieselben, „Bern vertraut aufs Pokerglück", Südkurier v. 13.12.2002; vgl. auch Gafner, „Der Bundesrat will nachverhandeln", Schaffhauser Nachrichten v. 10.12.2002, und Voegeli, „Es wird intensiv sondiert", ebenda.

272 s. Hartwig, „Fluglärm-Vertrag wird nicht neu verhandelt", Schwarzwälder Bote v. 18.02.2003; Bernarding, „Ein schier unlösbares Problem", Südkurier v. 18.02.2003.

273 vgl. Neue Zürcher Zeitung (NZZ) v. 18.02.2003, „Sondierungsgespräch über Kloten gescheitert"; Voegeli, „Fluglärm: Keine neuen Verhandlungen", Schaffhauser Nachrichten v. 18.02.2003.

274 „Am Gesprächsfaden mit Berlin muss gesponnen werden", Schaffhauser Nachrichten v. 13.12.2002.

275 s. Staatsanzeiger BW v. 22.07.2002, „Faire Lösung bei Fluglärm gefordert".

Kraft gesetzt werden, was insbesondere von Seiten des Landes und der Betroffenen in Baden-Württemberg gefordert wurde[276].

Auch die regionale Begleitkommission zum Staatsvertrag hat diesen als für die Region unannehmbar abgelehnt und Ministerpräsident Teufel gebeten, die Vereinbarkeit des Vertrags mit dem Grundgesetz baldmöglichst durch das Bundesverfassungsgericht (BVerfG) überprüfen zu lassen[277]. Ebenso befürchteten die Landräte der Landkreise Waldshut, Schwarzwald-Baar-Kreis und Konstanz erhebliche langfristige Nachteile für die touristisch international bedeutenden Regionen des Südschwarzwaldes und des Bodensees durch die Überlassung der Luftverkehrshoheit an die Schweiz sowie die Aushebelung der im Staatsvertrag enthaltenen Begrenzungen durch dessen Artikel 17, der klarstellte, dass die Regelungen der zwischen der EG und der Schweiz geschlossenen sektorellen Abkommen vom 21.06.1999[278] von den Bestimmungen des Staatsvertrags unberührt bleiben und in der jeweils geltenden Fassung anzuwenden sind. Die Landräte forderten den Bundesrat daher auf, den Staatsvertrag beim zweiten Durchgang abzulehnen. Im Falle seines Zustandekommens müsse das Land Baden-Württemberg die vertragliche Übertragung der Luftverkehrshoheit für einen Teil Süddeutschlands auf die Schweizer Flugsicherung „Skyguide" in einem Normenkontrollverfahren beim BVerfG prüfen lassen[279].

Für den Fall einer Ablehnung forderte der Baden-Württembergische Umwelt- und Verkehrsminister Ulrich Müller die deutsche Bundesregierung auf, die bei der Kündigung der alten Verwaltungsvereinbarung im Mai 2000 angekündigten nationalen Regelungen umzusetzen, da die ungleiche Lastenverteilung nicht hinnehmbar sei[280]. Damals wurde als Forderung formuliert, die Zahl der Flüge

---

276 vgl. NZZ v. 18.02.2003, „Sondierungsgespräch über Kloten gescheitert"; Südkurier v. 19.02.2003, „Fluglärm-Streit wird verschärft"; s. außerdem das Gespräch von G. Renz mit Ministerpräsident Teufel, „Man sollte bekanntlich niemals nie sagen", Südkurier v. 19.02.2003.

277 s. Staatsanzeiger BW v. 08.07.2002, „Begleitkommission lehnt Staatsvertrag ab".

278 hiervon insb. das am 01.06.2002 in Kraft getretene bilaterale Luftverkehrsabkommen, s. u., A. II. 3. b. aa).

279 „Scharfe Kritik südbadischer Landräte", Der Landkreis 2002, S. 527; die Flugsicherung in diesem Bereich wurde 2001 der Schweizer Fa. „Skyguide" übertragen. Diese befindet sich zu 99,85 % im Eigentum des Bundes (verwaltet vom Eidgenössischen Departement für Umwelt, Verkehr, Energie und Kommunikation (UVEK) sowie vom Departement für Verteidigung, Bevölkerungsschutz und Sport [VBS]), s. Gysel, „Flugaufsicht soll bei Skyguide bleiben", Schaffhauser Nachrichten v. 30.12.2002; s. außerdem unten, Fn. 280.

280 gefordert wird von der Baden-Württembergischen Landesregierung auch – insbesondere seit dem Flugzeugabsturz über dem Bodensee am 01.07.2002 – die Rückübertragung der Aufgabe der Flugsicherung in dem Teil des süddeutschen Luftraums, die vertraglich der Schweizer „Skyguide" übertragen wurde, auf die DFS. Das Bundesverkehrsministerium hält dies hingegen für einen „Rückfall in die Kleinstaaterei" und strebt eine einheitliche

unter Flugfläche von rund 3050 Metern auf 80.000 pro Jahr zu begrenzen und Überflüge zwischen 21 und 7 Uhr unterhalb dieser Höhe nicht zuzulassen[281].

Das Luftfahrtbundesamt (LBA) in Offenbach legte am 06.08.2001 mit einer 204. Durchführungsverordnung zur Luftverkehrsordnung[282] die Flugverfahren für An- und Abflüge nach Instrumentenflugregeln zum und vom Flughafen Zürich fest und änderte diese Festlegungen mehrfach. Gemäß der am 19.10.2001 in Kraft getretenen Zweiten Änderungsverordnung vom 17.09.2001 (BAnz. S. 21001) durften seither die beiden Hauptpisten des Flughafens (Landebahn 14 und 16) über deutsches Hoheitsgebiet nur noch zwischen 6 und 22 Uhr angeflogen werden. Anflüge auf die dritte Start- und Landebahn (Piste 28) durften in der Nachtzeit die Flugfläche 100 (3050 m NN) nicht unterschreiten. Ausgenommen waren Flüge, für die aufgrund zwingender äußerer Umstände (insbesondere bei eingeschränkten Landemöglichkeiten aus klimatischen oder meteorologischen Gründen) Sonderbestimmungen galten[283].

Am 27.08.2002 erließ das LBA eine Vierte Änderungsverordnung[284], deren Inkrafttreten auf den 27.10.2002 (den Beginn des Winterflugplans) festgesetzt wurde. Sie erstreckte diese Flugverbote für die Wochenenden und die zwölf baden-württembergischen Feiertage auf die Morgenstunden von 6 bis 9 Uhr und die Abendstunden von 20 bis 22 Uhr.

---

europäische Flugsicherung und bis dahin eine gemeinsame deutsch-schweizerische Einrichtung an, s. Staatsanzeiger BW v. 23.09.2002, „Staatsvertrag hat derzeit keine Chance“. Brentzien (ZLW 2002, 522) lehnt eine Rückübernahme der Flugsicherungsdienste aus Gründen der internationalen Zusammenarbeit ab und bezeichnet eine solche „Retorsion“ wegen Nichtratifizierung des Staatsvertrages als „unfreundlichen Akt“; s. hierzu auch unten, Fn. 333.

281 s. Streck, „Warteräume in der Luft müssen verlegt werden“, Schwarzwälder Bote v. 31.05.2002; eine solche Ausdehnung des Nachtflugverbots würde nach Ansicht des Bodenseerates Einbußen von bis zu 25 Prozent für den Zürcher Flughafen bringen, da internationale Flüge dann auf München, Stuttgart und Frankfurt umgeleitet würden, vgl. K. Koch, „Bodenseerat drängt auf Fluglärmlösung“, Schwarzwälder Bote v. 30.09.2002.

282 BAnz. S. 17861, in Kraft getreten am 01.09.2001.

283 gleich zu Beginn der Geltung der neuen Verordnung wurden auf deutscher Seite Vorwürfe laut, dass von diesen Ausnahmeregelungen zu oft Gebrauch gemacht werde, vgl. z.B. Staatsanzeiger BW v. 18.11.2002, „Weiter Streit um Flugpraxis“ sowie Schwarzwälder Bote v. 21.11.2002, „Verkehrsminister widerspricht Landräten“. So fanden bspw. im Dezember 2002 an sechs von elf Tagen mit Beschränkungen sämtliche Anflüge von Norden statt, lediglich an einem Tag wurde vollständig ohne Ausnahme von der Wochenendregelung geflogen, s. die Statistik unter www.unique.ch/staatsvertrag; die sprachliche Formulierung der Ausnahmen wurde in der am 21.10.2001 in Kraft getretenen Dritten ÄnderungsVO v. 15.10.2001 (BAnz. S. 22173) neu gefasst. Daher wird verstärkt eine Rückübertragung der Flugverkehrskontrolle von Skyguide auf die DFS verlangt, s.o. Fn. 280 sowie unten, Fn. 333.

284 BAnz. S. 21353.

Die Schweizer Fluggesellschaft „Swiss“ und die Zürcher Flughafengesellschaft „Unique“ haben schließlich Anfang Oktober 2002 Klage beim Verwaltungsgerichtshof (VGH) Baden-Württemberg gegen diese Regelungen erhoben sowie Antrag auf einstweiligen Rechtsschutz gestellt[285].

Mit Verordnung vom 15.01.2003 hat das LBA die 204. DVO aufgehoben und dieselben Regelungen in einer konsolidierten Fassung durch die 213. DVO zur LuftVO (Festlegung von Flugverfahren für An- und Abflüge nach Instrumentenflugregeln zum und vom Flughafen Zürich) vom selben Tag[286] getroffen.

Die Klägerinnen beantragten die Feststellung, dass die in § 2 VI der 213. DVO zur LuftVO festgelegten Beschränkungen sie in ihren Rechten verletzten.

Die Klägerinnen störten sich an der durch die Verordnung inhaltlich bereits umgesetzten sog. zweiten Stufe des Staatsvertrags. Diese enthalte „diskriminierende Maßnahmen“ in Form der Wochenend- und Feiertagsregelung (Verbot von Landeanflügen über deutschem Gebiet zwischen 20 und 9 Uhr), die einschneidende Folgen sowohl für die Fluggesellschaft als auch für die Bevölkerung rund um den Flughafen hätten und zu einer Verringerung der Kapazitäten um 25 bis 35 Prozent führen würden. Hieraus folgern die Klägerinnen einen Schaden von jährlich 60 Millionen Franken (41 Mio. Euro). Die Restriktionen

---

285 Das schweizerische Bundesamt für Zivilluftfahrt (BAZL) verfügte mit Bescheid vom 15.10.2002 eine provisorische Änderung des Betriebsreglements für den Flughafen Zürich (vom 31.05.2001, geändert am 18.10.2001). Danach durften Landungen zwischen 22 und 6.08 Uhr und an Wochenenden und gesetzlichen Feiertagen gemäß Anhang I zum Staatsvertrag von 5.30 Uhr bis 9.08 Uhr und von 20 bis 22 Uhr nur auf die Piste 28 erfolgen, sofern diese zur Verfügung stand. Das neue Reglement erfolgte unter dem Vorbehalt, dass die in der 204. DVO zur LuftVO der BRD angeordneten Einschränkungen der Benutzung des süddeutschen Luftraums „Rechtskraft entfalten“.
Eine solche vorläufige Anwendung eines Staatsvertrags durch eine nationale Regierung wirft allerdings die Frage nach der gesetzlichen Grundlage hierfür auf. Der Schweizer Bundesrat stützte seine Zuständigkeit auf eine Tradition unter der alten Verfassung von 1874, welche ihm gewohnheitsrechtlich bzw. als Teil seiner Führungsfunktion im Bereich der Außenpolitik die Befugnis zur vorläufigen Anwendung von provisorischen oder dringlichen Verträgen gab, sofern eine besondere Dringlichkeit oder die Wahrung wesentlicher schweizerischer Interessen dies gebot. Ob unter der neuen, nachgeführten Verfassung der Schweiz indes für eine solche Legitimation noch Raum ist, erscheint zweifelhaft. Die Staatspolitischen Kommissionen von National- und Ständerat empfahlen auf Anregung einer Expertenkommission eine Regelung auf der Gesetzesebene, wobei die Notwendigkeit einer ausdrücklichen gesetzlichen Fixierung unbestritten blieb.
Klärungsbedürftig ist zudem, ob und in welcher Form im Rahmen des bestehenden Verfahrensrechts Rechtsschutz gegen solches „vorangewandtes“ Völkerrecht erhältlich ist; s. zu dieser Problematik Saxer, „Die Voranwendung von Staatsverträgen – Ein rechtsstaatliches Problem“, NZZ v. 28.10.2002, S. 11.

286 BAnz. Nr. 12 v. 18.01.2003, S. 813.

bei den An- und Abflugzeiten würden zu schweren Störungen der Betriebsabläufe und damit zu massiven Verspätungen im Flugverkehr führen[287].

Die Klägerinnen machen geltend, durch die Maßnahmen des Verordnungsgebers unverhältnismäßig und diskriminierend betroffen zu sein, da andere Großflughäfen keinen vergleichbaren Beschränkungen unterlägen. Infolge zu erwartender Verspätungen, insbesondere bei den in den Morgenstunden eintreffenden Langstreckenflügen, könnten Anschlussflüge nicht mehr erreicht werden. Es drohten deshalb massive Abwanderungen von Passagieren zu anderen Flughäfen und Fluggesellschaften, deren Luftdrehkreuze reibungsloser funktionieren könnten. Durch eine – an sich mögliche – Umleitung der Anflüge würden dicht besiedelte Gebiete in der Schweiz unzumutbar beschallt, während derzeit ein kleines, kaum besiedeltes deutsches Gebiet geringfügig durch Fluglärm belastet werde. Zudem müssten für Dachbewehrungen und Entschädigungen an Schweizer Aufwendungen von mehr als einer Milliarde Schweizer Franken erbracht werden. Die angeordneten Flugverbote verstießen gegen die völkerrechtlich und durch europäisches Gemeinschaftsrecht garantierte Freiheit des Luftverkehrs und verletzten die Klägerinnen in ihren durch die deutsche Verfassung gewährleisteten Grundrechten, auf die sie sich wegen des aus dem Jahr 1910 stammenden Staatsvertrags zwischen der Schweiz und dem Deutschen Reich[288] berufen könnten.

Der VGH hat die Anträge auf Erlass von einstweiligen Anordnungen in zwei Entscheidungen vom 24.10.2002[289] abgelehnt. Ebenso wurden die beiden Klagen mit Urteilen vom 24.01.2003 abgewiesen[290].

Nachdem der Schweizer Ständerat den Staatsvertrag am 18.03.2003 abgelehnt hat und dieser damit zumindest bis auf Weiteres gescheitert ist, erließ das BMVBW über das LBA – wie für diesen Fall angekündigt – am 04.04.2003 eine

287 s. VGH BW, Beschl. v. 24.10.2002, Az. 2210/02, Abschn. I.; s. auch die Erklärung der „Swiss"-Sprecherin Ch. Bühler, Südwestpresse v. 07.10.2002, „Klage gegen Staatsvertrag".

288 Vertrag vom 31.10.1910 betreffend Regelung von Rechtsverhältnissen der beiderseitigen Staatsangehörigen im Gebiete des anderen vertragschließenden Teiles, in Kraft getreten am 01.10.1911, RGBl. 1911, S. 892.

289 Az.: 8 S 2210/02 und 8 S 2225/02.

290 Az.: 8 S 2209/02 und 8 S 2224/02; die Urteile sind noch nicht rechtskräftig. Gegen die Nichtzulassung der Revision wurde von beiden Klägerinnen Beschwerde eingelegt; auf diese hin wurde die Revision vom BVerwG mit Beschlüssen vom 07.01.2004 (BVerwG 4 B 45.03 und 4 B 44. 03, nunmehr 4 C 6.04 und 4 C 4.04) wegen grundsätzlicher Bedeutung der Rechtssache (§ 132 II Nr. 1 VwGO) zugelassen, da das Revisionsverfahren Gelegenheit biete, die Befugnisse des LBA bei der Festlegung von Flugverfahren nach § 27 a LuftVO, insb. von An- und Abflugrouten, weiterer Klärung zuzuführen; näher zu diesen Urteilen sogleich unten, 3. b).

am 17.04.2003 in Kraft getretene Erste Verordnung zur Änderung der 213. DVO zur LuftVO (BAnz. S. 7789).

Danach sind gem. Art. 1 Nr. 2 der ÄndVO i.V.m. § 2 V, VI der 213. DVO Instrumentenanflugverfahren werktags zwischen 21 und 7 Uhr (bisher 22 - 6 Uhr), an den Wochenenden und Feiertagen zwischen 20 und 9 Uhr gar nicht mehr (Landebahnen 14 und 16) bzw. auf Landebahn 28 nicht mehr unterhalb FL 120 (ca. 3600 m NN; bisher FL 100 = ca. 3050 m NN) zulässig. Die Mindestflughöhe wurde somit nachts um 2000 Fuß (ca. 600 m) auf 12.000 Fuß erhöht, das Nachtflugverbot wurde in den Abend- und Morgenstunden verlängert.

Dieses Nachtflugverbot soll ab 2004 ausgeweitet werden und dann (werktags) von 20 bis 8 Uhr gelten.

Eine entsprechende Regelung hinsichtlich der deutsches Hoheitsgebiet betreffenden Abflugverfahren (Pisten 32 und 34) enthält Art. 1 Nr. 4 der VO.

Die Warteverfahren über Süddeutschland müssen (werktags) zwischen 21 und 7 Uhr in größerer Höhe stattfinden, nämlich auf 12.000 Fuß (ca. 3.600 m NN) statt bisher auf 6.000 Fuß (Kurskreuzungen EKRIT und SAFFA) bzw. auf 18.000 Fuß statt bisher auf 13.000 Fuß (Kurskreuzung RILAX), Art. 1 Nr. 1. Wochenends und feiertags gilt dies zwischen 20 und 9 Uhr.

Zum 30.10.2003 trat die Zweite VO zur Änderung der 213. DVO zur LuftVO[291] in Kraft, die die Ausnahmeregelungen weiter verschärfte. Ausnahmegenehmigungen von den o.g. Beschränkungen sind seither nur noch aus wetterbedingten, in Art. 1 Nr. 5 genau festgelegten Gründen[292] zulässig und müssen von der DFS erteilt werden.

Diese Verschärfungen sollten gem. Art. 1 Nr. 3 i.V.m. Art. 2 der Ersten ÄnderungsVO bereits zum 10.07.2003 in Kraft treten. Am 26.06.2003 vereinbarten Bundesverkehrsminister Stolpe und sein Schweizer Amtskollege Leuenberger den Aufschub der Verschärfung bis zum 30.10.2003. Im Gegenzug sagte die Schweiz zu, dass ab diesem Zeitpunkt in Zürich Landeanflüge von Süden auf der Piste 34 möglich sein würden. Vereinbart wurde außerdem, dass die Luftwarteräume SAFFA (Bodensee) und EKRIT (Hochrhein) bis zum Jahr 2005 in die Schweiz verlegt werden sollen und dass die BRD und die Schweiz ein abgestimmtes Konzept für die Organisation der Flugsicherung im Grenzbereich mit den erforderlichen rechtlichen Grundlagen entwicklen und umsetzen werden, das die Sicherheit im Flugverkehr garantiert, einen technisch einwandfreien Verkehrsfluss ermöglicht und die europäischen Entwicklungen einbezieht[293].

---

291 s. BAnz. v. 15.10.2003, S. 22 885.

292 Bodensichtweite unter 4000 (Piste 28) bzw. 4500 (Piste 34) Metern, Hauptwolkenuntergrenze unter 1200 Fuß, Rückenwindkomponente über 5 Knoten.

293 s. unter www.bmvbw.de.

Durch die mit der Verordnung so verschärften Flugbeschränkungen sollen die An- und Abflüge über Süddeutschland mittelbar von bisher über 150.000 auf unter 110.000 pro Jahr reduziert werden. In einem zweiten Schritt soll in 2004 ihre Zahl auf unter 80.000 gesenkt werden.

Aufgrund der Verschärfung der Ausnahmeklausel (Art. 1 Nr. 3 der VO) sind Anflüge auf die Nordpisten seit 30.10.2003 nur noch aus wetterbedingten Gründen zulässig, technische Gründe sind entfallen. Dies kann dazu führen, dass Langstreckenflüge in den frühen Morgenstunden bei gewissen Bedingungen, z.B. bei nasser Piste und ungünstigen Windverhältnissen, nicht mehr in Zürich landen können, weil die Piste 28 zu kurz ist. So kann es zu Umleitungen von einzelnen der insgesamt 67 Großraumjets pro Woche, die in den Morgenstunden Zürich anfliegen, nach Basel kommen[294].

Mit Verfügung vom 16.04.2003 hat das BAZL das Betriebsreglement des Flughafens Zürich-Kloten entsprechend der Vorgaben der o.g. Verordnung provisorisch geändert. Das ordentliche Genehmigungsverfahren, zu dem auch eine Umweltverträglichkeitsprüfung gehört, wird im Laufe des Jahres 2004 durchgeführt.

Das verlängerte Nachtflugverbot über Süddeutschland führte dazu, dass täglich rund 30 Flugzeuge weniger von Norden her anfliegen. Diese werden nun über die Piste 28 von Osten her abgewickelt. Dieses Abflugregime gilt bereits für die seit Oktober 2002 bestehenden Sperrzeiten an Wochenenden. In einer zweiten Phase wurden seit Ende Oktober 2003 in geringem Umfang (morgens zwischen 6 und 7 Uhr an Werktagen und 6 bis 9 Uhr an Wochenenden und Feiertagen) auch Südanflüge eingeführt, die Genehmigung durch das BAZL ist am 24.06.2003 erfolgt[295]. Hiergegen manifestierten sich massive Proteste der betroffenen Bevölkerung[296], während auf der deutschen Seite der weiterhin sehr häufige Gebrauch der Ausnahmeregelungen (Nordanflüge zu den Sperrzeiten) für Unmut sorgte[297].

294 s. NZZ v. 17.04.2003, „Der Osten muss mehr Anflüge ertragen"; Hotz, „Ab Juli wird das Anflugregime für Kloten prekär", Schaffhauser Nachrichten v. 15.04.2003.

295 s. unter www.uvek.ch.

296 s. z.B. Köhler, „Südanflüge bleiben verhasst", Südkurier v. 02.02.2004; NZZ v. 30.10.2003, „Die Südanflüge sind Realität"; NZZ v. 31.10.2003, „Brandreden im Fakkelschein"; NZZ v. 02.02.2004, „Der Flughafen sah gelb".

297 s. etwa Köhler, „Südanflüge sind selten", Südkurier v. 07.11.2003; vgl. auch die von den drei Landkreisen Konstanz, Schwarzwald-Baar und Waldshut für Bürgerbeschwerden eingerichtete Website www.skywatch-fluglaerm.de.

Gegen die hierdurch im Osten erhöhten Fluglärmbelastungen wenden sich insbesondere die Kantone Schaffhausen, Aargau und Thurgau. Die Flughafengesellschaft „Unique“ und die Flugsicherungsgesellschaft „Skyguide“ rechnen auch mit Verspätungen und drastischen Kapazitätseinbußen. In der Einführungsphase seien nur noch etwa 20 statt wie bisher 40 Anflüge pro Stunde abwickelbar, die Zahl der Abflüge sinke von stündlich 44 auf 30. „Unique“ will alle rechtlichen Möglichkeiten gegen die Verordnung ausschöpfen, also auch dagegen klagen, und hofft – ebenso wie der Kanton Zürich – auch auf erneute Verhandlungen zwischen der Schweiz und der BRD. Solche sind allerdings derzeit vom deutschen Bundesverkehrsministerium nicht geplant[298]. Die Schweizer Regierung prüfte, ob die deutsche Verordnung europarechtskonform und mit dem Luftverkehrsabkommen zwischen der Schweiz und der EG vereinbar ist[299], und gelangte zu einem negativen Prüfungsergebnis. In der Schweiz fiel daraufhin die Entscheidung, die deutsche Rechtsverordnung in Brüssel überprüfen zu lassen[300]. Die EG-Kommission lehnte die am 10.06.2003 von der Eidgenossen-

---

298 „Sorgen wegen Verspätungen, Verärgerung wegen zusätzlichem Lärm“, Aargauer Zeitung v. 16.04.2003, sowie „Änderung provisorisch genehmigt“, ebenda; „Der Osten muss mehr Anflüge ertragen“, NZZ v. 17.04.2003; „Thurgau befürchtet mehr Fluglärm“, Thurgauer Zeitung v. 11.04.2003; Gafner, „Mehr Flugzeuge über Schaffhausen“, Schaffhauser Nachrichten v. 17.04.2003; „Ostanflüge in den Randstunden“, Tagesanzeiger v. 17.04.2003; „Mehr Verspätungen“, ebenda; „Flughafenreglement geändert – Ostanflüge wieder erlaubt“, Blick v. 16.04.2003; Künzi, „Nachbarkantone verlangen Südanflüge“, Schaffhauser Nachrichten v. 06.05.2003; Haas, „Protest gegen „Notrecht“ des Bundes“, Tagesanzeiger v. 19.04.2003; Hotz, „Ab Juli wird das neue Anflugregime für Kloten prekär“, Schaffhauser Nachrichten v. 15.04.2003; Vogel, „Keine Schützenhilfe im Deutschen Bundestag“, Schaffhauser Nachrichten v. 05.04.2003; „Kampf gegen zusätzlichen Fluglärm“, Schaffhauser Nachrichten v. 11.04.2003; Vogel, „Auch Couchepin blitzt in Berlin ab“, Schaffhauser Nachrichten v. 04.04.2003.

299 vgl. Südwestpresse v. 17.04.2003, „Ab heute gilt neue Verordnung“; Stuttgarter Zeitung v. 22.04.2003, „Im Fluglärmstreit EU eingeschaltet“; „Unique will jetzt klagen“, Südkurier v. 30.04.2003; näher hierzu s. sogleich unten, 3. b aa); die von populistischen Kreisen in der Schweiz zunehmend geäußerten Vergeltungsforderungen gegen Deutschland beim Lkw-Transitverkehr verkennen indes einen entscheidenden Unterschied zwischen diesem und der Fluglärmproblematik: Anders als hinsichtlich der Anflüge nach Zürich-Kloten ist es beim Lastverkehr von Deutschland nach Südeuropa aus der Natur der Sache heraus dem Verursacher schwerlich möglich, diesen Verkehr verstärkt auf eigenem Territorium abzuwickeln.

300 s.u. S. 72 f.; s. auch Aschinger, „Im Nationalrat ist der Staatsvertrag chancenlos“, Tagesanzeiger v. 18.06.2002; Zurkinden, Jusletter v. 27.08.2001, hielt eine Überprüfung des Staatsvertrags auf seine Kompatibilität mit dem EG-Recht für dringend notwendig und hierbei die Anrufung der Europäischen Kommission für sinnvoll. Um die verfahrene Situation möglichst auf dem Konsensweg zu entschärfen, wäre auch die Gründung einer grenzüberschreitenden Kommission unter Beteiligung der betroffenen Bevölkerung zur Klärung von Fragen des Fluglärms und der Anflugregime sinnvoll. Ähnliche

schaft eingereichte Beschwerde ab. Zur Begründung führte sie aus, dass die deutschen Maßnahmen verhältnismäßig und mit dem bilateralen Luftverkehrsabkommen vereinbar seien. Dieses räume den Luftverkehrsunternehmen nicht dasselbe uneingeschränkte Flugrecht ein wie innerhalb der EU. Daher hätten bei der Prüfung des Schweizer Antrags nicht die gleichen Grundsätze angewandt werden können wie in früheren EU-internen Fällen. In diesem Falle liege weder eine direkte noch eine indirekte Diskriminierung vor. Dass die Fluggesellschaft „Swiss" stärker betroffen sei als andere Airlines, reiche für eine indirekte Diskriminierung nicht aus. Die angegriffenen Maßnahmen könnten sehr geringe Auswirkungen auf den Flugverkehr haben, wenn der Flughafen Zürich geeignete Anpassungsmaßnahmen träfe[301].

Der Schweizerische Bundesrat entschloss sich daraufhin zur Klage gegen die deutschen Flugbeschränkungen vor dem EuGH[302].

Die in Süddeutschland betroffene Seite bewertete die neue Rechtsverordnung als Teilerfolg, hält aber weiterhin an ihren noch unerfüllten Forderungen fest. Hierzu gehören die Verlegung der Luftwarteräume SAFFA (Bodensee), EKRIT (Hochrhein) und RILAX (Schwarzwald-Baar) in die Schweiz, eine stärkere Reduzierung der Zahl der Überflüge pro Jahr (mit Begrenzung der Gesamtzahl der Anflüge unterhalb der noch zulässigen Untergrenze auf maximal ein Drittel aller Anflüge) sowie die Rückführung der Flugverkehrskontrolle in deutsche Verantwortung bzw. auf eine zwischenstaatliche Einrichtung nach Maßgabe der Art. 87 d, 24 I GG, wobei die Sanktionierung von Rechtsverstößen sowie ein praktikables Anzeigeverfahren in beiden Ländern sichergestellt werden müssten. Ein grenzüberschreitendes Gremium unter Einbindung der regionalen Ebene soll die Aufgaben der bisherigen Luftverkehrskommission übernehmen[303].

Das Eidgenössische Departement für Umwelt, Verkehr, Energie und Kommunikation (UVEK) beauftragte am 27.10.2003 ein Team von „Process Providern" mit den Vorbereitungen für ein Mediationsverfahren beim Flughafen Zü-

---

Gremien gibt es bereits seit über 15 Jahren hinsichtlich des Flughafens Basel-Mühlhausen auf trinationaler Ebene. Insoweit will der Bodenseerat nun die Initiative ergreifen, vgl. K. Koch, „Bodenseerat drängt auf Fluglärmlösung", Schwarzw. Bote v. 30.09.2002; vgl. auch die Pressemitteilung des Regierungspräsidiums Freiburg v. 16.04.2003, „Südbaden wirbt in Bern für seine Anliegen in Verkehrs- und Umweltfragen".

301 s. Freudenberg/Köhler, „Brüssel lässt Zürich abblitzen", Südkurier v. 06.12.2003; Schaffhauser Nachrichten v. 06.12.2003, „Weiterer Rückschlag im Fluglärmstreit".

302 s. Köhler, „Die Schweiz klagt", Südkurier v. 16.12.2003.

303 vgl. das Positionspapier der Regionalen Begleitkommission aus der Sitzung v. 17.04.2003 im Regierungspräsidium Freiburg; s. auch Südwestpresse v. 17.04.2003, „Ab heute gilt neue Verordnung".

rich. Die Provider nahmen in der Folgezeit Kontakt zu den betroffenen Kommunen, Bürgervereinigungen und Behörden auf Schweizer und auf Deutscher Seite auf, um zu klären, ob und ggf. welche Körperschaften und Vereinigungen sich an dem Verfahren beteiligen würden und ob die Einleitung einer solchen Mediation Aussicht auf Erfolg haben könnte, um zu einer konsensualen Lösung der Fluglärmproblematik zu gelangen[304].

Ob im Übrigen nach dem Scheitern des Staatsvertrags erneut ernsthaft zwischen der Bundesrepublik und der Schweiz verhandelt wird[305], bleibt abzuwarten.

b) Rechtlicher Prüfungsmaßstab

aa) Europarecht

Einen entscheidenden Prüfungsmaßstab sowohl hinsichtlich der Rechtmäßigkeit eines evtl. doch noch zu stande kommenden Staatsvertrags als auch der an dessen Stelle vom LBA erlassenen Rechtsverordnungen (Erste und Zweite ÄnderungsVO zur 213. DVO zur LuftVO, s.o. S. 67) sowie weiterer einseitig geplanter Maßnahmen bildet in erster Linie das zum 01.06.2002 in Kraft getretene **Abkommen zwischen der Europäischen Gemeinschaft und der Schweizerischen Eidgenossenschaft über den Luftverkehr**, einer der sieben bilateralen Verträge, welche die Schweiz mit der EG geschlossen hat. Zentral ist dabei die Verordnung Nr. 2408/92 des Rates vom 23.07.1992 über den Zugang von Luftfahrtunternehmen der Gemeinschaft zu Strecken des innergemeinschaftlichen Flugverkehrs[306], die zum dritten Luftliberalisierungspaket gehört, den Flugge-

---

304 Näheres s. unter www.mediation-center.ch; zu kooperativen Formen von Verwaltungsverfahren zur Akzeptanzsteigerung allgemein s.u., B. V. 1 a).

305 der Schweizer Verkehrsminister Leuenberger sah dies nach der negativen Parlamentsentscheidung nicht mehr als gangbaren Weg an, s. Schmid, „Ich wahre die Interessen der Schweiz“, Tagesanzeiger v. 20.06.2002. Auch die Baden-Württembergische Landesregierung sieht auf beiden Seiten keine Chance für den Staatsvertrag in seiner derzeitigen Form, s. Staatsanzeiger BW v. 23.09.2002, „Staatsvertrag hat derzeit keine Chance“. Ebenso ist das im Februar 2003 erneut geführte Sondierungsgespräch gescheitert, s.o., S. 62.

306 Abl. Nr. L 240 v. 24.08.1992, S. 8-14.

sellschaften in der EU Zugang zu allen Strecken innerhalb der Gemeinschaft gewährt und deren Geltungsbereich nun auf die Schweiz ausgeweitet wurde.

Das Abkommen selbst statuiert in seinem Art. 3 den Grundsatz des Diskriminierungsverbots aufgrund der Staatsangehörigkeit. Nach Art. 16 gehen die Bestimmungen über die Verkehrsrechte (Art. 15 ff.) den einschlägigen Bestimmungen der geltenden zweiseitigen Vereinbarungen zwischen der Schweiz und den EG-Mitgliedern vor. Bestehende Verkehrsrechte aus diesen zweiseitigen Vereinbarungen, die nicht unter Art. 15 fallen, dürfen weiterhin ausgeübt werden, sofern keine Diskriminierung aufgrund der Staatsangehörigkeit erfolgt und der Wettbewerb nicht verfälscht wird. Nach Art. 17 haben die Vertragsparteien alle geeigneten Maßnahmen zu treffen, um die Erfüllung der sich aus diesem Abkommen ergebenden Verpflichtungen zu gewährleisten und sich aller Maßnahmen, die das Erreichen der mit diesem Abkommen verfolgten Ziele gefährden, zu enthalten.

Art. 8 der Verordnung (EWG) Nr. 2408/92 berechtigt die Mitgliedstaaten, ohne Diskriminierung aus Gründen der Staatsangehörigkeit oder der Identität des Luftfahrtunternehmens die Aufteilung des Verkehrs auf einzelne Flughäfen eines Flughafensystems zu regeln (Abs. 1), und stellt klar, dass die Ausübung der Verkehrsrechte den veröffentlichten gemeinschaftlichen, einzelstaatlichen, regionalen oder sogar örtlichen Vorschriften in den Bereichen Sicherheit, Umweltschutz und Zuweisung von Start- und Landezeiten unterliegt (Abs. 2). In Absatz 3 derselben Vorschrift engt der Rat diesen Vorbehalt insofern ein, als die Europäische Kommission auf Antrag eines Mitgliedsstaates oder von sich aus die Anwendung der Absätze 1 und 2 prüft und innerhalb eines Monats nach Anhörung des zuständigen Ausschusses darüber entscheidet, ob der Mitgliedsstaat die Maßnahme weiterhin anwenden darf.

Nach Art. 9 I kann der verantwortliche Mitgliedsstaat im Fall von ernsthafter Überlastung und/oder Umweltproblemen die Ausübung von Verkehrsrechten von bestimmten Bedingungen abhängig machen, einschränken oder verweigern, insbesondere wenn andere Verkehrsträger Dienstleistungen in ausreichendem Umfang zur Verfügung stellen können. Nach Abs. 2 müssen solche Maßnahmen verhältnismäßig sein und nach maximal drei Jahren überprüft werden, außerdem dürfen sie nicht diskriminierend im o.g. Sinne sein und den Wettbewerb nicht verzerren. Die Kommission und die Mitglieder sind nach Abs. 3 grundsätzlich im Voraus über geplante Maßnahmen nach Abs. 1 zu unterrichten[307].

Zur Verwaltung, Anwendung und Auslegung des Luftverkehrsabkommens wird gem. Art. 21 ein gemischter Luftverkehrsausschuss Gemeinschaft/Schweiz eingesetzt (in dem die EG durch die Kommission vertreten ist). Auch wenn die Schweiz dort vermutlich keinen Staatsvertrag überprüfen lassen wird, den sie

307 Die Anforderungen an die Beschränkung von Verkehrsrechten nach Art. 8 II oder Art. 9 der VO (EWG) 2408/92 sind hoch, vgl. hierzu Wolfrum/Lübben/Ohlhoff, ZLW 2001, 368 ff.; Brentzien, ZLW 2002, 493 ff., 508 ff.

selbst unterzeichnet hat, so kann sie dort zumindest einseitige Maßnahmen Deutschlands zur Sprache bringen.

Außerdem prüft die Kommission nach der o.g. Verordnung 2408/92 (Art. 8 III, 9 IV) auf Antrag oder von sich aus Maßnahmen von Mitgliedstaaten. Die Schweiz kann also auch dort einen entsprechenden Antrag stellen[308]. Zu messen ist der Staatsvertrag bzw. sind diesen ersetzende einseitige deutsche Regelungen dann insbesondere an den Grundsätzen der Nichtdiskriminierung, Verhältnismäßigkeit und Wettbewerbsneutralität. Bei der Prüfung des Diskriminierungsverbotes ist etwa zu prüfen, ob dieses verletzt ist, wenn die Einschränkungen weiter gehend sind als die an anderen (deutschen) Flughäfen geltenden Betriebsbeschränkungen[309].

Hinsichtlich des Grundsatzes der gleichen Wettbewerbsbedingungen ist schließlich von Bedeutung, ob eine erhebliche Verschlechterung der Wettbewerbsposition des Flughafens Zürich zu erwarten oder gar dessen langfristige wirtschaftliche Existenz durch die Einschränkungen in Frage gestellt ist[310].

Der Ansicht, dass durch den Abschluss des Luftverkehrsabkommens zwischen der Schweiz und der Europäischen Union und durch die teilweise Harmonisierung der Regeln im Luftverkehrsbereich eine umfassende **Gemeinschaftskompetenz** geschaffen worden sei[311], ist der Europäische Gerichtshof in seinem

---

308 dies empfiehlt Zurkinden, Jusletter v. 27.08.2001. Unternehmen (z.B. Flug(hafen)gesellschaften) können ihren Antrag allerdings nicht direkt an die Kommission richten, sondern müssen sich zunächst an die sie vertretende Vertragspartei (Schweiz) wenden.

309 Zurkinden, Jusletter v. 27.08.2001, bejaht dies und hält die Regelungen des Staatsvertrags für die strengsten quantitativen Begrenzungen im gesamten EG-Raum, die sogar weltweit einmalig sein dürften. Die Regelungen des Staatsvertrags seien daher auch unverhältnismäßig, dies um so mehr, wenn man bedenke, dass der dicht besiedelte Schweizer Raum ohnehin schon 95 Prozent und damit weitaus mehr von der durch Kloten verursachten Fluglärmbelastung trage als das in Süddeutschland betroffene, dünn besiedelte Gebiet; s. hierzu aber oben, Fn. 266.

310 mit Blick auf die Wachstumsprognosen für den Flugverkehr und das deshalb eingesetzte generelle Aufrüsten der europäischen Flughäfen bejaht dies Zurkinden, Jusletter v. 27.08.2001; freilich ist hier im Streitfalle die Fundiertheit der Behauptung konkret zu belegen und zu untersuchen, dass eine Begrenzung auf jährlich 100.000 bzw. 80.000 Anflüge unter Flugfläche 100/120 über Süddeutschland den Flughafen Zürich wirklich in seiner Wettbewerbsfähigkeit erheblich benachteiligt, vgl. hierzu auch das Urteil des EGMR v. 02.10.2001, s. unten, A. II. 4.; vgl. auch Hotz, „Zürcher Flughafen plötzlich zu gross", Schaffhauser Nachrichten v. 21.01.2003; ders., „Ein Dock zu viel gebaut in Zürich", Schaffhauser Nachrichten v. 07.03.2003; „Ein Projekt aus anderer Zeit", Schwarzwälder Bote v. 18.01.2003, und „Kloten im Sinkflug", Schwarzwälder Bote v. 07.03.2003; s. außerdem sogleich unten sowie unter B. III. 5. die überzeugende Argumentation des VGH BW in seinen Urteilen v. 24.01.2003, Az.: 8 S 2224/02 u. 8 S 2209/02.

311 so Zurkinden, Jusletter v. 27.08.2001.

Urteil vom 05.11.2002[312] zu dem bilateralen „Open Sky“-Abkommen zwischen der Bundesrepublik Deutschland[313] und den USA entgegengetreten. Darin führt der Gerichtshof aus, dass der Gemeinschaft zwar gem. Art. 84 II EGV im Luftverkehrsbereich eine – von einer vorhergehenden Entscheidung des Rates abhängige – Handlungskompetenz zustehe, darüber hinaus jedoch keine ausschließliche Außenkompetenz, die jegliche Verträge zwischen Mitgliedstaaten und Drittstaaten im Bereich des Luftverkehrs ausschließen würde[314]. Solche Abkommen zwischen Mitgliedstaaten und Drittländern sind nach dieser Entscheidung weiterhin zulässig, solange sie nicht im Widerspruch zum Gemeinschaftsrecht stehen. Einen solchen Verstoß (gegen Art. 5 EGV, jetzt Art. 10 EG) sah der EuGH darin, dass die beklagte Bundesrepublik mit den USA über die Bereiche Flugpreise und computergesteuerte Buchungssysteme (CRS) Vereinbarungen getroffen hatte, obwohl diese bereits in EG-Verordnungen[315] geregelt waren. Durch diese Verordnungen hat die Gemeinschaft die ausschließliche Außenkompetenz für die dort geregelten Bereiche erworben, so dass die Bundesrepublik hier keine alleinigen völkerrechtlichen Verpflichtungen mehr vereinbaren durfte[316].

Zudem wurde die Vereinbarung von exklusiven Start- und Landerechten für die jeweiligen nationalen Fluggesellschaften als unvereinbar mit den Bestimmungen über das Niederlassungsrecht der Gemeinschaft erklärt und als Verstoß gegen das Diskriminierungsverbot (Art. 52 EGV, nach Änderung jetzt Art. 43 EG) gewertet[317].

Der EuGH argumentierte somit ausschließlich auf der Basis bestehender EG-Verordnungen und billigte der klagenden Kommission keine zusätzlichen Kompetenzen zu.

Das besagte EuGH-Urteil steht dem Abschluss eines Staatsvertrags mit dem oben beschriebenen Inhalt also unter dem Aspekt der Außenkompetenz grundsätzlich nicht entgegen.

Auch die Kommission selbst hatte zuvor schon klar gestellt, dass bei dem derzeitigen (unvollendeten) Stand der Harmonisierung der Luftverkehrsrechte

---

312 Rs. C-476/98 et. al.

313 sieben weitere EG-Mitgliedsstaaten hatten entsprechende Verträge geschlossen und wurden ebenfalls von der Kommission verklagt, s. EuGH Rs. C-466/98, C-467/98, C-468/98, C-469/98, C-471/98, C-472/98, C-475/98.

314 EuGH Rs. C-476/98, Tz. 80 f., 101.

315 Verordnung Nr. 2409/92 und Nr. 2299/89.

316 EuGH Rs. C-476/98, Tz. 108, 124 ff.

317 EuGH Rs. C-476/98, Tz. 144 ff.

durchaus noch Spielraum für Abkommen der Mitgliedstaaten mit Drittstaaten bestehe[318].

Im Rahmen der Klage der Betreiberin des Zürcher Flughafens gegen die oben unter a) genannte Rechtsverordnung des LBA (§ 2 VI der 213. DVO zur LuftVO) stellte der VGH klar, dass die Verordnung (EWG) Nr. 2408/92 lediglich Luftfahrt*unternehmen*, die in Art. 2 a) der VO definiert werden, betrifft. Eine Rechtsverletzung der Klägerin als Flughafenbetreiberin kam insoweit also nicht in Betracht[319].

Ferner garantiere Art. 3 I der VO lediglich „Verkehrsrechte", worunter konkrete Flugrouten nicht fielen. Schon aus Sicherheitsgründen könne es nicht im Belieben der Fluggesellschaften oder eines Flughafenunternehmens stehen, die Verkehrsrechte auf den ihnen jeweils optimal erscheinenden Wegen auszuüben. Die Klägerin werde aber durch die streitigen Flugverkehrsbeschränkungen nicht gehindert, Flugdienste auf ihrem Flughafen abzuwickeln. Soweit sie deshalb mit Schwierigkeiten zu kämpfen habe, weil es ohne Nordanflug (über deutsches Gebiet) zu Stockungen in ihren Betriebsabläufen kommt, liege dies allein daran, dass bislang keine genügende Vorsorge für einen Anflug ohne Inanspruchnahme fremden Territoriums getroffen worden sei, obwohl schon das Verwaltungsabkommen vom 17.09.1984 in seinem Abschnitt II ein grundsätzliches Flugverbot zwischen 22 und 6 Uhr enthalten hatte. Europäisches Gemeinschaftsrecht lasse sich nicht als Rechtfertigung oder zur Kompensation dafür heranziehen, dass dahin gehenden Aufforderungen nicht oder nur unzureichend Folge geleistet wurde. Im Übrigen fielen die Interkontinentalflüge, deren Abwicklung ohne Anflüge von Norden her der Klägerin nach ihrem Vortrag besondere Schwierigkeiten bereitet, nicht unter die VO (EWG) Nr. 2408/92, da mit ihnen keine „Strecken in der Gemeinschaft" i.S.d. Art. 3 I der VO bedient würden. Aus diesen Gründen lehnte der VGH insoweit auch eine Rechtsverletzung der Fluggesellschaft „Swiss" als Klägerin in dem Parallelverfahren ab[320].

Im Übrigen unterliegt, wie bereits oben erwähnt, die Ausübung von Verkehrsrechten nach Art. 8 II der VO (EWG) Nr. 2408/92 den veröffentlichten einzelstaatlichen Vorschriften in den Bereichen Sicherheit, Umweltschutz und Zuweisung von Start- und Landezeiten. Dass die von den Klägerinnen angegriffenen Flugverkehrsbeschränkungen von diesem Vorbehalt keinen gemeinschaftswidrigen Gebrauch machen, folgt nach Ansicht des *Senats* bereits daraus, dass der südbadische Luftraum – unabhängig vom Anflugort des jeweiligen

---

318 s. „Brüsseler Anmerkungen zum Flugstreit – EU-Kompatibilität als juristische Knacknuss", NZZ v. 25.08.2001, www.parlament.ch/poly/Framesets/D/Frame-D.htm.

319 VGH BW, Urt. v. 24.01.2003, Az.: 8 S 2224/02, Urteilsausfertigung S. 15; s. auch Nettesheim, ZLW 2002, 240, 256.

320 VGH BW, Urt. v. 24.01.2003, Az.: 8 S 2224/02 und 8 S 2209/02, Urteilsausfertigungen S. 16.

Luftfahrzeugs – unstreitig für 95% aller Anflüge auf den Flughafen Zürich in Anspruch genommen wird, ohne dass dieser Belastung nennenswerte Vorteile für diesen Raum gegenüberstehen. So sind nach von der Flughafengesellschaft selbst ermittelten Zahlen nur etwa 0,8 % der am Flughafen Zürich Beschäftigten (197 von 25.000) Deutsche, der deutsche Anteil an der Bruttowertschöpfung bewegt sich in demselben Prozentbereich (52 Mio. von 5,6 Miard. sFr)[321].

bb) Völkerrecht

Als Prüfungsmaßstab kommt bei der Staatsvertrags-Problematik aber auch dem Völkerrecht eine gewisse Relevanz zu, namentlich dem **Abkommen von Chicago** von 1944[322], der Vereinbarung über den Durchflug im internationalen Fluglinienverkehr vom 07.12.1944 (**Transitvereinbarung**)[323], dem allgemeinen Völkerrecht und dem internationalen öffentlichen Umweltrecht (**Nachbarrecht**)[324].

Zwar gibt es keinen allgemeinen völkerrechtlichen Grundsatz, der allen Luftfahrzeugen ein uneingeschränktes Recht zum Durchflug durch den Luftraum eines anderen Staates ohne Landung einräumt. Auch das Chicagoer Abkommen hält in seinem Art. 6 für den planmäßigen Fluglinienverkehr nach dem Vorbild des Pariser Luftverkehrsabkommens von 1919 (dort Art. 15 IV) daran fest, dass zum Ein- und Durchflug ohne Landung eine besondere Erlaubnis oder sonstige Ermächtigung jedes überflogenen Staates erforderlich ist. Durch Artikel I Abschnitt 1 der Transitvereinbarung gewährt jedoch jeder Vertragsstaat den anderen Vertragsstaaten (wozu auch Deutschland und die Schweiz gehören) im planmäßigen internationalen Fluglinienverkehr das Recht, sein Hoheitsgebiet ohne Landung zu überfliegen[325].

Hier ist unter den Beteiligten umstritten, ob An- und Abflüge zum und vom grenznahen Flughafen eines Nachbarstaates Durchflugsrechte nach der Transit-

321 VGH BW, Urt. v. 24.01.2003, Az.: 8 S 2224/02 und 8 S 2209/02, Urteilsausfertigungen S. 24 bzw. 26; die Berücksichtigung dieser Tatsache war auch im Rahmen des Abwägungsvorgangs rechtmäßig, s. hierzu unten, B. III. 5.

322 BGBl. 1956 II, S. 411 mit nachfolgenden Änderungen.

323 BGBl. 1956 II, S. 442.

324 s. Brentzien, ZLW 2002, 510 ff.

325 für den nicht planmäßigen internationalen gewerblichen Luftverkehr (Gelegenheitsverkehr) gewährt Art. 5 des Chicagoer Abkommens das Durchflugsrecht; s. Brentzien, ZLW 2002, 510 f.

vereinbarung in Anspruch nehmen können[326]. Diese Meinungsverschiedenheit löst gemäß Artikel II Abschnitt 2 der Transitvereinbarung grundsätzlich die

326 bejaht wird dies einhellig, soweit es sich um einen sog. „unschädlichen Durchflug" („innocent passage") handelt. Im Hinblick auf die Fluglärmproblematik wird der Anflugverkehr nach Zürich-Kloten hierzu aber nicht zu zählen sein, vgl. Schwenk, Handbuch des Luftverkehrsrechts, S. 198: keine Duldungspflicht für Flüge, die die vorgeschriebene Mindestflughöhe unterschreiten und die nur zum Zwecke von Start und Landung den Luftraum des Nachbarstaats benutzen; vgl. auch Giemulla/Schmid, LuftVG, § 2 Rn. 28 m.w.N.; Böckstiegel/Reifarth, ZLW 1983, 183, 204; VGH BW, Urteile v. 24.01.2003, Az.: 8 S 2224/02 und 2209/02 (s. sogleich unten); Hofmann/Grabherr, LuftVG, § 2 Rn. 49 halten gem. § 2 VII 2 LuftVG ein Abkommen nach dem Vorbild des Vertrages zum Salzburger Flughafen für erforderlich; Brentzien (ZLW 2002, 511 f., 513 ff.) sieht hingegen auch An- und Abflüge nach und von Zürich-Kloten nach Sinn und Zweck des Transitabkommens von diesem als Durchflugverkehr erfasst. Der Durchflug des internationalen Luftverkehrs durch den süddeutschen Raum erfolge stets und gerade in der Absicht, um im Zielstaat Schweiz zu landen oder nach dem Start von dort, um in ein Drittland zu gelangen. Eine Differenzierung nach geographischen Kriterien (also nach der Grenznähe des Zielflughafens zu einem Nachbarstaat) sei mit dem Durchflugsrecht nach der Transitvereinbarung nicht vereinbar.
Einschränkbar seien die Durchflugsrechte gem. Art. I Abschn. 4 der Transitvereinbarung nur durch Luftverkehrsbeschränkungen i.e.S., die das Luftfahrzeug im Verkehr betreffen, nicht aber – wie im Staatsvertrag vorgesehen – durch zeitliche, zahlenmäßige und flughafenbetriebliche Bestimmungen. Hierdurch ignoriere der Vertrag zudem neuere (triebwerks-)technische Entwicklungen und motiviere die schweizerischen Luftfahrtunternehmen nicht eigentlich, lärmarme Flugzeuge einzusetzen; vgl. hierzu auch Hofmann/Grabherr, LuftVG, § 9 Rn. 86, wonach die Festlegung einer Höchstzahl von Flugbewegungen für Verkehrsflughäfen ihrer Zweckbestimmung nach (für den allgemeinen Verkehr, also Gemeingebrauch) und der daraus resultierenden Betriebspflicht nicht in Betracht komme. Sie sei aufgrund der mangelnden Berücksichtigung von Lärmreduzierungen aufgrund technischer Fortschritte auch unverhältnismäßig. Als Alternative kämen Festschreibungen des vom Flughafen ausgehenden Lärms, d.h. die Bestimmung eines maximal zulässigen Dauerschallpegels in einem abgegrenzten, den Flughafen umgebenden Gebiet, in Betracht.
Der pauschale Verweis auf den Gemeingebrauch oder auf wirtschaftliche Aspekte als Rechtfertigung für Betriebserweiterungen an Flughäfen bzw. als Einwand gegen Betriebsbeschränkungen dürfte allerdings durch das Urteil des EGMR v. 02.10.2001 erschwert worden sein, s. u., A. II. 4. a). Sollte sich z.B. bei entsprechenden gutachterlichen Untersuchungen herausstellen, dass die für Zürich-Kloten im Staatsvertrag vorgesehenen 100.000 Flugbewegungen über Süddeutschland unter Flugfläche 100 (bzw. 80.000/FL 120 per Rechtsverordnung) für einen wirtschaftlichen Betrieb des Flughafens ausreichend oder sogar noch überdimensioniert sind, wird eine solche Begrenzung der Flugbewegungen schwerlich unter Verweis auf Gemeingebrauch und wirtschaftliche Prosperität angreifbar sein. Sollte die künftige Entwicklung der Flugbewegungszahlen hinter den Prognosen zurückbleiben oder gar rückläufig sein (vgl. hierzu z.B. Hotz, „Zürcher Flughafen plötzlich zu gross", Schaffhauser Nachrichten v. 21.01.2003, sowie Schwarzwälder Bote v. 18.01.2003, „Ein Projekt aus anderer Zeit": Stimmen aus der Schweizer Politik halten den Flughafen für überdimensioniert und sehen die Zahl der Flugbewegungen über längere Sicht bei 320.000 statt bislang 400.000 p.a.; s. auch Hotz,

Anwendung der Schlichtungsbestimmungen des Kapitels XVIII des Chicagoer Abkommens aus[327].

Auch aus den Grundsätzen des internationalen öffentlichen Umweltrechts (Nachbarrecht) sowie völkergewohnheitsrechtlich kann sich die Pflicht ergeben, die Interessen des jeweils anderen Staates nach Treu und Glauben zu berücksichtigen und kooperativ und im Wege der Konsultationen zu einem Ausgleich zu kommen[328].

Der einseitige Erlass der Rechtsverordnung durch die BRD als Reaktion auf die Nichtratifikation des Staatsvertrags erscheint vor diesem Hintergrund als nicht unproblematisch[329].

Ein weiterer Umstand kommt hinzu, der die (auch im Staatsvertrag über den An- und Abflug zum und vom Flughafen Zürich vorgesehene) inhaltliche Ausgestaltung der nationalen deutschen Verordnungen gemäß § 27 a LuftVO, die für die Schweiz verbindliche Auswirkungen auf den Flugbetrieb ihres Flugha-

---

„Ein Dock zu viel gebaut in Zürich", Schaffhauser Nachrichten v. 07.03.2003, und „Kloten im Sinkflug", Südkurier v. 07.03.2003: Vor allem aufgrund des Flottenabbaus bei der „Swiss" als Homecarrier sank die Zahl der Passagiere in Zürich in 2002 um 14,6 Prozent auf 17,9 Mio., die Flugbewegungen gingen um 8,8 Prozent auf 282.200 zurück, was dem Niveau von 1997 entspricht), könnte die festgeschriebene Zahl von 100.000 bzw. 80.000 Flugbewegungen einen wachsenden Anteil an den Gesamtflugbewegungen ausmachen und damit sogar eine Lastenverteilung zuungunsten der Betroffenen auf deutscher Seite bewirken. Befürwortet wird daher auf dt. Seite eine sog. Drittel-Lösung, d.h. neben der absoluten Obergrenze hinsichtlich der Flugbewegungen über Süddeutschland soll dort max. ein Drittel aller Ab- u. Anflüge von u. nach Zürich stattfinden dürfen.

Die Beschränkung der Durchflugsrechte ist nach Ansicht von Brentzien (a.a.O., S. 516) auch mit Blick darauf unzulässig, dass davon nicht nur schweizerische und deutsche, sondern auch andere Fluglinienunternehmen betroffen sind, deren Staaten Vertragsstaaten der Transitvereinbarung sind und durch den dt. Luftraum den Flughafen Zürich aufgrund bilateraler Luftverkehrsabkommen mit der Schweiz anfliegen. Nach Art. 82 f. des Chicagoer Abkommens i.V.m. Art. I Abschn. 2 der Transitvereinbarung ist jeder Vertragsstaat gehalten, dafür zu sorgen, dass die von ihm getroffenen luftrechtlichen Abkommen mit den Bestimmungen des Abkommens von Chicago vereinbar sind. Diesen Voraussetzungen entspreche der Staatsvertrag nicht.

327 Art. 84 (Schlichtung von Streitigkeiten), Art. 85 (Schiedsgerichtsverfahren) und Art. 86 (Berufungen gegen die Entscheidung des Schiedsgerichts).

328 vgl. die „Friendly-Relations-Deklaration" v. 24.10.1970, s. Fischer in: Ipsen, Völkerrecht, S. 1015 Rn. 2; v. Heinegg, ebenda, S. 920 Rn. 31; S. 923 Rn. 37 f.; Kimminich/Hobe, Einführung in das Völkerrecht, S. 284; Brentzien, ZLW 2002, S. 520 f.

329 nach Ansicht von Brentzien, ZLW 2002, 517 stellt dies eine Verletzung der Streitbeilegungsbestimmungen der Transitvereinbarung in Verbindung mit dem Chicagoer Abkommen dar.

fens Zürich haben[330], auf den ersten Blick als eine tatsächlich und völkervertragsrechtlich zumindest recht ungewöhnliche Intervention eines dritten Staates in die schweizerische Flughafenhoheit erscheinen lässt[331]: Ähnlich wie im deutschen Recht, wo betriebliche Regelungen zum aktiven Lärmschutz (soweit sie die Planung und Nutzung des Flughafens selbst betreffen) in den Kompetenzbereich der Flughafengenehmigungs- und Planfeststellungsbehörden fallen (vgl. §§ 6 ff. LuftVG) und nicht im Rahmen der Flugverfahren nach § 27 a II 1 LuftVO durch das LBA erfolgen[332], ist auch nach dem Luftfahrtgesetz der Schweiz (LFG) für die Bewilligung und den Betrieb von Flugplätzen, die dem öffentlichen Verkehr dienen, der Bundesrat (UVEK) bzw. das Bundesamt für Zivilluftfahrt (BAZL) zuständig (Art. 37 I LFG). Sie prüfen und entscheiden im Rahmen des Konzessionsverfahrens über sämtliche Belange wie z.B. Standort, Größe und Betriebsumfang des Flugplatzes sowie die luftfahrtspezifischen Aspekte. Die Wahrnehmung dieser Kompetenz wird durch den Vertrag bzw. die Verordnungen völkerrechtlich beeinträchtigt. Denn durch ein entsprechend modifiziertes Betriebsreglement für den Flughafen Zürich wird der Vollzug der (im Vertrag bzw. direkt in den Verordnungen vorgesehenen) Beschränkungen für den Flugbetrieb aufgrund einer nationalen deutschen Durchführungsverordnung zur LuftVO durch inhaltsgleiche Umsetzung im schweizerischen Flughafenrecht sichergestellt[333].

---

330 aufgrund des gem. Art. 6 I a) i.V.m. Art. 16 I des Vertrages seit 19.10.2001 vorläufig gültigen Nachtflugverbots für die Pisten 14 und 16 finden seither Anflüge aus östlicher Richtung auf die Piste 28 statt. Dabei kam es am 24.11.2001 zu dem Absturz eines „Jumbolino“ der früheren Fluggesellschaft „Crossair“. Die Flughafengesellschaft „Unique“ und die Flugsicherung „Skyguide“ haben daraufhin im Mai 2002 beim BAZL einen Genehmigungsantrag für die Errichtung einer ILS-Anlage auch für die Pisten 28 und 34 gestellt. Die erste Anlage soll im Laufe des Jahres 2004 betriebsbereit sein, die zweite 2005. Die fehlende Instrumentierung der Pisten wird auf deutscher Seite zunehmend als Verzögerungstaktik angesehen, um die zahlreichen witterungsbedingten Ausnahmen bzgl. der Anflugbeschränkungen über dt. Gebiet rechtfertigen zu können, vgl. das Positionspapier der Regionalen Begleitkommission v. 17.04.2003.

331 s. Wolfrum/Lübben/Ohlhoff, ZLW 2001, S. 365; Brentzien, ZLW 2002, 517; s. hierzu aber sogleich unten.

332 vgl. Wolfrum/Lübben/Ohlhoff, ZLW 2001, 364 ff.; wobei Flugverfahren durchaus auch betriebliche Maßnahmen zum Lärmschutz an der Quelle darstellen, s. u., B. I. 1. c); zu den diesbezüglichen, in dieser Arbeit entwickelten Änderungsvorschlägen s. u., C. VI.

333 s. Brentzien, ZLW 2002, 517 ff., 521 ff., der vorschlägt, dass sich die Schweiz vertraglich verpflichten könnte, durch ihre dafür zuständigen Stellen die erforderlichen aktiven und passiven Lärmschutzmaßnahmen zu treffen. Außerdem könnte die Benutzung des Luftraums durch einvernehmlich geänderte An- und Abflugverfahren einschließlich geänderter Flugwege geregelt werden und so zu einer gerechten und zumutbaren Fluglärmverteilung im deutschen und schweizerischen Luftraum führen. Aufzulösen sei die außergewöhnliche Verknüpfung zwischen der Gestattung der Ausübung der Flugsicherungsdienste und der Regelung von lärmmindernden Verfahren bezüglich des Flug-

Mit sehr beachtlicher Argumentation hat der VGH BW in seinen beiden Urteilen vom 24.01.2003[334] dargelegt, dass sich aus dem Chicagoer Abkommen und der Transitvereinbarung nicht das Recht ergebe, das Hoheitsgebiet eines anderen Staates bis hinunter zur Sicherheitsmindesthöhe (vgl. § 6 I LuftVO) bzw. ohne Bodenberührung („touch down") überfliegen zu dürfen. Schon unter historischen Gesichtspunkten erscheine es ausgeschlossen, dass die Vertragsstaaten am 07.12.1944, also in der Endphase des Zweiten Weltkriegs, ihre Lufträume praktisch unbegrenzt für fremde Luftfahrzeuge öffnen wollten. Hinzu komme, dass Art. I Abschn. 1 der Transitvereinbarung nur von einem Überflug „ohne Landung" („to fly across its territory without landing") spricht. Bereits diese Wortwahl deute an, dass damit das reine Durchqueren des Territoriums auf einer Luftstraße („en route") gemeint sei, das in mehreren Bestimmungen des Chicagoer Abkommens als „operated over", „flying over" oder „carried above" (vgl. Art. 6, 12, 30 u. 35) in Abgrenzung zum Ein- oder Ausflug bzw. zur Nutzung des Luftraums unterhalb der Überflugstrecken in denselben Artikeln bezeichnet wird („operated into the territory" in Art. 6, „maneuvering within its territory" in Art. 12, „in the territory" in Art. 30 oder „carried in the territory" in Art. 35).

Dass der Landeanflug von der durch Art. I Abschn. 1 der Transitvereinbarung statuierten „Ersten Luftverkehrsfreiheit" ausgenommen sei, ergebe sich ferner zwingend daraus, dass es für die Landung selbst keiner völkerrechtlichen Vereinbarung bedurft hätte, denn sie erfolge immer auf dem Hoheitsgebiet des Staates, in dem der jeweilige Flughafen liegt. Auch die „Staatenpraxis" insbesondere der Schweiz bestätige dieses Ergebnis. Denn die Schweiz halte es – wie mit Österreich und Italien geschlossene Abkommen bzgl. grenznaher schweizerischer Flughäfen belegten – offensichtlich für erforderlich, das Durchqueren fremden Luftraums beim Landeanflug auf diese staatsvertraglich zu regeln, was

---

hafenbetriebs. Die Ausübung der Flugverkehrskontrolle könnte durch ein gesondertes Abkommen vereinbart werden.
Die Übertragung der Flugverkehrskontrolle im süddeutschen Raum auf die Schweiz und die dieser eingeräumte Möglichkeit der Weiterübertragung auf eine schweizerische Gesellschaft stellen weniger ein völkerrechtliches, sondern vielmehr ein verfassungsrechtliches Problem dar (vgl. Schwenk, Handbuch des Luftverkehrsrechts, S. 198). Ob darin ein Verstoß gegen die Art. 87 d, Art. 24 I, I a GG liegt und wie eine evtl. Übertragung auf eine zwischenstaatliche Einrichtung gem. Art. 24 GG ausgestaltet werden könnte, ist umstritten; vgl. Mosler in: Isensee/Kirchhof, HdStR, Bd. VII, S. 619 ff., 621; Randelzhofer in: M/D, GG, Art. 24 I Rn. 52 f.; Pernice in: H. Dreier, GG, Art. 24 Rn. 24; Streinz in: Sachs, GG, Art. 24 Rn. 20; Jarass in: ders./Pieroth, GG, Art. 24 Rn. 7; Rojahn in: v. Münch/Kunig, GG, Art. 24 Rn. 18; Gramm, DVBl. 1999, 1237 ff.; Flint, Die Übertragung von Hoheitsrechten, S. 144 f.; Baldus, Die Verwaltung 1999, 481 ff.; vgl. auch M. Nunez Müller im Gespräch mit N. Köhler, „Eindeutig verfassungswidrig", Südkurier v. 08.04.2003.

334 Az.: 8 S 2224/02 und 2209/02, Urteilsausfertigungen S. 14 f.

unnötig wäre, wenn dies bereits durch die „Erste Luftverkehrsfreiheit“ gedeckt wäre.

Zu beachten ist außerdem, dass natürliche oder juristische Personen des Privatrechts grundsätzlich **aus völkerrechtlichen Verträgen** keine eigenen **subjektiven Rechte** ableiten können, da der Einzelne auf der Ebene des Völkerrechts primär nur als Angehöriger eines Staates Bedeutung erlangt. In den o.g. Klagen der Flughafenbetriebsgesellschaft sowie der Fluggesellschaft gegen die Verordnung des LBA hat der VGH BW daher eine Rechtsverletzung der Klägerinnen schon aus diesem Grunde verneint[335].

Etwas anderes kann nur gelten, wenn den Privatpersonen entweder durch den Völkerrechtsakt selbst oder durch das nationale Zustimmungsgesetz Individualansprüche zugestanden werden[336]. In Art. I Abschn. 1 der Transitvereinbarung gewähren sich jedoch nur die Vertragsstaaten untereinander das Recht zum Überflug des jeweils anderen Hoheitsgebiets und zur Landung zu nicht gewerblichen Zwecken. Dafür, dass einzelne Flughafen- bzw. Luftverkehrsgesellschaften sich auf diese Freiheiten als eigene (von ihnen selbst ohne Vermittlung durch ihren Heimatstaat – oder hier sogar gegen den Willen der eigenen Regierung – durchsetzbare) Rechte berufen könnten, gibt es nach Ansicht des *Senats* keinen Anhaltspunkt. Auch dem Zustimmungsgesetz vom 07.04.1956 (BGBl. II S. 411) lasse sich nichts für eine derartige Rechtsgewährung entnehmen[337].

Auch aus der Annahme, die Transitvereinbarung sei „self-executing“, ließen sich eigene Ansprüche der Klägerinnen nicht ableiten. Denn es fehle hierfür schon an den Voraussetzungen der hinreichenden Bestimmtheit und Justiziabilität. Art. I Abschn. 4 Nr.1 der Vereinbarung gestehe nämlich in Übereinstimmung mit Art. 68 des Chicagoer Abkommens jedem Vertragsstaat grundsätzlich das Recht zu, die Strecken zu bezeichnen, die der internationale Fluglinienverkehr innerhalb seines Hoheitsgebietes einzuhalten hat. Diese Befugnis der Staaten würde überspielt, könnten die Flug(hafen)gesellschaften das Recht für sich in Anspruch nehmen, die Anflugrouten nach ihrem Gutdünken selbst zu wählen resp. die Routen zu bestimmen, auf denen sie von den Luftfahrtgesellschaften angeflogen werden. Diese Annahme widerspräche diametral dem in Art. 1 des Chicagoer Abkommens hervorgehobenen Ausgangspunkt, dass die Vertrags-

335 VGH BW, Urteile v. 24.01.2003, Az.: 8 S 2224/02 und 2209/02, Urteilsausfertigungen S. 13 f.

336 s. Ipsen, Völkerrecht, § 7 S. 79 ff.

337 VGH BW, Urteile v. 24.01.2003, Az.: 8 S 2224/02 und 2209/02, Urteilsausfertigungen S. 13.

staaten über ihrem jeweiligen Hoheitsgebiet die „volle und ausschließliche Lufthoheit“ besitzen[338].

cc) Grundrechte

Die in den o.g. Verfahren erfolgte Berufung der Klägerinnen auf die Grundrechte der Art. 3, 12, 14 GG lehnte der VGH unter Verweis auf die Geltung der Grundrechte nur für *inländische* juristische Personen, soweit sie ihrem Wesen nach auf diese anwendbar sind (Art. 19 III GG), ab.

Zwar stehen auch nach Art. 5 des Luftverkehrsabkommens EG/Schweiz vom 21.06.1999 Gesellschaften natürlichen Personen gleich. Dies gilt aber nur im Anwendungsbereich dieses Abkommens, der wiederum auf die Angelegenheiten beschränkt ist, die in den im Anhang zum Luftverkehrsabkommen aufgeführten Rechtsakten der Gemeinschaft – hier der VO (EWG) Nr. 2408/92 – geregelt sind.

Wie bereits ausgeführt, könne sich – so der VGH – die Flughafenbetreiberin als Klägerin nicht auf diese Verordnung berufen. Außerdem würden An- und Abflugrouten und damit auch die von den Klägerinnen bekämpften Flugverkehrsbeschränkungen von dieser Streckenzugangsverordnung nicht erfasst und fielen damit nicht in den Anwendungsbereich des Luftverkehrsabkommens. Aus dem Diskriminierungsverbot des Art. 3 könne daher keine Grundrechtserstreckung auf schweizerische juristische Personen abgeleitet werden[339].

Abgesehen davon liege auch keine Diskriminierung der klagenden Fluggesellschaft vor. Denn die Flugverkehrsbeschränkungen gelten für alle Flugverkehrsgesellschaften ohne Unterschied. Soweit die Klägerin durch sie härter getroffen werde als andere Fluglinien, liege das nicht an ihrer Staatszugehörigkeit, sondern daran, dass sie sich nach der im Mai 2000 erfolgten Kündigung der Verwaltungsvereinbarung aus dem Jahre 1984 durch die deutsche Seite und trotz der angekündigten Maßnahmen zur Einschränkung des Luftverkehrs entschieden habe, ihr Luftkreuz („Hub“) auf dem Flughafen Zürich zu installieren. Angesichts der danach rechtlich ungesicherten Anflugmöglichkeiten über deutsches Hoheitsgebiet im Zeitpunkt der Gründung der Klägerin am 31.03.2002 habe sie damit bewusst das Risiko in Kauf genommen, wegen fehlender Instrumentie-

---

338 VGH BW, Urteile v. 24.01.2003, Az.: 8 S 2224/02 und 2209/02, Urteilsausfertigungen S. 14.

339 VGH BW, Urteile v. 24.01.2003, Az.: 8 S 2224/02 und 2209/02, Urteilsausfertigungen S. 18; zur Europäisierung des deutschen Verfassungsrechts am Beispiel des Art. 19 III GG vgl. Kotzur, DÖV 2001, 192 ff.

rungen an den Landebahnen bzw. des Widerstandes von Schweizer Bürgern gegen Anflugrouten über dem eigenen Staatsgebiet ihre weiteren Planungen nicht optimal realisieren zu können. Gegenüber den Folgen, die sich aus einer Verwirklichung dieses Risikos ergeben, könne sie sich nun nicht auf ein aus ganz anderen Gründen geltendes Diskriminierungsverbot berufen und daraus Grundrechtsansprüche herleiten[340].

Auch der Staatsvertrag zwischen der Schweiz und dem Deutschen Kaiserreich betreffend die Regelung von Rechtsverhältnissen der beiderseitigen Staatsangehörigen im Gebiete des anderen vertragsschließenden Teils vom 31.10.1910 (RGBl. 1911 S. 892) erweitere die Grundrechtsgeltung nicht auf schweizerische Unternehmen, da er nur Vergünstigungen für natürliche Personen vorsehe und sich die darin enthaltenen Verbürgungen auch nur auf den Fall der Gründung einer Gewerbeniederlassung im jeweils anderen Staatsgebiet bezögen. Zudem sei es ausgeschlossen, einem Vertrag aus der Kaiserzeit die normative Kraft beizulegen, damals undenkbare verfassungskräftige Individualrechte, die erst Jahrzehnte später in einer gänzlich anderen Epoche gewährt wurden, gleichsam vorausschauend bereits an schweizerische juristische Personen zu verleihen[341].

Selbst bei Zugrundelegung der Annahme, dass ausländische juristische Personen jedenfalls in begrenztem Umfang am Schutz der Grundrechte teilhaben[342], lägen solche Grundrechtsverstöße hinsichtlich der Klägerinnen nicht vor. Denn zum einen – was die Flughafengesellschaft als Klägerin anbelangt – treffe die angegriffene Rechtsverordnung keinerlei Bestimmung über die Benutzbarkeit oder Anflugfähigkeit des von der Klägerin betriebenen Flughafens. Vielmehr besage sie nur, dass zu den angegebenen Sperrzeiten der (süd-)deutsche Luftraum nicht bzw. nur in einer Mindestflughöhe durchflogen werden dürfe. Die sich daraus für die Klägerinnen ergebenden Probleme rührten allein daher, dass die Schweiz bislang nicht bereit gewesen sei, über eigenem Territorium die benötigten Anflugstrecken zur Verfügung zu stellen. Daraus folge, dass die Klägerinnen durch die angegriffenen Regelungen nicht in ihrem eingerichteten und ausgeübten Gewerbebetrieb, in der Berufsfreiheit oder gar der Eigentumsgarantie berührt seien. Wenn ihnen insoweit Einbußen drohten, dann nur deshalb, weil sie – entgegen dem Anliegen des Schweizer Bundesrats, wie es sich u.a. im unterzeichneten Staatsvertrag ausdrücke – die Anflüge auf ihren Flughafen nicht – wie es möglich wäre – im schweizerischen Luftraum, sondern fast ausschließlich über deutschem Gebiet beginnen lassen wollten[343].

---

340 VGH BW, Urteil v. 24.01.2003, Az.: 8 S 2209/02, Urteilsausfertigung S. 18.

341 VGH BW, Urteile v. 24.01.2003, Az.: 8 S 2224/02 und 2209/02, Urteilsausfertigungen S. 18 f.

342 s. hierzu HessVGH, ESVGH 50, 21, 22 f.; GewArch 2000, 21, 22 m.w.N.

343 VGH BW, Urteile v. 24.01.2003, Az.: 8 S 2224/02 und 2209/02, Urteilsausfertigungen S. 20.

Zum anderen könnten auch deutsche Flughäfen nur auf bestimmten Routen angeflogen werden, und auch für diese gelten Nachtflugverbote (Düsseldorf: 22 bis 5 Uhr; München: 21 bis 5 Uhr; Stuttgart: 21 bis 6 Uhr). Zwar gelten dort nicht auch an den Wochenenden und Feiertagen verschärfte Flugbeschränkungen. Da aber, wie oben dargelegt, eine Berufung der Flughafengesellschaft auf die „Erste Luftverkehrsfreiheit" nach dem Transitabkommen, auf Europäisches Gemeinschaftsrecht oder die Grundrechte nicht möglich sei, bestehe auch kein Recht der Klägerin auf Gleichbehandlung mit deutschen Verkehrsflughäfen[344].

Die klagende Fluggesellschaft könne unter dem Gesichtspunkt des Gleichheitssatzes nur eine Gleichbehandlung mit den konkurrierenden Luftverkehrsgesellschaften einfordern. Diese sei aber gegeben, da alle Fluggesellschaften in gleicher Weise die streitigen Verordnungsregelungen zu beachten hätten[345].

4.) a) Neue Perspektive im Kampf gegen Fluglärm: Das Urteil des Europäischen Gerichtshofs für Menschenrechte vom 02.10.2001

Eine neue Perspektive zur Bekämpfung der Fluglärmproblematik lässt sich auch bei einer Untersuchung des Urteils des Europäischen Gerichtshofs für Menschenrechte (EGMR) vom 02.10.2001[346] eröffnen. Mit dieser Entscheidung stellte der Gerichtshof auf Antrag von acht Beschwerdeführern gegenüber der Regierung des Vereinigten Königreichs von Großbritannien fest, dass das im Oktober 1993 eingeführte und mehrfach überarbeitete Lärmkontingentierungsmodell für Nachtflüge auf dem Flughafen London-Heathrow eine Verletzung von Art. 8 (Schutz des Privat- und Familienlebens sowie der Wohnung) und Art. 13 EMRK (Garantie innerstaatlichen Rechtsschutzes bei einer Verletzung von Menschenrechten) darstellte.

Die Beschwerdeführer (Bf.) wohnten in unterschiedlicher Entfernung von bis zu 18 km vom Flughafen (teilweise in Einflugschneisen) und hatten einen erheblichen Anstieg des Fluglärms seit dem Jahr 1993 in den frühen Morgenstunden ab ca. 4 Uhr geltend gemacht.

Die 1993 von der britischen Regierung eingeführte Regelung der Nachtflüge auf dem Flughafen Heathrow (sowie Gatwick und Stansted) etablierte ein Lärm-

344 VGH BW, Urteil v. 24.01.2003, Az.: 8 S 2224/02, Urteilsausfertigung S. 20.

345 VGH BW, Urteil v. 24.01.2003, Az.: 8 S 2209/02, Urteilsausfertigung S. 20; zur Beurteilung der Rechtmäßigkeit der Abwägungsentscheidung im Rahmen dieser Verfahren s. u., B. III. 5.

346 Appl. No. 36022/97 – Hatton u.a. gegen Vereinigtes Königreich.

kontingentierungssystem[347]. Darin wurden eine bestimmte Höchstzahl an Lärmpunkten für die Sommer- und Winterflugperiode vorgegeben und verschiedene Flugzeugtypen je nach ihrer Lärmklassifizierung unterschiedlich bewertet. Dieses Lärmkontingentierungssystem für den Nachtflug galt von 23.30 Uhr bis 6 Uhr[348]. Nach Inanspruchnahme innerstaatlichen Rechtsschutzes musste die britische Regierung zusätzlich eine Höchstzahl zulässiger Flugbewegungen festschreiben.

Im Beschwerdeverfahren hat sich die britische Regierung darauf berufen, dass die so modifizierte Regelung der Nachtflugbewegungen auf dem Flughafen Heathrow einen angemessenen und gerechtfertigten Ausgleich zwischen den gegenläufigen Interessen im Zusammenhang mit den Nachtflugbewegungen darstelle und insbesondere die Beeinträchtigung der Rechte der Bf. aus Art. 8 EMRK gerechtfertigt sei. Im Übrigen sei die Regierung weder Eigentümerin noch Betreiberin des Flughafens oder von Flugzeugen, durch die sich die Bf. belästigt fühlten. Die Regierung verwies zudem auf die Stellungnahmen von Handel und Gewerbe, welche die Bedeutung von Nachtflügen betonten und dies mit detailliertem Zahlenmaterial belegten. Eigene oder unabhängige Untersuchungen hierzu lagen jedoch nicht vor. Dennoch war die Regierung der Auffassung, dass Nachtflüge einen direkten Einfluss auf die Nachfrage nach Tagesflügen hätten. Ein Nachtflugverbot habe danach schwerwiegende Konsequenzen für die dort stationierten Fluggesellschaften sowie insgesamt für die wirtschaftliche Prosperität des Vereinigten Königreichs. Dies rechtfertige die Belästigung lokaler Anwohner mit Nachtfluglärm.

b) Bloßer Verweis auf wirtschaftliche Gründe nicht ausreichend

Der Gerichtshof führte in seinem Urteil[349] aus, dass nicht eine Beeinträchtigung der Rechte der Bf. durch ein eigenes staatliches Handeln in Frage stehe. Entscheidungsgegenstand sei vielmehr die positive Pflicht des Staates, geeignete und verhältnismäßige Maßnahmen zu ergreifen, um die Rechte der Beschwerdeführer aus Art. 8 EMRK zu sichern. Aufgrund dieser Schutzpflicht müssten die Vertragsstaaten für Maßnahmen mit Umweltauswirkungen alle Arten von Überlegungen anstellen. Insbesondere sei ein bloßer Verweis auf das wirtschaftliche Wohlergehen des Landes nicht ausreichend, um die Rechte anderer zu

347 das erklärte Ziel, den Lärmpegel unter dem Niveau von 1988 zu halten, wurde mit der Regelung indessen verfehlt.

348 demgegenüber gilt im dt. Bundesrecht die Nachtzeit von 22 bis 6 Uhr, Nr. 6.4 der TA-Lärm v. 26.08.1998.

349 dort unter Tz. 95 ff.

überwiegen. Vielmehr seien die Staaten verpflichtet, die Beeinträchtigung dieser Rechte soweit wie möglich zu verringern, indem sie versuchen müssten, auch anderweitige Lösungen zu finden und das jeweilige Verfahrensziel auf dem Weg zu erreichen, der die von der Maßnahme betroffenen Menschenrechte am wenigsten belaste. Dies erfordere eine geeignete und umfängliche Untersuchung mit dem Ziel, die bestmögliche Lösung zu finden, die tatsächlich zu einem ordnungsgemäßen Abwägungsergebnis führe. Der Gerichtshof bemängelt sodann[350], dass für die Lärmkontingentierungsregelung die tatsächliche Bedeutung von Nachtflügen für die Wirtschaft niemals kritisch hinterfragt worden sei, weder von der Regierung noch von unabhängigen Stellen. Zwar sei zwischenzeitlich im Verfahren zusätzliches Datenmaterial zusammengetragen worden, dieses habe sich aber bei der Entscheidung von 1993 nicht mehr ausgewirkt. Damit aber sei der gerechte Ausgleich zwischen den nicht näher geprüften wirtschaftlichen Interessen und den beeinträchtigten Rechten der Bf. am Schutz ihrer Wohnung, ihres Privat- und Familienlebens nicht gewahrt worden.

Dieses Urteil eröffnet auch für die nationalen luftverkehrsrechtlichen Genehmigungsverfahren eine neue Perspektive. Zwar werden die Frage nach der Gesundheitsbeeinträchtigung der Fluglärmbetroffenen und die Ermittlung der medizinischen Auswirkungen von Fluglärm auf die Gesundheit weiterhin wichtig und zentral bleiben für die Klärung von Grundrechtseingriffen. Diese intensive Forschung und Diskussion müssen uneingeschränkt fortgesetzt werden[351]. Über die Konzentration auf diese Frage hinaus könnte der Blickwinkel jedoch erweitert werden hin zu einer verstärkten Prüfung des jeweiligen Nutzens, den die beantragte luftverkehrsrechtliche Genehmigung überhaupt erbringen kann. Mit dem Urteil wird erstmals – unter menschenrechtlichen Gesichtspunkten – darauf aufmerksam gemacht, dass bei der Abwägungsentscheidung über die Zulassung zusätzlichen Luftverkehrs neben intensiven Untersuchungen, was und wem die beantragte Zunahme des Luftverkehrs schadet, die ebenso intensive Untersuchung stehen muss, was und wem sie überhaupt nützt. Hier standen bislang stereotype Wiederholungen einer generell hohen Bedeutung des Luftverkehrs für die Wirtschaft einer Region, eines Bundeslandes oder gar des ganzen Staates im Mittelpunkt, die nur durch stetige Wachstumsraten im internationalen Flugverkehr undifferenziert belegt wurden und der bundesweit zu beobachtenden „Salami-Taktik" vieler Flughafenbetreibergesellschaften mit immer weiter gehenden Genehmigungsanträgen Vorschub leisteten[352].

Bisher erfolgte oft keine ernsthafte Hinterfragung des behaupteten Bedarfs. Dies könnte sich im Gefolge der Entscheidung des EGMR ändern. Denn dieser

---

350 Tz. 100 ff.

351 s. Kukk, NVwZ 2002, 307 f.

352 vgl. hierzu BVF, Merkblatt RE002: „Salamitaktik bei Genehmigungen für Flugplätze", www.fluglaerm.de/bvf/msalami.htm ; Oeser/Beckers, Fluglärm 2000, S. 374; Kukk, NVwZ 2002, 308.

fordert eine genauere Analyse des jeweiligen makro- und mikroökonomischen Nutzens gerade des beantragten Mehrverkehrs entweder durch einen unabhängigen Gutachter oder durch die den Sachverhalt ermittelnde Behörde selbst. Aussagen allein der betroffenen Flughafenbetreibergesellschaften dagegen sind nicht ausreichend. Auch verallgemeinernde Aussagen losgelöst von dem abzuwägenden luftverkehrsrechtlichen Genehmigungsakt reichen nicht aus. Bundesweit lässt sich in luftverkehrsrechtlichen Zulassungsakten beobachten, dass von den Genehmigungsbehörden immer wieder nahezu aussagelose „Leerformeln" zum Bedarf nach der beantragten Erweiterung der luftverkehrsrechtlichen Zulassung und den wirtschaftlichen Auswirkungen ihres Unterbleibens verwendet werden, die auch zur Begründung der Anordnung der sofortigen Vollziehbarkeit herangezogen und zudem nahezu widerspruchslos in vielen Gerichtsentscheidungen übernommen werden[353].

Diese Praxis dürfte aufgrund der Entscheidung des Gerichtshofs künftig einen schwereren Stand haben. Denn die Ausführungen des EGMR machen es unumgänglich, dass jeder künftige Antragsteller einer luftverkehrsrechtlichen Genehmigung im Einzelnen den Bedarf und die wirtschaftlichen Auswirkungen gerade des beantragten Mehrverkehrs darlegt[354]. Ist dieser Bedarf hinreichend ermittelt, hat ihn die Genehmigungsbehörde mit den Grundrechtsbeeinträchtigungen der Betroffenen abzuwägen. Auf diese Weise kann im Interesse der Lärmbetroffenen spätestens bei der gerichtlichen Überprüfung luftverkehrsrechtlicher Zulassungsakte der teilweise festzustellende „Wildwuchs" – etwa die Durchführung von täglich zehn Flügen teilweise derselben Fluggesellschaften zum selben touristischen Ziel mit kleinen Maschinen auf einem Flughafen – zurückgedrängt werden. Der EGMR lässt verständlicherweise offen, in welcher Dichte genau künftig die entsprechenden Sachverhaltsuntersuchungen stattfinden müssen. Dies muss im Einzelfall und anhand der Intensität der drohenden Grundrechtsbeeinträchtigungen im Rahmen der jeweils beantragten luftver-

---

353 Kukk, NVwZ 02, 308; so sieht etwa das BVerwG (vgl. BVerwG, DVBl. 2001, 1848, 1851 unter Bezug auf BVerwGE 56, 110, 118 f. (Startbahn West); UPR 1999, 153 f.; NuR 2000, 36) unter Hinweis auf § 28 I LuftVG, §§ 38 II Nr.1, 49 II Nr. 1 LuftVZO den (Aus-)Bau von Verkehrsflughäfen als „gemeinnützig" an. Die Chancen der Lärmbetroffenen auf Verhinderung sind somit denkbar gering. Ein allgemeines Verkehrsbedürfnis oder eine infrastrukturelle Politik genügt danach, um den Bau oder die Erweiterung eines Flughafens rechtfertigen zu können, vgl. Berkemann, ZUR 2002, 202, 205. Die Frage der Gemeinnützigkeit flughafenrechtlicher Planfeststellungen wird indessen unterschiedlich beantwortet, s. hierzu die Nachweise bei Erbguth, NVwZ 2003, 146 (Fn. 34).

354 dieses Erfordernis ergibt sich aus den Schutzpflichten der Vertragsstaaten, die aus den Verbürgungen der Europäischen Menschenrechtskonvention resultieren. Im deutschen Luftverkehrsrecht sind diese Schutzpflichten auch aus den Grundrechten abzuleiten, s. Kukk, NVwZ 2002, 308.

kehrsrechtlichen Zulassungsentscheidung beurteilt werden. Klar ist jedoch, dass sich diese Untersuchungsdichte am menschenrechtlichen bzw. in Deutschland am grundrechtlichen Standard messen lassen muss. Einer bloß spekulativen Angebotsplanung von Flügen unter Zugrundelegung eines abstrakten, nicht näher gutachterlich makro- und mikroökonomisch belegten luftverkehrsrechtlichen Bedarfs hat diese Entscheidung grundsätzlich einen Riegel vorgeschoben[355].

Diese Rechtsprechung ist insbesondere auch vor dem Hintergrund zu begrüßen, dass die Lärmwirkungen offensichtlich nicht proportional zum Verlauf der Dauerschallpegel-Kurven sind. Untersuchungen haben ergeben, dass sich die Bevölkerung mit steigender Bewegungszahl immer stärker belästigt fühlt, obwohl die Dauerschallpegel aufgrund technischer Fortschritte gesunken sind[356]. Folglich kommt bei der Fluglärmbekämpfung einer kritischen Beleuchtung der Flugverkehrszunahmen im Rahmen der Zulassungsverfahren eine besondere Bedeutung zu.

---

355 Kukk, NVwZ 2002, 308 f.

356 vgl. Beckers, BVF-Merkblatt LT003 („Wie wird sich Fluglärm künftig entwickeln?"), www.fluglaerm.de/bvf/mzukunft.htm; Oeser/Beckers, Fluglärm 2000, S. 361; s. auch oben, A. I. 1. c).

5.) Das ungelöste Problem der Lärmsanierung

Auch im Bereich des Luftverkehrs besteht zudem noch das Problem der Lärmsanierung an bereits vorhandenen Verkehrsanlagen: Die Grenzwerte der 16. BImSchV – deren entsprechende Übertragbarkeit auf das Luftverkehrsrecht unten (C. VI. 5.) noch zu erwägen sein wird – betreffen den Bau oder die wesentliche bauliche Änderung von Verkehrsanlagen (vgl. §§ 41, 43BImSchG), wobei im Anwendungsfall des § 41 BImSchG Zustände, die gegen den Standard dieser Vorschrift verstoßen, vollständig zu beseitigen sind, so dass die Vorschrift auch der Lärmsanierung dient[357]. Im Übrigen hängt der Lärmschutz an bestehenden Verkehrsanlagen jedoch weitgehend von fiskalischen Erwägungen ab, was auf Dauer nicht nur im Hinblick auf die Schutzpflicht aus Art. 2 II 1 GG, sondern auch auf das Sozialstaatsprinzip kaum akzeptabel ist – insbesondere sozial Schwächere sind von unzumutbarem Lärm betroffen[358].

Einen Ansatz zur Lösung des Konflikts zwischen den umweltpolitischen Erfordernissen und den begrenzten wirtschaftlichen Ressourcen könnte die (bundes- und landes)gesetzliche **Statuierung von grundsätzlichen Sanierungspflichten** auf Seiten von Bund, Ländern, der Deutschen Bahn AG, von Flughafenbetreibern und Kommunen nach Maßgabe von Lärmminderungsplänen i.S.v. § 47 a BImSchG[359] darstellen. In den Plänen, die dann auf der Ebene des Bundes und der Länder aufzustellen sind, sollte die **Grundlage für ein planmäßiges, koordiniertes Vorgehen zur schrittweisen Sanierung** stark belasteter Verkehrsanlagen einschließlich Flughäfen gelegt

---

357 Jarass, BImSchG, § 41 Rn. 3.

358 s. SRU, Sondergutachten Umwelt und Gesundheit 1999, Tz. 100; vgl. auch Berkemann, ZUR 2002, 202, 206 mit der rechtsstaatlichen Forderung, dass der Gesetzgeber sich zur Frage der Lärmsanierung und damit zur „Altfall"-Problematik ausdrücklich bekennen und damit den Betroffenen von dem Prozessrisiko zumindest teilweise befreien sollte. Insbesondere wenn der Gesetzgeber etwa bei einer Novelle des FlugLG andere Lärmwerte zugrunde legen wird, stelle sich die Frage rechtlich gebotener Sanierung mit aller Schärfe.

359 vgl. hierzu Schulze-Fielitz/Berger, DVBl. 1992, 389 ff.; Jarass, BImSchG, § 47 a Rn. 1 ff.

werden. Bei den letzteren kommen insbesondere Nachtflugbeschränkungen und Lärmkontingente in Betracht[360].

360 s. SRU, Sondergutachten Umwelt und Gesundheit 1999, Tz. 101; hiernach sollten anhand von Sanierungszielwerten – zunächst 65/55 bzw. 62/55 dB(A) für Wohngebiete – Prioritäten festgelegt und entsprechende Zeitpläne aufgestellt werden. Ob eine weitere Absenkung auf Werte von 55/45 dB(A) in Betracht komme, bedürfe der näheren Prüfung, insb. hinsichtlich der technischen Möglichkeiten und der gesamtwirtschaftlichen Folgen. Eine Vorbelastung sollte grds. nur auf der Zeitachse durch zeitliche Streckung der Sanierungslast hingenommen werden. Die Einhaltung der Nachtwerte sollte auch für Mischgebiete angestrebt und ein bestimmter Anteil des Budgets der Träger der Straßenbaulast für den Straßenbau als Sanierungsmasse gewidmet werden.
Der LAI hatte demgegenüber 1986 höhere Sanierungspegel empfohlen, z.B. in Wohngebieten bei Straßen- und Schienenlärm tags 70 dB(A) und für den Flugverkehr ganztägig und nachts 67 dB(A). Hierbei räumte das Gremium ein, dass mit den festgesetzten Werten nicht alle Gesundheitsrisiken durch Lärmbelastungen am Tage erfasst waren. Gerechtfertigt wurde dies damit, dass tagsüber in großen Innenstadtbereichen Geräuschpegelbelastungen von 65 dB(A) bestünden und deshalb für ganze Innenstädte und weite Bereiche parallel befahrener Straßen Lärmminderungspläne aufgestellt werden müssten, s. die Ausf. des Ministers für Umwelt, Raumordnung und Landwirtschaft des Landes NRW (Hrsg.), Lärmminderungspläne. Ziele und Maßnahmen, 1986, S. 8 ff.
Das Gesundheitsrisiko der Bürger wird damit jedoch zu einer von der Verwaltungskapazität abhängigen Variablen erklärt; gerade diesen Weg, der Planungsaufgabe z.B. wegen ihres unüberwindbaren Umfanges oder aus Kostengründen auszuweichen, wollte der Gesetzgeber des § 47 a BImSchG aber durch eine strikte Planungspflicht verhindern, s. Schulze-Fielitz/Berger, DVBl. 1992, 395 sowie BT-Drs. 11/4909, 23.

B. Rechtsschutz gegen die Festlegung von „Flugrouten“

I. Die Festlegung von Flugverfahren

1.) a) Rechtsgrundlage

Besonders problematisch zeigt sich im Rahmen der Fluglärmthematik der Rechtsschutz gegen die Festlegung sog. Flugrouten („Bundesluftstraßen“, genauer: Flugverfahren). Ihre Festlegung erfolgt als Rechtsverordnung[361] durch das Luftfahrtbundesamt (LBA), die gesetzliche Grundlage hierfür bilden die §§ 32 I 1 Nr. 1, III LuftVG i.V.m. 27 a II LuftVO[362]. § 32 III S. 2, 3 i.V.m. I Nr. 1 LuftVG enthält die Verordnungs- bzw. Subdelegationsermächtigung des BMVBW an das LBA hinsichtlich der zur Gewährleistung der Sicherheit des Luftverkehrs und der öffentlichen Sicherheit und Ordnung notwendigen Einzelheiten über das Verhalten im Luftraum und am Boden, insbesondere Flugvorbereitungen, Verhalten bei Start und Landung und der Benutzung von Flughäfen. Von dieser Ermächtigung wurde mit § 27 a II 1 LuftVO Gebrauch gemacht. Hiernach ist das LBA zuständig für die Festlegung von Flugverfahren.

Die Flugrouten werden ohne öffentliches Planungsverfahren und nur unter Anhörung einer vom jeweiligen zuständigen Landesminister ernannten Fluglärmschutzkommission (§ 32 b LuftVG) festgelegt. Ihre erstmalige Festlegung erfolgt mit der Zulassung von Instrumentenflugbetrieb, die schon bei der Neuanlage eines Flughafens oder Landeplatzes erfolgen kann (Bsp.: Flughafen München II), im Regelfall aber erst nachträglich, nämlich im Zusammenhang mit einem Ausbauschritt eines zuvor allein dem Sichtflugbetrieb dienenden Platzes geschieht. Grund für die Neubestimmung von Flugverfahren können Erwägungen der Flugsicherheit, technische Veränderungen (z.B. die Abschaltung einer Navigationsanlage am Boden) oder Gesichtspunkte des Lärmschutzes sein.

Die Festlegung der Flugverfahren erfolgt in der Praxis durch die Deutsche Flugsicherungs GmbH (DFS) in Abstimmung mit der örtlichen Fluglärmkommission, anschließend werden die Flugverfahren vom LBA genehmigt[363] und in Form der Rechtsverordnung bekannt gemacht. Die DFS ist seit dem 01.01.1993

---

361 Verordnungsermächtigung aufgrund der 8. VO zur Änderung der LuftVO v. 18.05.1993 (BGBl. I, 710); vgl. etwa die 177. DVO zur LuftVO.

362 zur Vereinbarkeit der in § 32 I S. 1 Nr.1 LuftVG enthaltenen materiellen Rechtsgrundlage für die Flugverfahren mit den Anforderungen von Art. 80 I GG s. VGH BW, Urt. v. 22.03.2002 – 8 S 1271/01, Abschn. II. 2. a) sowie unten, B. III. 1. f.).

363 Abteilung V mit Sitz in Offenbach.

die bundeseigene, privatrechtlich organisierte Nachfolgerin der Bundesanstalt für Flugsicherung (vgl. die Verordnung zur Beauftragung eines Flugsicherungsunternehmens vom 11.11.1992, FS-AuftragsV, BGBl. 1992 I S. 1928). Als Beliehener kommt ihr hinsichtlich ihrer Aufgaben Behördeneigenschaft zu und unterliegt sie insofern der Rechts- und Fachaufsicht des BMVBW (vgl. § 31 d II LuftVG). Die Aufgaben der DFS sind im LuftVG geregelt. § 27 c LuftVG nennt hierbei allerdings nicht die Festlegung von Flugverfahren. Gemäß § 27 c I LuftVG dient die Flugsicherung der „sicheren, geordneten und flüssigen Abwicklung des Luftverkehrs". Hierzu gehören insbesondere die Überwachung und Lenkung der Bewegungen im Luftraum (Flugverkehrskontrolle) sowie die Entgegennahme, Bearbeitung und Weiterleitung von Flugplänen, vgl. §§ 27 c II, 31 b I 1 LuftVG i.V.m. der FS-AuftragsV. Diese Aufgaben der Flugsicherung richten sich also nicht unmittelbar an das LBA als die für die Festlegung von Flugstrecken zuständige Behörde. Auch die Verordnungs- bzw. Subdelegationsermächtigung in § 32 III S. 2, 3 LuftVG weist aber auf die „Sicherheit des Luftverkehrs" hin. Mit den Aufgaben des § 27 c LuftVG wurde die DFS als beliehenes Unternehmen durch auf der Grundlage des § 31 b I 1 LuftVG erlassene Rechtsverordnungen beauftragt[364].

Die rechtliche Problematik, die mit der in der Praxis in erheblichem Umfang erfolgenden Delegation der Flugverfahrensfestlegungen vom LBA auf die DFS verbunden ist, wird im Folgenden noch zu thematisieren sein (B. III. 1. c, 2. a; B. VI.; zur rechtlichen Einordnung der Flugverfahren s. sogleich unter B. I. 1. c).

b) Technische Einzelheiten

Der stärkste Lärm geht von startenden Flugzeugen aus, da die Triebwerke hier vollen Schub bringen müssen. Daher ist eine besonders sorgfältige Gestaltung der **Abflugstrecken** zu gewährleisten. Normale Praxis ist es in Deutschland, für jede Startpiste unterschiedliche Flugverfahren festzulegen. Diese beginnen am Pistenende, führen in Richtung des Zielflughafens und integrieren die Maschinen in das Luftstraßensystem.

Gewisse Unterschiede hierzu gibt es bei den **Anflugstrecken**. An allen großen Verkehrsflughäfen der Welt werden die anfliegenden Maschinen ab einer

364 s. Pfaff/Heilshorn, NVwZ 2004 (im Erscheinen); Hofmann/Grabherr, LuftVG, § 31 b Rn. 2.

bestimmten Position und Flughöhe von den Lotsen per direkter Anweisung (Einzelfreigaben) zu den Leitstrahlen des Instrumenten-Landesystems (ILS) geführt. Bei der Bewegungslenkung der Flüge legen die hierzu nach der Luftverkehrsordnung ermächtigten Fluglotsen den Flugverlauf, insbesondere Flugweg und -höhe, durch entsprechende Freigaben im Einzelnen fest[365]. Die Lotsen überprüfen dabei ständig mittels Radar, ob ihre Vorgaben befolgt werden. Die Staffelung der anfliegenden Maschinen erfolgt horizontal (Mindestabstände hintereinander), vertikal (Mindestabstand übereinander) und mittels Anweisung, bestimmte Geschwindigkeiten zu fliegen.

Im sog. **Eindrehbereich** ist es dann die Aufgabe des hierfür verantwortlichen Lotsen, die Flugzeuge störungsfrei und geordnet auf das ILS des Endanfluges zu setzen. Daraus ergibt sich, dass die veröffentlichten Anflugstrecken nur eine grundsätzliche Orientierung darstellen. Die den Flugzeugführern konkret zugewiesenen Höhen und Kurse orientieren sich primär an der Verkehrslage und den erforderlichen, international vorgeschriebenen Staffelungsabständen.

Der letzte Teil des Anfluges findet auf einer geraden Linie, dem sog. **Endanflug** („Final Approach") statt. Die Länge beträgt je nach Flughafen etwa 15 Kilometer[366].

Nicht unproblematisch ist hierbei die Abgrenzung der Flugverfahren von den Einzelfreigaben durch die Fluglotsen. Die Rechtsgrundlagen hierzu finden sich in der Luftverkehrsordnung. Gemäß § 26 II LuftVO erhält der Luftfahrzeugführer die Erlaubnis, seinen Flug unter bestimmten Bedingungen durchzuführen. Die zuständige Flug-verkehrskontrollstelle kann bei der Bewegungslenkung der ihrer Kontrolle unterliegenden Flüge den Flugverlauf, insbesondere den Flugweg und die Flughöhe, durch entsprechende Freigaben im Einzelnen festlegen. Soweit die zuständige Flugverkehrskontrollstelle keine Flugverkehrskontrollfreigabe nach § 26 II S. 2 LuftVO erteilt, hat der Luftfahrzeugführer gemäß § 27 I LuftVO bei Flügen innerhalb von Kontrollzonen, bei An- und Abflügen zu und von Flugplätzen mit Flugverkehrskontrollstelle und bei Flügen nach Instrumentenflugregeln die vorgeschriebenen Flugverfahren zu befolgen. In § 27 II LuftVO findet sich die Ermächtigung des LBA, die Flugverfahren nach Absatz 1 einschließlich der Flugwege, Flughöhen und Meldepunkte durch Rechtsverordnung festzulegen. Zur Abwehr von Gefahren für die Sicherheit des Luftverkehrs sowie für die öffentliche Sicherheit oder Ordnung kann das Flugsicherungsun-

365 kritisch hierzu Oeser/Beckers, Fluglärm 2000, S. 329, mit der Forderung, dass verschärfte Verpflichtungen zur Lärmminderung für die Flugsicherung festzulegen seien, da es nicht angehen könne, dass einzelnen Fluglotsen wesentliche Belastungsentscheidungen im Tagesbetrieb überlassen blieben.

366 s. hierzu unter www.dfs.de, „Planung von An- und Abflugrouten".

ternehmen (DFS) im Einzelfall Flugverfahren durch Verfügung festlegen; die Dauer der Festlegung darf jedoch drei Monate nicht überschreiten[367].

aa) Instrumentenanflug

Das Instrumentenlandesystem (ILS) führt die Piloten mit Hilfe von horizontalen und vertikalen Leitstrahlen, die auf dem Navigationsdisplay im Cockpit abgebildet werden, zur Landebahn. Der Sinkwinkel des ILS beträgt an fast allen großen Verkehrsflughäfen drei Grad, die Sinkrate ist von der Geschwindigkeit des Flugzeugs abhängig.

Sobald das Flugzeug das ILS erreicht, folgt es einem genau vorgegebenen Flugweg und Höhenprofil. Die Präzision muss sehr groß sein, was eine starke Bündelung von Flugbewegungen während des ILS-Anfluges bedeutet.

Die Flugzeuge sinken mit der für den jeweiligen Flugzeugtyp und der aktuellen Konfiguration[368] vorgeschriebenen Geschwindigkeit auf der Linie, die exakt der verlängerten Landebahnmittellinie entspricht, dem Aufsetzpunkt entgegen[369].

Die bei Flügen nach Sichtflugregeln (VFR) unabdingbare optische Orientierung an der Umgebung durch Flug- und Bodensicht (vgl. § 28 LuftVO mit der immanenten Grundregel „Sehen und gesehen werden") wird bei Flügen nach Instrumentenflugregeln (IFR) mehr oder weniger vollständig ersetzt durch die mittelbare Wahrnehmung über die Geräte der Flugsicherungsausrüstung des Luftfahrzeugs[370]. Allein die Anzeigen der Flugüberwachungsgeräte – etwa über

367 somit findet sich keine explizite Rechtsgrundlage für die Aussage, das LBA sei nur bis zu einer Flughöhe von 1700 Metern für den Erlass von Flugverfahren zuständig, während Regelungen für darunter liegende Höhen durch Einzelweisungen der Fluglotsen erfolgten; vgl. hierzu Institut für angewandte Ökologie, Mediation Flughafen Frankfurt, Ergebnisse V 11 d, Rechtl. Voraussetzungen für die Einführung neuer Technologien und Verfahren der Flugsicherung u. Navigation, Vorschlag der AG Flugsicherung u. Navigation v. 08.11.1999, unter 2.2; s. hierzu auch unten B. IV. 2 i) sowie HessVGH, Urt. v. 11.02.2003 – Az.: 2 A 1569/01 – zur Problematik der faktischen Flugrouten („directs").

368 Landeklappen und Slats (Vorflügel) eingefahren, teilweise oder ganz ausgefahren, Fahrwerk ein- oder ausgefahren, Gewicht u.a.

369 www.dfs.de, „ILS – Instrumentenanflug".

370 s. hierzu Wysk, ZLW 1998, 285; welche Instrumente an Bord verfügbar sein müssen, bestimmt § 3 der Verordnung über die Flugsicherungsausrüstung der Luftfahrzeuge v. 17.12.1992 (BGBl. I S. 2073), zuletzt geändert durch VO v. 29.10.1997 (BGBl. I S. 2640).

Geschwindigkeit und Flughöhe, über die Lage mit Bezug auf den Horizont und bodeninstallierte Funkfeuer – vermögen zuverlässigen Aufschluss zu geben über den jeweiligen Standort im Raum und dessen Änderung. Schon für die Steuerung benötigen IFR-Flüge Vorgaben für die Instrumentenanzeigen, die sich mit Hilfe der Bedienungselemente des Luftfahrzeugs in Bewegung im Raum umsetzen lassen. IFR-Verkehr erzeugt daher darüber hinaus einen zwingenden Bedarf an Koordinierung der Flugbewegungen. Diese Koordinierung wird durch ein dichtes System bewegungslenkender und kontrollierender Maßnahmen bewerkstelligt, die dem Luftraum eine Struktur zuschreiben, in der sich IFR-Flüge auf gedachten, abgestimmten Bahnen bewegen. Zu diesen Maßnahmen gehören etwa die Fixierung eines nationalen und internationalen Streckennetzes in Funknavigationskarten („radio navigation charts"), die Festlegung von Flugflächen und Flughöhen mit Richtungsbeschränkungen (vgl. § 36 f. LuftVO) und von Gleitwegen der Instrumentenlandesysteme (ILS), aber auch zahlreiche Verhaltensregeln (vgl. nur § 4 LuftVO) und Pflichten (zur Einreichung verbindlicher Flugpläne unter Angabe der Flugwege, § 25 I S.1 Nr.1 LuftVO, zur Einholung von Flugverkehrskontrollfreigaben, § 26 LuftVO, und zum Halten der Sprechfunkverbindung mit Flugverkehrskontrollstellen, §§ 26 a bis 27 LuftVO).

Dieses System bewegungslenkender Maßnahmen wird für den Verkehr an Flugplätzen, auf denen Instrumentenflugbetrieb zugelassen ist, durch **Flugverfahren nach § 27 a LuftVO** vervollständigt. Bei ihnen handelt es sich in tatsächlicher Hinsicht um technische Anweisungen für die Bewegungslenkung im Luftraum bei der Benutzung eines Flugplatzes nach Instrumentenflugregeln. Adressaten der Anweisungen sind die verantwortlichen Luftfahrzeugführer (vgl. §§ 2, 3 LuftVO). Geregelt wird die Steuerung des Luftfahrzeugs bei An- und Abflügen zum und vom Flugplatz unter Einschluss der Maßnahmen bei Fehlanflügen und Fehlstarts sowie bei Verzögerungen der Landung (Warteverfahren). Festgelegt werden vor allem Peilungen (Anfangsanflugfixe und Meldepunkte als Schnittpunkte der Leitstrahlen realer Funknavigationsanlagen oder als bloße Kartenpunkte), Kurse sowie Flug- und Mindesthöhen. Bei Abflügen etwa werden die Luftfahrzeugführer dadurch angewiesen, nach dem Abheben und dem Ende des flugbetrieblich nötigen Geradeausflugs Meldepunkte und Radiale (Kurse) zu erfliegen, bis zu einer weiteren Freigabe auf eine Mindestflughöhe zu steigen und Kontakt zu einer Flugverkehrskontrollstelle auf einer vorbestimmten Funkfrequenz zu halten[371].

371 Wysk, ZLW 1998, 285 f.

Derartige Flugverfahren dienen der Verbindung des Flughafens oder Landeplatzes mit dem übergeordneten Luftstraßennetz. Anordnung, Anzahl und Verlauf der Verfahren werden, soweit nicht vorrangige Parameter (Flugsicherheit, Hindernisse, Standorte von Funkfeuern) Zwangspunkte setzen, durch das Ziel bestimmt, alle weiterführenden Navigationspunkte im umliegenden Streckennetz unabhängig von der zu benutzenden Bahnrichtung möglichst direkt erfliegen zu können. Flugverfahren definieren idealisierte Ein- und Abfluglinien im Luftraum um einen Flugplatz, weshalb sie umgangssprachlich salopp „Flugrouten" genannt werden. Navigationsungenauigkeiten, die fliegerisch nicht zu vermeiden sind[372], erzeugen im Abflugverkehr allerdings Streuungsbereiche um die Ideallinien, die jeder „Route" ein sog. **Flugerwartungsgebiet** zuordnen. Dessen Ausdehnung ist nach internationalen Richtlinien bestimmbar, die Breite der Korridore richtet sich nach international gültigen Richtlinien der ICAO[373]; seine Ränder beschreiben die maximal zulässige seitliche Abweichung eines Fluges von der Grundlinie. Die Flugerwartungsgebiete von *Ein*flugstrecken sind hingegen auf schmale Bereiche konzentriert, weil die Flugbahnen dort durch den ILS-Leitstrahl wirkungsvoll gebündelt werden[374].

bb) Hilfe bei der Festlegung von Lärmminderungsstrecken durch NIROS

Die Planung von An- und Abflugstrecken erfolgt nach den Vorgaben der Internationalen Zivilen Luftfahrtorganisation (ICAO). Diese hat hierfür eine rund tausend Seiten starke Planungsvorschrift (PANS-OPS) herausgegeben, welche sich fast ausschließlich mit Faktoren wie Hindernissen, topographischen Gegebenheiten, Funknavigationsanlagen u.ä. befasst. Um bei der Planung Aspekte der Lärmbelastung fundiert berücksichtigen zu können, betreibt die DFS das Planungstool NIROS („Noise Impact Reduction and Optimization System"). Mit Hilfe dieses von der Technischen Hochschule Darmstadt entwickelten Werkzeugs werden die Standardabflugstrecken („Standard Instrument Departures" – SID) zu sog. Lärmminderungsstrecken („Minimum Noise Routings") optimiert.

---

372 Trotz erheblicher Fortschritte ist hier eine Präzision wie auf Straßen oder Schienen nicht erreichbar. Bodensysteme der Flugsicherung und Bordsysteme in Flugzeugen unterliegen gewissen technischen Toleranzen, hinzu kommen Wettereinflüsse und unterschiedlich moderne Ausrüstungen der Flugzeuge, s. unter www.dfs.de, „Was bedeutet Flugerwartungsgebiet?".

373 International Civil Aviation Organization, s. o., A. II. 1. a).

374 Wysk, ZLW 1998, 286.

NIROS simuliert ein Flugzeug, das unter Verwendung eines „Flight Management Systems" (FMS) eine Standard-Abflugroute befliegt. Simuliert wird also ein physikalisch möglicher Flugpfad, der sich auf der Grundlage der Verfahrensplanung ergibt. Die Geschwindigkeiten, die in den einzelnen Flugphasen erreicht werden, legen fest, wie lange das Flugzeug benötigt, um einen bestimmten Ort zu überfliegen. Daraus wiederum errechnet sich die Dauer der Beschallung. Die Schallübertragung selbst wird ebenfalls modellhaft berechnet.

Die von NIROS errechneten Lärmimmissionen werden mit der Bevölkerungsdichte des überflogenen Areals gewichtet. Dabei wird die Einwohnerzahl eines definierten Gebietes gleichmäßig den bebauten Flächen zugeordnet[375]. Aus der Beziehung zwischen Routenführung und Integration der betrachteten Fläche ergibt sich ein Gütewert, der als Belastungsmaß für die durch Fluglärmimmissionen betroffene Bevölkerung gewertet wird.

Ergebnis jeder NIROS-Berechnung sind drei Graphiken: Bevölkerungsverteilung, Schallpegelverteilung und Gewichtungsverteilung. Die Ergebnisse können für detaillierte Betrachtungen auch auf topographische Karten gedruckt werden[376].

Problematisch bleibt im Rahmen der Anwendung von NIROS die z.T. fehlende Erkennbarkeit der angewandten Parameter, etwa die Frage, wie die o.g. Gütewerte aus dem Verhältnis der Bevölkerungsdichte zur Lärmbelastung ermittelt und wie dabei bspw. Lärmerhöhungen bewertet und Vorbelastungen eingestellt werden. So kann z.B. eine rein mathematische Berücksichtigung der Bevölkerungsdichte eines überflogenen Gebiets nicht eine „echte" Abwägung unter Berücksichtigung des Einzelfalles ersetzen, bei der die besondere Schutzbedürftigkeit etwa des Gebietscharakters (z.B. Kurgebiet) oder im Hinblick auf Vorbelastungen zu beachten ist. Auch die ausreichende Berücksichtigung topographischer Gegebenheiten ist mitunter zweifelhaft (s.u., B. III. 4.). Computersimulierte Optimierungsverfahren sind daher im Rahmen der Abwägung bei der Flugroutenfestlegung (s. hierzu unten, B. II., IV.) nur als Hilfsmittel einsetzbar, ohne dass sie die Abwägung selbst zu ersetzen vermögen[377].

375 die Flächenelemente haben jeweils eine Größe von 100 m x 100 m.

376 s. „NIROS – das Planungstool", unter www.dfs.de; s. auch unten, Fn. 706.

377 vgl. Pfaff/Heilshorn, NVwZ 2004 (im Erscheinen).

c) Rechtliche Einordnung von Flugverfahren

Rechtlich gesehen sind Flugverfahren der beschriebenen Art zunächst eine Sonderform rechtssatzmäßiger Verkehrsregelungen für Luftfahrzeuge, die im Luftraum nach Instrumentenflugregeln operieren. Dass dabei der technische Aspekt der Bedienung des Luftfahrtgeräts stärker in den Vordergrund der Anordnungen gerückt ist als bei Verkehrszeichen für Landfahrzeuge, ist darin begründet, dass die Fluggeräte ohne körperhafte Fixierung eines Verkehrsweges in drei Ebenen ohne Sicht gesteuert werden müssen. Die Festlegung von Flugverfahren darüber hinaus als widmungsrechtlichen Akt zu begreifen[378], der den von ihnen bezeichneten Luftraum für den An- und Abflugverkehr reserviert, bleibt wegen der Widmung des Luftraums in § 1 I LuftVG ohne Konsequenzen. Das unvermeidbare Nebeneinander von IFR- und VFR-Verkehr im Nahbereich von Flugplätzen wirft allein flugbetriebliche, also verkehrliche Probleme auf, die keiner Lösung auf der Ebene des öffentlichen Sachenrechts bedürfen[379].

Die Verbindlichkeit von Flugverfahren beruht unmittelbar auf § 27 a I LuftVG, wird aber in den Verordnungen nochmals (deklaratorisch) hervorgehoben. Das im einzureichenden Flugplan gewählte Flugverfahren wird dem Luftfahrzeugführer noch auf dem Flugplatzgelände über eine Kennung in der Streckenfreigabe[380], in der auch die Bahnrichtung verschlüsselt mitgeteilt wird, von der Flugverkehrskontrollstelle zugewiesen und muss damit gemäß den Vorgaben der Verordnung befolgt werden.

Flugverfahren sind allerdings nicht ausschließlich als flugsicherungstechnische Angelegenheit zu begreifen, sondern zählen auch zu den betrieblichen Maßnahmen der Lärmbekämpfung an der Quelle[381]. Die Pflicht zur Berücksichtigung des Lärmschutzes bei ihrer Festlegung ergibt sich ohne weiteres aus § 29 b II LuftVG[382], denn das BMVBW gehört ebenso wie das ihm nachgeordnete

---

378 so BayVGH, NVwZ-RR 1995, 114 f.

379 Wysk, ZLW 1998, 287.

380 Anlassfreigabe, Streckenfreigabe und Startfreigabe sind Flugverkehrskontrollfreigaben nach § 26 LuftVO, die auch bei IFR-Flügen eingeholt werden müssen. Flugverfahren machen lediglich entbehrlich, „den Flugverlauf, insb. den Flugweg und die Flughöhe, durch entsprechende Freigaben im Einzelnen“ festzulegen (vgl. § 27 a I i.V.m. § 26 II S. 2 LuftVO).

381 dass es sich bei Flugverfahren daneben auch um planerische Entscheidungen handelt, wird unten (B. IV. 1.) noch darzulegen sein.

382 s. hierzu Wysk, ZLW 1998, 18, 28; zu § 29 b LuftVG s. näher unten, B. IV. 1. b, aa).

LBA zu den Luftfahrtbehörden i.S. der Vorschrift (vgl. § 31 II Nr.18, § 32 I S.1 Nr.15 LuftVG)[383].

Dem Begriff „Flugverfahren" nur in einem weiteren Sinne unterfallen die lärmmindernden Start- und Landeverfahren[384]. Gemeint sind flugtechnische Maßnahmen, die das Steig- oder Sinkverhalten von Flugzeugen beeinflussen, aber in den Streckenführungen nach § 27 a LuftVO keinen Niederschlag finden. Mit der Anwendung derartiger Verfahren folgt der Luftfahrzeugführer bloßen Empfehlungen von Luftfahrtorganisationen und -behörden, die er situationsabhängig in das zu erfliegende Ab- oder Anflugverfahren integriert[385].

d) Das Verfahren im Einzelnen

Das Erlassverfahren ist überaus rudimentär geregelt, so dass seine Ausgestaltung in weiten Bereichen in der Hand des federführenden LBA liegt. Nach dem Anstoß für eine Neuregelung oder Änderung von Flugverfahren, der etwa von der örtlichen Lärmschutzkommission nach § 32 b LuftVG ausgehen kann, beauftragt das LBA üblicherweise die sachverständige DFS mit der Untersuchung, ob eine Neudefinition von Flugverfahren in Betracht kommt und wie diese aussehen müsste. Die bei der DFS mit Fragen dieser Art befasste Gruppe „IFR Verfahrensplanung" stellt das technische Material zusammen und koordiniert die Abstimmung mit weiteren Stellen: zu hören ist der Beratende Ausschuss nach § 32a LuftVG, repräsentativ zusammengesetzt aus Vertretern der

383 Wysk, ZLW 1998, 287 m.w.N.

384 s. hierzu UBA, Lärmbekämpfung 1988: Tendenzen – Probleme – Lösungen; Materialien zum 4. Immissionsschutzbericht der Bundesregierung an den Dt. Bundestag (1989), S. 282-288. In D sind eine Reihe solcher Verfahren in Gebrauch. Für den Abflug wird für die (lauteren, mittlerweile weitgehend ausgemusterten) Kapitel-2-Flugzeuge regelmäßig das sog. IATA-Steilstart-(„Climb-Cutback-Cleanup")Verfahren, für (leisere) Kapitel-3-Flugzeuge das modifizierte Schnellstartverfahren angewandt. Der Unterschied ergibt sich daraus, dass verfügbarer Schubüberschuss in einem Fall in Höhengewinn, im anderen Fall in Entfernungsgewinn umgesetzt wird. Verzichtet der Luftfahrzeugführer auf maximale Schubleistung, so spricht man vom „Flexible-" oder „Reduced-Take-off-Thrust"-Verfahren. Bei Landeanflügen kommt das von der Lufthansa entwickelte „Low drag-Low Power"-Verfahren oder das daraus hervorgegangene „C(ontinuous)D(escent) A(pproach)"-Verfahren zum Einsatz (zu Letzterem s. u., Fn. 929); Wysk, ZLW 1998, 287 Fn. 7.

385 Wysk, ZLW 1998, 288; vgl. schon die Bekanntmachung des BMVBW über lärmmindernde Ab- und Anflugverfahren in der BRD v. 08.09.1975 (NfL I-186). Heute sind treibstoffsparende und lärmmindernde Verfahren im Vorschriftenteil (RAC) des Luftfahrthandbuchs behandelt.

Wissenschaft und Technik, der Flugplatz- und Luftfahrtunternehmen, der BVF, der kommunalen Spitzenverbände, der Kommissionen nach § 32 b LuftVG, der Luftfahrtbehörden sowie der von der Landesregierung bestimmten obersten Landesbehörden; dieser Ausschuss kann Empfehlungen aussprechen (Abs.1 S. 1 und 2). Fraglich ist, ob auch die örtliche Lärmschutzkommission zu beteiligen ist; der Wortlaut des § 32 b LuftVG, der nur auf beabsichtigte Maßnahmen der Genehmigungsbehörde und der Flugsicherungsstelle abhebt, gibt dafür nichts her. Gleichwohl entspricht es der Praxis, dass Lärmschutzkommissionen weitreichenden Einfluss nehmen. Rücksichten dieser Art liegen in der Gestaltungsfreiheit des LBA und sind aus sich heraus positiv zu bewerten. Sie können allerdings die Frage aufwerfen, wie derartige externe Einflüsse im Entscheidungsprozess des LBA zu verarbeiten sind[386].

Eine Beteiligung betroffener Bürger oder Gemeinden ist im Fachrecht nirgends vorgesehen. Auch § 13 VwVfG greift nicht, weil es sich um ein Rechtsetzungs-, nicht um ein Verwaltungsverfahren handelt. Ob ein Recht zur Verfahrensbeteiligung wegen möglicher Grundrechtsbetroffenheit zu bejahen ist[387], wird unten noch ebenso zu erörtern sein wie die Frage, ob eine aus Art. 28 II GG herzuleitende, gesonderte – über die Einflussnahme in der Lärmschutzkommission (vgl. § 32 b IV LuftVG) hinausgehende – Anhörungspflicht der von Fluglärm betroffenen Gemeinden besteht.

Der von der DFS erarbeitete Entwurf neuer Flugverfahren wird nach Prüfung der Rechtsförmigkeit vom LBA als Rechtsverordnung erlassen und im Bundesanzeiger sowie in den Nachrichten für Luftfahrer bekannt gemacht (§ 27 a II S.1 LuftVO). Der praktischen Handhabung durch Luftfahrzeugführer dient die kartenförmige Aufbereitung der Verordnung im Luftfahrthandbuch (AIP).

In Ergänzung zu der Ermächtigung des LBA besteht die Befugnis der DFS, in flugbetrieblichen Sondersituationen abweichende Flugverfahren durch Einzelfallverfügung für die Dauer von längstens drei Monaten bereitzustellen, wenn dies zur Abwehr von Gefahren für die Sicherheit des Luftverkehrs sowie für die öffentliche Sicherheit oder Ordnung erforderlich ist (§ 27 a II S. 2 LuftVO)[388]. Da auch die reguläre Festlegung von Flugverfahren u.a. der Sicherheit des Luftverkehrs und damit der Gefahrenabwehr dient (s. hierzu unten, B. II.), ist die letztgenannte Ermächtigung als Eilkompetenz bei Gefahr im Verzug auszulegen

---

386 Wysk, ZLW 1998, 288; daher wird hier an späterer Stelle vorgeschlagen, die Lärmschutzkommission durch entsprechende gesetzliche Regelungen in die Verfahren zur Flugroutenfestlegung einzubeziehen und insoweit Rechtsklarheit zu schaffen, s. unten, B. VI. und C. VI.

387 vgl. – im Ergebnis verneinend – Wysk, ZLW 1998, 18, 22 Fn. 30.

388 Wysk, ZLW 1998, 289.

und erfasst Fälle, in denen z.B. aus flugsicherungstechnischer oder betrieblicher Notwendigkeit heraus umgehende Änderungen von Flugrouten erforderlich sind und nicht abgewartet werden kann, bis das o.g. Prüfungs- und Veröffentlichungsverfahren durch das LBA durchlaufen ist.

2.) Die Entwicklung der Rechtsschutzsituation bzgl. der Überprüfung von Flugverfahren

a) Trennung der Flugverfahren von der Genehmigung des Flughafens

Die Entscheidung über Flugverfahren liegt außerhalb der Regelungsgegenstände luftrechtlicher Genehmigungs- und Planfeststellungsverfahren. Durch diese rechtliche Abkoppelung von den Genehmigungsakten können Flugrouten unabhängig vom Zulassungsakt des Flughafens festgelegt und geändert werden. Dies bedeutet, dass die Genehmigungsbehörde überhaupt nicht über Flugrouten entscheidet, obwohl durch diese erhebliche Verlagerungen der Lärmbelastungen eintreten können. Die im Planfeststellungs- bzw. Genehmigungsverfahren prognostizierten Lärmbelastungen können sich so erheblich verschieben, ohne dass dies durch die Betroffenen geltend gemacht werden könnte. Die An- und Abflugrouten werden, wie oben bereits beschrieben, ohne öffentliches Planungsverfahren und nur unter Anhörung der Fluglärmschutzkommission (§ 32 b LuftVG) festgelegt.

Schon unter dem Gesichtspunkt des umfassenden Gebots der planerischen Konfliktbewältigung erscheint dies als sehr problematisch[389]. Dieses aus dem Recht der Bauleitplanung stammende Gebot wurde jedenfalls im Grundsatz auch in das Fachplanungs- und Planfeststellungsrecht übernommen. Das Gebot hat zum Inhalt, dass die jeweilige Planung die durch sie hervorgerufenen Konflikte selbst durch Vorkehrungen bewältigen muss, soweit diese Bewältigung nicht abwägungsfehlerfrei einem nachfolgenden Verfahren überlassen werden darf[390].

Eine planerische Abschichtung ist hiernach also nur zulässig, wenn die späteren Problemlösungen (hier: Verteilung des mit den Flugverfahren verbundenen Lärms) von der übrigen Planung (hier: Flughafenplanung) derart abtrennbar sind, dass sie deren Gesamtgefüge nicht mehr in Frage stellen können. Es muss

---

389 Czybulka/Wandres, DÖV 1990, 1035; Kukk, NVwZ 2001, 409; s. auch unten, B. IV. 1.

390 s. BVerwGE 34, 67, 334, 338; 47, 144, 155; 69, 20; NVwZ 1989, 960 f.; OVG Berlin, DVBl. 1984, 147; Kopp/Ramsauer, VwVfG, § 40 Rn. 114; teilweise ist auch vom Grundsatz der Problembewältigung die Rede, s. BVerwGE 61, 307, 311; 80, 184, 188.

sicher feststehen, dass die u.U. später erforderlichen Ergänzungen etc. tatsächlich möglich und rechtlich zulässig sind, und dass sie sich problemlos in die vorhandene Planung integrieren lassen[391]. Ob dies im Verhältnis der Flughafenplanung zur Flugverfahrensplanung der Fall ist, erscheint zweifelhaft und wird unten (B. IV. 1.) noch näher zu untersuchen sein.

b) Rechtsverweigerung statt Rechtsschutz

Die Rechtsschutzmöglichkeiten fluglärmbetroffener Anwohner, die sich gegen die Festlegung von Flugrouten wenden wollten, waren in der Vergangenheit sehr dürftig. Erstmals befasste sich hiermit der VGH München im Jahr 1993. Er war der Auffassung, dass nur das BVerfG Flugroutenfestlegungen durch Rechtsverordnung überprüfen könne, und wies auf Überprüfung von Abflugrouten am Flughafen München II gerichtete Klagen mit Gerichtsbescheid vom 30.11.1993 als unzulässig ab[392]. Das OVG Lüneburg schloss sich dieser Auffassung in zwei Beschlüssen an und wies Rechtsschutzanträge, den Flughafen Hannover betreffend, zurück[393]. Das BVerfG trat dieser Ansicht jedoch im Jahr 1997 mit drei im Wesentlichen gleich lautenden Beschlüssen entgegen und erachtete den Verwaltungsrechtsweg als eröffnet[394]. Auch bei der Frage nach der Gültigkeit einer untergesetzlichen Rechtsnorm könnten die Verwaltungsgerichte die Verfassungswidrigkeit einer solchen Norm ggf. in den Gründen ihrer Entscheidung feststellen. Da eine Klage vor den Verwaltungsgerichten somit „nicht offensichtlich aussichtslos“ sei, sei der Bf. nach dem Subsidiaritätsgrundsatz gehalten, zunächst Rechtsschutz auf dem Verwaltungsrechtsweg zu suchen. Auch beziehe sich das Verwerfungsmonopol des BVerfG nur auf nachkonstitutionelle Gesetze im formellen Sinn, nicht aber auf Rechtsverordnungen[395]. Mit diesen Argumenten hat die Erste Kammer des Ersten Senats des BVerfG die

---

391 s. BayVGH, DVBl. 1990, 120; Kopp/Ramsauer, VwVfG, § 74 Rn. 26.

392 BayVGH, NVwZ-RR 1995, 114 f.; der Senat bestätigte seinen Gerichtsbescheid durch Urt. v. 12.04.1994, NVwZ-RR 1995, 117 f.

393 OVG Lüneburg, Beschl. v. 17.03.1995 – 12 M 585/95; Beschl. v. 25.01.1996 – 12 M 7755/95; diese Beschlüsse hatten Anträge auf Gewährung einstweiligen Rechtsschutzes zur Abwehr einer vermuteten stärkeren Auslastung von Flugstrecken in der Zukunft zum Gegenstand.

394 Die statthafte Klageart hat das BVerfG dabei allerdings nicht einmal angedeutet.

395 BVerfG, NVwZ 1998, 169 f. = ZLW 1997, 376 ff.; vgl. auch BVerfGE 71, 305, 334 ff., 337.

Verfassungsbeschwerden mehrerer lärmbetroffener Bürger nicht zur Entscheidung angenommen[396].

Die betroffenen Anwohner sahen sich also einem für sie wenig hilfreichen negativen Kompetenzstreit ausgesetzt. Die Verordnung als Form der Flugroutenfestlegung schien gerichtlich kaum überprüfbar zu sein. Auch § 47 VwGO schied als Rechtswegeröffnung bei Bundesverordnungen aus; für eine analoge Anwendung ist kein Raum[397]. Einer Inzidentkontrolle sind die in Rede stehenden Verordnungen ebenfalls nicht zugänglich: Auf ihrer Grundlage ergehen keine Vollzugsakte, die auf ihre Rechtmäßigkeit hin überprüft werden könnten. Flugverfahren sind für Luftfahrer ohne weiteres verbindlich und zu befolgen (vgl. § 27 a I LuftVO), sobald sie Flugbewegungen einleiten wollen, die dem Regelungsgehalt einer solchen Verordnung unterfallen – daher auch die Bezeichnung als sich selbst vollziehende („self-executing“) Rechtsverordnungen[398]. Die Flugverkehrskontrollfreigabe, mit der das Flugverfahren angewiesen wird, ist zwar ein Verwaltungsakt[399]; dessen gerichtliche Kontrolle kann aber nicht zu einer Inzidentprüfung des Flugverfahrens führen. Die Streckenfreigabe vermittelt dem Flugverfahren keine Verbindlichkeit; ihre Erteilung setzt lediglich voraus, dass der Benutzung der im Flugplan gewählten Flugstrecke im Freigabezeitpunkt keine flugsicherungsbetrieblichen Gründe entgegenstehen[400]. Eine inzidente Überprüfung scheidet auch deshalb aus, weil die Flugroutenfestlegung an die Flugzeugführer adressiert ist, die regelmäßig weder befugt noch gewillt sind, die subjektiven Rechte und Lärmschutzbelange der betroffenen Bevölkerung geltend zu machen[401].

---

396 BVerfG, NVwZ 1998, 169 f.; vgl. auch die Anm. v. Kilian, NVwZ 1998, 142; Czybulka (ZUR 2001, 268) hält dieses Ergebnis, dass der Verwaltungsrechtsweg gem. § 40 I VwGO eröffnet ist, für eine „Trivialität“; kritisch hingegen Rupp, NVwZ 2002, 286 ff., der den Beschluss des BVerfG (NVwZ 1998, 169 f.) so versteht, dass verwaltungsgerichtliche Klagen unmittelbar gegen die die Flugrouten festsetzenden Rechtsverordnungen des Bundes zulässig sein sollen. Das BVerfG hat jedoch ausgeführt, dass die Verwaltungsgerichte ggf. die Verfassungswidrigkeit einer solchen Rechtsnorm in den Gründen ihrer Entscheidung selbst – also inzident – feststellen könnten; näher hierzu s. unten, B. I. 3., 4.

397 Kukk, NVwZ 2001, 409; vgl. auch Czybulka/Wandres, DÖV 1990, 1037; Wysk, ZLW 1998, 294; Kopp/Schenke, VwGO, § 47 Rn. 21, 28.

398 Wysk, ZLW 1998, 293 f.; Kopp/Schenke, VwGO, § 43 Rn. 8; § 47 Rn. 8.

399 vgl. hierzu Wysk ZLW 1998, 18, 30.

400 Wysk, ZLW 1998, 293 f.

401 vgl. Czybulka, ZUR 2001, 269.

Auch eine Überprüfung von Flugverfahren im Rahmen zivilrechtlicher Abwehr- bzw. Unterlassungsklagen[402] gegen Überflüge, d.h. gegen die tatsächlichen Auswirkungen der durch Verfahren nach § 27 a LuftVO bestimmten Flugbahnen, scheidet von vornherein aus: Die Benutzbarkeit des Luftraums wird durch § 1 I LuftVG gewährleistet, und Überflüge sind nicht deswegen vorschriftswidrig, weil Bedingungen entfallen, unter denen sie ansonsten (nämlich bei Wirksamkeit der Flugverfahren) stattfinden müssten[403]. Für eine unmittelbare gerichtliche Überprüfung der Lärmbelastung eines Grundstücks fehlt jegliche Rechtsgrundlage[404].

c) Lösungsversuche: Rechtswegegarantie und Formenmissbrauch

Die unbefriedigende Rechtsschutzsituation hinsichtlich der Flugverfahren war mit Blick auf die Rechtswegegarantie des Art. 19 IV GG näher zu betrachten. Da Flugroutenfestlegungen auch in Form von Verwaltungsakten (Allgemeinverfügungen nach § 35 S. 2 Alt.1 VwVfG) erfolgen könnten, die mittels Widerspruch und Anfechtungsklage anfechtbar wären, stellte sich die Wahl der Verordnung als das „gerichtsfestere" Handlungsmittel hinsichtlich der Rechtsschutzgarantie des Art. 19 IV GG als nicht unproblematisch dar[405]. Diese gebietet zwar nicht, die Form hoheitlicher Maßnahmen so zu wählen, dass der Einzelne dagegen einen möglichst umfassenden Rechtsschutz hat[406]. Jedoch darf eine staatliche Handlungsform, gegen die nur eingeschränkt Rechtsschutz möglich ist, nicht willkürlich gewählt werden, wenn eine rechtsschutzfreundlichere Handlungsform zur Verfügung steht[407]. Ein „Formenmissbrauch" liegt demnach vor, wenn für einen einzelnen Organisationsakt die Gesetzesform nur gewählt wird, um die Maßnahme der verwaltungsgerichtlichen Kontrolle zu entziehen[408]. Unter Rechtsschutzgesichtspunkten beginnt ein solcher Formenmissbrauch dort, wo der Gerichtsschutz aus sachlich nicht mehr vertretbaren Gründen oder in ei-

402 vgl. hierzu Wysk, ZLW 1998, 18 ff.
403 Wysk, ZLW 1998, 291.
404 Wysk, ZLW 1998, 294.
405 Czybulka/Wandres, DÖV 1990, 1037 f.; Czybulka, DÖV 1991, 410; s. auch OVG Hamburg, NVwZ 1985, 51, 52.
406 vgl. BVerfGE 10, 89, 105 = NJW 1959, 1675 ff.
407 BVerfG, NVwZ 1984, 89 f.; OVG Hamburg, NVwZ 1985, 51, 52.
408 Kukk, NVwZ 2001, 409; OVG Hamburg, NVwZ 1985, 51 f.; Lerche, DÖV 1961, 486, 492; Frenz, BayVBl. 1993, 483 f.; Czybulka/Wandres, DÖV 1990, 1033, 1037.

ner für den Betroffenen unzumutbaren Weise begrenzt worden ist. Die Annahme eines Verstoßes gegen Art. 19 IV GG ist aber auch dann gerechtfertigt, wenn materiell die andere Handlungsform nahe liegend oder gar geboten wäre[409].

Hieraus wird teilweise die Konsequenz abgeleitet, dass bei missbräuchlicher Verwendung von Handlungsformen durch die Verwaltung als Klage- bzw. Antragsart außer derjenigen, die der Handlungsform entspricht, auch die Klage- oder Antragsart zulässig sein soll, die gegeben wäre, wenn die in Frage stehende Handlung in der richtigen, d.h. gesetzlich gebotenen Form erfolgt wäre[410]. Das vom Gesetzgeber fein abgestimmte und Art. 19 IV GG entsprechende Klagesystem würde ausgehöhlt und der Rechtsschutz verkürzt, wenn mit der Wahlfreiheit der Verwaltung hinsichtlich der Form des Rechtsaktes auch eine Wahl der Art des Rechtsschutzes einherginge[411]. Dies wird auch im Hinblick auf die Gewaltenteilung zwischen Exekutive und Judikative insoweit als bedenklich angesehen, als sich die Verwaltung dann im konkreten Einzelfall über eine an die Form gebundene Klageart das zuständige Gericht und damit das kontrollierende Organ selbst aussuchen könnte. Somit soll vor allem aus Art. 19 IV GG folgen, dass vom Prinzip her der Rechtsschutz mit dem materiellen Gehalt einer Maßnahme korrespondiert. Nur dann könne er nicht durch eine Formenwahl der die Maßnahme erlassenden Behörde verkürzt werden und bleibe in allen Fällen die Rechtsschutzgarantie gewahrt[412].

In Übereinstimmung mit dieser Ansicht wurde mit Blick auf die Flugverfahren vertreten, dass auch diese mit der Anfechtungs- oder Verpflichtungsklage angreifbar seien, da sie materiell Allgemeinverfügungen und damit Verwaltungsakte darstellten[413]. Andernfalls würde der Gerichtsschutz aus sachlich nicht mehr vertretbaren Gründen in einer für den Betroffenen unzumutbaren Weise begrenzt, ja faktisch völlig ausgeschlossen. Zwar bedürfe die Festlegung der Flugrouten auch als Allgemeinverfügung einer gesetzlichen Grundlage, da sie einen Eingriff in Rechtspositionen der Luftraumnutzer (§ 1 I, 1. HS LuftVG) und durch ihre Drittwirkung auch in Rechte der überflogenen Anwohner und Gemeinden darstelle. Als Rechtsgrundlage wurde § 27a I LuftVO a.F. angesehen (die Zuständigkeit der Bundesanstalt für Flugsicherung ergab sich dabei aus § 27a II LuftVO a.F.).

---

409 Czybulka/Wandres, DÖV 1990, 1037.

410 vgl. etwa VGH Kassel NJW 1983, 2895, 2896; a.A. Kopp/Schenke, VwGO, Vorb § 40 Rn. 9; Kopp/Ramsauer, VwVfG, § 35 Rn. 4 a.

411 Frenz, BayVBl. 1993, 488.

412 Frenz, BayVBl. 1993, 488; s. aber unten, B. I. 2. d).

413 Czybulka/Wandres, DÖV 1990, 1033, 1039; Czybulka, DÖV 1991, 410, 414.

In Richtung auf die Drittbetroffenen stellte § 27a I LuftVO a.F. jedoch keine ausreichende Rechtsgrundlage dar, weil diese Norm nicht generell zur Einrichtung von Flugrouten berechtigte, sondern lediglich das Verhalten für die Nutzer der Flugrouten regelte. Gegenüber den Drittbetroffenen fehlte zudem eine wirksame Bekanntmachung in ortsüblicher Weise gem. § 41 IV VwVfG, so dass die Flugroutenfestlegungen der Bundesanstalt für Flugsicherung gegenüber ihnen nicht wirksam wurden, § 43 I VwVfG. Die Drittbetroffenen konnten nach dieser Ansicht aber, ohne an die normalen Rechtsbehelfsfristen gebunden zu sein, bereits die entsprechenden Rechtsbehelfe (hier also Widerspruch) einlegen, wenn der Verwaltungsakt durch die Bekanntgabe gegenüber den Luftfahrern existent geworden war[414].

Ob ein Fall des Formenmissbrauchs vorlag, konnte hiernach letztlich dahingestellt bleiben, da sich die „Rechtsverordnung" ausschließlich an die Flugzeugführer richtete und in mehrpoligen Rechtsverhältnissen die Rechtsnatur in Bezug auf die Betroffenen auch separat bestimmt werden könne, wenn eine den Drittbetroffenen nicht schützende Verfahrensgestaltung gewählt wurde. Mit Blick auf Art. 19 IV GG dürften Unklarheiten hinsichtlich der Rechtsnatur von Verwaltungsmaßnahmen nicht zu Lasten des betroffenen Bürgers gehen[415].

d) Die Neufassung des § 27 a II LuftVO

Dieser Ansicht wurde jedoch – hinsichtlich der Flugverfahren – mit der Neufassung von § 27 a II LuftVO[416] die Grundlage entzogen. Hierdurch hat der Gesetzgeber klargestellt, dass Flugverfahren durch Rechtsverordnung festzulegen sind. Diese Verordnungen können auch nicht materiell wie Verwaltungsakte behandelt werden. Maßgeblich ist die „äußere" Form, die hier eindeutig bestimmt ist. Der Rückgriff auf eine inhaltliche Qualifizierung der Regelungen ist damit versperrt. Denn auf den Inhalt einer Regelung ist nur dann abzustellen, wenn die

414 so Czybulka/Wandres, DÖV 1990, 1033, 1038 f.

415 Czybulka/Wandres, DÖV 1990, 1038 f.; vgl. hierzu auch J. Schmidt in: Eyermann, VwGO, § 47 Rn. 27.

416 vgl. Art. 1 der Achten Verordnung zur Änderung der LuftVO v. 18.05.1993 (BGBl. I S. 710; ber. 747).

Form mehrdeutig ist[417]. Der Gesetzgeber vermag aufgrund seiner Formenwahlfreiheit den Rechtscharakter von Verwaltungsentscheidungen ohne Bindung an begriffliche Notwendigkeiten verbindlich auszugestalten und dadurch die Normqualität außer Streit zu stellen[418]. Normiert das Gesetz, dass die Festlegung von Flugrouten durch Rechtsverordnung erfolgt, dann liegt eine Unklarheit hinsichtlich des Rechtscharakters der Regelung also gerade nicht vor. Zumindest dann, wenn der Erlass einer unmittelbar beeinträchtigenden Norm als Rechtssatz gesetzlich vorgeschrieben ist, kann eine Anfechtungsklage hiergegen nicht statthaft sein[419].

Auch für den oben angesprochenen Ausnahmefall des Formenmissbrauchs – der wegen der bestehenden Formenvielfalt nur selten nachweisbar sein wird[420] –, in dem erwogen werden könnte, gleichwohl nach dem „wahren Charakter" des Geregelten zu forschen, ergeben sich hinsichtlich § 27a LuftVO keine überzeugenden Anhaltspunkte. Zweck der Achten Änderungsverordnung, die den Verordnungscharakter klarstellte, war die Entlastung des Bundesministers für Verkehr, dem die Verordnungsermächtigung nach Auflösung der zum Verordnungserlass zuvor berufenen Bundesanstalt für Flugsicherung zunächst zugewiesen worden war[421], durch Weiterübertragung auf das LBA[422]. Dabei wurde lediglich die bereits zuvor benutzte Verordnungsform bestätigt. Auch das BVerfG ging ohne weiteres von einer Rechtsverordnung aus[423].

Im Übrigen hat auch ein offensichtlicher Formenmissbrauch, etwa die Verwendung der Gesetzes- oder Verordnungsform zur Einschränkung des Rechtsschutzes, nicht zur Folge, dass ein Gesetz oder eine Verordnung bzw. Satzung als Verwaltungsakt angesehen werden könnte[424].

---

417 Wysk, ZLW 1998, 285, 293; BVerfGE 11, 6, 16; BVerwGE 18, 1 ff.; 18, 154 f.; 18, 247, 251; VGH München, BayVBl. 1980, 209 f.; Kopp/Ramsauer, VwVfG, § 35 Rn. 71 m.w.N.

418 vgl. BVerwGE 11, 14, 16; 70, 77, 82; J. Schmidt in: Eyermann, VwGO, § 47 Rn. 24; Wysk, ZLW 1998, 285, 293; jetzt auch Czybulka, ZUR 2001, 269; s. auch die Anm. v. Aulehner, JA 2001, 291 ff.

419 so auch Frenz, BayVBl. 1993, 489.

420 Frenz, BayVBl. 1993, 488 Fn. 78.

421 vgl. Art. 1 Nr. 21 der Siebten Verordnung zur Änderung der LuftVO v. 18.12.1992 (BGBl. I S. 2391).

422 Wysk, ZLW 1998, 285, 293.

423 BVerfG, Beschluss v. 02.04.1997, ZLW 1997, 376 ff. = NVwZ 1998, 169 f.

424 Kopp/Ramsauer, VwVfG, § 35 Rn. 71; zweifelnd VGH München, BayVBl. 1978, 83 f.; anders hinsichtlich des Rechtsschutzes gegen „satzungsvertretende" Gesetze BVerfGE 70, 35 ff.; vgl. hierzu Kopp/Schenke, VwGO, § 47 Rn. 12.

3.) Die Rechtsschutzeröffnung durch das Bundesverwaltungsgericht

In drei Urteilen vom 28.06.2000[425] hat das BVerwG schließlich festgestellt, dass Art. 19 IV GG verletzt würde, wenn man die Klagebefugnis des Flughafenanwohners mit der Begründung ablehnen wollte, dass sich sein Rechtsschutz nach der Systematik des LuftVG auf ein Vorgehen gegen die für den Flughafen zuständige Genehmigungsbehörde konzentriere mit der Folge, dass Rechtsschutz gegen die Festlegung einer Abflugstrecke ausgeschlossen sei. Daher eröffnete das BVerwG in diesen Urteilen mit der Zulassung der Feststellungsklage nach § 43 VwGO den Rechtsschutz gegen die Festlegung von Flugrouten.

Im Rahmen der entsprechenden Anwendung von § 42 II VwGO könne offen bleiben, ob und in welchem Umfang die Ermächtigungsgrundlage für die angegriffene Rechtsverordnung (§ 32 I 1 Nr. 1, III LuftVG i.V.m. § 27 a LuftVO) oder zumindest die Vorschrift des § 29 b II LuftVG Schutznormen zugunsten des Klägers darstelle[426]. Mit diesen Normen sei das „Entscheidungsprogramm" für den Erlass der hier in Rede stehenden Rechtsverordnung nicht abschließend umschrieben. Es enthalte vielmehr in materieller Hinsicht auch ein **Abwägungsgebot**, das dem Kläger ein subjektives Recht auf gerechte Abwägung seiner rechtlich geschützten Interessen vermittle.

Die Geltung dieses Abwägungsgebotes hänge weder von seiner fachgesetzlichen Normierung noch von einer bestimmten Handlungs- oder Verfahrensform ab. Das Abwägungsgebot folge vielmehr bereits **aus dem Wesen einer rechtsstaatlichen Planung** und **gelte** dementsprechend **allgemein**[427]. Es begrenze die planerische Gestaltungsfreiheit, die einerseits unerlässlich sei, um entgegengesetzte private und/oder öffentliche Belange auszugleichen, andererseits im Rechtsstaat aber nicht schrankenlos, sondern nur rechtlich gebunden und gerichtlich kontrollierbar sein könne[428].

Bei der Flugrouten-Festlegung handele es sich um die Verwirklichung einer staatlichen Planungsaufgabe, bei der die in der räumlichen Umgebung des Flughafens auftretenden Probleme und Interessenkonflikte bewältigt werden müss-

---

425 Az. 11 C 14.99; Az. 11 C 16.99; 11 C 13.99, NJW 2000, 3584 ff. = BVerwGE 111, 275 ff.

426 hinsichtlich § 29 b II LuftVG bejahend Czybulka, DÖV 1991, 410 ff.; ders. beim Speyerer Luftverkehrsrechtstag im Rahmen der Dritten Speyerer Planungsrechtstage v. 21. bis 23.03.2001, s. den Tagungsbericht v. Guckelberger, NVwZ 2001, 1015; verneinend bzgl. §§ 6 II 1, 9 II LuftVG, s. DÖV 1991, 410 f.; Näheres s. unten, B. I. 5.

427 vgl. etwa BVerwGE 56, 110, 112.

428 BVerwG NJW 2000, 3584 f.; vgl. außerdem BVerwGE 34, 301, 307; 48, 56, 63; 56, 110, 116, 122 = NJW 1979, 64 ff.; BVerwGE 55, 220, 226 = NJW 1978, 2308 ff.

ten[429]. Dass das LBA aus Kompetenzgründen bei der Bewältigung der Lärmprobleme darauf beschränkt sei, den vorhandenen Lärm zu verteilen, ohne die eigentliche Störquelle beseitigen zu können, kennzeichne lediglich den Umfang seiner planerischen Gestaltungsmöglichkeiten, vermöge aber an der Geltung des Abwägungsgebotes für den insoweit eröffneten Handlungsspielraum nichts zu ändern. Auch aus der Vorschrift des § 29b LuftVG lasse sich nichts Gegenteiliges ableiten. Soweit danach die Luftfahrtbehörden und mithin auch das LBA auf den Schutz der Bevölkerung vor unzumutbarem Fluglärm „hinzuwirken" haben, werde hierdurch kein gegenüber dem Abwägungsgebot qualitativ andersartiger Entscheidungsmaßstab aufgestellt; die Vorschrift setze vielmehr die Geltung des Abwägungsgebots gerade voraus und enthalte lediglich besondere, bei der Abwägung und der gerichtlichen Kontrolle zu beachtende Konkretisierungen und Maßgaben.

Dem Abwägungsgebot komme auch ein Schutznormcharakter gegenüber dem Kläger zu. Im Rahmen von § 1 VI BauGB hat der 4. Senat des BVerwG in seiner Entscheidung vom 24.09.1998 eine solche Weite des Schutznormcharakters des Abwägungsgebots bejaht[430]. Nach der bisherigen Rechtsprechung des BVerwG konnte sich hingegen – so führt der *Senat* aus – der Schutznormcharakter des Abwägungsgebots nur auf *rechtlich* geschützte Belange des Betroffenen beziehen[431]. Ob der in der Entscheidung zu § 1 VI BauGB eingeleitete Wandel der Rechtsprechung über das einfachgesetzliche bau- und fachplanungsrechtliche Abwägungsgebot hinaus auch das hier maßgebliche „rechtsstaatliche" Abwägungsgebot erfasse, könne offen bleiben, da der Kläger in dem zugrunde liegenden Fall geltend gemacht hatte, in seiner Gesundheit und seinem Eigentum, also in (verfassungs-)rechtlich geschützten Belangen (Art. 2 II 1, 14 I GG) verletzt zu sein[432].

Der Schutznormcharakter lasse sich auch nicht unter Hinweis darauf in Frage stellen, dass das LBA gehindert sei, individuellen Rechtspositionen bei seiner Entscheidung hinreichend Rechnung zu tragen, weil dies individuelle und konkrete Ermittlungen und Bewertungen voraussetze, zu denen das LBA rechtlich und tatsächlich nicht in der Lage sei. Damit würde verkannt, dass die Bejahung des Schutznormcharakters an der Art und dem Umfang der ohnehin bereits bestehenden Abwägungspflichten des LBA nichts ändere. Darüber hinaus reiche es

---

429 BVerwG, NJW 2000, 3584, 3585.

430 BVerwG, Urt. v. 24.09.1998 – 4 CN 2.98 –, BVerwGE 107, 215 ff. = NJW 1999, 592 ff. = NVwZ 1999, 414 I.

431 BVerwGE 48, 56, 66 = NJW 1975, 1373, 1376.

432 BVerwG, NJW 2000, 3584, 3585; den drittschützenden Charakter des Abwägungsgebots hinsichtlich aller abwägungserheblichen privaten Belange unter Hinweis auf BVerwGE 107, 215 ff. bejahend VGH BW, Urt. v. 22.03.2002 – 8 S 1271/01, Abschn. II. 1. c).

aus, wenn im Rahmen der Abwägung dem individuellen Interesse im Wege einer generalisierenden Betrachtung Rechnung getragen werde. Eine „parzellenscharfe“ Betrachtung sei angesichts der besonderen sachlichen Eigenart der Festlegung von Abflugstrecken jedenfalls nicht gefordert[433].

4.) Die Feststellungsklage als passende Klageart?

Das BVerwG hat mit der Zulassung der Feststellungsklage nach § 43 VwGO gegen Flugroutenfestlegungen die unbefriedigende Rechtsschutzsituation der betroffenen Anwohner verbessert[434]. Freilich kann diese Feststellungsklage nicht auf die Nichtigkeit der Norm (hier des Flugverfahrens) gerichtet sein[435]. Insoweit fehlt es an einem „Rechtsverhältnis“ i.S.v. § 43 VwGO[436]. Ebenso unzulässig ist eine „atypische“ Feststellungsklage, die auf die Feststellung gerichtet ist, dass die Norm gegenüber dem Kläger unwirksam ist oder der Kläger durch eine Norm in seinen Rechten verletzt wird[437]. Denn sie läuft auf eine Umgehung von § 47 VwGO hinaus. Besonders deutlich wird dies in Fällen, in denen Normen, die nicht einmal der prinzipalen Normenkontrolle des OVG bzw. VGH unterfallen, nunmehr einer prinzipalen Normenkontrolle durch jedes Verwaltungsgericht und zudem frei von der verfassungsrechtlichen Vorbehaltsklausel des § 47 III VwGO unterfallen würden[438]. Ein solcher Fall ist bei einer Klage gegen bundesrechtliche Rechtsvorschriften wie die Festlegung von Flugverfahren per Bundesrechtsverordnung gegeben.

433 BVerwG, NJW 2000, 3584, 3585.

434 Instantiell zuständig ist gem. § 48 I Nr.6 VwGO das OVG bzw. der VGH. Nach dieser Vorschrift entscheidet das OVG/der VGH im ersten Rechtszug über sämtliche Streitigkeiten, die das Anlegen, die Erweiterung oder Änderung und den Betrieb von Verkehrsflughäfen und von Verkehrslandeplätzen mit beschränktem Bauschutzbereich betreffen. Wegen des engen räumlichen und betrieblichen Zusammenhangs mit dem Betrieb des betreffenden Verkehrsflughafens werden von dieser Vorschrift auch Streitigkeiten über die Festlegung von An- und Abflugwegen nach § 27a II LuftVO erfasst, s. BVerwG, NJW 2000, 3584 ff. und VGH BW, Urt. v. 22.03.2002 – 8 S 1271/01 –, Abschn. I.

435 so versteht aber Rupp, NVwZ 2002, 286 ff. das Urteil des BVerwG, s. hierzu unten, Fn. 449.

436 OVG Münster, NJW 1976, 2036, 2038; Kopp/Schenke, VwGO, § 43 Rn. 8.

437 Kopp/Schenke, VwGO, § 43 Rn. 8; a.A. Wilken, DVBl. 1969, 535.

438 Kopp/Schenke, VwGO, § 47 Rn. 10.

a) Normenkontrollklage gegen Flugrouten?

Es wurde zwar in der Literatur vertreten, dass analog § 47 VwGO vor dem BVerwG ein Normenkontrollverfahren auch gegen bundesrechtliche untergesetzliche Vorschriften verwaltungsrechtlichen Inhalts eingeräumt werden sollte, um auf diese Weise dem Rechtsschutzgebot des Art. 19 IV GG zu genügen[439]. Ein solcher Rechtsschutz stünde aber in eindeutigem Widerspruch zum Wortlaut und Sinn des § 47 VwGO und würde überdies verkennen, dass allgemein verbindliche prinzipale Normenkontrollen materiell Verfassungsgerichtsbarkeit darstellen und folglich § 40 VwGO nicht einschlägig ist[440]. § 47 VwGO stellt hingegen eine Erweiterung des verwaltungsgerichtlichen Rechtsschutzes dar. Die Norm schreibt gegen Bebauungspläne und einige weitere planähnliche städtebauliche Satzungen eine prinzipale Kontrollmöglichkeit verbindlich vor[441]. In seinen einzelnen Elementen geht § 47 VwGO über das, was Art. 19 IV GG unbedingt verlangt, erheblich hinaus[442]. Die verbleibenden Rechtsschutzlücken zu schließen sollte daher einer differenzierten Auslegung des geltenden Rechts überlassen bleiben[443].

Da § 47 VwGO den Fall der Flugroutenfestlegung nicht erfasst, entfaltet er auch keine Sperrwirkung. Die Möglichkeit der Normenkontrollklage hat die subjektiven Rechtsschutzmöglichkeiten nur erweitert, nicht beschnitten. Folglich hat die hier angenommene Unstatthaftigkeit der Normenkontrollklage keine Auswirkungen auf die Zulässigkeit der sonstigen verwaltungsgerichtlichen Klagen. Würde nur die Klärung einer abstrakten Rechtsfrage begehrt, fehlte es an der Klagebefugnis, so dass sich die vom BVerwG in seinem Urteil[444] angespro-

---

439 so Obermayer, DVBl. 1965, 632; Bartlsperger, DVBl. 1967, 372.

440 Schenke, JuS 1981, 86; a.A. Würtenberger, AÖR 105 (1980), 381 f.: Unzweifelhaft sei, dass über die Verpflichtung des demokratisch legitimierten Parlaments zur Normsetzung oder über die Gültigkeit des parlamentsbeschlossenen Gesetzes im Verfassungsstaat nur ein Verfassungsgericht entscheiden dürfe. Dies gelte aber nicht für untergesetzliche Normen, da diese ein Produkt der Verwaltung seien und besonderer demokratischer Legitimation entbehrten. Auch seien solche untergesetzliche Normen vielfach bloße Verwaltungsakte im Gewand von Normen, oder ihre Qualität als Norm im materiellen Sinne sei umstritten.

441 vgl. hierzu Ronellenfitsch, VerwArch 83 (1992), 281.

442 BVerwG, DVBl. 1984, 145 f.; vgl. auch DVBl. 1983, 1096 f.; BVerfGE 31, 364, 368.

443 Schmidt-Aßmann in: M/D, GG, Art. 19 IV Rn. 75.

444 Urt. v. 28.06.2000, 11 C 13.99.

chene Umgehungsproblematik zu § 47 VwGO bei genauer Betrachtung hier gar nicht stellt[445].

Zwar bietet sich bei Bundesrechtsverordnungen grundsätzlich die Verfassungsbeschwerde als prinzipales Kontrollinstrument und Rechtsbehelf, der spezifisch auf den Rechtsschutz gegen Normen zugeschnitten ist, an[446]. Allerdings hat das BVerfG entschieden, dass gegen die Festlegung von Flugrouten der Verwaltungsrechtsweg eröffnet ist[447]. Im Übrigen ist die Verfassungsbeschwerde schon deshalb nicht geboten, weil bereits die in § 43 VwGO geregelte allgemeine Feststellungsklage denselben Rechtsschutz zu bieten vermag[448]. Sie ermöglicht die Feststellung des Bestehens bzw. Nichtbestehens eines durch eine Rechtsnorm begründeten, aufgehobenen oder veränderten Rechtsverhältnisses[449]. So kann mittels einer Feststellungsklage auch inzidenter über die Gültigkeit einer belastenden Norm entschieden werden. Die Feststellungsklage kommt auch bei Vollzugsnormen („Self-executing-Normen"), die keiner Vollziehung zugänglich sind, als Rechtsschutzmöglichkeit in Betracht und besitzt hier eine besondere Bedeutung, da in solchen Fällen ein inzidenter Rechtsschutz gegen Normen durch eine Anfechtung von Vollziehungsakten regelmäßig ausscheidet

---

445 Czybulka, ZUR 2001, 269.

446 s. Schenke, JuS 1981, 87; Schmidt-Aßmann in: M/D, GG, Art. 19 IV Rn. 75.

447 BVerfG NVwZ 1998, 169 f.

448 Kopp/Schenke, VwGO, § 43 Rn. 8; Schenke, Rechtsschutz bei normativem Unrecht, S. 247 ff.; s. allerdings zu den unterschiedlichen Auffassungen der Beteiligten bzgl. der Auswirkungen des Feststellungsurteils des VGH BW v. 22.03.2002 – 8 S 1271/01 – unten, B. III. 1. g).

449 BVerwGE 40, 323, 327; 50, 11, 17; 51, 104, 106; NJW 1983, 2208 f.; NJW 1984, 677 f.; VGH BW, DVBl. 1966, 408, 409; Schenke, Rechtsschutz bei normativem Unrecht, S. 215 ff.; Würtenberger, Verwaltungsprozessrecht, Rn. 440; kritisch Rupp, NVwZ 2002, 286, 288, der die Frage stellt, ob durch die Rechtsverordnung wirklich ein „Rechtsverhältnis" i. S. v. § 43 VwGO entstanden sei, über dessen Bestehen oder Nichtbestehen zu entscheiden ist. Dies sei zweifelhaft, da auch die Feststellung der Nichtigkeit eines VA keinen Unterfall der Rechtsverhältnisfeststellung nach § 43 I VwGO darstelle, so dass die Nichtigkeit einer Norm erst recht keine Rechtsverhältnisfeststellung darstellen könne. Die Einordnung solcher Normkontrollklagen in das bestehende Rechtsschutzsystem bedürfe einer besonderen gesetzlichen Zulassung.
Dieser Argumentation liegt die Annahme zugrunde, dass nach dem Urteil des BVerwG (NJW 2000, 3584 ff.) die Gültigkeit der RVO selbst das festzustellende Rechtsverhältnis sei (s. Rupp, NVwZ 2002, 286 ff.). Dies ist jedoch nicht der Fall. Vielmehr geht es um ein durch die RVO begründetes (nachgelagertes) Rechtsverhältnis (vgl. hierzu Kopp/Schenke, VwGO, § 43 Rn. 11). Gegenstand der gerichtlichen Überprüfung ist nur die Frage, ob der Kl. durch die in der RVO getroffenen Regelungen in seinen Rechten verletzt wird, s. VGH BW, Urt. v. 22.03.2002 – 8 S 1271/01 – Abschn. II. 1. b). Auch das BVerfG hatte in seinem Beschluss v. 02.04.1997 (NVwZ 1998, 169 f.) ausgeführt, dass die Verwaltungsgerichte die Verfassungswidrigkeit einer Rechtsnorm in den Gründen ihrer Entscheidung –also inzident – feststellen könnten.

und dementsprechend die Zulässigkeit einer Feststellungsklage auch unter dem Gesichtspunkt der Subsidiarität des § 43 II VwGO[450] nicht in Frage gestellt werden kann[451].

Zu begehren ist mit der Feststellungsklage also nicht etwa die Feststellung, dass ein bestimmtes Flugverfahren (d.h. die Rechtsverordnung, die das betreffende Flugverfahren regelt) rechtswidrig sei, sondern der Antrag ist vielmehr dahingehend zu formulieren, dass durch die in der betr. Rechtsverordnung getroffenen Festlegungen der Kläger in seinen Rechten verletzt wird.

Zwar kann auch eine prinzipale Normenkontrolle vor dem Hintergrund von Artikel 19 IV GG insbesondere bei Plannormen ausnahmsweise geboten sein, wenn nur so wirksamer Rechtsschutz möglich ist[452]. Dies ist hier aber nicht der Fall, da – wie soeben erläutert – mit der Feststellungsklage ausreichender Rechtsschutz erreicht werden kann.

b) Die allgemeine Leistungsklage als Alternative

Denkbar wäre auch die Zulassung der allgemeinen Leistungsklage gegen die Festlegung von Flugrouten. Das hiergegen vom BVerwG vorgebrachte Argument, dass ein auf Aufhebung einer nichtigen und mithin nicht aufhebbaren, sondern rechtlich nicht existenten Norm gerichteter Antrag ins Leere liefe, erscheint formalistisch und überzeugt nicht, wenn man die Parallele zu der nach h.M. zu bejahenden Zulässigkeit der Anfechtungsklage gegen nichtige Verwaltungsakte zieht[453]. Zudem tritt die Rechtsfolge „Nichtigkeit“ nach neuerer Rechtsprechung insbesondere des BVerfG bei Normen keineswegs mehr bei al-

450 vgl. hierzu etwa Kopp/Schenke, VwGO, § 43 Rn. 26 ff. und sogleich unten, S. 112.

451 Kopp/Schenke, VwGO, § 43 Rn. 8; § 47 Rn. 8; BVerwG, NJW 1983, 2208 f.; NJW 1984, 677 f.; Schenke, Rechtsschutz bei normativem Unrecht, S. 215 ff.; Schenke, JuS 1981, 85; vgl. auch Czybulka, ZUR 2001, 269 sowie VGH BW, Urt. v. 22.03.2002 – 8 S 1271/01 – Abschn. II. 1 a).

452 Schenke, Rechtsschutz bei normativem Unrecht, S. 156 ff.; Kopp/Schenke, VwGO, § 47 Rn. 8; Schenke, JuS 1981, 86 f.; Schmidt-Aßmann in: M/D, GG, Art. 19 IV Rn. 75.

453 Czybulka, ZUR 2001, 269; BVerwGE 18, 154 f.; BFH, NVwZ 1986, 157; 1987, 359 f.; BSG, DVBl. 1990, 210; BGH, NJW 1979, 1710; Kopp/Schenke, VwGO, § 42 Rn. 3; Happ in: Eyermann, VwGO, § 42 Rn. 15; a.A. BayVGH, BayVBl 1976, 756; 1984, 186; NJW 1984, 626; Redeker/v. Oertzen, VwGO,
§ 113 Rn. 5: Auch bei Stellung eines Anfechtungsantrags durch den Kläger Feststellung der Nichtigkeit des VA durch das Gericht als im Anfechtungsbegehren enthaltenes Minus, da die Aufhebung eines nichtigen VA begrifflich nicht möglich sei.

len Rechtsverstößen, also „automatisch" ein[454], so dass der Beseitigung des „bösen" Rechtsscheins durchaus Bedeutung zukommt[455]. Dies kann allerdings auch durch die Feststellungsklage geschehen. Diese weist zudem eine Strukturgleichheit zur Regelung in § 47 V S. 2 VwGO auf: Die Normenkontrolle führt im Erfolgsfalle zur Nichtigerklärung der betreffenden Norm und folgt damit ebenfalls einer Feststellungslogik: Die rechtswidrige Norm ist eo ipso nichtig, der Normenkontrollentscheidung kommt also – ebenso wie der Feststellungsklage – keine Gestaltungswirkung zu[456]. Gegen den Trend der Rechtsprechung, bezüglich Rechtsverordnungen die Feststellungsklage als Rechtsschutzinstrument einzusetzen[457], bestehen also im Ergebnis keine Bedenken[458]. Auch die Subsidiaritätsklausel des § 43 II 1 VwGO steht nach der Rechtsprechung der Zulässigkeit von Feststellungsklagen gegen öffentlich-rechtliche Körperschaften nicht entgegen, da es der unmittelbaren Rechtsgestaltung oder des Vollstreckungsdruckes aufgrund eines Leistungs- oder Gestaltungsurteils nicht bedarf, weil davon ausgegangen werden kann, dass Hoheitsträger aufgrund ihrer Bindung an Recht und Gesetz (Art. 20 III GG) – und in der Praxis insbesondere auch wegen der Haftungsrisiken bei rechtswidrigem Handeln[459] – auch eine bloße gerichtliche Feststellung beachten und die gebotenen Konsequenzen ziehen, so dass der Sinn der Subsidiaritätsklausel in solchen Fällen von vornherein gewahrt ist[460].

---

454 s. BVerfGE 91, 148, 175 f.: Nur der evidente Verfahrensfehler führt zur Nichtigkeit der VO; i.Ü. keine Nichtigkeit, wenn die Nichtanwendung der Norm einen Zustand herbeiführen würde, der dem rechtmäßigen Zustand noch ferner liegt; schließlich gibt es auch diverse gesetzlich geregelte Heilungsmöglichkeiten, z.B. §§ 214, 215 a BauGB.

455 Czybulka, ZUR 2001, 269.

456 vgl. BVerwGE 45, 309, 322; J. Schmidt in: Eyermann, VwGO, § 47 Rn. 90.

457 s. etwa BVerfG, NJW 1999, 2031 (Ferienfahrschule); BVerwGE 80, 355, 363 ff.; BVerfG, NVwZ 2000, 1407 f. (HundehalterVO); vgl. hierzu auch Schoch/Schmidt-Aßmann/Pietzner, VwGO, Bd. I, § 43 Rn. 43 f.

458 Czybulka, ZUR 2001, 269.

459 zur Amtspflicht zu rechtmäßigem Handeln vgl. Ossenbühl, Staatshaftungsrecht, S. 43 ff.

460 so BVerwGE 51, 69, 75; 36, 179, 181; 40, 323, 327; 77, 207, 211; BSGE 10, 21, 24; 12, 44, 46; 36, 71, 111, 115; BAGE 16, 293 ff.; ebenso zu § 256 ZPO BGH, NJW 1984, 1118 f.; v. Albedyll in: Bader/Funke-Kaiser/Kuntze/ders., VwGO, § 43 Rn. 35; Meyer-Ladewig, SGG, § 55 Rn. 19 b; a. A. Sodan in: ders./Ziekow, VwGO, Bd. I, § 43 Rn. 119 ff.; Würtenberger, Verwaltungsprozessrecht, Rn. 416, mit dem Hinweis auf den klaren Wortlaut des § 43 II 1 VwGO sowie auf die gesunkene Bereitschaft der öffentlichen Hand, Gerichtsurteile zu befolgen (vgl. hierzu auch Gaul, JZ 1979, 496 f.); Redeker/v. Oertzen, VwGO, § 43 Rn. 26 sowie Kopp/Schenke, VwGO, § 43 Rn. 28 mit dem Einwand, dass mit Blick auf den Wortlaut und das Regelungssystem der VwGO und insbesondere der §§ 170, 172 VwGO die durch das BVerwG von der zivilgerichtlichen Praxis (s. BGHZ 28, 123, 126) übernommene Erwartung hinsichtlich der Respektierung und Umsetzung von Verwaltungsgerichtsentscheidungen verfehlt sei; kritisch auch Happ in: Eyermann, VwGO, § 43 Rn. 43.

Folglich kann einstweiliger Rechtsschutz dann – ebenso wie bei der allgemeinen Leistungsklage – nur über § 123 VwGO gewährt werden[461]. Für den Betroffenen besteht damit grundsätzlich das Risiko, im Falle des Unterliegens in der Hauptsache auf Schadensersatz in Anspruch genommen zu werden. Dieses wird in der Regel aber gering sein. Denn den Schadensersatzanspruch nach § 123 III VwGO i.V.m. § 945 ZPO hat nach dem eindeutigen Wortlaut dieser Vorschrift nur der Antragsgegner (bei Anträgen bzgl. Flugverfahren also die Bundesrepublik), nicht hingegen der von einer einstweiligen Anordnung betroffene Dritte, der im Verfahren dann evtl. beigeladen wird (vgl. § 65 VwGO; in Betracht kämen insoweit z.B. betroffene Flug(hafen)gesellschaften). Zwar könnte man hiergegen einwenden, dass ein nach § 65 II VwGO notwendig beigeladener Dritter Beteiligter und damit materiell Verfahrensgegner ist. Eine solche analoge Anwendung von § 945 ZPO zur Begründung von Ansprüchen des Dritten würde jedoch zu Wertungswidersprüchen im Verhältnis zu § 80 a VwGO führen und die Rechtsschutzeffektivität beeinträchtigen. Auch wenn sich die Rechtskraft der Eilentscheidung auf den Beigeladenen erstreckt, ist dieser doch nicht Partei des Eilverfahrens und kann verfahrensrechtlich nicht über den Streitstoff verfügen[462]. Ein Schaden des Antragsgegners selbst ist hier jedoch nur schwer denkbar, da der die Flugverfahren erlassenden Bundesrepublik aus der durch eine evtl. einstweilige Anordnung vorläufig verhinderten Geltung und Nutzbarkeit der Flugrouten regelmäßig keine Vermögensschäden entstehen[463].

Festzustellen ist also, dass grundsätzlich sowohl die allgemeine Leistungsklage als auch die Feststellungsklage als geeignete Klagearten in Betracht kommen. Die Subsidiaritätsklausel des § 43 II VwGO löst hier zwar aus den oben

---

461 vgl. Kopp/Schenke, VwGO, § 123 Rn. 43; der Hessische VGH lehnte allerdings im Jahr 2001 im einstweiligen Rechtsschutzverfahren einen Antrag mehrerer Gemeinden gegen die Einrichtung neuer Flugrouten für den Ab- und Anflug von und zum Flughafen Frankfurt a. M. ab, da ein Erlass der begehrten Anordnung die Entscheidung in der Hauptsache unzulässigerweise vorwegnehmen würde, s. HessVGH, Beschluss v. 18.04.2001, NVwZ 2001, 826 f.

462 BGH NJW 1981, 349 f. = DVBl. 1981, 28 = DÖV 1981, 105; DVBl. 1962, 218; Würtenberger, Verwaltungsprozessrecht, Rn. 555 f.; Uechtritz, NVwZ 1996, 640, 645 f.; Happ in: Eyermann, VwGO, § 123 Rn. 85; Puttler in: Sodan/Ziekow, VwGO, § 123 Rn. 148 f.; Kopp/Schenke, VwGO, § 123 Rn. 44 m.w.N.; a.A. noch Kopp, VwGO, 10. Auflage 1994, § 123 Rn. 44; Pietzner/Ronellenfitsch, § 58 Rn. 30 mit Hinweis auf das bestehende Prozessrechtsverhältnis zwischen Belasteten, Begünstigten und Gericht sowie auf das Schutzbedürfnis des Beizuladenden im Hinblick auf Verzögerungsschäden. Daher sollte der Schadensersatzanspruch nach § 123 III VwGO nicht mit Verweis auf § 80 a VwGO verneint, sondern endlich auch bei Anwendung der §§ 80 V, 80 a VwGO ein Schadensersatzanspruch bejaht werden; s. auch Schmitt Glaeser/Horn, Verwaltungsprozessrecht, Rn. 324.

463 vgl. Redeker/v. Oertzen, VwGO, § 123 Rn. 35.

dargelegten Gründen keine Bedenken gegen die Zulässigkeit der Feststellungsklage aus. Da jedoch für diese auch keine triftigeren Gründe sprechen als für die Leistungsklage, sollte im Falle einer solchen gleichermaßen bestehenden Geeignetheit der Klagearten der Wille des Gesetzgebers, der mit § 43 II 1 VwGO immerhin eine (allenfalls teleologisch reduzierbare) Spezialregelung getroffen hat[464], respektiert und die Leistungsklage grundsätzlich als statthafte Klageart bevorzugt werden. Der Klageantrag im Rahmen einer Leistungsklage ist dann darauf zu richten, ein bestimmtes Flugverfahren aufzuheben, abzuändern oder dessen (weitere) Anwendbarkeit zu untersagen.

5.) a) Klagebefugnis und drittschützende Normen im Luftverkehrsrecht

Bei der Beantwortung der Frage nach der Klagebefugnis[465] hat das BVerwG offen gelassen, ob die §§ 29 b II, 32 I S.1 Nr.1, III LuftVG i.V.m. 27 a LuftVO als Schutznormen herangezogen werden können, da diese nicht das komplette „Entscheidungsprogramm“ für den Erlass der Rechtsverordnung (also der Flugverfahren) enthielten, sondern dieses zudem in materieller Hinsicht ein Abwägungsgebot enthalte, welches dem Kläger ein subjektives Recht auf gerechte Abwägung seiner rechtlich geschützten Interessen vermittle. Der Prüfungsmaßstab hierbei wiederum soll aus § 29 b II LuftVG sowie aus den besonderen sachlichen Eigenarten des Flugverfahrens folgen.

---

464 vgl. Kopp/Schenke, VwGO, § 43 Rn. 28.

465 kritisch zur Klagebefugnis des § 42 II VwGO als Prozessvoraussetzung Rupp, NVwZ 2002, 286, 289 f. Problematisch sei die „doppelt-analoge“ Anwendung des § 42 II VwGO auf die Feststellungsklage und von dieser auf eine individuelle Normenkontrollklage (Überprüfung einer Rechtsverordnung am Maßstab konkret-individueller Rechtsbetroffenheit), da Feststellungsklagen ihre eigenen Prozessvoraussetzungen hätten und Rechtsverhältnisse betreffen könnten, bei denen es nicht um ein verletztes Recht, sondern um ein offensives Recht auf Durchsetzung eines Anspruchs gehe (vgl. hierzu auch ders., DVBl. 1982, 144, 146 f.).
Die Zulassung einer unmittelbar gegen eine Rechtsnorm gerichteten verwaltungsgerichtlichen Individualklage sollte daher nach seiner Ansicht mit Hilfe einer Anleihe aus dem Recht der verfassungsbeschwerderechtlichen Normenkontrolle erfolgen, die davon abhängig gemacht werden soll, dass der Kläger durch die Norm „selbst, gegenwärtig und unmittelbar in Rechten betroffen“ ist. Auch die in einem solchen Verfahren erfolgte Feststellung der Normnichtigkeit hätte aber jedenfalls nur Rechtskraftwirkung inter partes und keine allgemeine Verbindlichkeit.

b) § 29 b LuftVG als drittschützende Norm

Zur Beantwortung dieser Frage bedarf es zunächst einer näheren Betrachtung von § 29 b LuftVG. Bei dieser Vorschrift handelt es sich um eine **immissionsschutzrechtliche Norm** für den „Betrieb", die in ihrer Struktur § 41 I BImSchG ähnelt. Diese Norm hat für die Nachbarn drittschützende Wirkung und gibt auch ohne die nach § 43 I BImSchG zu erlassende Rechtsverordnung einen vollziehbaren Maßstab ab[466]. Immissionsschutzrechtliche Schutznormen sind in aller Regel drittschützend, soweit sie nicht ausschließlich der Vorsorge dienen[467], dies auch wegen der verfassungsrechtlichen Schutzpflicht des Staates aus Art. 2 II 1 GG[468]. Gleiches ergibt sich aus der Schutzwirkung von Art. 14 I GG, da das Immissionsschutzrecht auch dem Schutz des Eigentums dient[469].

§ 29 b LuftVG ist nicht Ausdruck des umweltrechtlichen Vorsorgeprinzips, was sich eindeutig aus dem Wortlaut (Gefahren, erhebliche Nachteile, erhebliche Belästigungen durch Lärm) ergibt[470]. Die Vorschrift ist also ihrer (immissionsschutzrechtlichen) Struktur nach eine drittschützende Norm[471].

Ob und in welchem Umfang eine Norm ein subjektives Recht vermittelt, ist durch **Auslegung** in Ansehung der Grundrechte und sonstiger verfassungsmäßiger Rechte zu ermitteln[472]. Greift staatliches Handeln in den Schutzbereich eines Grundrechts ein, ist im Zweifel den einschlägigen Normen des einfachen Rechts ein subjektiv-rechtlicher Gehalt zuzuerkennen[473]. Von Bedeutung sind insbesondere die Art des geschützten Rechtsguts[474], die Intensität seiner Beeinträchtigung und die **Individualisierbarkeit** des Kreises der Betroffenen[475].

Aus dem Begriff der „Bevölkerung" in § 29 b LuftVG wird teilweise geschlossen, dass die Vorschrift nur die Allgemeinheit schütze[476]. Gleichwohl gebietet nach dieser Ansicht die Vorschrift unter Lärmschutzgesichtspunkten eine

---

466 BVerwGE 71, 150, 154 ff.; Jarass, BImSchG, § 41 Rn. 66; Czybulka, DÖV 1991, 411.

467 Czybulka, DÖV 1991, 412; BVerwGE 28, 131, 134; 56, 110, 124 zum „Einwirkungsbereich" und zu den seit je her anerkannten Grundsätzen des Immissionsschutzrechts; s. auch Czybulka, BayVBl. 1975, 550, 552 und ders., ZUR 2001, 270; zum Vorsorgeprinzip Bender/Sparwasser/Engel, UmweltR, Kap. 1 Rn. 81 ff.; Kloepfer, UmweltR, § 4 Rn. 5 ff.; vgl. auch Jarass, BImSchG, § 5 Rn. 121 f.

468 vgl. die st. Rspr. d. BVerfG, z.B. BVerfGE 39, 1, 46, 160, 164 (zur Fristenlösung); 53, 30, 66 (Mülheim-Kärlich); 77, 170, 229 f.

469 s. z.B. Jarass, BImSchG, § 3 Rn. 20; § 6 Rn. 50.

470 Czybulka, DÖV 1991, 412.

471 zur Charakterisierung von § 29b LuftVG als „Optimierungsgebot" s. u., S. 172 f.

472 sog. „norminterne" Wirkung der Grundrechte, s. Happ in: Eyermann, VwGO, § 42 Rn. 87.

473 BVerfGE 15, 275, 281 f.; 96, 100, 115.

474 vgl. hierzu Knemeyer, DVBl. 1978, 38; Sening, BayVBl. 1978, 206.

475 BVerwGE 27, 29, 33; 28, 268, 275; 32, 173, 175; 41, 58, 63.

476 so Hofmann/Grabherr, LuftVG, § 29 b Rn. 3.

besondere Rücksichtnahme auf das Ruhebedürfnis der *Anwohner* in der Nacht, obwohl auch in § 29 b I 2 LuftVG nur steht, dass auf die Nachtruhe der *Bevölkerung* in besonderem Maße Rücksicht zu nehmen ist. Der Begriff der „Bevölkerung" wird hier also einmal als Allgemeinheit ausgelegt, im anderen Fall (Schutz der Nachtruhe) werden darunter die Anwohner verstanden, so dass die Ableitung fehlenden Drittschutzes aus dem Wortlaut („Bevölkerung") schon deshalb nicht zu überzeugen vermag.

Hinzu kommt, dass der Gesetzgeber bei der Individualisierung der Betroffenen nicht daran gehindert ist, auch einem großen, zahlenmäßig nicht von vornherein bestimmten Kreis von Personen subjektive Rechte einzuräumen[477]. Ausreichend ist auch, wenn der angesprochene Personenkreis in einer engen zeitlichen und räumlichen Beziehung zum Genehmigungsgegenstand steht[478]. Typischerweise ist dies beim Begriff der Nachbarschaft der Fall[479]. Aber auch bei der Auslegung des Begriffes „Bevölkerung" in § 29 b LuftVG wird klar, dass hierdurch der Personenkreis geschützt werden soll, der in räumlicher Nähe zum Flughafen bzw. zu den An- und Abflugrouten angesiedelt ist und durch die davon ausgehenden Lärmemissionen betroffen ist. Nur hinsichtlich dieses Personenkreises bestehen überhaupt ein Bedürfnis und eine Notwendigkeit, für Schutz vor Gefahren, Nachteilen oder Belästigungen durch (Flug-)Lärm zu sorgen. Die weite Fassung der möglicherweise betroffenen Dritten („Bevölkerung") folgt aus der Natur der Sache, nämlich aus dem potentiellen Einwirkungsbereich der Anlage „Flughafen" einschließlich ihrer Start- und Landebahnen (vgl. § 12 I 3 LuftVG), samt der hierauf ausgerichteten Anflugsektoren und An- und Abflugwege. Betroffen ist von diesen Immissionen in der Tat die (anwohnende) „Bevölkerung", wobei als Hilfsmittel der Konkretisierung davon ausgegangen werden kann, dass jedenfalls Betroffene klagebefugt sind, die in einem Lärmeinwirkungsbereich des Flughafens leben, der etwa mit Hilfe der TA Lärm abzugrenzen ist[480].

Anwohnern von Flughäfen und im Bereich von An- und Abflugrouten wird ein Sonderopfer dahingehend abverlangt, dass sie gegenüber anderen Bevölkerungsgruppen erhöhte Lärmbelastungen zu tragen haben. Daher ist es angemessen, dass den Betroffenen, die insoweit gewissermaßen eine Schicksalsgemein-

---

477 vgl. BVerwGE 78, 40, 43; DÖV 1987, 296, 297; DVBl. 1994, 1194, 1195; Kopp/Schenke, VwGO, § 42 Rn. 84.

478 BVerwG, NJW 1983, 1507 f.

479 Happ in: Eyermann, VwGO, § 42 Rn. 86.

480 Czybulka, DÖV 1991, 411; VG Münster, NVwZ 1990, 290, 291; zur Abgrenzung der Klagebefugnis mit Hilfe der TA Luft 1983 vgl. OVG Lüneburg, NVwZ 1985, 357 ff.

schaft bilden, quasi als **Kompensation** für diese besondere Belastung ein subjektives Recht auf Schutz vor vermeidbarem Lärm eingeräumt wird[481].

Ein terminologisches Verhaften allein am Begriff der „Bevölkerung" wäre vor diesem Hintergrund formalistisch und würde dem Sinn und Zweck der Vorschrift des § 29 b LuftVG nicht gerecht.

Teilweise wird dieses Ergebnis zudem auch auf das aus Art. 20 a GG folgende Verschlechterungsverbot gestützt[482]. Dies erscheint jedoch zweifelhaft. Art. 20 a GG hat zwar grundrechtserweiternde Wirkungen auf Seiten des Umweltbelasteten. Aufgrund anderer subjektiver Rechte bereits bestehende Klagebefugnisse können durch Art. 20 a GG in ihrer Reichweite dahingehend erweitert werden, dass dort, wo der Staat in Freiheit oder Eigentum eingreift, der Betroffene einen – grundrechtlich verbürgten – subjektiven Anspruch darauf hat, dass der Eingriff nicht nur in Übereinstimmung mit den tangierten Grundrechten steht, sondern auch sonst in jeder Hinsicht verfassungsgemäß ist. Somit kann der Betroffene gerichtlich geltend machen, dass der staatliche Eingriff in sein Eigentum oder sein Recht auf körperliche Unversehrtheit rechtswidrig sei, da der Eingriff (bzw. die dazu ermächtigende Norm) gegen Art. 20 a GG verstoße.
Dies ändert jedoch nichts daran, dass Art. 20 a GG kein subjektives Recht gewährt und sich daher auch nicht auf die einfachgesetzliche Klagebefugnis auswirken kann. Vorschriften, die keinen „drittschützenden" Charakter haben, erhalten diesen nicht dadurch, dass sie den Schutzauftrag des Art. 20a GG erfüllen bzw. konkretisieren[483].

Bei sachgerechter Auslegung von § 29 b LuftVG (s.o.) unter Berücksichtigung auch der verfassungsrechtlichen Vorgaben der Art. 2 II 1 und 14 I GG ist dieser Vorschrift aber jedenfalls drittschützender Charakter zuzuerkennen[484].

Selbst wenn man § 29 b LuftVG nur auf das Verhältnis der Genehmigungs- bzw. der Planfeststellungsbehörde zu Flugplatzhalter, Luftfahrzeughalter und -führer beschränkt, ändert dies – unabhängig von der grundrechtlichen Argu-

---

481 vgl. Kopp/Schenke, VwGO, § 42 Rn. 84; s. zum Kompensationsgedanken auch unten, B. IV. 1. e).

482 s. hierzu Czybulka, UPR 1999, 126 ff.; ders. sieht auch eine „Dynamisierung", die Art. 2 II 1 GG durch Art. 20 a GG erfahren habe; s.u., Fn. 572.

483 Murswiek, NVwZ 1996, 222, 230; Kloepfer, DVBl. 1996, 73, 78; ders., Umweltrecht, § 3 Rn. 20 ff.

484 vgl. Czybulka, ZUR 2001, 270 f.; ders., DÖV 1991, 410 ff. sowie in: Ziekow, Speyerer Luftverkehrsrechtstag 2001, S. 11, 17, 19; s. auch den Tagungsbericht von Guckelberger, NVwZ 2001, 1015; außerdem Geulen/Klinger, NJW 2001, 1038 f.

mentation – nichts an der Klagebefugnis der überflogenen natürlichen Personen. Nach der ständigen Rechtsprechung des BVerwG[485] reicht die Zumutbarkeit des Lärms nicht bis zur Grenze der Gesundheitsgefahr oder des schweren und unerträglichen Eingriffs in das Eigentum. Für die Beurteilung der Rechtmäßigkeit von Immissionen hoheitlich betriebener Anlagen – und hierum handelt es sich bei einem Flughafen im Sinne der §§ 6 III LuftVG, 38 II Nr.1 LuftVZO – sind dann die Maßstäbe des BImSchG für die Schädlichkeit von Umwelteinwirkungen (§ 3 I BImSchG) heranzuziehen; eine entsprechende „Harmonisierung" hat das BVerwG auch hinsichtlich der §§ 17 IV 1 FernStrG und 41 I BImSchG vorgenommen[486]. Die Maßstäbe des BImSchG bieten dem Nachbarn das gleiche Schutzniveau wie § 906 I BGB im privaten Nachbarschaftsverhältnis. Diese „allgemeinen Gesetze" bestimmen das Maß der zu duldenden Immissionen[487]. Eines Rückgriffes auf die Grundrechte (Art. 2 II 1, 14 I 1 GG) bedarf es also hinsichtlich der Klagebefugnis nicht. Die Verletzung einer drittschützenden Norm des Umweltrechts ist unmittelbar durch die öffentliche Gewalt (und die Verwaltungsgerichte) überprüfbar[488]. Entsprechend dem Inhalt des § 29 b LuftVG (bzw. der §§ 17 IV 1 FernStrG, 41 I BImSchG[489]) genügt die Geltendmachung, dass durch die Festlegung der Flugroute (bzw. des Verkehrsweges) eine erhebliche Lärmbelastung eintritt.

Dem steht auch § 2 II BImSchG, wonach das Gesetz nicht für „Flugplätze" gilt, nicht entgegen. Insoweit handelt es sich lediglich um eine Kollisionsnorm zum FlugLG und zu den §§ 9 f. LuftVG. § 38 BImSchG gibt die Grundlage der Begrenzung von Emissionen der Luftfahrzeuge, regelt aber nicht die zulässigen Immissionen. Beide Bestimmungen können eine Klagebefugnis aus den „allgemeinen Gesetzen" nicht einschränken[490]. Die Einschränkung des BImSchG wurde in der Amtlichen Begründung damit gerechtfertigt, dass das LuftVG und das FlugLG „auf die besondere Problematik des Fluglärms zugeschnittene Sonderregelungen des Immissionsschutzes enthalten"[491]. Daraus muss man entnehmen, dass die Ausnahme des § 2 II BImSchG Flughäfen etc. insoweit erfasst, als sie (mittelbar) für den Lärm (und wohl auch für sonstige Emissionen) von Luftfahrzeugen ursächlich sind. Anlagen(-teile) eines Flughafens, von denen andere Emissionen ausgehen, unterliegen dagegen dem BImSchG mit der Folge, dass

---

485 seit BVerwGE 51, 15, 29.

486 BVerwGE 71, 150, 161; 77, 285 f.; zu den Zumutbarkeitsschwellen hinsichtlich des Fluglärms s.o., A. I. 2.

487 vgl. BVerwGE 79, 254, 258 f. (Feuerwehrsirene).

488 VG Münster, NVwZ 1990, 290 ff.; Czybulka, DÖV 1991, 412.

489 vgl. hierzu BVerwGE 71, 150, 161; 77, 285 f.

490 Czybulka, DÖV 1991, 412.

491 Amtl. Begr. BT-Drs. 7/179, 29.

weite Bereiche eines Flugplatzes den Vorschriften der §§ 22 ff., ggf. auch der §§ 4 ff. BImSchG unterliegen können. Im Planungsbereich dürfte die Einschränkung des § 2 II BImSchG überhaupt nicht zum Tragen kommen[492]. Soweit im Übrigen das Immissionsschutzrecht durch das Luftverkehrsrecht verdrängt wird, sind die materiellen Regelungen des BImSchG als Anhaltspunkte bei der Anwendung von § 6 II, III LuftVG heranzuziehen[493].

Eindeutig ist im Übrigen – wie oben bereits erläutert – auch der immissionsschutzrechtliche Charakter der Ermächtigungsgrundlage (§§ 32 I S.1 Nr.1, III LuftVG i.V.m. 27 a LuftVO); solche Normen sind, wie oben dargelegt, grundsätzlich nachbarschützend, soweit nicht ausnahmsweise ihr „rein" vorsorgender Charakter feststeht[494].

Zumindest aber hätte (einen entsprechenden Sachvortrag unterstellt) das OVG Münster in seinem den Entscheidungen des BVerwG vom 28.06.2000 zugrunde liegenden Urteil bei Ablehnung des Drittschutzcharakters der einfachgesetzlichen Normen mit Blick auf die Rechtsprechung des BVerfG und den danach aufgrund von Art. 2 II 1 GG zu gewährleistenden effektiven Abwehranspruch gegen – nach verfassungsrechtlichem Maßstab – unzumutbaren Fluglärm[495] einen Rückgriff auf dieses Grundrecht (entsprechendes gilt bzgl. Art. 14 I GG) vornehmen müssen[496].

Möglicherweise verfolgte das BVerwG bei seiner Begründung der Klagebefugnis über das Abwägungsgebot auch die Intention, hinsichtlich künftiger Ent-

---

492 s. u., C. I. 1.

493 s. Jarass, BImSchG, § 2 Rn. 17 m.w.N., der die Ausnahme des § 2 II BImSchG rechtspolitisch für unbefriedigend hält.

494 zum – nach h.M. nicht drittschützenden – Vorsorgegebot s. Bender/Sparwasser/Engel, UmweltR, Kap. 8 Rn. 138 ff sowie Kap. 1 Rn. 81 ff.; Kloepfer, UmweltR § 14 Rn. 69 ff. u. § 4 Rn. 5 ff.; Jarass, BImSchG, § 5 Rn. 46 ff. u. § 1 Rn. 8 ff.

495 s. hierzu oben, A. I. 2.; vgl. BVerfGE 56, 54 ff. (Flughafen Düsseldorf).

496 vgl. OVG MV, Urt. v. 29.08.2000 – 5k 8/98; Czybulka, ZUR 2001, 270; ders. beklagte beim Speyerer Luftverkehrsrechtstag 2001 (s. Ziekow, a.a.O., S. 13) eine weitgehende „Unterbelichtung" des Rechts auf körperliche Unversehrtheit und Gesundheit in der Standardliteratur, was sich schon bei deren quantitativem Vergleich mit den Kommentierungen zu Art. 14 GG zeige. Dies sei angesichts des allgemein betonten hohen Stellenwerts des Rechts aus Art. 2 II 1 GG kaum verständlich; zur verfassungsrechtlichen Zumutbarkeitsschwelle in Bezug auf Art. 2 II 1 und 14 I GG s.o., A. I. 2.); zur Auslegung von § 29 b LuftVG als drittschützende Norm im Lichte von Art. 2 II 1 und 14 I GG s.o., B. I. 5. a); s. auch unten, B. V.

wicklungen des deutschen Prozessrechts unter dem Einfluss des europäischen Gemeinschaftsrechts Spielräume freizuhalten. Denn es ist zweifelhaft, ob die deutsche Verwaltungsrechtsdogmatik zum subjektiven öffentlichen Recht und deren Auswirkungen auf das Prozessrecht in Europa auf Dauer durchzuhalten sind[497]. Jedoch kommt dem vom *11. Senat* definierten „schwachen" Abwägungsgebot eher rechtsschutzbegrenzende Wirkung zu. Denn die Darlegungs- und Begründungslast bezüglich der Klagebefugnis wird erhöht: Der Kläger hat nicht nur die Unzumutbarkeit der Lärmbelastung darzulegen[498], sondern auch, dass die Beeinträchtigung Folge unzureichender Sachverhaltsaufklärung und fehlender bzw. mangelnder Abwägung sei. Dies hatte der Kläger im vorliegenden Fall zwar getan, die Anforderung erscheint aber unzumutbar, da eine Begründung der Rechtsverordnung nicht vorgeschrieben ist und die Abwägungserwägungen dem Betroffenen nicht mitgeteilt werden[499]. Der Kläger hat so nämlich – bei entsprechendem Prozessrisiko – Fakten darzulegen, die sich innerhalb der verfahrensmäßigen und betrieblichen Sphäre des Klagegegners ereignet haben.

Aufgrund dieser den Rechtsschutz u.U. erschwerenden Wirkung des Abwägungsgebots sollte die Jurisdiktion den Schritt wagen, die Norm des § 29 b LuftVG sowie die §§ 32 I S.1 Nr.1, III LuftVG i.V.m. 27 a LuftVO als drittschützende Vorschriften anzuerkennen, so dass die Zulässigkeitskonstruktion über das Abwägungsgebot entfallen könnte. Zumindest aber in den Fällen, in denen unzumutbare Eigentums- oder gesundheitliche Beeinträchtigungen im Raum stehen[500], ist die Heranziehung des Abwägungsgebots im Rahmen der Klagebefugnis nicht angebracht. Hier sollte ein Rückgriff auf Art. 2 II 1 bzw. Art. 14 I GG erfolgen.

---

497 Czybulka, ZUR 2001, 270; vgl. hierzu auch Schoch, NVwZ 1999, 457 ff.; Happ in: Eyermann, VwGO, § 42 Rn. 74; Kopp/Schenke, VwGO, § 42 Rn. 152 ff.; vgl. ferner zur Europäisierung des Immissionsschutzrechts Jarass beim Rostocker Umweltrechtstag 2000, mitgeteilt von Schumacher, NVwZ 2001, 1382 f.; s. auch Sparwasser, Gerichtlicher Rechtsschutz im Umweltrecht, in: Dolde (Hrsg.), Umweltrecht im Wandel, S. 1017 ff., 1038 ff.

498 Immerhin wurde im konkreten Verfahren ein Sachverständigengutachten der Stadt Bonn vorgelegt.

499 Czybulka, ZUR 2001, 270; einen gewissen Begründungszwang fordert Ossenbühl in: Isensee/Kirchhoff, Handbuch des Staatsrechts, Bd. III, S. 387, 418 Rn. 66 ff.; nach Ansicht von Lücke in: Sachs, GG, Art. 80 Rn. 30, ist eine fehlende Begründung angesichts der fehlenden Publizität des Verordnungsgebungsverfahrens und seiner Materialien gar verfassungswidrig.

500 die Rechtsprechung nimmt solche derzeit – gestützt auf die aktuellen Ergebnisse der Lärmwirkungsforschung – bei Lärmbelastungen von etwa 55 dB(A) bzw. tags 60 dB(A) und nachts 50 dB(A) an, s. o., A. I. 2.

6.) a) Das „rechtsstaatliche“ Abwägungsgebot

Das BVerwG hat nun, wie oben dargelegt, den Weg zur Bejahung der Klagebefugnis über das „rechtsstaatliche“ Abwägungsgebot gewählt. Bei der Prüfung der Klagebefugnis wird allerdings die Frage, ob auch dem „rechtsstaatlichen“ Abwägungsgebot drittschützender Charakter hinsichtlich aller abwägungserheblichen Belange zukommt, häufig offen bleiben können, nämlich dann, wenn sich der Kläger auf die Verletzung seiner Gesundheit oder seines Eigentums und damit (verfassungs)rechtlich geschützter Belange beruft und eine solche Verletzung als möglich erscheint (vgl. § 42 II VwGO)[501]. Zu klären bleibt somit aber, wie diese Frage zu entscheiden ist, wenn nun doch der Fall vorliegt, dass abwägungserhebliche Belange betroffen sind, die selbst nicht rechtlich geschützt sind, z.B. Geräuschbelästigungen, die unterhalb der fachplanungsrechtlichen Zumutbarkeitsschwelle (s.o., A. I. 2. b, c) liegen.

b) Schutznormcharakter nach bisheriger Rechtsprechung ausschließlich bei *rechtlich* geschützten Belangen?

Das BVerwG hat diese Frage offen gelassen[502]. Weiter führte es aus, dass sich nach seiner bisherigen Rechtsprechung[503] der Schutznormcharakter nur auf rechtlich geschützte Belange des Betroffenen bezogen habe[504]. Hinsichtlich § 1 VI BauGB sei der drittschützende Charakter durch die Entscheidung des 4. Senats des BVerwG v. 24.09.1998[505] auf alle abwägungserheblichen Belange erstreckt worden[506].

---

501 so auch in BVerwG, NJW 2000, 3584, 3585.

502 BVerwG, NJW 2000, 3584, 3585; VGH BW, Urt. v. 22.03.2002 – 8 S 1271/01, Abschn. II. 1. c), bejaht den drittschützenden Charakter des Abwägungsgebots hinsichtlich aller abwägungserheblichen privaten Belange unter Hinweis auf BVerwGE 107, 215 ff.

503 beispielhaft angeführt wird BVerwGE 48, 56, 66.

504 so auch BayVGH, NVwZ 1989, 267 f.

505 BVerwGE 107, 215 ff.

506 so z.B. auch VGH BW, VBlBW 1997, 426 ff.; Dürr, NVwZ 1996, 105, 109; Redeker, NVwZ 1996, 521, 526.

Eine solche Beschränkung der bisherigen Rechtsprechung auf den Drittschutz rechtlich geschützter Belange lässt sich jedoch bei deren näherer Betrachtung nicht erkennen. In dem angeführten Urteil wird zwar ausgeführt, dass durch das Abwägungsgebot dem von einer Planung Betroffenen mit dem Recht auf eine gerechte Abwägung ein subjektiv öffentliches Recht eingeräumt werde, welches sich im Hinblick auf die in den Vorschriften der §§ 42 II und 113 I 1 VwGO zum Ausdruck gekommenen Grundsätze nur auf die rechtlich geschützten eigenen Belange des Betroffenen beziehen könne. Im Kontext betrachtet liegt die Betonung hier aber nicht auf „rechtlich" geschützt, sondern auf „eigene" Belange. Denn weiter wird ausgeführt, dass der Betroffene keinen Anspruch darauf habe, dass die Belange anderer Beteiligter gerecht abgewogen werden oder dass die Planung insgesamt und in jeder Hinsicht auf einer fehlerfreien Abwägung beruht. Außerdem heißt es, dass die im Rahmen der gebotenen Abwägung gegen eine fernstraßenrechtliche Planung einsetzbaren und insofern beachtlichen privaten Belange alle rechtlichen *und tatsächlichen* Interessen des von der Planung nachteilig Betroffenen umfassen[507]. Eine Beschränkung auf die rechtlich geschützten Belange wird also gerade nicht vorgenommen. Ein Recht des Planbetroffenen auf gerechte Abwägung seiner Belange mit den für das Vorhaben streitenden Belangen, wobei als abwägungserheblicher Privatbelang jedes mehr als geringfügige schutzwürdige Interesse des Klägers in Betracht kommt, erkannte das BVerwG auch in anderen Entscheidungen an[508].

Demgegenüber ist der vom BVerwG in den Urteilen vom 28.06.2000 festgestellte „Wandel" der Rechtsprechung, der in BVerwGE 107, 215 zu § 1 VI BauGB erfolgt sei, bei näherer Betrachtung gar kein solcher. Dort wird vielmehr nur dargelegt, warum nach Ansicht des Gerichts die gegen den Schutznormcharakter des Abwägungsgebots erhobenen Einwände nicht durchgreifen. Bereits vor diesem Urteil bestanden schon Einwände dahingehend, dass durch den Schutznormcharakter bloßen faktischen Belangen unterhalb der Rechtsschwelle eine Wehrfähigkeit verliehen würde bzw. solche Belange zu subjektiven öffentlichen Rechten aufgewertet worden seien[509]. Der Schutznormcharakter bloßer abwägungserheblicher Belange war somit bereits vor BVerwGE 107, 215 obergerichtlich bestätigt, gerade auch durch die oben (s. Fn. 507) genannte Entscheidung des BVerwG, die noch vor dem angeblichen Wandel der Rechtsprechung steht. Auch in BVerwGE 87, 332, 341 f. wurde etwa das Abwägungsgebot im Rahmen der Planfeststellung nicht nur auf „unzumutbaren" Fluglärm im Sinne der Rechtsprechung des Senats zu § 9 II LuftVG erstreckt, sondern auf jede

507 BVerwGE 48, 56, 66 = NJW 1975, 1373, 1376.

508 s. BVerwGE 87, 332, 342; 91, 17, 24; BVerwG, UPR 1997, 149 f.; so auch Schütz, VBlBW 1997, 429, Anm. zu VGH BW, VBlBW 1997, 426 ff.

509 BVerwG, NJW 1999, 592 ff. m.w.N.

nicht lediglich als geringfügig einzustufende Lärmbelastung. In BVerwGE 91, 17, 23 f. wird festgestellt, dass auch unterhalb der Grenze des § 74 II 2 VwVfG zu prüfen sei, ob Interessen des Vorhabenträgers an einer Änderung von Schutzvorkehrungen die Interessen der Betroffenen an deren Beibehaltung in der ursprünglichen Form überwiegen[510].

Ist im Fachplanungsrecht also nach ständiger Rechtsprechung ein Recht des Planbetroffenen auf Abwägung seiner Belange – und dabei aller nicht nur geringfügigen schutzwürdigen Interessen – mit den für das Vorhaben streitenden Belangen anzuerkennen[511], ist kein Grund ersichtlich, warum dies nicht auch gleichermaßen für das rechtsstaatliche Abwägungsgebot im Zuge der Flugrouten-Festlegung gelten sollte[512]. Hierbei handelt es sich um die Verwirklichung einer staatlichen Planungsaufgabe[513]. Ziel der Abwägung im Planungsrecht muss es sein, die bestehenden sowie die durch ein Vorhaben unmittelbar oder mittelbar aufgeworfenen Probleme zu bewältigen (Grundsatz der Konflikt- oder Problembewältigung, s.u. B. IV. 1.) und eine inhaltlich ausgewogene Planung zu erstellen. Die zu treffende Abwägung hat dabei vor allem auch dem Gebot gerechter Abwägung *aller* von der Planung berührten öffentlichen und privaten Belange gegeneinander und untereinander unter Beachtung der gesetzlichen Zielsetzungen und Wertungen zu entsprechen[514].

§ 42 II VwGO stellt zwar auf eine Rechtsverletzung ab. Hieraus wird zum Teil gefolgert, dass entweder eine Vorschrift vorhanden sein müsse, die die Berücksichtigung eines Belanges zu einer Rechtspflicht macht, oder dass ansonsten die erforderliche „Erhöhung“ des Belanges zum Recht jedenfalls durch das planerische Abwägungsgebot erfolge, welches einen Rechtsanspruch auf Abwägung der eigenen Belange mit den für die Planung streitenden Interessen begründe[515].

510 a.A. BayVGH, NVwZ 1989, 267 f.; vgl. aber andererseits BayVGH, BayVBl. 1988, 147 ff.

511 vgl. BVerwGE 48, 56, 66 = NJW 1975, 1373 ff.; 1976, 158 f.; E 67, 74 ff. = NJW 1983, 2459 f.; E 82, 18, 251; 87, 332, 342; 90, 96, 101 = DÖV 1992, 748 f.; 91, 17, 24; UPR 1997, 149 f.; BVerwG, NVwZ 1988, 363 f.; NVwZ 1989, 151 f.; NVwZ-RR 1989, 619 ff.; BayVGH, BayVBl. 1988, 147 ff.; Schütz, VBlBW 1997, 429; Wahl, NVwZ 1990, 437; 1990, 923, 925; Kopp/Ramsauer, VwVfG, § 74 Rn. 65; Dürr, NVwZ 1996, 109; zum Abwägungsgebot im Planungsrecht vgl. auch Koch, DVBl. 1983, 1125 ff.

512 s. auch VGH BW, Urt. v. 22.03.2002 – 8 S 1271/01-, Abschn. II. 1. c).

513 BVerwG NJW 2000, 3584 f.; näher hierzu unten, B. IV. 1.

514 s. BVerwGE 57, 297 ff.; 61, 295, 306; 71, 166 f.; 84, 31, 38; 48, 56 ff. = NJW 1975, 1373 ff.; E 56, 122 ff.; Kopp/Ramsauer, VwVfG, § 74 Rn. 50, 52.

515 so Johlen, DÖV 1989, 205.

Dabei ist jedoch zu beachten, dass nicht der Belang als solcher durch das Abwägungsgebot geschützt wird, sondern nur seine fehlerfreie Abwägung. Ein privater Belang, der in der Abwägung zu berücksichtigen ist, wird durch den drittschützenden Charakter des Abwägungsgebots nicht selbst zum subjektiven Recht und ist auch als solcher nicht wehrfähig in dem Sinne, dass der Private die Durchsetzung seines Belanges – wie bei einem subjektiven Recht – verlangen könnte. Der Private hat lediglich ein subjektives Recht darauf, dass sein Belang in der Abwägung seinem Gewicht entsprechend „abgearbeitet" wird. Das Ergebnis ist damit noch offen und kann von der völligen Zurückstellung des Belangs über seine teilweise Berücksichtigung bis zu seiner vollen Durchsetzung reichen[516].

Man könnte zwar daran denken, dass die Flugroutenfestlegung, die ja in Form der Rechtsverordnung und damit als Norm erfolgt[517], mit der Abwägung im Rahmen des Planfeststellungsverfahrens, welches mit einem Verwaltungsakt abgeschlossen wird (vgl. § 74 VwVfG), nicht direkt vergleichbar ist, sondern in größerer Nähe zum baurechtlichen Abwägungsgebot (§ 1 VI BauGB) steht, da auch der Bebauungsplan als Rechtsnorm (Satzung, vgl. § 10 BauGB) erlassen wird. Auch dies führt indessen zu keinem anderen Ergebnis, da auch das baurechtliche Abwägungsgebot allen abwägungserheblichen Belangen Drittschutzwirkung verleiht[518].

Als Ergebnis bleibt somit an dieser Stelle festzuhalten, dass sich der Schutznormcharakter des rechtsstaatlichen Abwägungsgebots nicht nur auf rechtlich geschützte Belange, sondern auf alle nicht nur geringfügigen schutzwürdigen Interessen des von der Planung Betroffenen erstreckt.

---

516 BVerwG, NJW 1999, 592, 593.

517 s.o., B. I. 1., 2.

518 BVerwG, NJW 2000, 3584 f.; 1999, 592; VGH BW, VBlBW 1997, 426 ff.; Dürr, NVwZ 1996, 105, 109; Dürr, BauR, Rn. 43; Redeker, NVwZ 1996, 521, 526; a.A. Schütz, VBlBW 1997, 427 ff.; OVG NW, BauR 1997, 430, 432; vgl. auch BayVGH, NVwZ 1989, 267 f.

II. Die materiell-rechtliche Überprüfung von Flugverfahren

1.) Die Rechtsprechung des Bundesverwaltungsgerichts zum materiellen Gehalt des „rechtsstaatlichen" Abwägungsgebots

Das Abwägungsgebot hat freilich nicht nur für die Zulässigkeit von Klagen gegen Flugverfahren Bedeutung, sondern spielt auch eine wesentliche Rolle bei der inhaltlichen Festlegung von Flugrouten und deren gerichtlicher Überprüfung. Das BVerwG führte in seinen o.g. Entscheidungen vom 28.06.2000 aus, bei der Abwägung sei zu beachten, dass der anzulegende Prüfungsmaßstab durch die besondere Eigenart der in Rede stehenden Entscheidung bestimmt und begrenzt werde. Sie ergebe sich zunächst aus der Vorschrift des § 29 b LuftVG, wonach unzumutbare Lärmbeeinträchtigungen der Festlegung einer entsprechenden Abflugstrecke nicht von vornherein entgegenstünden. Weiterhin bestünden aufgrund der Genehmigung bzw. Planfeststellung des betreffenden Flughafens Vorgaben hinsichtlich des „Lärmpotentials", das insgesamt nicht verändert, sondern nur – wiederum im vorgegebenen Rahmen der Lage der Start- und Landebahnen – verteilt werden könne. Schließlich sei die Flugstreckenfestlegung dadurch gekennzeichnet, dass sie im Gegensatz zu Verkehrswegeplanungen am Boden keine „parzellenscharfe" Beurteilung der Beeinträchtigung Dritter ermögliche, weil sie lediglich eine Ideallinie beschreibe, der ein „Flugerwartungsgebiet" zuzuordnen sei, innerhalb dessen die Flüge tatsächlich abgewickelt würden. Diese Umstände bedingten und rechtfertigten es, dass dem LBA bei der Festlegung der Flugstrecke ein weiter, allerdings nicht unbegrenzter Gestaltungsspielraum einzuräumen sei. Die Festlegung von An- und Abflugstrecken sei deswegen nur daraufhin zu überprüfen, ob das LBA von einem zutreffenden Sachverhalt ausgegangen ist, den gesetzlichen, insbesondere durch § 29 b LuftVG bestimmten Rahmen erkannt und die Lärmschutzinteressen der Betroffenen in die gebotene Abwägung eingestellt und nicht ohne sachlichen Grund zurückgesetzt hat. Eine Klage könne danach letztlich nur dann erfolgreich sein, wenn die Behörde das Interesse des Klägers am Schutz vor unzumutbaren Lärmbeeinträchtigungen willkürlich unberücksichtigt gelassen hat. Dies sei nicht schon deshalb der Fall, weil die Abwägungsentscheidung im Wesentlichen der DFS überlassen bleibt, wenn das LBA, das für die Entscheidung verantwortlich bleibe, für die Einhaltung der dargelegten Maßstäbe Sorge trägt und die Nachprüfbarkeit ihrer Einhaltung sicherstellt. Grundsätzlich nicht zu beanstanden sei es auch, wenn sich die Sachverhaltsermittlungen auf – selbstverständlich aktuelles und hinsichtlich Art und Umfang der Besiedlung hinreichend aussagekräftiges – Kartenmaterial sowie Unterlagen über die Einwohnerzahlen der betroffenen Orte bzw. Ortsteile stützen; konkreter Ermittlungen vor Ort bedürfe es in der Regel nicht. Die allein geforderte generalisierende Betrachtungsweise schließe es auf dieser Grundlage auch nicht aus, die Festlegungsentscheidung im Wesentlichen an „Gütewerten“ zu orientieren, die für verschiedene Streckenalternativen mit Hilfe von computersimulierten Optimierungsverfahren ermittelt werden[519]. Die Höhe der Lärmbelastung von Flughafenanwohnern allein vermöge den Schluss, die Festlegung der Abflugstrecke sei willkürlich, jedenfalls nicht zu rechtfertigen. Im Falle einer nicht als willkürlich zu beanstandenden, aber zu einer unzumutbaren Lärmbeeinträchtigung führenden Streckenführung sei Rechtsschutz nur gegenüber der Flughafengenehmigungsbehörde erfolgreich zu erlangen[520]. Ein (Teil-)Widerruf komme selbst dann in Betracht, wenn die Planfeststellungsfiktion nach § 71 I 1 LuftVG eingreife und der Rückgriff auf die Widerrufsvorschrift des § 6 II 4 LuftVG hierdurch ausgeschlossen sein sollte[521], da die Fiktion des § 71 I 1 LuftVG nachträgliche Erhöhungen der Lärmbelastungen nicht umfasse. In jedem Fall sei der Weg für nachträgliche Schutzansprüche gem. § 75 II 2 – 4 VwVfG i.V.m. § 9 II LuftVG eröffnet[522].

2.) Sachliche Besonderheiten der Abwägung im Rahmen der Festlegung von Flugverfahren

Im Folgenden sollen diese Ausführungen des BVerwG näher untersucht werden. Hinsichtlich der Abwägungsentscheidung im Rahmen der Flugverfahren sowie deren gerichtlicher Überprüfung ist zunächst zu beachten, dass – wie auch das BVerwG in seinen o.g. Urteilen vom 28.06.2000 feststellte – diese durch sachliche Besonderheiten beeinflusst werden, die die Festlegung von Flugverfahren i.S.d. § 27 a II LuftVO prägen.

Hierzu gehört zum einen, dass die eigentliche Ursache einer möglichen Betroffenheit innerhalb der Abwägung bei der Festlegung von Flugverfahren nicht mehr zur Disposition steht. Denn diese Ursache liegt im vom konkreten Flugplatz ausgehenden Luftverkehr, dessen Zulässigkeit auf anderweitig getroffenen

---

519 zum Planungstool „NIROS“ der DFS s.o., B. I. 1. a. bb).

520 BVerwG, NJW 2000, 3584, 3586.

521 vgl. BVerwGE 105, 6 ff.

522 s. BVerwG, NJW 2000, 3584, 3586; BVerwG, NVwZ 2000, 681 L = LKV 2000, 211 = UPR 2000, 116 f. (Flughafen Dresden); OVG Bremen, NVwZ-RR 1994, 189, 191; NVwZ-RR 1997, 214 (Flughafen Bremen); OVG Frankfurt/Oder, ZLW 1997, 421, 423 (Flughafen Berlin-Schönefeld); Geulen/Klinger, NJW 2001, 1038.

Entscheidungen beruht, die im Verfahren zur Festlegung von An- und Abflugstrecken vom Verordnungsgeber als gegeben hinzunehmen sind.

Auch erlaubt das als Ergebnis der Abwägung festzulegende Flugverfahren keine klare und verbindliche Aussage über die tatsächliche räumliche Ausdehnung und die Schwerpunkte des Lärmgeschehens im Bereich einzelner Strecken. Zwar ist mit üblichen Berechnungsmethoden (etwa nach der Anleitung zur Berechnung nach dem FlugLG) eine Prognose der langfristigen mittleren Lärmbelastung jedenfalls innerhalb einiger Meilen um das Start- und Landebahnsystem herum möglich. Jedoch ist die Bedeutung solcherart allgemein zu gewinnender Aussagen als Entscheidungsgrundlage für den im Rahmen der Flugverfahrensplanung zu bewirkenden Lärmschutz entscheidend gemindert. Die so ermittelten Werte ergeben keine zulänglichen Erkenntnisse, wenn es um die durch Flugverfahren ausgelösten konkreten Belastungen mit Einzelschallpegeln oder um Belastungsdifferenzen im Vergleich von Grundstücken geht. Dies folgt daraus, dass jedes Abflugverfahren zwar, zumindest in der Ebene, eine ideale Abfluggrundlinie ergibt, der die Luftfahrzeugführer möglichst genau folgen müssen, weshalb die Ideallinie notwendiger Maßstab für Durchführung und Bewertung des tatsächlichen Fluggeschehens ist, dieses aber gleichwohl nicht wirklichkeitsgetreu abbildet. Vielmehr ist jeder Ideallinie mit Blick auf den realen Flugbetrieb – auch unabhängig von „Ausreißern“ – ein sog. Flugerwartungsgebiet zugeordnet, das die letztlich wegen nicht auszuräumender technischer Unzulänglichkeiten auch bei regelgerechten Flügen und guter Fliegbarkeit der Strecken hinzunehmende Streuung der Flugbewegungen umschließt[523]. Die Ideallinie ist demgemäß nur als „average track“, d.h. als das unter günstigsten Bedingungen durchschnittlich Erreichbare, gestaltet und zu verstehen. Neben den nicht vorhersehbaren Abweichungen der einzelnen Flüge von der Ideallinie wird die Belastbarkeit allgemeiner Lärmaussagen zu Lärmschutzzwecken für die Festlegung des Streckenverlaufs im Detail auch durch weitere Faktoren weitestgehend eingeschränkt, insbesondere durch die innerhalb von Kurzzeiträumen ständig variierende Inanspruchnahme der Strecken und durch wechselnde Witterungsbedingungen, die zusätzlich für unvermittelte Verteilungsänderungen des erzeugten Fluglärms sorgen können (insbesondere sog. Windverdriftungen)[524]. Eine Präzision wie bei der Planung von Straßen oder Schienen lässt sich also bei der Flugroutenfestlegung nicht erreichen.

523 s.o., B. I. 1.
524 OVG NW, Urt. v. 04.03.2002 – 20 D 180/97.AK, Urteilsausfertigung S. 20 ff.

3.) Verfahrens- und wertungsmäßige Besonderheiten der Abwägung bei Flugverfahren

Auch in verfahrens- und wertungsmäßiger Hinsicht bestehen hinsichtlich der Abwägung bei der Flugroutenfestlegung Besonderheiten. Denn die Flugverfahren bilden sich verfahrensmäßig oft nicht aus einem einzigen, in sich geschlossenen Meinungsbildungsvorgang heraus, sondern in einem **vielschichtigen Entwicklungsprozess**, der – insbesondere, wenn es um Veränderungen der Streckenführung geht – auf Früherem aufbaut, das möglicherweise nicht nochmals klar thematisiert wird. Denn der Meinungsbildungsvorgang, der dem Erlass der Rechtsverordnungen zugrunde liegt, ist anders als im Planfeststellungsverfahren nicht gesetzlich vorstrukturiert bzw. formalisiert. Dies bedingt, dass der Prozess des Abwägungsvorgangs nur mit Einschränkungen wirklich verlässlich aufklärbar und nachvollziehbar ist. Aber auch die Substanz, die der Abwägung zugrunde liegt, kann sich im Laufe der Entwicklung erheblich wandeln, so dass etwa ursprünglich Bedeutsames seinen Einfluss auf das Ergebnis verlieren kann, ohne dass dies zuverlässig und in einer für Rechtsschutzverfahren brauchbaren Weise greifbar wird.

Eine nachhaltige weitere Besonderheit der hier behandelten Abwägung ist, dass die in ihr zu erarbeitende Konfliktlösung – abgesehen von eventuell berührten Belangen der Luftverkehrsunternehmen in Bezug auf einzelne Flugstrecken – weitgehend nicht zwischen widerstreitenden Belangen eines „Störers" und eines „Gestörten" zu finden ist, sondern sich zwischen den prinzipiell **gleich gelagerten** und deshalb prinzipiell mit gleichem Gewicht zu veranschlagenden **Interessen** der einzelnen in der Flughafenumgebung Lebenden am Fernhalten von Lärmbeeinträchtigungen von ihrem Grundstück vollzieht. Dabei ist es problematisch, die durch ein neues Flugverfahren Entlasteten dem „Begünstigten" eines emittierenden Vorhabens gleichzusetzen; denn die Entlasteten sind – anders als ein Vorhabenträger – nicht Lärmverursacher.

Bei seinen Bewertungen hat der Verordnungsgeber ferner auch dann, wenn er mit einer Regelung in erster Linie auf eine Verbesserung des Lärmschutzes abzielt, neben dem für das gesamte potentielle Überfluggebiet gleichermaßen geltenden interessenbestimmenden Lärmaspekt stets **weitere öffentliche Belange** in seine Abwägung einzustellen. Insofern wirkt sich aus, dass Flugverfahren keine reinen Planungsentscheidungen, sondern primär **flugsicherungsbetriebliche Maßnahmen** sind, die vorrangig der sicheren, geordneten und – ggf. auch Interessen der Luftfahrtunternehmen an der Vermeidung von Umwegen berührenden – flüssigen Abwicklung des Luftverkehrs dienen. Dies ergibt sich aus § 27 c I LuftVG, aber auch aus dem in § 27 a I LuftVO betonten Zusammenhang der Flugverfahren mit den Flugverkehrskontrollfreigaben nach § 26 LuftVO.

Erst und nur in dem durch das flugsicherungsbetrieblich Verantwortbare im Einzelfall eröffneten Rahmen bleibt Raum, bei der Gestaltung von Flugverfahren auf sonstige Aspekte Rücksicht zu nehmen, so etwa nach Maßgabe des § 29 b II LuftVG auf den Schutz der Bevölkerung vor unzumutbarem Fluglärm „hinzuwirken“[525]. D.h. erst nach Erfüllung der mit den Flugverfahren primär bezweckten Flugsicherungsaufgabe eröffnet sich die Möglichkeit der Abwägung weiterer öffentlicher und privater Belange. Nur wenn unter Berücksichtigung des Sicherheitsaspektes mehr als eine mögliche Flugroute in Betracht kommt, kann eine Auswahlentscheidung unter Abwägung der Lärmschutzbelange erfolgen. In der Praxis bedient sich hierbei die DFS des NIROS-Planungstools[526].

Welche Konsequenzen sich aus diesen Besonderheiten für die gerichtliche Überprüfung von Flugverfahren ergeben, wird im Folgenden noch darzulegen sein.

4.) a) Beschränkung des Rechtsschutzes auf willkürliche Verletzungen des Abwägungsgebots

Der vom BVerwG eröffnete Rechtsschutz gegen Flugverfahren ermöglicht indessen keine umfassende Kontrolle der betreffenden Verordnungen. Wie das BVerwG festgestellt hat[527], handelt es sich bei der Festlegung von Abflugstrekken um die Verwirklichung einer staatlichen Planungsaufgabe. Daher enthält das „Entscheidungsprogramm“ für den Erlass der Rechtsverordnung in materieller Hinsicht ein Abwägungsgebot, das dem Kläger ein subjektives Recht auf gerechte Abwägung seiner rechtlich geschützten Interessen vermittelt. Dieses führt nach Ansicht des *Senats* letztlich jedoch, wie oben dargelegt, nur dann zum Erfolg einer Klage, wenn die Behörde das Interesse des Klägers am Schutz vor unzumutbaren Lärmbeeinträchtigungen willkürlich unberücksichtigt gelassen hat. Der anzulegende Prüfungsmaßstab werde durch die sachliche Eigenart der

525 vgl. OVG NW, Urt. v. 04.03.2002 – 20 D 180/97.AK, Urteilsausfertigung S. 20 ff.; s. auch HessVGH, Urt. v. 12.12.2002 – 2 A 717/01 –, Urteilsausfertigung S. 13 f., sowie Urt. v. 11.02.2003 – 2 A 1062/01 (S. 17) und 2 A 1569/01 (S. 11) – mit der Differenzierung zwischen – unbedingt vorrangigen – Sicherheitsbelangen und dem Bedarf einer flüssigen Verkehrsabwicklung, bei der u.U. zugunsten des Lärmschutzes Einbußen hinzunehmen sind, s. unten, B. III. 3., 4.

526 s. hierzu oben, B. I. 1. b, bb).

527 NJW 2000, 3584 f.

in Rede stehenden Entscheidung bestimmt und begrenzt, dem LBA stehe bei der Flugroutenfestlegung ein weiter, wenn auch nicht unbegrenzter Gestaltungsspielraum zu.

Führt eine Flugroutenfestlegung, die mit unzumutbaren Lärmbeeinträchtigungen verbunden ist, nicht zu einer willkürlichen Interessenmissachtung, bleiben die Anwohner weiterhin auf Rechtsschutz gegen die Flughafengenehmigungsbehörde und die Möglichkeit der Beanspruchung eines (Teil-)Widerrufs der Genehmigung oder nachträglicher Auflagen zu den Genehmigungsakten (§§ 75 II 2 - 4 VwVfG i.V.m. 9 II LuftVG) verwiesen, obwohl diese Behörde gar nicht über die Flugrouten entscheidet, und obwohl allein aufgrund der Flugroutenfestlegung ohne jede Änderung der Genehmigungsakte wesentliche Veränderungen der Lärmbelastung von Betroffenen eintreten können. Die Überprüfung der Zulässigkeit von Flugrouten erfolgt also nicht anhand der für Fluglärm maßgebenden Zumutbarkeitskriterien. Die Rechtsposition der betroffenen Anwohner erweist sich somit bei bestandskräftigen Genehmigungsakten weiterhin als sehr ungünstig[528].

b) Umfang und Grenzen des Gestaltungsspielraums im Rahmen der Abwägung

Die Einräumung eines derart weiten Gestaltungsspielraums im Rahmen der Abwägungsentscheidung schränkt den durch die Zulassung der Feststellungsklage eröffneten Rechtsschutz auf der Begründetheitsebene wieder erheblich ein[529] und bedarf daher einer überzeugenden Rechtfertigung, damit nicht die Begrenzung des Rechtsschutzes auf das Willkürverbot ihrerseits als willkürlich erscheint.

Das dem Verordnungsgeber für die Gestaltung der Flugverfahren und die damit einhergehende Verteilung des Lärms von der Rechtsprechung zugestandene große Maß an Gestaltungsfreiheit im Rahmen der Abwägung wird zum

528 s. Kukk, NVwZ 2001, 410; auf Sicherheitsbelange (z.B. die Gebote des § 50 S. 1 BImSchG) kann diese Einschränkung der gerichtlichen Kontrolldichte jedenfalls nicht übertragen werden, s. Sellner/Scheidmann, NVwZ 2004, 271.

529 dies kritisieren Kukk, NVwZ 2001, 408 ff.; Geulen/Klinger, NJW 2001, 1038 ff.; Czybulka, ZUR 2001, 270 f.

einen aus der oben dargelegten grundsätzlichen Gleichrangigkeit der Lärmschutzinteressen in den potentiellen Überfluggebieten sowie zum anderen daraus abgeleitet, dass weder das LuftVG noch die LuftVO „Planungsleitsätze“ beinhalten, die bei der den Lärm verteilenden Entscheidung strikt zu beachten, d.h. prinzipiell unüberwindbar wären [530].

Da auch der stärkste emittierte Fluglärm, soweit er auf eine wirksame Zulassungsentscheidung zurückgeht, verteilt werden muss, aber wegen der Besiedelungsdichte der Bundesrepublik nie vollständig auf unbewohntes Gebiet verlagert werden kann, sei die Höhe der Lärmbelastung, die sich infolge einer Flugverfahrensfestlegung oder -änderung für einen beaufschlagten Siedlungsbereich ergibt, für sich allein kein tragfähiges Indiz für eine unzureichende Berücksichtigung der Lärmschutzinteressen. Selbst nach § 29 b II LuftVG sei das LBA lediglich verpflichtet, auf Schutz vor unzumutbarem Fluglärm „hinzuwirken“, was im Sinne einer Abwägungsdirektive die Aufnahme des – aus den genannten Gründen in der Umsetzung ohnehin relativierten – Lärmaspekts in das Entscheidungsprogramm der Ermächtigungsgrundlage bedeute; ein prinzipieller Vorrang des Lärmschutzes oder eine ohne weiteres umsetzbare Handlungsanweisung ist damit nach dieser Ansicht nicht verbunden.

Lassen sich Gewichtungen und anzuerkennende Gestaltungsgrundsätze nicht auf gesetzliche Vorgaben zurückführen, so seien sie mit Anspruch auf Allgemeinverbindlichkeit kaum überzeugend abzuleiten. Denn selbst innerhalb des Lärmaspekts sei zwischen Alternativen zu entscheiden, von denen sich bei einer abstrakten Betrachtung keine zwingend als schlechthin vorzugswürdig darstelle.

Solche Wertungen sind etwa zu treffen bei der Wahl zwischen Bündelung und Streuung von Flugbewegungen (d.h. Lärmereignissen)[531], zwischen der Aufrechterhaltung oder sogar Verstärkung einer Altbelastung und der Neubelastung bisher verschonter Gebiete, zwischen Relationen von Bevölkerungszahl und Belastungsgrad (d.h. der Frage, ob mehr Menschen mit weniger Lärmereignissen oder niedrigeren Pegeln belastet werden sollen oder weniger Menschen

---

530 OVG NW, Urt. v. 04.03.2002 – 20 D 180/97.AK, Urteilsausfertigung S. 22 ff.; vgl. allgemein zu Begriff und Inhalt von Planungsleitsätzen Bonk/Neumann in: S/B/S, VwVfG, § 74 Rn. 70 ff.; § 75 Rn. 16 ff.; Dürr in: Knack, VwVfG, § 74 Rn. 90 f.; Kopp/Ramsauer, VwVfG, § 74 Rn. 40 ff; kritisch Bender/Sparwasser/Engel, UmwR, Kap. 3 Rn. 158 f., die den neueren Begriff der „zwingenden materiell-rechtlichen Rechtssätze“ bzw. der „strikten Rechtsnormen“ bevorzugen.

531 vgl. hierzu Oeser/Beckers, Fluglärm 2000, S. 368 f. (Beckers, BVF-Merkblatt LT009: „Bündeln oder Streuen?“); hiernach muss im Ergebnis zumindest dort der Schutz der hochbelasteten Bevölkerung Vorrang vor der Anzahl der Belästigten haben, wo aufgrund häufigen oder besonders lauten Flugverkehrs Gesundheitsgefährdungen (auch für besonders schutzbedürftige Bevölkerungsgruppen wie Kinder, alte Menschen und Kranke) sowie in zweiter Linie unzumutbare Belästigungen i. S. v. § 29 b LuftVG zu befürchten sind; s. außerdem unten, B. IV. 1. e).

mit höheren Belastungen) oder bei der Bilanzierung aller sich ergebender Vor- und Nachteile[532].

Die Entscheidung zwischen solchen Möglichkeiten und den ihnen zugrunde liegenden Wertungen gehöre grundsätzlich zum Kern des Gestaltungsauftrags der – demokratisch legitimierten – Behörde, bei dessen Ausfüllung Dritte oder auch die Gerichte regelmäßig keine überzeugenderen, sondern nur andere Antworten haben könnten[533].

aa) Weiter Gestaltungsspielraum durch Planungsermessen

Für Akte des **Planungsermessens** wird zwar eine solche begrenzte gerichtliche Überprüfbarkeit, wie sie das BVerwG für die Flugroutenfestsetzung annimmt, bejaht[534]. Die entsprechenden Ermächtigungen an die Exekutive finden sich in sog. Abwägungsklauseln. Wo es – wie auch im Falle der Flugrouten – an ausdrücklichen Formulierungen fehlt, werden sie als unverzichtbares Element eines Planungsmandats den ungeschriebenen Normteilen zugerechnet[535]. Andererseits wird der Begriff des Abwägens in der Gesetzes- und Rechtssprache in so unterschiedlichen Relationen gebraucht[536], dass er keinesfalls notwendig eine administrative Gestaltungsfreiheit bezeichnet. Auch Tatbestände, die eine breite Palette abwägungsrelevanter Gesichtspunkte nennen, sind zwar ein Indiz für planerisches Abwägen, können sich aber u.U. auch in einer streng rechtsgebundenen Abwägung erschöpfen[537]. Die Ermittlung der normativen Ermächtigung kann folglich erhebliche Schwierigkeiten bereiten. Die Rechtsprechung stellt vorrangig auf die Zuordnung der Verwaltungsentscheidung zum Planungssystem ab. Für integrale Raumplanungen ist demnach wegen ihrer umfassenden

532 näher zu alledem unten, B. IV. u. C. IV.

533 OVG NW, Urt. v. 04.03.2002 – 20 D 180/97.AK, Urteilsausfertigung S. 22 ff.

534 s. nur BVerwGE 34, 301 ff. und hierzu Hoppe, DVBl. 2003, 697 ff.; BVerwGE 45, 309 ff.; BGHZ 67, 320 ff.; Weyreuther, BauR 1977, 293 ff.; Schmidt-Aßmann in: M/D, GG, Art. 19 IV Rn. 208.

535 vgl. BVerwGE 48, 56, 63; 52, 237, 243; 55, 220, 225 f.; 56, 110, 116; 59, 253, 256; 61, 295, 301; 64, 270, 271 f.; Kodal/Krämer, Straßenrecht, Kap. 31 Rn. 8 ff., 11.2.; Ronellenfitsch in: Marschall/Schroeter/Kastner, FStrG, vor § 16 Rn. 28 f.; Schnebelt/Sigel, Straßenrecht, Rn. 132.

536 vgl. etwa Weyreuther, BauR 1977, 293, 297; Schmidt-Aßmann in: M/D, GG, Art. 19 IV Rn. 208 m.w.N.

537 vgl. BVerwGE 28, 148, 151 zu §§ 34, 35 III BBauG; Weyreuther, BauR 1977, 293, 297.

Koordinations- und Ausgleichsfunktion generell von einer planerischen Gestaltungsbefugnis auszugehen. Auch sektorale Planfeststellungen enthalten eine planerische Gestaltungsbefugnis, die sich auch auf den Einsatz planakzessorischer Schutzauflagen erstreckt[538].

Die gesetzliche Zuerkennung von Planungsbefugnissen ist niemals schrankenlos. Dem Wesen rechtsstaatlicher Planung entspricht es vielmehr, dass jede hoheitliche Planung rechtlichen Bindungen unterworfen ist, deren Einhaltung der Kontrolle der Verwaltungsgerichte unterliegt. Solche rechtlichen Bindungen ergeben sich teils unmittelbar aus den besonderen Regelungen des jeweils zur Planung ermächtigenden Gesetzes, teils aus allgemeinen rechtsstaatlichen Grundsätzen[539]. Insbesondere durch die Rechtsprechung des BVerwG[540] hat sich daraus ein Abwägungsschema entwickelt, das in den Grundzügen aus § 114 VwGO hervorgegangen[541], der komplexen Struktur des Planungsermessens entsprechend jedoch weiter ausdifferenziert worden ist. Bei allen Unterschieden, die die tatbestandlichen Besonderheiten der jeweiligen Planungsermächtigungen bedingen, sind auch hier neben Verfahrensfragen die Willkürfreiheit, Zweckorientierung, Geeignetheit, Erforderlichkeit und Verhältnismäßigkeit die Grundelemente, die allerdings teilweise in einer Doppelung, als Begründetheits- und Begründbarkeitsfrage, auftreten[542]. Das zu Bebauungsplänen und Planfeststellungsbeschlüssen entwickelte Schema lässt sich auf höherstufige Planungen übertragen, wenn man dabei beachtet, dass die administrativen Gestaltungsspielräume auf diesen Ebenen größer sind[543].

Gestaltungsermächtigungen liegen regelmäßig in Gesetzestatbeständen, die die Verwaltung zum Erlass von Normen befugen. Ein gerichtlich nicht vollständig kontrollierbarer Raum gehört hier so fest zum Regelungstypus, dass eine besondere Verleihung der Letztentscheidungskompetenz nicht eigens nachgewiesen zu werden braucht. Normsetzung ist kein bloßer Nachvollzug gesetzlich vorgeformter Entscheidungen, sondern administrative Selbstprogrammierung innerhalb eines gesetzlichen Rahmens. Dieser Rahmen ist bei Verordnungser-

---

538 Schmidt-Aßmann in: M/D, GG, Art. 19 IV Rn. 208; zu planerischen Elementen in Standortgenehmigungen vgl. Wahl, DVBl. 1982, 51, 58 ff; Badura, BayVBl. 1976, 515; vgl. auch Jarass, BImSchG, § 5 Rn. 47, 66 f. (zu Anlagengenehmigungen).

539 BVerwGE 56, 100, 116 f.

540 s.o., Fn. 534, 535.

541 s. BVerwGE 34, 301, 304; Kopp/Schenke, VwGO, § 114 Rn. 35; Schmidt-Aßmann in: M/D, GG, Art. 19 IV Rn. 191 u. 209.

542 siehe hierzu Koch, DVBl. 1983, 1125.

543 Schmidt-Aßmann in: M/D, GG, Art. 19 IV Rn. 209; vgl. auch ders., DÖV 1981, 237, 240 ff. (zur Übertragung auf Regionalpläne).

mächtigungen wegen der Grundsätze des Art. 80 I 2 GG enger[544], hingegen weiter bei der allgemeinen Verleihung der Satzungsbefugnis. Fälle, in denen Normsetzung nichts weiter als gebundener Gesetzesvollzug ist, sind jedoch seltene Ausnahmen[545].

Ein eigenständiges Maßstabgefüge, in dem der Umfang der gerichtlichen Kontrolle gegenüber administrativen Normsetzungen festgelegt wäre, besteht nur in Ansätzen[546]. Danach kann die Verwaltung mit ihren Rechtsetzungsakten die breite Gestaltungsfreiheit parlamentarischer Gesetzgebung nicht in Anspruch nehmen[547]. Andererseits ist normsetzendes Ermessen mehr als Rechtsfolgenermessen[548].

Am ehesten lassen sich **Maßstäbe** in Anknüpfung an die Strukturen des Planungsermessens (s.o.) gewinnen. Gerichtlich zu überprüfen sind danach:

- die Einhaltung der rechtlichen Rahmenbedingungen, insbesondere des höherstufigen Rechts und des Normsetzungsverfahrens[549];

- die Rechtfertigung der Normsetzung nach Maßgabe der die Ermächtigungsgrundlage formierenden gesetzlichen Tatbestandsmerkmale. Inwieweit diese ihrerseits schon Einschätzungsprärogativen enthalten, lässt sich nicht einheitlich beantworten. Wo die Rechtsetzung eher der Programmierung typischer Massenverwaltungsvorgänge dient (z.B. Abgabensatzungen, Vorschriften über Anschluss- und Benutzungszwang[550]), spricht das gegen eine solche Ermächtigung[551]. Wo administrative Normen das Gesetzesprogramm ihrerseits erst entfalten sollen oder überhaupt nur Ermessensdirektiven vorgegeben sind, ist die gerichtliche Kontrolle begrenzt[552].

- Zu überprüfen ist ferner, ob sich der Normgeber von dem zu regelnden Sachbereich hinreichende Kenntnis verschafft hat. Die Genauigkeit, die

544 siehe Maunz in: M/D, GG, Art. 80 Rn. 14 ff.

545 Schmidt-Aßmann in: M/D, GG, Art. 19 IV Rn. 217; s. auch BVerwG, DÖV 1982, 198 f. zu Festsetzungen nach § 4 FlugLG; insoweit anders BVerfGE 56, 298, 317 ff.; krit. Weyreuther, DÖV 1982, 173.

546 BVerwGE 10, 224 ff.; BauR 1980, 36 ff.; VGH BW, DVBl. 1983, 638 ff.; HessStGH, NVwZ 1984, 99, 100; Zuleeg, DVBl. 1970, 157.

547 BVerfGE 42, 374, 387 f.; 31, 145, 176 f.; 16, 332, 338 f.; 13, 248, 255 ff.

548 siehe hierzu Schmidt-Aßmann in: M/D, GG, Art. 19 IV Rn. 189; für eine weitgehende Gleichbehandlung bei Rechtsverordnungen allerdings Zuleeg, DVBl 1970, 157, 159 f.

549 vgl. Kopp/Schenke, VwGO, § 47 Rn. 113 ff.; OVG Lüneburg, NJW 1984, 1776 f.

550 s. hierzu etwa VGH BW, VBlBW 1982, 234 f.

551 Schmidt-Aßmann in: M/D, GG, Art. 19 IV Rn. 217.

552 vgl. BVerfGE 45, 142, 162.

für konkret situationsbezogene Raumpläne gefordert wird[553], kann dabei jedoch nicht durchgängig verlangt werden[554].

- Der Erlass der Norm setzt schließlich eine Betätigung des normsetzenden Ermessens und damit eine Abwägung voraus, die von den Gerichten nur begrenzt zu überprüfen ist. Vor allem hier ist nach den verschiedenen Normtypen zu differenzieren. Bei Regierungsverordnungen ist die Abwägung weniger exakt überprüfbar als in den überschaubaren Verhältnissen einer örtlichen Polizeiverordnung. Auch die besondere Zusammensetzung des normerlassenden Gremiums kann dazu veranlassen, die gerichtliche Kontrolle stärker noch als bei den Planungen auf offensichtliche Fehler der Abwägung zurückzunehmen[555].

bb) Anwendbarkeit der Grundsätze zum Planungsermessen auf die Festlegung von Flugverfahren

Diesen Maßstäben – sofern sie denn auf die Flugverfahren anwendbar sind[556] – hat das BVerwG in seinen hier untersuchten Entscheidungen[557] entsprochen, indem es feststellte, die Festlegung von An- und Abflugstrecken sei nur daraufhin zu überprüfen, ob das LBA von einem zutreffenden Sachverhalt ausgegangen ist, den gesetzlichen, insbesondere durch § 29 b LuftVG bestimmten Rahmen erkannt und die Lärmschutzinteressen der Betroffenen in die gebotene Abwägung eingestellt und nicht ohne sachlichen Grund zurückgesetzt hat. Soweit das BVerwG dabei im Ergebnis den Rechtsschutz auf eine **„willkürliche"** Nichtberücksichtigung der Interessen der Betroffenen am Schutz vor unzumutbaren Lärmbeeinträchtigungen begrenzt, kann dies nur als Erläuterung zum „weiten, allerdings nicht unbegrenzten Gestaltungsspielraum" verstanden werden. Denn das eigentliche, aus Art. 3 I GG folgende Willkürverbot ist hier – so-

553 hierzu Schmidt-Aßmann in: M/D, GG, Art. 19 IV Rn. 212.
554 BVerfGE 56, 298, 319; 50, 50 f.
555 Schmidt-Aßmann in: M/D, GG, Art. 19 IV Rn. 217.
556 s. sogleich unten; bejahend OVG NW, Urt. v. 04.03.2002 – 20 D 180/97.AK, Urteilsausfertigung S. 26 ff.
557 NJW 2000, 3584 ff.

weit ersichtlich – nicht einschlägig[558]. Insbesondere die Ergänzung des Willkürverbots des 1. Senats des BVerfG durch die sog. neue Formel[559], die die Problematik des Art. 3 I GG eher als (verfassungs-)rechtliche Abwägung formuliert, führt zu einer strengeren Prüfung der Verhältnismäßigkeit[560]. Art. 3 I GG ist auch kein „Supergrundrecht“, das etwa den hier berührten Schutzbereich von Art. 2 II 1 GG modifizieren könnte[561].

Denkbar wäre, dass das BVerwG den Verweis auf das Willkürverbot vor dem Hintergrund des Urteils des 4. Senats vom 11.11.1988 ausgesprochen hat. Damals hatte das Gericht eine gerechte Lastenverteilung bei der Belästigung durch den Lärm von Militärflugzeugen angemahnt[562]. Auch die Tatsache, dass das BVerwG – zu Unrecht[563] – von einer bloßen „Lärmverteilung“ durch die Flugroutenfestlegung ausgeht, spricht dafür, dass es einen Bezug zu dem aus Art. 3 I GG folgenden Gebot der gerechten Lastenverteilung herstellen wollte. Jedoch ging es in dem Urteil von 1988 um den Lärm militärischer Flugzeuge. Die entscheidende verfassungsrechtliche Maßgabe war damals die mit Verfassungsrang ausgestattete Funktionsfähigkeit der Bundeswehr, so dass in Fällen dieser Art „nur“ ein Anspruch auf gleiche Lastenverteilung in Betracht kam. Der zivile Luftverkehr und dessen Förderung besitzen hingegen keine herausgehobene verfassungsrechtliche Dignität, für eine verfassungsimmanente Begrenzung grundrechtlicher Positionen ist er somit nicht geeignet[564].

Dies bedeutet allerdings – wie unten noch darzulegen sein wird – nicht, dass dem Gebot der gerechten Lastenverteilung im Rahmen der Abwägung überhaupt keine Bedeutung zukäme.

Die Festlegung von Flugrouten ist eine relativ komplizierte, mehrdimensionale Angelegenheit: Zum einen muss die Anbindung an die internationalen Luftverkehrsstraßen gewährleistet werden, wobei technische Vorbedingungen zu beachten sind (ein großes Verkehrsflugzeug kann z.B. nicht ständig „Schlangenlinien“ fliegen). Gleichzeitig muss aber die Bevölkerung möglichst vor un-

---

558 s. Czybulka, ZUR 2001, 271, der die Nennung des Willkürverbots daher hier für überflüssig hält, da Willkürlichkeit ohnehin verfassungswidrig sei; ebenso Quaas, NVwZ 2003, 653.

559 st. Rspr. des 1. Senats seit BVerfGE 55, 72, 88.

560 vgl. Osterloh in: Sachs, GG, Art. 3 Rn. 14.

561 Czybulka in: Ziekow, Speyerer Luftverkehrsrechtstag 2001, S. 21.

562 BVerwG, NVwZ 1989, 255 ff. = DVBl. 1989, 358 f.

563 hierzu näher unten, B. II. 6.

564 Berkemann, Verfassungsrechtlicher Schutzanspruch der Bürger versus Förderung des Luftverkehrs und Notwendigkeit der Verteidigung, in: DAL, Interdisziplinäre Konferenz Fluglärm 2001, 133, 138 f.; s. auch Czybulka in: Ziekow, Speyerer Luftverkehrsrechtstag 2001, S. 22; ähnlich ders., UPR 1999, 127.

zumutbarem Fluglärm verschont bleiben[565]. Hierfür ist die Bevölkerungsverteilung unterhalb der „Flugerwartungsgebiete" bzw. der An- und Abflugstrecken maßgeblich. Andererseits gibt es behördliche Entscheidungen, die noch komplizierter sind und bei denen nicht so viele technische Hilfsmittel und keine so leistungsfähigen Verwaltungshelfer[566] wie die DFS zur Verfügung stehen, der das LBA die Abwägungsentscheidung weitgehend überlässt[567].

Das BVerwG stellt also fest, dass angesichts der besonderen sachlichen Eigenart von Abflugstrecken eine „parzellenscharfe" Betrachtung jedenfalls nicht gefordert sei.

Auch wenn diese Einschätzung mit Blick auf die sachlichen Eigenarten des Flugverfahrens durchaus nachvollziehbar ist, erweist sich die darin liegende Annahme als problematisch, dass die besondere Komplexität eines zu bewältigenden Sachverhalts einen erweiterten Gestaltungsspielraum eröffne. Wird hierdurch die menschliche Gesundheit, also der **Schutzbereich des Art. 2 II 1 GG** berührt, müssen nämlich – wenn man z.B. eine Parallele zum Atom- und Gentechnikrecht zieht – in Anwendung des umweltrechtlichen „Vorsorgeprinzips" gerade höhere Anforderungen an die Verwaltung zur Sachverhaltsermittlung und -beurteilung gestellt werden[568]. Das **Vorsorgeprinzip** erhebt in inhaltlicher Hinsicht, da und soweit es der Bewältigung wissenschaftlicher Unsicherheit dient, den Anspruch, den Schutz von Mensch und Umwelt weit in den Bereich potentieller Risiken vorzuverlagern[569]. Hierbei besteht ein Konkretisierungsbedarf, dem Rechnung zu tragen ist, indem eine besondere Begründungspflicht in Form eines „Konzeptgebots", d.h. dem Erfordernis eines langfristigen, auf eine

---

565 hierzu näher Czybulka, Festlegung von Flugrouten und Flughafenplanung, in: Ziekow, Speyerer Luftverkehrsrechtstag 2001, S. 17.

566 genauer: Beliehene, vgl. §§ 27 c II, 32 b I 1 LuftVG in Verbindung mit der FS-AuftragsV v. 11.11.1992, BGBl. 1992 I, 1928; s.o., B. I. 1.

567 Czybulka, ZUR 2001, 270.

568 vgl. BVerfGE 53, 31 ff. zum atomrechtlichen Genehmigungsverfahren; Czybulka in: Ziekow, Speyerer Luftverkehrsrechtstag 2001, S. 22; s. hierzu genauer unten, B. V.

569 der vom Gefahrenbegriff abzugrenzende Begriff des Risikos kann auf Einzelpersonen (Individualrisiko) oder auf bestimmte Personengruppen (Kollektivrisiko) bezogen werden und umfasst herkömmlicherweise die Eintrittshäufigkeit, also die Wahrscheinlichkeit eines Schadenseintritts, sowie den potentiellen Schadensumfang, ist also vom Aufbau her mit dem Gefahrenbegriff identisch, s. Bender/Sparwasser/Engel, UmweltR, Kap. 1 Rn. 82 u. Kap. 8 Rn. 135 m.w.N.; Jarass, BImSchG, § 3 Rn. 27 ff.; zu der Abgrenzung Gefahr/Risiko s. Brenner/Nehrig, DÖV 2003, 1024 ff.; zur Beantwortung der Fragen, ob und in welchem Ausmaß Risiken bestehen und wie diese gemindert werden können, kommen die deterministische (risikoqualifizierende) und die probabilistische (risikoquantifizierende) Methode in Betracht. Beide Betrachtungsweisen können sich bei der vorausschauenden Planung hinsichtlich der Anforderungen an eine zureichende Schadensvorsorge ergänzen, s. Bender/Sparwasser/Engel, UmweltR, Kap. 8 Rn. 136 u. Kap. 9 Rn. 128.

einheitliche und gleichmäßige Durchführung angelegten Konzepts, statuiert wird[570].

Der 11. Senat des BVerwG strukturiert in seinen Urteilen die Abwägungsentscheidung hingegen in rechtsstaatlich sehr bedenklicher Weise, nämlich dergestalt, dass „offen gebliebene“ Schutznormen und Grundrechtshüllen ohne qualifizierende oder quantifizierte (unter-)gesetzliche Maßstäbe auf der einen Seite „besonderen sachlichen Eigenarten“, weiten Gestaltungsspielräumen und Abwägungserleichterungen auf der anderen Seite gegenübergestellt werden[571].

Auch mit Blick auf den oben festgestellten Drittschutz des § 29 b LuftVG sowie vor dem Hintergrund des noch immer wachsenden Flugverkehrs kann die Komplexität des Flugverfahrens nicht dazu führen, dass Gesundheitsbeeinträchtigungen und Belästigungen der Betroffenen eher ermöglicht als verhindert werden[572].

Bei der Frage nach der Übertragbarkeit der o.g. Grundsätze zum Planungsermessen auf die Flugverfahren und der Bejahung eines besonders weiten Gestaltungsspielraums in Anlehnung zum Normsetzungsermessen ist schließlich auch zu beachten, dass es sich bei der Flugroutenfestlegung der Sache nach nicht um eine „echte“ Normsetzung handelt, sondern um konkrete Regelungen

---

570 BVerwGE 69, 37, 45 = NVwZ 1984, 371 ff.; Ossenbühl, NVwZ 1986, 161, 169; vgl. zum Vorsorgeprinzip sowie zu dessen Beziehung zum Nachhaltigkeitsgrundsatz Rehbinder, NVwZ 2002, 657 ff., 661, 663; vgl. ferner Kubala/Petschow, Verwaltungsreform und Nachhaltigkeit, Verwaltung u. Management 2001, S. 171 ff.

571 Czybulka, ZUR 2001, 270.

572 Czybulka, ZUR 2001, 271, verweist insoweit auch auf das aus Art. 20 a GG folgende Verschlechterungsverbot; ders. (in: Ziekow, Speyerer Luftverkehrsrechtstag 2001, S. 12) fordert aus der „Dynamisierung“, die Art. 2 II 1 GG durch Art. 20 a GG erfahren habe, eine Konkretisierung des Verschlechterungsverbots auf der Basis flächenhafter und räumlicher „Vergleichsmessungen“ quantifizierter und qualifizierter Art; zu den relevanten Flächen bzw. Beobachtungsräumen sei die Frage der Zurechnung des Fluglärms zu politisch-administrativen Grenzen zu klären. Prinzipiell denkbar sei, bspw. über Formen der Lärmquotierung (z.B. Lärmemissionshandel) erhöhte Lärmbelastungen auf dem Gebiet einer Gebietskörperschaft durch Lärmminderungen in anderen Gebieten „auszugleichen“; zu den Bewertungsfragen, die von den erforderlichen Qualifizierungen der Lärmmessungen betroffen sind, s. u., B. IV. ; die hier vorgenommene Subjektivierung von § 29 b LuftVG durch Art. 20 a GG ist jedoch zweifelhaft; s. o., S. 117.

mit einer gewissen planerischen Komponente[573], die primär flugsicherungsbetriebliche Maßnahmen darstellen[574].

cc) Weiter Gestaltungsspielraum aufgrund gleichrangiger Lärmschutzinteressen?

Nach Ansicht des OVG NW[575] wird der weite Gestaltungsspielraum im Rahmen der Abwägung insbesondere dadurch gerechtfertigt, dass die abzuwägenden Lärmschutzinteressen grundsätzlich gleichrangig sind (s.o., B. II. 3.).

Diese Schlussfolgerung vermag nicht zu überzeugen. Ob z.B. die Belange eines von einem Vorhaben Begünstigten (z.B. Art. 12 I oder 14 I GG) mit dem Immissionsabwehrinteresse des hierdurch Belasteten abzuwägen sind, oder ob auf beiden Seiten Lärmschutzinteressen gegenüber stehen, kann für die Weite des Gestaltungsspielraums nicht entscheidend sein. In beiden Fällen ist im Konfliktfall die Begünstigung des einen mit der Belastung des anderen verbunden. Dass hinsichtlich des Lärmschutzbelanges eine solche Begünstigung in Form einer verhinderten oder geringeren Belastung erfolgt, spielt keine wesentliche Rolle und führt qualitativ zu keinem prinzipiellen Unterschied zwischen dem Abwägungsvorgang und dem Fall, in dem die Belange eines begünstigten Vorhabenträgers mit denen der Belasteten abgewogen werden[576].

Ebenso kann die Tatsache, dass innerhalb des Lärmschutzaspekts zwischen Alternativen zu entscheiden ist, von denen sich bei einer abstrakten Betrachtung keine zwingend als schlechthin vorzugswürdig darstellt[577], nicht als Rechtfertigung dafür dienen, dass ein Gestaltungsspielraum eingeräumt wird, der nur einer Willkürkontrolle unterliegt. Die jeweiligen Belange sind nicht weniger schutzwürdig, und die Auswirkungen der Entscheidung auf deren Träger sind nicht geringfügiger, nur weil die Abwägung auf beiden Seiten Belange des Lärmschutzes umfasst. Insbesondere mit Blick auf die herausragende Bedeutung von Art. 2 II 1 GG erscheint die Einräumung eines schier unbegrenzten Gestaltungsspielraums hier weder gerechtfertigt noch sachgerecht und angemessen.

---

573 Czybulka, ZUR 2001, 271.

574 s.o., B. II. 2., 3.

575 Urteil vom 04.03.2002 – 20 D 180/97.AK, Urteilsausfertigung S. 22, 24; hierzu näher unten, B. III. 2.

576 zu den weiteren Besonderheiten der Abwägungsentscheidung s. auch unten, B. II. 2., 3.

577 OVG NW, a.a.O., Urteilsausfertigung S. 24.

5.) Zwischenergebnis

Das BVerwG hat in seinen Urteilen vom 28.06.2000 zunächst – zu Recht – festgestellt, dass eine Verweisung der Betroffenen auf den Rechtsschutz gegen die Planfeststellungs- bzw. Genehmigungsbehörden im Hinblick auf Art. 19 IV GG nicht ausreichend ist. Sodann begrenzt der *Senat* aber den als Konsequenz aus dieser Einsicht gegen Flugverfahren neu eröffneten Rechtsschutz auf ein – im Rechtsstaat ohnehin selbstverständliches – Willkürverbot.

Insgesamt lässt sich daher als Zwischenergebnis an dieser Stelle feststellen, dass das BVerwG mit der Zulassung der Feststellungsklage Zulässigkeitsbarrieren bei der gerichtlichen Kontrolle von Flugrouten entfernt, durch die materielle Beschränkung auf eine Willkürkontrolle andere Rechtsschutzhindernisse aber ohne Not aufgerichtet hat[578].

6.) Keine bloße Lärmverteilung durch Flugverfahren

Unzutreffend ist bei genauerer Betrachtung auch die Annahme des BVerwG, dass durch die Festlegung von Flugrouten nur der „vorhandene Lärm verteilt" werde. Eine Gleichsetzung von „Lärmpotential" mit dem vorhandenen Fluglärm ist nicht realistisch. Denn die „Vorgaben" bezüglich des „Lärmpotentials" durch Genehmigung bzw. Planfeststellung des Flughafens sind in aller Regel „blankettartig"[579], eine effektive Begrenzung des Lärmpotentials findet nur über die Kapazität der Start- und Landebahnen (und die erforderlichen Sicherheitsabstände bei Start und Landung) statt. Das Lärmpotential wird in Wirklichkeit maßgeblich durch die Betriebsregelungen festgelegt, die einen engen Zusammenhang mit den zur Verfügung stehenden An- und Abflugrouten aufweisen[580]. Die Anfechtbarkeit einzelner Betriebsregelungen ist kaum möglich, jedenfalls höchst umstritten[581]. Technisch ist es derzeit schon möglich, Satelliten-

578 vgl. etwa Kukk, NVwZ 2001, 408 ff.: „Zwei Schritte vor, ein Schritt zurück"; Czybulka, ZUR 2001, 271.

579 vgl. den Wortlaut von § 42 LuftVZO.

580 Czybulka in: Ziekow, Speyerer Luftverkehrsrechtstag 2001, S. 20; vgl. auch zum Zusammenhang zwischen Flugbetriebsregelungen und Immissionsschutz Bock, Verbesserung des Schutzes gegen Fluglärm – Pro und Kontra planerische Aspekte: Standortsicherheit für Flughafen und Flugplätze – Berücksichtigung der Lärmbelastung bei der Stadtplanung, in: DAL, Interdisziplinäre Konferenz Fluglärm, 2001, 125, 128 f.

581 gem. § 29 I 3 LuftVG ist das LBA befugt, im Benehmen mit der zuständigen Landesimmissionsschutzbehörde Maßnahmen zur Abwehr von Gefahren, erheblichen Nachteilen oder erheblichen Belästigungen durch Fluglärm zu treffen. Die Betriebsregelun-

Navigation (GPS[582]/FMS[583]) so einzusetzen, dass keine Korrelation der „Flugpfade" auf die konventionelle Beschreibung der Flugrouten des jeweiligen Flughafens erfolgt. Es liegt auf der Hand, dass derartige Verfahren eine Steigerung der Flugbewegungszahl ermöglichen können[584]. Der Fortschritt bei den flugbetrieblichen Möglichkeiten und Flugsicherungsverfahren, also der rein technische Wandel betrieblicher Parameter, hat die Kapazität der Flughäfen im Laufe der Zeit beträchtlich erhöht, ohne dass die Betriebsflächen angetastet oder neue planerische Entscheidungen getroffen worden sind. Und diese Entwicklung ist noch keineswegs abgeschlossen. So wird seit einiger Zeit am Flughafen Frankfurt a.M. ein Verfahren erprobt, bei dem der Aufsetzpunkt für Kurz- und Mittelstreckenflugzeuge um 1.500 Meter bahneinwärts verschoben wird; bei gutem Wetter können dadurch die Abstände zwischen anfliegenden Flugzeugen verringert werden, ohne nachfolgende Flugzeuge durch Wirbelschleppen zu gefährden (HALS/DTOP = High Approach Landing System/Dual Threshold Operation); auch das Wirbelschleppen-Forschungsprogramm des Deutschen Zentrums für Luft- und Raumfahrt (DLR) und manch andere neue Technik sind hier anzuführen (so etwa das vor kurzem erprobte LDSS – „Local Decision Support System", ein Projekt zur betrieblich sinnvollen Aufbereitung, Darstellung und Zurverfügungstellung der Luftfahrtdaten der DFS, DLH[585] und von Fraport[586])[587].

---

gen werden vom Flughafenkoordinator festgelegt, dessen Tätigkeit vom LBA als Aufsichtsbehörde überwacht wird.

582 Global Positioning System; dabei handelt es sich um satellitengesteuerte Anflugverfahren, die seit 1998 in Deutschland für die Basis-Flächennavigation erfolgreich angewandt werden. Die Überwachung mit konventionellen, bodengebundenen Navigationssystemen ist hier nicht mehr zwingend, sie besitzen nur noch Absicherungsfunktion. An einigen Flughäfen wurden auch sog. GPS-Stand-Alone- Anflugverfahren installiert, die eigenständig und nicht durch bodengestützte Navigationsanlagen abgesichert sind. Im Nahbereich von Flughäfen werden satellitengebundene Navigationssysteme bisher nur unterstützend (als „Overlay-Verfahren") zu den bodengebundenen Systemen eingesetzt; vgl. Institut für angewandte Ökologie, Mediation Flughafen Frankfurt, Ergebnispapier V 11b/Ö 8b: Einfluss von Verfahren und Navigation auf Kapazität und Lärm lokal, S. 4. Durch Vorgabe von präzisen Wegpunkten mittels geographischer Koordinaten, Distanzen und genauen Kursangaben können die Programmierungen der Luftfahrzeuge, die mit diesen satellitengestützten Systemen ausgestattet sind, optimiert werden. Nach Einführung dieser Verfahren wurde die Einhaltung der Abflugverfahren deutlich verbessert; Näheres s. unter www.dfs.de.

583 Flight Management System.

584 Czybulka, ZUR 2001, 271; ders. in: Ziekow, Speyerer Luftverkehrsrechtstag 2001, S. 20, mit der Prognose, dass das BVerwG durch seine Formel der „bloßen Verteilung des Lärmpotentials" wiederum Schlupflöcher eröffnet habe, die nur schwer zu schließen sein werden. Zu der zunehmenden Praxis, anstelle der Nutzung der klassischen Luftwarteräume die Flugbewegungen mittels ‚Radar-Vectoring' großräumig aufzufächern, s. Köhler, „Spekulationen zu Afrika-Hub", Südkurier v. 03.12.2003.

585 Dt. Lufthansa.

Diese – genehmigungsrechtlich nicht begleitete – Entwicklung kann man insbesondere bei den sog. unbeschränkten Altgenehmigungen aus der ersten Anbauphase in den 50er und 60er Jahren, in denen schlechthin nicht vorausgesehen werden konnte, welcher Flugbetrieb sich später entwickeln würde, kritisch sehen. Dies wirft nämlich die Frage auf, ob es einem Flughafenbetreiber erlaubt ist, mit derartigen technischen Mitteln, gewissermaßen an den Zulassungsbehörden vorbei, auch den Fluglärm beliebig auszudehnen. Denn die Zulassung von Flugplätzen erfolgt durch Dauerverwaltungsakte, die nicht rechtswidrig werden, wenn sich die für ihre Erteilung maßgebliche Sach- oder Rechtslage nachträglich ändert[588].

III. Die Weiterentwicklung der Rechtsprechung durch die Oberverwaltungsgerichte

1.) Das RILAX-Urteil des Verwaltungsgerichtshofs Baden-Württemberg

In Anwendung und Weiterentwicklung der Grundsätze der o.g. Entscheidungen des BVerwG stellte der VGH Baden-Württemberg mit Urteil vom 22.03.2002[589] fest, dass das LBA seine Verpflichtung verletze, die Lärmschutzinteressen der Betroffenen in die bei der Festlegung der Flugverfahren gebotene Abwägung einzustellen, wenn die mit der Ausarbeitung der Verordnung betraute Stelle sich hierbei allein von flugtechnischen Gesichtspunkten leiten lässt. Der VGH erweiterte dabei die vom BVerwG bejahte grundsätzliche Geltung des Abwägungsgebots für die Festlegung von Abflugstrecken auch auf die Festlegung von Warteverfahren.

---

586 Flughafen Frankfurt.

587 Wysk in: Ziekow, Speyerer Luftverkehrsrechtstag 2001, S. 33; s. auch HessVGH, Urt. v. 12.12.2002 – 2 A 717/01 –, Urteilsausfertigung S. 14 sowie Urt. v. 11.02.2003 – 2 A 1062/01 (S. 18) und 2 A 1569/01, s. unten, B. III. 3., 4.

588 Wysk in: Ziekow, Speyerer Luftverkehrsrechtstag 2001, S. 33.

589 Az.: 8 S 1271/01. Das LBA hat Beschwerde gegen die Nichtzulassung der Revision eingelegt, die Revision wurde mit Beschluss vom 19.09.2002 – 9 B 44.02 – wegen grundsätzlicher Bedeutung gem. § 132 II Nr. 1 VwGO zugelassen. Die betroffene südbadische Bevölkerung kritisierte dieses Vorgehen heftig als fortgesetzte Maßnahme der Bundesregierung gegen die Interessen der eigenen Bevölkerung, vgl. etwa die von MdB S. Kauder initiierte Podiumsdiskussion zum Fluglärm am 30.04.2003 in Donaueschingen. Die Revision führte schließlich zur Aufhebung des Urteils, s.u., B. III. 6.

a) Der Luftwarteraum RILAX

Gegenstand dieser Entscheidung war die Festlegung des Navigationspunktes und des Warteverfahrens „RILAX Intersection“ durch Verordnungen des LBA vom 09.05.2000 und 06.08.2001. Diese Verordnungen sind Teil eines neuen, „EAM 04“ genannten Flugstreckenprogramms auf Europäischer Ebene, mit dem die Kapazitäten im Luftraum entsprechend der steigenden Verkehrszahlen besser genutzt werden sollen. Dies geschieht in erster Linie durch die Anwendung der sog. „Basisflächennavigation“ sowie die Trennung der verschiedenen An- und Abflugströme voneinander sowie ihre Trennung von den Überflugströmen[590]. Die Verordnungen regeln den Anflug auf den Flughafen Zürich-Kloten. Zur Erreichung der genannten Ziele sollen alle den Flughafen von Norden anfliegenden Luftfahrzeuge zu einem bei Donaueschingen gelegenen Anfangsanflugspunkt mit Namen RILAX geführt werden. Nach Erreichen dieses Punktes werden die Flugzeuge in der Regel durch die Schweizer Flugsicherung „Skygui-

---

590 Das von der DFS zusammen mit der europäischen Flugsicherungsbehörde „Eurocontrol“ entwickelte Verkehrskonzept EAM („Eurocontrol Airspace Model“) 04 wurde seit 1995 in drei Phasen eingeführt, im April 2001 wurde die letzte Phase umgesetzt. Es handelt sich um ein überregionales Luftwegekonzept, das im Rahmen des europäischen Streckenmodells ARN Version 3 („ATS Routes and Associated Navigation Means Version 3“) auch über Deutschland hinaus angewendet wird. Schwerpunkte des Konzepts sind ein einheitliches Streckennetz für den oberen und unteren Luftraum, eine angeglichene Streckenführung für An- und Abflüge der internationalen Verkehrsflughäfen, eine auf das einheitliche Streckennetz effektiv abgestimmte Sektorisierung im unteren und oberen Luftraum, die stärker als bisher den Hauptverkehrsströmen angeglichen ist und den Luftfahrzeugen eine längere Verweildauer pro Sektor erlaubt, so dass u.a. die Koordinationsmaßnahmen für alle Beteiligten reduziert werden können, sowie eine generelle Anhebung der Trennfläche zwischen oberem und unterem Luftraum auf einen Wert um Flugfläche 290 (= 29.000 Fuß über Meereshöhe) als Grundlage für verbesserte Höhenprofile.
In der ersten Phase wurde das einheitliche B-RNAV-Streckennetz („Basic Area Navigation“) entwickelt, welches an die jeweiligen Flughäfen angebunden ist. Hierdurch wurden erstmals von bodengestützten Funknavigationseinrichtungen losgelöste Streckenführungen ermöglicht und die Verkehrsströme erheblich entzerrt. Dies soll mittels Flächennavigation zur Auflösung von Engpässen an Knotenpunkten führen, indem ein konsequentes Einbahnstreckensystem eingeführt und die Verkehrsarten im Flughafennahbereich in An-, Ab- und Überflugverkehr getrennt wurden. Zudem kann der Anflugverkehr an Flughäfen direkt in Reiseflughöhe aus dem Streckennetz herausgeführt werden, was den Durchsatz auf den Hauptstrecken erhöht.
In der zweiten Phase erfolgte eine Neusektorisierung in Deutschland mit Bezug auf das neue Streckennetz, was erhebliche Kapazitätsgewinne mit sich brachte. In der dritten Phase schließlich wurde das System lokal optimiert durch Untersuchung der Anbindung der An- und Abflugrouten mit Schwerpunkt an den Flughäfen Frankfurt und München; s. hierzu www.dfld.de/cgi-bin/byteserver.pl/DFS-EAM04.pdf.

de“ zum Endanflug auf den Flughafen eingewiesen. Flugzeuge, die nicht sofort weitergeleitet werden, fliegen über RILAX Warterunden oder werden auf einer anderen, längeren Flugstrecke geführt. Anflüge nach Zürich aus westlicher Richtung werden wie bisher zum Warteraum EKRIT bei Bad Säckingen-Laufenburg, Anflüge aus östlicher Richtung nach SAFFA bei Schaffhausen/Bodensee geführt[591].

b) Anwendung der für Abflugstrecken entwickelten Grundsätze auf die Festlegung von Warteverfahren

Der VGH stellte in seinem Urteil eine Rechtsverletzung der Kläger[592] durch diese o.g. Verordnungen fest. Zum einen begründete er dieses Ergebnis mit dem Verstoß des LBA gegen das Abwägungsgebot. Dieses gelte für die Festlegung eines Anflugspunktes und des damit im Zusammenhang stehenden Warteverfahrens in gleicher Weise wie für die Flugroutenfestlegung. Auch insoweit handele es sich um eine staatliche Planungsaufgabe, bei deren Wahrnehmung die von ihr berührten öffentlichen und privaten Belange zu einem angemessenen Ausgleich gebracht werden müssten. Der dem LBA bei diesen Festlegungen zustehende Gestaltungsspielraum werde daher nicht anders als bei der Bestimmung von Abflugstrecken durch das Abwägungsgebot begrenzt. Da die Kurskreuzung RILAX in der einschlägigen 204. Durchführungsverordnung als „Anfangsanflugfix“ bezeichnet wird[593], ergibt sich nach Ansicht des *Senats* zudem schon aus dem Wortlaut des Verordnungstextes, dass es sich bei der Kurskreuzung bzw. dem Warteverfahren RILAX nicht um (abwägungsirrelevante, dem ICAO-Reglement unterliegende) Überflugstrecken handele, sondern zumindest um einen Teil des Anfangsanfluges und damit jedenfalls um Anflugstrecken im weiteren Sinne.

---

591 auch gegen diese Warteräume wurde von der Stadt Radolfzell und von zwei Privatpersonen (SAFFA) bzw. im Landkreis Waldshut (EKRIT) Klage beim VGH eingereicht; vgl. Staatsanzeiger BW v. 02.04.2002, „Kommunen wurden nicht informiert“.

592 geklagt hatten die Städte Villingen-Schwenningen und Donaueschingen sowie neun weitere Kommunen und zwei Privatpersonen.

593 ansonsten ist zudem die Rede von „Anflügen“, „Abflügen“ und „Anflugskurs“; vgl. hierzu auch Wysk, ZLW 1998, 285 f.

c) Grenzen der Delegationsfähigkeit der Abwägungsentscheidung

Hierbei wird in Anwendung der Grundsätze der BVerwG-Urteile vom 28.06.2000 nochmals klargestellt, dass die Festlegung von Flugstrecken nicht schon deshalb als willkürlich zu bezeichnen sei, weil das LBA die Abwägungsentscheidung im Wesentlichen der DFS überlässt – dies jedenfalls dann, wenn das LBA, das für die Entscheidung verantwortlich bleibe, für die Erhaltung der dargelegten Maßstäbe Sorge trägt und die Nachprüfbarkeit ihrer Einhaltung sicherstellt. Davon sei – so ergänzt nun der VGH die vom BVerwG festgelegten Grundsätze – auch dann auszugehen, wenn von der DFS ihrerseits eine dritte Stelle eingeschaltet wird, wie dies im vorliegenden Fall durch die Beteiligung der Schweizer „Skyguide“ seitens der DFS geschehen war. Auch wenn die schweizerische Flugsicherung jedenfalls bis zur Ratifizierung des am 18.10.2001 geschlossenen bilateralen Staatsvertrags (s.o., A. II. 3.) keine Befugnisse zu einem Tätigwerden auf deutschem Hoheitsgebiet besitze, sei hier allein entscheidend, ob die Zuständigkeit des LBA für den Erlass der in § 27a II 1 LuftVO genannten Rechtsverordnungen dadurch gewahrt bleibe, dass es sich seiner Verantwortung nicht völlig entledige, sondern dafür Sorge trage, dass die Entscheidung auf einer ordnungsgemäßen Abwägung der von dieser berührten Belange nach Maßgabe der o.g. Grundsätze beruht und auch die Nachprüfbarkeit der Entscheidung in Bezug auf die Einhaltung der Abwägungsmaßstäbe sicherstelle[594].

Dies sei jedoch im vorliegenden Fall nicht geschehen. Eine irgendwie geartete inhaltliche Überprüfung des von der DFS übersandten Entwurfs der Verordnung durch das LBA habe nicht stattgefunden, geschweige denn eine Kontrolle im Hinblick auf die Beachtung der o.g. Abwägungsmaßstäbe. Damit bemängelt der VGH die vollständige Überlassung der Abwägungsentscheidung durch das LBA an die DFS.

d) Mangelnde Prüfung von Alternativrouten im Rahmen der Abwägung

Das LBA habe außerdem nicht geprüft, ob sich für den Anflugpunkt und den Warteraum RILAX ein anderer Standort finden lässt, der im Hinblick auf die zu erwartenden Fluglärmbeeinträchtigungen vorzugswürdig wäre. Die Fragen, welche Lärmbeeinträchtigungen für die in dem betroffenen Raum lebende Bevölkerung durch die Festlegung des Navigationspunktes und die Einführung eines

594 VGH BW, Urt. v. 22.03.2002 – 8 S 1271/01 –, Abschn. II. 2. d aa).

neuen Warteverfahrens tatsächlich entstehen und ob es Möglichkeiten gab, diese Beeinträchtigungen durch die Wahl eines anderen Standorts mit einer weniger dicht besiedelten Umgebung zu verringern, sind nach Feststellung des *Senats* außer Betracht geblieben. Der Anflugspunkt und das Warteverfahren RILAX seien vielmehr allein nach flugtechnischen Gesichtspunkten festgelegt worden. Unter den gegebenen Umständen bestehe daher die konkrete Möglichkeit, dass die Standortentscheidung ohne diesen Mangel anders ausgefallen wäre. Der *Senat* führt dabei aus, dass entsprechend der allgemein gültigen Abwägungsfehlerlehre[595] das Recht der Kläger auf eine ordnungsgemäße Abwägung ihrer Belange dann verletzt sei, wenn sich die dem Abwägungsvorgang zuzuordnenden Fehler auf das Abwägungsergebnis ausgewirkt haben könnten. Eine solche Möglichkeit der Auswirkung auf das Abwägungsergebnis sei dann zu bejahen, wenn eine unerörtert gebliebene Planungsalternative aus fachlichen Gründen substantielle Erwägungen erfordere[596].

e) Anhörungsrecht der betroffenen Kommunen aus Art. 28 II GG

Außerdem seien die angegriffenen Rechtsverordnungen rechtswidrig, weil es das LBA unterlassen habe, vor ihrem Erlass die von den beabsichtigten Regelungen betroffenen Städte und Gemeinden zu informieren und ihnen Gelegenheit zu geben, hierzu unter dem Aspekt ihrer örtlichen Belange Stellung zu nehmen[597].

---

595 vgl. BVerwG, Beschluss v. 20.02.2002 – 9 B 63.01, sowie unten, B. IV. 1.; dass hinsichtlich der Festlegung von Flugverfahren im Luftverkehrsrecht eine Vorschrift nach dem Vorbild der §§ 214 III 2 BauGB, 17 Vic FStrG, 20 VII 1 AEG, 19 IV 1 WaStrG fehlt, ändert nichts an der Anwendbarkeit der Grundsätze zur Abwägungsfehlerlehre auch in diesem Bereich, s. VGH BW, Urt. v. 22.03.2002 – 8 S 1271/01 –, Abschn. II. 2 d bb).

596 VGH BW, Urt. v. 22.03.2002 – 8 S 1271/01 –, Abschn. 2 d bb); zustimmend hinsichtlich der Einbeziehung des kommunalen Selbstverwaltungsrechts in das Abwägungsgebot Quaas, NVwZ 2003, 651; Buchner, NVwZ 2002, 1136, beschränkt hingegen das Recht auf eine ordnungsgemäße Abwägung auf private Belange und nimmt solche der Gemeinden hiervon aus.

597 insoweit fühlte sich die Baden-Württembergische Landesregierung durch das Urteil mit ihrer Forderung bestätigt, dass bei Änderungen von Flugrouten die Kommunen zu beteiligen seien, so etwa Verkehrsminister U. Müller beim Journalistentag in Villingen-

Nach der Rechtsprechung des BVerwG[598] steht im Verfahren auf Erteilung einer luftverkehrsrechtlichen Genehmigung den betroffenen Gemeinden und Gemeindeverbänden ein subjektives Recht auf Beteiligung – Information und Anhörung – zu, das seine Grundlage nicht im einfachen Recht, sondern in dem den Gemeinden durch Artikel 28 II GG eingeräumten Selbstverwaltungsrecht hat. Das Gleiche hat das BVerfG[599] für die Festsetzung der Lärmschutzbereiche in der Umgebung eines Flugplatzes entschieden, die nach § 4 FlugLG ebenso wie die Festlegung der in § 27 a II LuftVO genannten Flugverfahren durch Rechtsverordnung zu erfolgen hat. Nach dem Beschluss des BVerfG gebietet es die dem Verordnungsgeber dabei obliegende Pflicht, den für seine Entscheidung erheblichen Sachverhalt vollständig zu ermitteln, dass ihm die betroffenen Gemeinden ihre Planungsinteressen in dem geplanten Lärmschutzbereich darlegen können. Der Umstand, dass das Bundesstaatsprinzip unmittelbare Verhandlungen des Bundes mit einzelnen Gemeinden im Gesetzgebungsverfahren unter Umgehung des betroffenen Landes ausschließe, ändere daran nichts, da dies nicht dazu führen dürfe, dass der Bund einzelnen Gemeinden einschneidende Beschränkungen ihrer Planungshoheit auferlegt, ohne sie vorher anzuhören[600]. Dies wäre ein Verfahren, das sowohl den Ländern als auch dem Bund durch Art. 28 II 1 GG untersagt sei. Die Rechtsordnung halte deshalb für derartige Fälle von Rechtsetzungsakten des Bundes, die in die Planungshoheit einzelner Gemeinden unter Auferlegung von Sonderopfern eingriffen, die Möglichkeit einer mittelbaren Anhörung dieser Gemeinden durch das Land bereit, das selbst unter Einbeziehung dieser Anhörung zu dem Rechtsetzungsvorhaben Stellung nehme. Das Land habe die Stellungnahmen der betroffenen Gemeinden einzuholen und in das Gesetzgebungsverfahren einzubringen. Die Länder seien zu dieser Mitwirkung unter dem Aspekt der Pflicht zu bundesfreundlichem Verhalten verpflichtet[601].

Schwenningen am 30.05.2002, s. Streck, Schwarzwälder Bote v. 31.05.2002, „Warteräume in der Luft müssen verlegt werden".
Die Urteilsbegründung erscheint allerdings hinsichtlich der Rechtsverletzung der klagenden Gemeinden nicht ganz konsequent. Zur Begründung von deren Klagebefugnis nennt der VGH nämlich das (einfachgesetzliche) Eigentumsrecht als abwägungserheblichen Belang und lässt offen, ob auch eine Verletzung von Art. 28 II GG in Betracht kommt. Demgegenüber stützt der Senat die Begründetheit in erster Linie auf die Verletzung von aus Art. 28 II GG folgenden Informations- und Anhörungsrechten, s. VGH BW, a.a.O., Abschn. II. 1. c) und 2 c).

598 Urt. v. 14.02.1969 – IV C 82.66 – DÖV 1969, 428 ff.; Urt. v. 07.07.1978 – IV C 79.76 – BVerwGE 56, 110, 137.

599 Beschluss vom 07.10.1980 – 2 BvR 584/76 –, BVerfGE 56, 298, 320 ff.

600 eine (verfassungsunmittelbare) Pflicht zur Anhörung der betroffenen Gemeinden bejaht auch Kloepfer, UmweltR, § 14 Rn. 190.

601 BVerfGE 56, 298, 320 ff.

Für die Festlegung von Flugverfahren kann nach Ansicht des VGH im Grundsatz nichts anderes gelten, da sich hieraus ebenso Beschränkungen der durch Art. 28 II GG geschützten Planungshoheit der Kommunen ergeben könnten wie aus der Erteilung einer luftverkehrsrechtlichen Genehmigung oder der Festsetzung eines Lärmschutzbereichs[602]. Zwar seien die Beschränkungen durch die Festlegung eines Flugverfahrens in aller Regel erheblich weniger einschneidend als diejenigen, die mit der Festsetzung eines Lärmschutzbereichs nach dem FlugLG verbunden sind, da dessen Festsetzung wegen der Regelung in § 5 FlugLG einen direkten Eingriff in die gemeindliche Planungshoheit darstelle. Dies sei jedoch ein lediglich gradueller Unterschied, der es nicht rechtfertigen könne, ein Beteiligungsrecht der Gemeinden bei der Festlegung der hier in Rede stehenden Flugverfahren zu verneinen. Zu Recht sei daher eine Parallele zur Erteilung der luftverkehrsrechtlichen Genehmigung zu ziehen. Was die in einem solchen Verfahren zu treffenden Entscheidungen betrifft, bestehe zwar zu der Festlegung von An- und Abflugstrecken oder eines Warteverfahrens ebenfalls insoweit ein Unterschied, als die nach § 6 LuftVG zu genehmigenden Vorhaben jedenfalls typischerweise einen engeren räumlichen Bezug zum Gemeindegebiet hätten als die zuletzt genannten Festlegungen. Auch darin könne jedoch kein Unterschied gesehen werden, der es erlauben könnte, von einer Beteiligung der Gemeinden bei der Festlegung von An- und Abflugstrecken oder eines Warteverfahrens abzusehen. Denn auch die dem § 6 LuftVG unterfallenden Vorhaben brächten es aufgrund ihrer Eigenart mit sich, dass ebenso wie bei den genannten Festlegungen auf der Grundlage des § 32 I Nr.1 LuftVG eine „parzellenscharfe" Beurteilung der Beeinträchtigung Dritter nicht möglich sei. Auch insoweit handele es sich deshalb um einen nur graduellen Unterschied, der keine andere Behandlung rechtfertige[603].

Der Annahme einer Pflicht, die von der Festlegung einer An- oder Abflugstrecke oder eines Warteverfahrens betroffenen Gemeinden am Verfahren zu beteiligen, stehe auch nicht entgegen, dass es im Einzelfall Schwierigkeiten ma-

602 VGH BW, Urt. v. 22.03.2002 – 8 S 1271/01, Abschn. II. 2 d); ebenso Quaas, NVwZ 2003, 651, mit dem Hinweis auf die Evidenz der Betroffenheit der unterhalb von Flugrouten gelegenen Gemeinden, da die moderne satellitengestützte Navigation sehr exakte Flüge und Bündelungen der Flugbewegungen (und damit eben auch der Lärmbelastungen) ermöglicht und die Flugrouten daher heute mit sehr geringer Streuung eingehalten werden können; a.A. Wysk, ZLW 1998, 288 f.: das Selbstverwaltungsrecht einer Gemeinde werde durch die Entscheidung überörtlicher Verwaltungsträger nur unter besonderen Voraussetzungen (etwa bei rechtlich oder tatsächlich gestaltenden Einwirkungen auf die Infrastruktur) berührt, die Fluglärmeinwirkungen auf das Gemeindegebiet nicht ohne weiteres erfüllten; zweifelnd auch HessVGH, Urt. v. 11.02.2003 – Az. 2 A 1062/01 –, Urteilsausfertigung S. 14.

603 VGH BW, a.a.O. Abschn. II. 2 d).

chen könne, die von einer solchen Festlegung betroffenen Gemeinden zu ermitteln, da mit der Festlegung einer Flugstrecke nur eine Ideallinie beschrieben werde, der ein bestimmtes („Flugerwartungs"-)Gebiet zuzuordnen sei, innerhalb dessen die Flüge abgewickelt werden[604]. Diese Schwierigkeiten seien nämlich keineswegs unüberwindlich, da selbstverständlich nicht jede, sei es auch noch so geringfügige Lärmbeeinträchtigung einer Gemeinde ein Beteiligungsrecht vermittele. Die auf dem Gebiet der einzelnen Gemeinden zu erwartenden Lärmbeeinträchtigungen müssten vielmehr zumindest ein solches Maß erreichen, dass ein Konflikt mit ihren Planungsinteressen denkbar sei, da nur in diesem Fall Veranlassung bestehe, sie zu dem Vorhaben zu hören und ihnen Gelegenheit zu geben, diese Interessen[605] darzulegen. Es müsse also eine so gezogene Erheblichkeitsgrenze überschritten sein. Die gleiche Schwierigkeit stelle sich im Übrigen auch in vielen anderen Fällen, so etwa im Rahmen des § 32 b IV LuftVG, nach dem für jeden Verkehrsflughafen, für den ein Lärmschutzbereich nach dem FlugLG festzusetzen ist, eine Kommission zu bilden ist, der u.a. Vertreter „der vom Fluglärm in der Umgebung des Flugplatzes betroffenen Gemeinden" angehören sollen, da auch der Kreis dieser Gemeinden unter Umständen weit über die direkte Nachbarschaft des Flughafens hinausreiche[606].

Für die luftverkehrsrechtliche Genehmigung ist anerkannt, dass die Nichtbeachtung des den Gemeinden zustehenden Beteiligungsrechts die Genehmigung objektiv rechtswidrig macht und die dadurch betroffene Selbstverwaltungskörperschaft in einem subjektiven Recht verletzt. Eine mit einem solchen Mangel behaftete luftverkehrsrechtliche Genehmigung unterliegt daher auf die Klage der betroffenen Selbstverwaltungskörperschaft hin allein wegen dieses verwaltungsverfahrensrechtlichen Mangels, also ohne Rücksicht auf das Entscheidungsergebnis in der Sache, der Aufhebung[607].

Eingeschränkt wird dieser Grundsatz allerdings durch § 46 VwVfG, wonach die Aufhebung eines Verwaltungsakts, der nicht nach § 44 I VwVfG nichtig ist, nicht allein deshalb beansprucht werden kann, weil er unter Verletzung der Vorschriften über das Verfahren, die Form oder die örtliche Zuständigkeit zustande gekommen ist, wenn offensichtlich ist, dass die Verletzung die Entscheidung in der Sache nicht beeinflusst hat.

Die Frage, ob in dieser Regelung der Ausdruck eines allgemeinen Rechtsgedankens gesehen werden könnte und es gerechtfertigt wäre, die Regelung hier

604 so auch BVerwG, NJW 2000, 3584 ff.

605 also die Planungs- und Entwicklungsinteressen der Gemeinde und ihre sonstigen örtlichen Belange.

606 VGH BW, Urt. v. 22.03.2002 – 8 S 1271/01 –, Abschn. II. 2 d).

607 BVerwG, DÖV 1979, 517 ff.; VGH BW, a.a.O., Abschn. II. 2.d).; s. auch Quaas, NVwZ 2003, 650 f.

anzuwenden, obwohl im betreffenden Fall die Klagen nicht auf die Aufhebung eines Verwaltungsakts, sondern auf die Feststellung einer Rechtsverletzung der Kläger durch eine Rechtsverordnung gerichtet waren, ließ der VGH offen, da es für den *Senat* nicht offensichtlich war, dass die unterbliebene Beteiligung der Gemeinden keinen Einfluss auf die Entscheidung in der Sache gehabt hätte[608].

f) Kein Verstoß gegen den Vorbehalt des Gesetzes und den Parlamentsvorbehalt

Der VGH stellte außerdem noch fest, dass § 32 I 1 Nr. 1 LuftVG als Rechtsgrundlage für die angegriffenen Flugverfahren den Anforderungen des Art. 80 I GG entspreche[609]. Es sei nicht zu beanstanden, dass § 32 I 1 Nr. 1 LuftVG keine Bestimmung darüber enthält, nach welchen Kriterien die in § 27 a II LuftVO genannten Flugverfahren festzulegen sind. Die Aufnahme einer ausdrücklichen Regelung ins formelle Gesetz, dass bei dieser Festlegung ebenso wie bei anderen staatlichen Planungsaufgaben die dabei auftretenden Probleme und Interessenkonflikte im Rahmen der Abwägung angemessen berücksichtigt werden müssen, sei entbehrlich, da dieses Gebot aus dem Wesen der rechtsstaatlichen Planung folge und dementsprechend allgemein gültig sei. Auch eine Aufzählung der im Rahmen der Abwägung zu beachtenden Belange, wie etwa in § 1 V BauGB geschehen, sei verzichtbar, da sich der Kreis dieser Belange aus der Natur der zu treffenden Entscheidung und den hiervon „nach Lage der Dinge" berührten Interessen ergebe. Abzuwägen seien danach in erster Linie die Sicherheit des Luftverkehrs einerseits sowie die Lärmschutzinteressen der in dem betreffenden Bereich wohnenden Bevölkerung andererseits, im Falle der Festlegung einer An- oder Abflugstrecke außerdem die sich aus der Lage und dem Betrieb des jeweiligen Flughafens ergebenden flugtechnischen Belange. Dementsprechend enthielten auch andere Fachplanungsgesetze[610] nur die Verpflichtung, die von dem jeweiligen Vorhaben berührten öffentlichen und privaten Be-

---

608 VGH BW, a.a.O. Abschn. II. 2. d).

609 diese Vorschrift ermächtigt das BMVBW, die zur Durchführung des LuftVG notwendigen Rechtsverordnungen über das Verhalten im Luftraum und am Boden zu erlassen. Mit § 27 a II LuftVO wird diese Ermächtigung bzgl. der Festlegung der in dieser Vorschrift genannten Flugverfahren vom BMVBW auf das LBA übertragen. Die Berechtigung hierzu ergibt sich aus § 32 III 3 LuftVG.

610 vgl. z.B. §§ 17 I 2 FStrG, 14 I 2 WaStrG, 18 I 2 AEG, 28 I 2 PBefG, 37 V 1 StrG.

lange gerecht gegen- und untereinander abzuwägen, ohne über den Kreis dieser Belange nähere Bestimmungen zu treffen[611].

g) Auswirkungen des VGH-Urteils

Vor dem Hintergrund dieses Urteils hat der Bundesrat einer Initiative der Baden-Württembergischen Landesregierung am 21.06.2002 zugestimmt, dass künftig die Kommunen bei der Festlegung oder Änderung von Flugrouten oder Warteräumen angehört werden sollen[612]. Ob dieses Ziel auch nach der Aufhebung des Urteils in der Revisionsinstanz (s.u., B. III. 6.) noch weiterverfolgt wird, bleibt abzuwarten.

Die weiteren Auswirkungen des Urteils auf den Flugbetrieb wurden – vor dessen Aufhebung – von den Beteiligten zunächst unterschiedlich beurteilt. Während die Kläger davon ausgingen, dass der Luftwarteraum nicht mehr benutzt werden dürfe, wurde auf der Gegenseite erklärt, die Kläger seien zwar in ihren Rechten verletzt, aber da die RILAX-Verordnung nicht aufgehoben worden sei, habe das Urteil auch keine Auswirkungen auf den Flugbetrieb[613].

Freilich würde die letztere Auffassung, die darauf hinausläuft, dass ein Feststellungsurteil schlichtweg nicht zu beachtet werden braucht bzw. höchstens in anderen vergleichbaren Fällen Bedeutung erlangen kann, den Sinn und Zweck einer Feststellungsklage weitgehend ad absurdum führen. Zu dieser Feststellung genügt ein Blick auf die Rechtsprechung zu § 43 II VwGO: Richtet sich eine (Feststellungs-)Klage gegen den Bund, ein Land oder eine andere Körperschaft des öffentlichen Rechts, scheitert die Zulässigkeit der Klage nicht an der Subsidiaritätsklausel des § 43 II 1 VwGO, da davon auszugehen ist, dass der resp. die Beklagte aufgrund seiner resp. ihrer verfassungsmäßig verankerten Bindung an

---

611 VGH BW, Urt. v. 22.03.2002 – 8 S 1271/01 –, Abschn. II. 2 a); s. auch HessVGH, Urt. v. 11.02.2003 – 2 A 1062/01, S. 16, und 2 A 1569/01; Urt. v. 12.12.2002 –2 A 717/01, S. 11 f.

612 s. die Entschließung des Bundesrates zur Sicherung des Anhörungsrechts von Kommunen bei der Festlegung oder Änderung von Flugrouten und Warteräumen, BR-Drs. 509/02).

613 s. Schück, „Schlappe für Luftfahrtbundesamt", Schwarzwälder Bote v. 23.03.2002, und Staatsanzeiger BW v. 02.04.2002, „Kommunen wurden nicht informiert".

Recht und Gesetz das Gerichtsurteil auch ohne dahinterstehenden Vollstrekkungsdruck respektieren wird[614]. Folglich konnte auch im vorliegenden Fall das beklagte LBA und damit der Bund als Körperschaft des öffentlichen Rechts vor dem Hintergrund der Bindung an Recht und Gesetz (Art. 20 III GG) über die gerichtlich festgestellte Rechtsverletzung nicht einfach mit dem Argument hinweggehen, dass die Verordnung ja weiterhin gültig sei.

Die klagenden Gemeinden sowie der Schwarzwald-Baar-Kreis hatten parallel zum Revisionsverfahren ein Gutachten eingeholt, um nachzuweisen, dass u.a. durch eine verstärkte Eröffnung von Südanflügen der Warteraum RILAX in die Schweiz verlegt bzw. aufgelöst werden könnte[615]. Auch nach der Aufhebung des Urteils setzt die betroffene Region ihre politischen Anstrengungen fort, um eine Verlegung oder Auflösung von RILAX zu erreichen[616].

2.) a) Die Entscheidung des Oberverwaltungsgerichts Nordrhein-Westfalen: kein Beteiligungsrecht für betroffene Anwohner

Der VGH BW hat in seinem o.g. Urteil hinsichtlich des Beteiligungsrechts der betroffenen Gemeinden anders entschieden als kurz zuvor das Oberverwaltungsgericht Nordrhein-Westfalen[617] in jener Sache, die das BVerwG mit seinen Urteilen vom 28.06.2000 aufgrund fehlender Tatsachenfeststellungen an das OVG zurückverwiesen hatte: Nach Ansicht des OVG war das LBA nicht gehalten, die Kläger – in diesem Fall waren dies keine Gemeinden, sondern natürliche Personen – am Verfahren zu beteiligen. Eine gesetzliche Verpflichtung hierzu bestehe nicht[618]. Auch aus den Grundrechten ergebe sich nichts anderes. Flugverfahren stellten im Kern Maßnahmen zur Gefahrenabwehr dar, in die Lärmschutzaspekte eingebunden seien. Originäre Eingriffe in verfassungskräftig ge-

614 BVerwGE 36, 179, 181; 40, 323, 327; NJW 1976, 1648, 1650; VGH BW, DÖV 1980, 573 f.; VBlBW 1990, 374 f.; s. auch oben, B. I. 4.

615 vgl. Streck, „Warteräume in der Luft müssen verlegt werden“, Schwarzwälder Bote v. 31.05.2002.

616 vgl. Schwarzwälder Bote v. 23.05.2002, „Urteil nicht rechtskräftig – Verfahren zieht sich hin“.

617 OVG NW, Urt. v. 04.03.2002 – 20 D 180/97.AK –; VRS 2002, 463 ff. (Nr. 122); das BVerwG hat die Beschwerde der Kläger gegen die Nichtzulassung der Revision mit Beschluss vom 16.12.2002 (9 B 56.02) zurückgewiesen.

618 ebenso Wysk, ZLW 1998, 288 f., der zudem auch eine aus Art. 28 II GG folgende Anhörungspflicht der von Fluglärm betroffenen Gemeinden verneint, s.o., Fn. 602; s. auch HessVGH, Urt. v. 12.12.2002 – 2 A 717/01 –, Urteilsausfertigung S. 12 f., sowie Urt. v. 11.02.2003 – 2 A 1062/01 –, S. 14, und 2 A 1569/01, S. 9 f.; s. unten, B. III. 3., 4.

schützte Positionen würden, anders als etwa bei der Festlegung der ebenfalls durch Rechtsverordnung festzusetzenden Lärmschutzzonen nach dem FlugLG, nicht zugelassen. Da Flugverfahren lediglich Folgen der vorausgegangenen Entscheidungen über die grundsätzliche Zulässigkeit und Zumutbarkeit des von einer konkreten Anlage ausgehenden Fluglärms darstellten, sei etwa ausgelösten Grundrechtsbetroffenheiten, die trotz hinreichend erfolgter Berücksichtigung des Lärmschutzaspekts im Rahmen einer konkreten Festlegung von Flugverfahren verblieben, mit dem Mittel der Änderung im Bereich der Genehmigung bzw. des Planfeststellungsverfahrens zu begegnen; so werde jedenfalls insgesamt auch die Erfüllung der – aus dem objektiv-rechtlichen Gehalt des Art. 2 II 1 GG folgenden – Pflicht der staatlichen Organe hinreichend gewährleistet, sich schützend und fördernd vor die darin genannten Rechtsgüter zu stellen und sie insbesondere vor rechtswidrigen Eingriffen von Seiten anderer zu bewahren. Es bestehe deshalb auch keine Notwendigkeit, aus Gründen des Grundrechtsschutzes ein Verfahren mit der Funktion vorverlagerten Rechtsschutzes und einem gegenüber dem materiellen Recht eigenständigen Gewicht zugunsten Drittbetroffener zu fordern, wie dies im Atomrecht wegen der dort auftretenden, nach Art und Umfang exponentiellen Risiken, die mit den vorliegend zu bewältigenden Gefahren durch Fluglärm nicht ansatzweise vergleichbar seien, entwickelt worden sei[619].

Eine andere Betrachtung sei auch dann nicht geboten, wenn man darauf abstelle, dass Flugverfahren ihrem materiellen Gehalt nach jedenfalls auf der Grenze zwischen Norm und Allgemeinverfügung i.S.v. § 35 S. 2 VwVfG liegen[620]. Denn zum einen bestehe, wie der Wertung in § 28 II Nr. 4 VwVfG zu entnehmen sei, auch bei Allgemeinverfügungen für die Behörde keine zwingende Notwendigkeit zur vorherigen Anhörung, und zum anderen beschränke sich der – ggf. anzuhörende – Adressatenkreis auf die Luftfahrzeugführer, die zur Befolgung der (vorgeschriebenen) Flugverfahren verpflichtet seien (vgl. § 27 a LuftVO).

Schließlich folge auch aus dem Gebot, den für die beabsichtigte Planung erheblichen Sachverhalt zu ermitteln, nicht die Pflicht des Verordnungsgebers, die potenziell betroffenen Grundstückseigentümer anzuhören. Mangels gesetzlicher Bestimmungen und aus vorrangigem Recht abzuleitender Pflichten liege die Ge-

---

619 vgl. dazu BVerfG, Beschluss v. 20.12.1979 – 1 BvR 385/77 –, BVerfGE 53, 30, 62 ff.; BVerwG, Urt. v. 05.10.1990 – 7 C 55 u. 56.89 –, BVerwGE 85, 368, 373 ff.; vgl. ferner zum Abfallrecht BVerwG, Beschl. v. 19.05.1988 – 7 B 215.87 –, UPR 1989, 24 f.; näher hierzu unten, B. V.

620 s.o., B. I. 2. c, d).

staltung des Erlassverfahrens als Ausfluss der Aufgabenzuweisung im sachgerecht auszuübenden Ermessen des LBA. Aufgrund dessen sei das LBA ermächtigt, selbst zu bestimmen, auf welche Weise es sich die notwendigen Erkenntnisse, auch etwa über die jeweils zu beachtenden örtlichen Verhältnisse und Besonderheiten, verschaffe. Entscheidend für die Ermessensausübung sei das im Einzelfall verfolgte Regelungskonzept. Danach bestehe – wie auch im Revisionsurteil des BVerwG hervorgehoben – zur Herbeiführung einer abwägungsgerechten Entscheidung mit Blick auf anderweitig zur Verfügung stehende Erkenntnismittel keine generelle Pflicht zu einer bis auf die Ebene der einzelnen Grundstücke vordringenden Sachverhaltsaufklärung, die eine individuelle Anhörung bedingen könnte; vielmehr könne eine – prinzipiell zulässige – generalisierende, großräumige Betrachtung ausreichen. Für das in diesem Fall verfolgte Regelungskonzept sei nicht mehr an Tatsachenerkenntnis erforderlich gewesen, als was anhand der herangezogenen Unterlagen ermittelt worden sei. Im Übrigen sei klägerseits auch nichts aufgezeigt worden, was im Falle einer durchgeführten Anhörung vorgetragen worden wäre und angesichts der Zielsetzung sowie der gewählten Vorgehensweise der Beklagten für die konkret getroffene Entscheidung zugunsten der Kläger hätte relevant werden können[621].

b) Rechtmäßigkeit der faktischen Übertragung der Abwägungsentscheidung auf DFS und Fluglärmkommission

Des Weiteren betont das OVG unter Berufung auf das Revisionsurteil des BVerwG, dass es nicht zu beanstanden sei, wenn sich das LBA ganz maßgeblich der Hilfe der DFS bediene und dieser auch im Wesentlichen die Erarbeitung der Abwägungsentscheidung überlasse. Dies sei sachgerecht, weil die DFS – als Nachfolgerin der Bundesanstalt für Flugsicherung – die für die Vorbereitung von Flugverfahren uneingeschränkt kompetente, personell und sachlich hinreichend ausgestattete Stelle sei, bei der zudem die Kenntnis über ganz wesentliche Faktoren, von denen eine möglichst optimale Festlegung von Flugverfahren abhänge, vorhanden sei. Überdies wird darauf hingewiesen, dass die DFS – anders

621 OVG NW, Urt. v. 04.03.2002 - 20 D 180/97.AK –, Urteilsausfertigung S. 14 ff.; die Beschwerde der Kläger gegen die Nichtzulassung der Revision wurde vom BVerwG im Wesentlichen wegen unzureichender Erfüllung der Darlegungsanforderungen des § 133 III 3 VwGO zurückgewiesen (Beschluss vom 16.12.2002 - 9 B 56.02), so dass inhaltlich zu den hier genannten Aussagen des OVG-Urteils (insb. zum Beteiligungsrecht von Privatpersonen) vom BVerwG damals keine Entscheidung ergangen ist; s. allerdings unten, B. III. 6.

als das LBA – mit ihren regionalen Flugverkehrskontrollstellen jeweils vor Ort vertreten (vgl. § 27 d LuftVG) und nach §§ 27 c II, 31 b I 1 LuftVG i.V.m. der Verordnung zur Beauftragung eines Flugsicherungsunternehmens vom 11.11.1992 (FS-AuftragsV, BGBl. 1992 I S. 1928) u.a. mit der Überwachung und Lenkung der Bewegungen im Luftraum, also auch mit der Durchführung der angegriffenen Verordnung im Einzelfall betraut sei (vgl. die Verordnung über die Betriebsbediensteten der Flugsicherung (FSBetrV) v. 17.12.1992, BGBl. I S. 2068). Eine Befassung der DFS mit Fragen des Schutzes gegen Fluglärm bei konkreten Flughäfen sei zudem durch ihre Einbindung in die Tätigkeit der Fluglärmkommissionen (vgl. § 32 b LuftVG) gesetzlich verankert. Die DFS sei auch keineswegs ein in ihren Entscheidungen grundsätzlich freies oder beliebigen Einflüssen offenes privates Unternehmen; vielmehr komme ihr als Beliehener hinsichtlich ihrer Aufgaben Behördeneigenschaft zu und unterliege sie insofern der Rechts- und Fachaufsicht des BMVBW (vgl. § 31 d II LuftVG), was ihre im LuftVG als selbstverständlich vorausgesetzte Neutralität sichere.

Ebenso wenig sei im Ansatz zu beanstanden, dass das LBA bei der Gestaltung der streitigen Flugverfahren, insbesondere bei der zugrunde liegenden Bewertung der widerstreitenden Lärmschutzbelange, der Meinungsbildung in der örtlichen Fluglärmkommission wesentliches Gewicht gegeben habe. Diese sei ein nach § 32 b I LuftVG eingerichtetes Gremium mit einer beratenden Funktion, die nach der genannten Vorschrift in zentraler Weise Lärmschutzaspekte umfasse, die auch bei der Festlegung von Flugverfahren zu berücksichtigen seien (§ 29 b II LuftVG). Flugverfahren könnten wegen der mit ihnen verbundenen Verlagerung von Flugverkehr, gerade wenn diese vorrangig auf Lärmschutz ziele, zu den betrieblichen Maßnahmen der sog. aktiven Lärmminderung gehören, also unmittelbar zum Beratungsgegenstand „Maßnahmen zum Schutz gegen Fluglärm“ i.S.d. § 32 b I 1 LuftVG. Wenn auch ausdrücklich nur eine Beratung der Genehmigungsbehörde sowie der für die Flugsicherung zuständigen Stelle vorgesehen ist, so sei doch nicht zweifelhaft, dass einer wertenden Berücksichtigung der Meinungs- und Willensbildung in der örtlichen Kommission, die u.U. bis hin zu einer detaillierten Umsetzung eines in der Kommission gebilligten Flugverfahrens gehen könne, insbesondere deshalb nichts im Wege stehe – falls sie nicht sogar als aus der Sache heraus angezeigt erscheine –, weil eine fundierte Kenntnis der für den Lärmschutz im Rahmen der Festlegung von Flugverfahren relevanten Umstände gewährleistet sei, nämlich durch die Mitgliedschaft von Vertretern der von Fluglärm betroffenen Gemeinden und des – nicht zuletzt durch Beschwerden u.ä. über Problembereiche informierten – Flughafenunternehmers sowie durch die Anwesenheit eines Vertreters der Genehmigungsbehörde (vgl. § 32 b IV, VI LuftVG)[622].

3.) Die Entscheidung des Hessischen Verwaltungsgerichtshofs vom 12.12.2002: Kein Anhörungsrecht für lärmbetroffene Bürger

Der Hessische VGH hat mit Urteil vom 12.12.2002[623] die Klage von fünf Ehepaaren abgewiesen, die in den Stadtteilen Wixhausen und Arheiligen der Stadt Darmstadt wohnen. Über diese Stadtteile führt eine Abflugroute vom Flughafen Frankfurt a.M. zu dem Funkfeuer KNG (bei Bad König/Odenwaldkreis) und verzweigt sich dort in verschiedene Richtungen. Das Prinzip der Bündelung für Flüge in Richtung Süd-Ost gilt seit Inbetriebnahme der umstrittenen Startbahn 18 (West) im Jahre 1984. Die derzeit rund 145 Maschinen pro Tag – davon 15 in der Nacht – fliegen nach ihrem Start zunächst einige Kilometer geradeaus nach Süden. An einem festgelegten Punkt schwenken sie auf die südöstliche, über die Darmstädter Ortsteile führende Route um. Erst nach rund 45 Kilometern bei Bad König dürfen die Piloten diese Strecke verlassen und den Kurs auf das eigentliche Reiseziel ausrichten.

Die Kläger machten geltend, dass von der Flugroute eine unzumutbare Lärmbeeinträchtigung ausgehe. In den letzten Jahren habe die Zahl der Flugbewegungen stetig zugenommen und seit der Einführung der Satelliten-Navigation sei eine zunehmende Bündelung der Flugspuren über ihren Anwesen festzustellen. Dieser Bündelungseffekt sei zwar von der Fluglärmkommission beim Flughafen Frankfurt und von der DFS gewollt. Es sei aber geboten, die Überflüge im Interesse eines Lastenausgleichs nach der Art der Flugzeuge oder nach wechselnden Zeitblöcken auf unterschiedliche Bereiche aufzuteilen („noise sharing“).

Zunächst verneinte der *Senat* unter Verweis auf das oben (B. III. 2.) erläuterte Urteil des OVG NW ein **Anhörungsgebot** hinsichtlich der einzelnen Kläger. Eine Anhörung einzelner Betroffener beim Erlass einer Rechtsverordnung sei nach Art. 80 GG nicht vorgesehen und auch anderweitig nicht ableitbar. Angesichts der typischen und – bei gleicher Lage zur Route – auch gleichmäßigen Lärmbetroffenheit durch eine Flugroute sei es weder geboten noch sinnvoll durchführbar, alle potentiell lärmbetroffenen Bürger vor Erlass der Rechtsverordnung anzuhören. Die für die Abwägung maßgeblichen Parameter (wie z.B. Flugbewegungszahl, Flughöhe, Flugzeugmix und Besiedlungsstruktur) ließen

622 OVG NW, a.a.O., Urteilsausfertigung S. 17 f.
623 Az.: 2 A 717/01 (noch nicht rechtskräftig).

sich auch ohne Anhörung aller Betroffenen hinreichend sicher und vollständig ermitteln.

Der Hessische VGH hat sich auch im Übrigen die Auffassung der Kläger nicht zu eigen gemacht. Nach seiner Ansicht erfüllt die Festlegung von Flugrouten eine **reine Verteilungsfunktion**. Durch die Genehmigung und Planfeststellung des Flughafens Frankfurt sei ein bestimmtes Lärmpotential vorgegeben, das durch die Routenführung nicht verändert, sondern nur auf unterschiedliche Bereiche aufgeteilt werden könne. Damit schließt sich der *Senat* insoweit grundsätzlich der oben (B. III. 2.) dargelegten Rechtsprechung des OVG NW sowie den Entscheidungen des BVerwG vom 28.06.2000 an, dies allerdings mit der Ergänzung, dass aufgrund des planerischen Gestaltungsspielraums des LBA die Möglichkeit bestehe – die im Einzelfall zur Verpflichtung werden könne –, sich für ein lärmminderndes Verfahren zu entscheiden, auch wenn darunter die Flüssigkeit der Abwicklung des Flugverkehrs leidet und sich dieses Phänomen mittelbar auf die Kapazität eines Flughafens auswirkt. Die Flugsicherung habe zwar keinen Einfluss auf die aktuell zu bewältigende Flugmenge, langfristig spiele aber das Argument der Flüssigkeit der Verkehrsabwicklung bei der Festsetzung der Koordinierungseckwerte (Slots), die die abstrakte Kapazität eines Flughafens bestimmten, eine erhebliche Rolle (vgl. § 27 a II 2 LuftVG). Unter engen – im Urteil nicht näher erörterten – Voraussetzungen könne über lärmmindernde Ab- und Anflugverfahren eine Reduzierung des Lärms insgesamt erreicht werden, wenn auch mit Einbußen bei der Flüssigkeit der Verkehrsabwicklung und damit letztlich bei der Kapazität des Flughafens.

Bei der Festlegung der Flugrouten müsse das LBA als verantwortliche Behörde neben der Sicherheit und Flüssigkeit des Luftverkehrs auch den Lärmschutz der betroffenen Bürger in die **Abwägung** einstellen. Während die Sicherheit des Luftverkehrs vordringlichstes Ziel der Flugsicherung sei, bestehe zwischen den Bezugspunkten Flüssigkeit des Luftverkehrs einerseits und Lärmschutz der Bevölkerung andererseits ein Spannungsverhältnis, in dem die Ermächtigung, aber auch die Verpflichtung des LBA, eine abwägende Entscheidung über die Routenführung zu treffen, besonderes Gewicht erlangten.

Im Übrigen schließt sich der *Senat* hinsichtlich der Abwägung der Rechtsprechung des BVerwG und des OVG NW bezüglich der Einschränkung auf eine generalisierende Betrachtungsweise sowie der Bejahung eines relativ weiten – normativen – Gestaltungsspielraumes an. So sei es nicht abwägungsfehlerhaft, wenn bei der Festlegung einer Flugroute das in Relation zu seiner Umgebung relativ dicht besiedelte Gebiet einer größeren Stadt von erheblichem Fluglärm verschont werde, auch wenn dadurch die Bevölkerung in weniger stark besiedelten Gebieten zusätzlich durch Fluglärm belastet werde. Deshalb sei das LBA nicht verpflichtet, die Flugwege fächerartig über dem Gebiet der Stadt Darmstadt aufzuteilen.

Dem Gericht drängten sich auch keine anderen Alternativen für eine Umverteilung der Überflüge auf. Denn dann müssten andere Betroffene einer Mehrbelastung ausgesetzt werden, obwohl sie schon jetzt erheblich und in einem ähnlichen Umfang wie die Kläger durch Fluglärm beeinträchtigt würden. Das LBA sei daher nicht gehalten gewesen, anlässlich der Neudefinition der An- und Abflugverfahren im Februar 1997 für die Abflugstrecke zu dem Navigationspunkt KNG eine andere Routenführung festzusetzen.

Das Gericht beanstandet auch den Abwägungsvorgang nicht. Denn die KNG-Route sei in unterschiedlichen Varianten seit vielen Jahren immer wieder Gegenstand von Erörterungen in der Fluglärmkommission gewesen und verschiedenen Testphasen ausgesetzt worden.

4.) Mangelnde Berücksichtigung besonderer topographischer Verhältnisse als Planungsfehler

In zwei weiteren, am 11.02.2003 verkündeten Urteilen[624] stellte der Hessische VGH fest, dass die über den Taunus zu dem signifikanten Punkt „TABUM" (nordwestlich von Schmitten) führenden Abflugverfahren rechtswidrig seien und daher nach einer Übergangsfrist von drei Monaten nicht mehr angewendet werden dürften. Gegenstand dieser Verfahren waren Flugrouten, die bei westlichem Wind für Starts von den beiden Parallelbahnen des Flughafens Frankfurt a.M. zunächst in nordwestlicher und später in nordöstlicher Richtung via „TABUM" führen. Die Flugverfahren waren mit Wirkung vom 19.04.2001 im Rahmen einer Neuordnung der Flugverfahren im Nordwesten des Flughafens Frankfurt a.M. ausgewiesen worden[625].

Kläger waren im ersten Verfahren die Städte Bad Soden, Eppstein, Kelkheim und Königstein sowie die Gemeinden Glashütten, Schmitten und Niedernhausen, im zweiten Verfahren vier private Kläger aus Kelkheim, Schmitten und Glashütten.

Der VGH hat die Klage der Städte Bad Soden und Königstein insgesamt abgewiesen. Soweit diese Kommunen Eigentümerinnen bewohnter Grundstücke sind, seien sie durch die neu eingeführten Flugrouten keiner **abwägungserheb-**

---

624 Az.: 2 A 1062/01 und 2 A 1569/01; die Urteile sind noch nicht rechtskräftig; das LBA hat in Abstimmung mit der DFS gegen die Nichtzulassung der Revision Beschwerde eingelegt und erhofft sich von einer evtl. Revisionsentscheidung des BVerwG Erkenntnisse bzgl. der Fragen, ab welchen Fluglärmwerten zwingend eine Abwägung zwischen betrieblichen Belangen und Lärmschutzinteressen vorzunehmen ist und ab welchem Betroffenheitsgrad eine Rechtsverletzung vorliegen kann.

625 13. ÄnderungsVO zur 177. LuftVO-DVO i.d.F. der 212. DVO zur LuftVO.

lichen Lärmbelastung ausgesetzt. Die Gemeinden seien nicht dazu berechtigt, Immissionsschutzbelange ihrer Bürger als eigene Angelegenheiten oder nach Art einer Prozessstandschaft im eigenen Namen wahrzunehmen. Damit dieser Grundsatz nicht über das Institut der Planungshoheit umgangen werde, sei strikt zwischen den Immissionsschutzbelangen der Bewohner der Gemeinde einerseits und den Planungskompetenzen der Gemeinde andererseits zu differenzieren. Die Planungshoheit verschaffe den Kommunen ein Recht auf Planung, aber keinen Anspruch darauf, Baugebiete auszuweisen, die frei von Störungen sind.

Der VGH verneinte zudem hinsichtlich dieser beiden Klägerinnen eine abwägungserhebliche Lärmbelastung. Hinsichtlich der **Erheblichkeitsschwelle** der Lärmbetroffenheit stellte der Senat klar, dass diese Grenze bezüglich der Abwägungserheblichkeit von der fachplanerischen Zumutbarkeits- oder Erheblichkeitsschwelle zu unterscheiden sei. Soweit durch die neue Flugroute eine Erhöhung der Lärmbelastung von 41,5 auf 41,8 dB(A) tags und von 34 auf 34,4 dB(A) nachts zu verzeichnen sei, sei diese Veränderung für das menschliche Ohr akustisch nicht wahrnehmbar und daher kein abwägungserheblicher Belang. Ebenso wenig seien Mittelungspegel von 32 bis 39 dB(A) tags und 26 bis 30 dB(A) nachts im Rahmen der Flugroutenfestlegung abwägungserheblich. Denn diese Werte lägen noch um 10 dB(A) unter den niedrigsten Orientierungswerten nach der DIN 18005 (Schallschutz im Städtebau), die keine Grenzwerte, sondern optimale Planungsziele für die Ausweisung von reinen Wohngebieten beschrieben und bei 50/40 dB(A) lägen. Selbst sehr ruhige Wohngebiete seien vielfältigen Schallereignissen ausgesetzt mit der Folge, dass Mittelungspegel von maximal 39 dB(A) am Tag und 30 dB(A) in der Nacht eher einen Rechenwert als einen tatsächlichen Zustand beschreiben würden.

Dies gelte auch, wenn dabei vereinzelte Maximalpegel bis zu 70 dB(A) tags und 65 dB(A) nachts erreicht würden, die sicher als störend wahrnehmbar seien. Abgesehen von deren geringer Häufigkeit sei nämlich auszuschließen, dass angesichts der Besiedlungsstruktur im – auch größeren – Frankfurter Umkreis eine Flugroute ausweisbar sei, die solche Lärmbelastungen generell vermeiden könnte.

Die Klagen der anderen Kommunen und der privaten Kläger hatten überwiegend Erfolg. Die Lärmbelastungen der klägerischen Anwesen mit Mittelungspegeln von 44 bis 49 dB(A) tags und 36 bis 41 dB(A) nachts wurden hier als abwägungserheblich anerkannt.

Ein **Anhörungsrecht** wurde – wie bereits im Urteil vom 12.12.2002 (s.o. B. III. 3.) – hinsichtlich der betroffenen Bürger verneint. Bezüglich der klagenden Kommunen ließ der VGH offen, ob aus **Art. 28 II GG** ein Beteiligungsrecht abzuleiten ist, da nach Ansicht des *Senats* eine ausreichende Anhörung der kommunalen Klägerinnen erfolgt war. Der VGH äußerte allerdings trotzdem

Zweifel hinsichtlich der Ableitbarkeit eines Beteiligungsrechts unmittelbar aus Art. 28 II GG. Denn das Verfahren zur Festsetzung von Flugverfahren unterscheide sich von anderen Fällen, in denen ein Anhörungsrecht kraft Verfassung anerkannt sei, nicht nur graduell – wie der VGH BW in seinem „Rilax"-Urteil festgestellt hatte (s.o. B. III. 1. e) –, sondern vielmehr strukturell. Dies liege insbesondere an der Eigenart der Festsetzung der Flugrouten durch eine generalisierende und mehr vergleichende Abwägung, die eine erheblich geringere Ermittlungstiefe erfordere als etwa die Festsetzung eines Lärmschutzbereichs für einen Flughafen oder die fachplanerische Abwägung für die Errichtung oder Änderung eines Flughafens.

Der VGH sah aber in dem Umstand einen (allerdings später geheilten) **Abwägungsfehler**, dass das LBA keine hinreichende **eigene Abwägungsentscheidung** getroffen habe, da es aus Sicht des *Senats* an der Nachprüfbarkeit fehlte, ob das LBA trotz der weitgehenden **Übertragung** der Abwägungsentscheidung **auf die DFS** für die Einhaltung des Abwägungsgebots Sorge getragen hatte. Aus den §§ 32 I Nr.1, III 3 LuftVG i.V.m. 27 a II 1 LuftVO ergebe sich für das LBA die Pflicht, die mit der Festsetzung verbundene Abwägung selbst vorzunehmen. Für eine Beschränkung des LBA auf die Prüfung der Rechtsförmlichkeit der Verordnung, wie in einem Organisationserlass des BMV vom 07.07.1993 vorgesehen, würden die gesetzlichen Bestimmungen keinen Ansatz bieten. Zwar sei es nicht zu beanstanden, wenn die DFS aufgrund ihrer Sachkunde sowie ihrer personellen und technischen Ausstattung die Ausweisung von Flugverfahren weitgehend – bis zur Unterschriftsreife – vorbereite. Die abschließende verantwortliche Entscheidung über die Festsetzung dieser Flugverfahren und die damit verbundene – durch Begründungen, Erläuterungsberichte oder sonstige Vorgänge im Zusammenhang mit der Routenplanung nachvollziehbare – Entscheidung über die Einhaltung der Anforderungen des Abwägungsgebots müssten aber dem LBA vorbehalten bleiben. Dieses Eigengewicht der Entscheidung des LBA erfülle neben den kompetenzrechtlichen Anforderungen auch zwei wesentliche materiell-rechtliche Funktionen: Zum einen biete die Zuständigkeit des LBA für die abschließende Entscheidung die organisationsrechtliche Gewähr, dass den Belangen der Flugsicherung i.S.d. § 27 c I LuftVG, insbesondere an der flüssigen Abwicklung des Luftverkehrs, die Lärmschutzbelange der betroffenen Wohnbevölkerung mit dem gebotenen Nachdruck entgegengehalten würden. Zum anderen komme den Stellungnahmen und Wünschen der Fluglärmschutzkommission (beim Frankfurter Flughafen) ein erhebliches Gewicht zu. Da die dortige Willensbildung auf dem Mehrheitsprinzip beruhe, obliege dem LBA die Aufgabe, den Schutz der Minderheiten nach Maßgabe des Abwägungsgebots zu gewährleisten.

Das Gericht stellte des Weiteren fest, dass das LBA bei der Routenausweisung abwägungsfehlerhaft die spezifischen topographischen Verhältnisse nicht ausreichend berücksichtigt habe. Die Lärmminderung, die sonst mit zunehmender Flughöhe eintrete, werde durch den hier beachtlichen Anstieg des Geländes weitgehend neutralisiert, zumindest aber erheblich relativiert. Deshalb müsse das LBA die Routenführung unter Berücksichtigung der realen Flughöhen über Grund – mit Hilfe der inzwischen um diesen Punkt erweiterten Simulationsmodelle der DFS – überprüfen, zumal nicht auszuschließen sei, dass eine mögliche geringe Verschiebung der Route zu einer insgesamt schonenderen Alternative führe.

Um zu vermeiden, dass infolge der Entscheidung Risiken für die Sicherheit des Luftverkehrs oder Mehrbelastungen für Gebiete entstehen, die schon jetzt bis zur Grenze der Zumutbarkeit durch Lärm beeinträchtigt seien, hat der VGH dem LBA einen Übergangszeitraum von drei Monaten eingeräumt, in dem die Kläger die Flugverfahren trotz des Planungsfehlers zu dulden hatten. Der VGH stellte allerdings auch klar, dass einer Routenführung über bisher nicht belastete Taunus-Regionen keine grundsätzlichen Hindernisse entgegenstünden, da es keinen Grundsatz des Vertrauens- oder Bestandsschutzes oder sonstigen Planungsgrundsatz gebe, der es verbietet oder auch nur von bestimmten, strikten Voraussetzungen abhängig macht, dass ein durch Verkehrslärm bisher nicht oder kaum belastetes Gebiet neuen Immissionsbelastungen ausgesetzt wird. Je nach Ergebnis der Überprüfung der von dem Gericht beanstandeten Verfahren sei es daher nicht ausgeschlossen, dass das LBA diese oder ähnliche Routen neu festsetze.

Hinsichtlich der **Ermittlungstiefe** im Rahmen der Abwägung – auch bei der Prüfung von Alternativen – hält der *Senat* eine generalisierende und mehr vergleichende Betrachtungsweise für ausreichend, wobei allerdings die Maßstäbe der Bewertung – etwa die Gewichtung zwischen dem Maß der Lärmbetroffenheit und der Zahl der Betroffenen – erkennbar und die wesentlichen tatsächlichen Voraussetzungen – etwa die wesentlichen Eingabedaten – nachvollziehbar sein müssten.

Keinen Erfolg hatten die Klagen, soweit sie sich gegen Anflugverfahren oder diejenigen Abflugverfahren richteten, die von dem Flughafen zunächst in südlicher und südwestlicher Richtung verlaufen und dann in einer großen Rechtskurve nach Nordosten – auf langem Weg – nach TABUM geführt werden. Diese ohnehin nur relativ selten genutzten Verfahren sind nach den Feststellungen des VGH planungsrechtlich nicht zu beanstanden.

5.) VGH Baden-Württemberg: Nacht- und Wochenendflugbeschränkungen bezüglich Flughafen Zürich sind abwägungsfehlerfrei

In zwei anderen (bereits oben unter europa- und völkerrechtlichen Aspekten erläuterten[626]) Verfahren hatte der VGH BW über Klagen der Zürcher Flughafengesellschaft „Unique“ sowie der Fluggesellschaft „Swiss“ auf Feststellung, dass die in § 2 VI der 213. DVO zur LuftVO (Festlegung von Flugverfahren für An- und Abflüge nach Instrumentenflugregeln zum und vom Flughafen Zürich) vom 15.01.2003 (BAnz. vom 18.01.2003, Nr. 12, S. 813) festgelegten Beschränkungen sie in ihren Rechten verletzten, zu entscheiden.

Der VGH stellte in seinen klagabweisenden Urteilen[627] zunächst fest, dass die in der angegriffenen Verordnung festgelegten zeitlichen Flugbeschränkungen durch § 32 I 1 Nr.1 LuftVG i.V.m. § 27 a LuftVO als Ermächtigungsgrundlage gedeckt seien. Die streitige Vorschrift des § 2 VI der 213. DVO beschränke nur die Instrumentenanflugverfahren in zeitlicher Hinsicht bzw. bezüglich der einzuhaltenden Mindestflughöhe, ohne damit in die Betriebsmöglichkeiten des Flughafens Zürich einzugreifen.

Dem Vorbringen der Klägerinnen, § 27 a LuftVO ermächtige nur zur Festlegung von Flugverfahren, wozu tageszeitabhängige Flugverbote nicht gehörten, folgte der *Senat* nicht. Denn aus Absatz 2 S. 1 dieser Vorschrift ergebe sich, dass der Begriff „Flugverfahren“ mehr umfasse als die – in den §§ 2 I bis V und § 3 der 213. DVO getroffene – Festlegung von Flugwegen, Flughöhen und Meldepunkten, die nur beispielhaft („einschließlich“) aufgeführt würden. Da aber über die drei angeführten Flugparameter hinaus keine weiteren Routenvorgaben vorstellbar seien, die ausschließlich einen räumlichen Bezug aufweisen, müssten auch Regelungen der Benutzung des Luftraums in zeitlicher Hinsicht auf § 27 a II LuftVO gestützt werden können. Ein derart weites Verständnis lege vor allem § 32 I 1 Nr. 1 LuftVG nahe, aus dem sich die eigentliche Verordnungsermächtigung ergebe, die durch § 27 a II LuftVO in Ausübung der in § 32 III 2 LuftVG enthaltenen Berechtigung lediglich an das LBA weiter delegiert worden sei[628].

---

626 s.o., A. II. 3.

627 VGH BW, Urteile vom 24.01.2003, Az.: 8 S 2209/02 und 8 S 2224/02; die Urteile sind noch nicht rechtskräftig. Gegen die Nichtzulassung der Revision wurde von beiden Klägerinnen Beschwerde eingelegt; auf diese hin wurde die Revision vom BVerwG mit Beschlüssen vom 07.01.2004 (BVerwG 4 B 45.03 und 4 B 44. 03, nunmehr 4 C 6.04 und 4 C 4.04) wegen grundsätzlicher Bedeutung der Rechtssache (§ 132 II Nr. 1 VwGO) zugelassen, da das Revisionsverfahren Gelegenheit biete, die Befugnisse des LBA bei der Festlegung von Flugverfahren nach § 27 a LuftVO, insb. von An- und Abflugrouten, weiterer Klärung zuzuführen.

628 so der VGH bereits im „RILAX“-Urteil v. 22.03.2002 – 8 S 1271/01 –, VBlBW 2002, 521, 523; ebenso HessVGH, Urt. v. 11.02.2003 – 2 A 1062/01, S. 16, und 2 A 1569/01, S. 8 f.; Urt. v. 12.12.2002 – 2 A 717/01, S. 11 f.

Denn dort werde eine umfassende Ermächtigung zum Erlass von Verordnungen über das „Verhalten im Luftraum und am Boden“ erteilt.

Der klägerische Einwand, nur § 32 I 1 Nr. 15 LuftVG ermächtige zum Erlass von Rechtsverordnungen, die den Schutz der Bevölkerung vor Fluglärm zum Ziel hätten[629], ist nach Ansicht des *Senats* unberechtigt. Denn diese Bestimmung ziele darauf ab, die Vorschrift von Maßnahmen zur Geräuschminderung zu ermöglichen. Demgegenüber gehe es in diesem Fall aber darum, den Fluglärm während der festgelegten „Sperrzeiten“ vom deutschen Gebiet fern zu halten, also mittelbar anders zu verteilen. Im Übrigen reiße die Argumentation der Klägerinnen die angegriffenen Festlegungen aus ihrem Kontext und unterziehe sie damit in unzulässiger Weise einer isolierten Betrachtung. Denn die 213. DVO diene in erster Linie dem Zweck, den Anflug auf den Flughafen Zürich in geordnete Bahnen zu lenken; die Beschränkungen in ihrem § 2 VI und die in § 2 VII umschriebenen Ausnahmen beträfen deshalb nur einen Teilaspekt der Gesamtregelung. Die Argumentationsweise der Klägerinnen vernachlässige dagegen den Umstand, dass die Verordnung zunächst und hauptsächlich deutschen Luftraum für den Anflug auf einen ausländischen Flughafen zur Verfügung stelle[630].

Ob das im Rechtsstaatsprinzip (Art. 20 III GG) verankerte Abwägungsprinzip auch zugunsten der Klägerinnen gilt, obwohl sie sich als ausländische juristische Personen nicht auf die Grundrechte berufen können (s.o., A. II. 3. b cc), ließ der VGH offen, da jedenfalls ein auf das der bekämpften Verordnung zugrunde liegende Abwägungsergebnis durchschlagender Abwägungsfehler hinsichtlich der privaten Belange der Klägerinnen nicht vorliege, weshalb auch die Frage, ob der Abwägungsvorgang mangelfrei ist, offen bleiben könne. Hinsichtlich der klagenden Fluggesellschaft habe – anders als bei den von An- und Abflugrouten betroffenen, durch Art. 28 II GG geschützten Gemeinden – keine Rechtspflicht bestanden, die einzelnen Fluggesellschaften, die von Flugbeschränkungen betroffen sind, vor Erlass der Regelung anzuhören. Ferner spreche nichts dafür, dass den Luftverkehrsgesellschaften im Hinblick auf die Festlegung genereller Flugverfahren, die von ihren Piloten nur dann zu beachten sind, wenn keine Flugverkehrskontrollfreigabe erteilt wird (vgl. §§ 27 a I, 26 II 2 LuftVO), abwägungserhebliche Belange zustünden. Im Übrigen habe der Verordnungsgeber die Interessen der Fluggesellschaft ebenso wie die Interessen der im Parallelverfahren klagenden Flughafengesellschaft angemessen berücksichtigt. Das folge daraus, dass er im Wesentlichen die Regelungen des am 18.10.2001 unterzeichneten Staatsvertrags übernommen habe. Dem Vertragsschluss waren aber eingehende Verhandlungen vorausgegangen, die sich letzt-

629 wobei gem. § 32 I 5 LuftVG das BMU zu beteiligen wäre.

630 VGH BW, Urteile vom 24.01.2003, Az.: 8 S 2209/02 und 8 S 2224/02, Urteilsausfertigungen S. 11, 12 f.

lich mit nichts anderem beschäftigten als den Belangen der Klägerinnen und der Anwohner in der Schweiz einerseits sowie den Lärmschutz- und Umweltinteressen der vor allem vom Tourismus lebenden süddeutschen Region andererseits[631].

Die Bedeutung und Widmung des Flughafens Zürich als internationaler Verkehrsflughafen und Luftverkehrs-Drehkreuz seien in die Abwägung eingestellt worden, ebenso das Interesse der Fluggesellschaft an der Nutzung des Flughafens Zürich als Heimatflughafen (Hub). Dabei konnte allerdings nach Ansicht des *Senats* – das Gewicht dieser Belange mindernd – berücksichtigt werden, dass spätestens seit der Kündigung des Ver-waltungsabkommens aus dem Jahre 1984 im Mai 2000 (und damit schon vor Gründung der klagenden Fluggesellschaft) mit einer Änderung der Flugverfahren im deutschen Luftraum habe gerechnet werden müssen. Ebenso war seither die Nachrüstung der Pisten gefordert, und die Flughafengesellschaft wurde mit der ihr am 30.05.2001 erteilten Betriebskonzession verpflichtet, innerhalb eines Jahres nach Paraphierung – und nicht etwa Ratifizierung – des Staatsvertrags zwischen der Schweiz und Deutschland ein entsprechend angepasstes Betriebsreglement mitsamt einem Bericht über die Umweltverträglichkeit dem BAZL vorzulegen.

Andererseits sei in nicht zu beanstandender Weise berücksichtigt worden, dass die lärmbetroffene Region im Südschwarzwald, dem größten deutschen Naturpark, mit zahlreichen Kur- und Rehabilitationseinrichtungen wirtschaftlich vom Tourismus und Fremdenverkehr lebe und deshalb besonders lärmsensibel sei. Wenn sich der Verordnungsgeber deshalb trotz der Erkenntnis, dass es schwer zu bewerten sei, wo die Grenze der unzumutbaren Lärmbeeinträchtigung für diesen Raum zu ziehen ist, dafür entscheide, aus Gründen der Vorsorge an den für die Ruhe und Erholung besonders wichtigen Tagen bzw. Tageszeiten den Flugverkehr zu beschränken, so könne darin kein Abwägungsfehler gesehen werden. Dies gelte erst recht, wenn die Ausnahmebestimmung in § 2 VII der 213. DVO berücksichtigt werde, durch die gewährleistet sei, dass der Flughafen auch bei den widrigsten äußeren Umständen über deutsches Hoheitsgebiet sicher angeflogen werden könne. Soweit es für die klagende Flughafengesellschaft durch geänderte Anflugrouten zu Kapazitätsengpässen oder Umlaufverspätungen komme, müsse die Klägerin dem durch eine entsprechende Optimierung des Betriebsmanagements zu begegnen versuchen. Sie könne dagegen – insbesondere angesichts der genannten Versäumnisse in der Vergangenheit – keine unbegrenzte Offenhaltung des deutschen Luftraums verlangen[632].

Auch die deutschen Flughäfen könnten nur auf bestimmten Routenangeflogen werden. Komme es dort zu geringeren Umlaufverspätungen und anderen

631 VGH BW, Urteile vom 24.01.2003, Az.: 8 S 2209/02 und 8 S 2224/02, Urteilsausfertigungen S. 21 ff.

632 VGH BW, Urteile vom 24.01.2003, Az.: 8 S 2209/02 und 8 S 2224/02, Urteilsausfertigungen S. 21 ff.

Belastungen für die Fluglinien, die dort ihre Drehkreuze unterhalten, als für die klagende Fluggesellschaft auf dem Flughafen Zürich, so liege dies daran, dass deren Pistenausrichtung und ihre Instrumentierung sich an allen zur Verfügung stehenden Anflugrouten orientierten, während in Zürich-Kloten die Hauptbetriebsrichtungen nicht mit rechtlich gesicherten Anflugwegen übereinstimmten, denn schon die Verwaltungsvereinbarung von 1984 habe Nachtflugverbote enthalten.

Im Übrigen könne sich die Flughafengesellschaft hinsichtlich der abwägungsrelevanten Belange nicht zur Sachwalterin der Flugverkehrsgesellschaft und des Interesses der Schweizer Bürger im Flughafenumfeld machen. Ebenso wenig könne die Fluggesellschaft die Sachwalterposition für die lärmbetroffenen Bürger einnehmen, zumal sie selbst als Hauptnutzerin des Flughafens mit ihren Maschinen den größten Beitrag zur Fluglärmproblematik leiste. Das Gleiche gelte hinsichtlich der Entschädigungsleistungen, die bei einer Umstellung des Flugbetriebs auf einen Südanflug an die betroffenen Anwohner zu zahlen sein würden, da die Fluggesellschaft nicht Schuldnerin dieser Leistungen sein werde.

Insgesamt sei die Abwägungsentscheidung als ausgewogen zu bewerten. Der *Senat* schließt sich hinsichtlich dieser Schlussfolgerung dem Ergebnis zweier aus dem Jahr 2001 stammender Rechtsgutachten an. Deren Kernaussagen lauten, dass der Flughafen Zürich beträchtliche Vorteile für die Schweiz bringe[633] und Deutschland für den Betrieb dieses Flughafens keine Opfer abverlangt werden sollten, die durch alternative An- und Abflugrouten in der Schweiz vermieden werden könnten. Dass diese Alternativrouten (im Osten, Süden, Westen) Belästigungen für dicht besiedelte Gebiete mit sich brächten, sei der Preis für die wirtschaftlichen Vorteile der Schweiz und rechtfertige nicht den Versuch, die damit verbundenen Nachteile in einen Nachbarstaat zu exportieren[634].

6.) Bundesverwaltungsgericht: kein Anhörungsrecht betroffener Gemeinden aus Artikel 28 II GG

Das oben (unter B. III. 1.) erläuterte „RILAX-Urteil" des VGH Baden-Württemberg wurde auf die Revision der beklagten BRD hin vom BVerwG mit Urteil vom 26.11.2003[635] aufgehoben, die Klagen wurden abgewiesen. Anders

633 nur etwa 0,8 % der Beschäftigung und Bruttowertschöpfung des Flughafens Zürich entfallen auf Deutsche bzw. Deutschland, s.o., A. II. 3. b aa).

634 VGH BW, Urteile vom 24.01.2003, Az.: 8 S 2209/02 und 8 S 2224/02, Urteilsausfertigungen S. 21 ff.

635 BVerwG 9 C 6.02.

als der VGH sah das BVerwG keine aus Art. 28 II GG folgende Pflicht des LBA, die betroffenen Gemeinden vor Erlass der Verordnungen zur Festlegung der Flugverfahren anzuhören. Ein solches Beteiligungsrecht der Gemeinden sei im Gesetz nicht vorgesehen und auch von Verfassungs wegen nicht geboten. Die Festlegung von Flugverfahren unterscheide sich in der Art und Intensität der von ihnen ausgehenden nachteiligen Wirkungen auf das Gemeindegebiet wesentlich und nicht nur graduell von den bisher in der Rechtsprechung entschiedenen Fällen verfassungsunmittelbarer gemeindlicher Beteiligung, namentlich bei luftverkehrsrechtlichen Genehmigungen mit vorentscheidender Wirkung für das nachfolgende Planfeststellungsverfahren über den Flughafenstandort sowie bei der Festlegung von Lärmschutzbereichen nach dem FlugLG (s.o., B. III. 1. e). Verordnungen über das Flugverfahren hätten keine vergleichbare Wirkung. Sie unterschieden sich wesentlich von den unmittelbar raumbedeutsamen Entscheidungen und Maßnahmen jener anderen Verfahren. Denn durch die Anordnung von Flugverfahren werde weder unmittelbar auf das Gemeindegebiet zugegriffen noch führe sie zu einer vergleichbar gravierenden Einschränkung der gemeindlichen Planungshoheit. Zwingende Einflüsse auf diese seien nicht erkennbar. Auch wenn nicht ausgeschlossen sei, dass sich die klagenden Gemeinden veranlasst sehen mögen, bei ihrer Bauleitplanung wie auch der kommunalen oder sonstigen Nutzung ihrer Grundstücke der vorhandenen Fluglärmbelastung Rechnung zu tragen, würde dies eine erhebliche und nachhaltige Beeinträchtigung verfassungsrechtlich geschützter Rechte der klagenden Gemeinden als wesentliche Voraussetzung für die Annahme eines verfassungsunmittelbaren Anhörungsrechts nicht indizieren.

Einen erheblichen Unterschied zu den Fällen, in denen das BVerwG und das BVerfG Beteiligungsrechte der Gemeinden unmittelbar der Verfassung entnommen haben, sieht das BVerwG bei der Anordnung von Flugverfahren auch darin begründet, dass diese, wenn nötig, schnell und ohne großen Verfahrensaufwand korrigiert oder revidiert werden könnten. Anders als dies vielfach bei der Umsetzung von Genehmigungs- und Planungsentscheidungen durch die Errichtung entsprechender Bauwerke der Fall sei, würden keine „vollendeten Tatsachen“ geschaffen[636].

Auch eine willkürliche Missachtung der Lärmschutzinteressen der betroffenen Gemeinden und Anwohner könne dem LBA nicht vorgeworfen werden. Zwar habe nach den das BVerwG bindenden tatsächlichen Feststellungen der Vorinstanz bei der erstmaligen Festlegung des Anfangsanflugpunktes und des

636 die beispielsweise Betrachtung der oben geschilderten „RILAX“-Problematik mit den dabei aufgewendeten Bürgerprotesten, Rechtsmitteln und technischen Gutachten begründet allerdings Zweifel daran, dass sich die Möglichkeit, eine Aufhebung oder Abänderung von Flugverfahren zu erzielen, in der Praxis tatsächlich stets schnell und ohne größeren Aufwand umsetzen lässt.

Warteverfahrens im Jahr 2000 eine Abwägung der Lärmschutzbelange der Kläger nicht stattgefunden. Bereits während des Klageverfahrens vor dem VGH sei jedoch durch das LBA die Mindestflughöhe für das Warteverfahren von ursprünglich 7.000 Fuß über NN durch eine Änderung der maßgeblichen Verordnungen auf 13.000 Fuß angehoben worden. Dies sei ersichtlich mit Rücksicht auf die Lärmschutzinteressen der betroffenen Anwohner und Gemeinden geschehen. Da nach der tatrichterlichen Würdigung des VGH schon der bei einer Mindestwarteflughöhe von 7.000 Fuß gemessene Fluglärm für die Betroffenen nicht unzumutbar gewesen sei, müsse dies erst recht im Hinblick auf die angehobene Mindestwarteflughöhe gelten. Es spreche daher nichts dafür, dass die in dieser Anhebung zum Ausdruck kommende Abwägung durch das LBA die schutzwürdigen Belange der Kläger willkürlich hinter flugsicherheitstechnische Gesichtspunkte zurückstelle; allein darauf könnten die Verordnungen nach der Rechtsprechung des BVerwG gerichtlich überprüft werden. Umso mehr müsse dies für das Warteverfahren und den Anfangsanflugpunkt nach Maßgabe der nunmehr geltenden, nach dem Urteil der Vorinstanz erneut geänderten Verordnung gelten, die auch im Revisionsverfahren zu berücksichtigen sei. In ihr werde noch weiter gehend auf die Lärmschutzbelange der Bevölkerung Rücksicht genommen durch eine erneute Erhöhung der Mindestflughöhe für das Warteverfahren in den Nachtstunden auf 18.000 Fuß sowie durch weitere Beschränkungen des Anflugverfahrens nachts und an Samstagen, Sonn- und Feiertagen[637].

Das BVerwG ließ somit offen, ob und bis zu welcher Geringfügigkeitsgrenze das LBA die Lärmbetroffenheit von Bevölkerung und Gemeinden bei der Abwägung auch dann zu berücksichtigen hat, wenn die zu erwartende Fluglärmbelastung unter der Unzumutbarkeitsschwelle des § 29 b LuftVG liegt. Denn das LBA habe mit den o.g. Regelungen die Lärmschutzbelange der Kläger in einer Weise in den Blick genommen, die die Feststellung einer willkürlichen Nichtberücksichtigung ausschließe.

IV. Das Abwägungsgebot: Die schwierige Frage nach den abzuwägenden Belangen und deren Gewichtung

Die erstmals im Jahr 2000 vom BVerwG bejahte Geltung des Abwägungsgebots bei der Flugroutenfestlegung führte also in der anschließenden Rechtsprechung der Oberverwaltungsgerichte zu unterschiedlichen Bewertungen und Er-

---

637 s. hierzu oben, A. II. 3. a); s. auch Pfaff/Heilshorn in: BVF, Fluglärm, S. 95 ff.

gebnissen und bedarf daher einer näheren Betrachtung. Das BVerwG[638] hat zwar betont, dass der Prüfungsmaßstab durch die „besondere sachliche Eigenart" der Flugverfahren geprägt werde. Eine genauere Bestimmung, wie das Abwägungsmaterial zusammenzusetzen ist und welche – besonderen – Kriterien bei der Gewichtung der abwägungserheblichen Belange zu gelten haben, ist hingegen nicht erfolgt. Es fehlt also noch an der Entwicklung von Kriterien für eine „Feinabstimmung" der Abwägung[639], die im Folgenden versucht werden soll.

1.) Flugverfahren als Planungsentscheidungen

Bei der Festlegung von Flugrouten handelt es sich nicht nur um flugsicherungstechnische und flugbetriebliche Maßnahmen, sondern zudem um Planungsentscheidungen, durch die in der räumlichen Umgebung des Flughafens auftretende Probleme und Interessenskonflikte bewältigt werden müssen[640]. Die Verwaltung erfüllt insoweit einen Gestaltungsauftrag des Gesetzgebers, der die zukunftsgerichtete und vorsorgende Bewältigung bestimmter komplexer Probleme zum Inhalt hat.

Planungen sind Programme für verbindliche oder mögliche Maßnahmen zur Erreichung bestimmter Ziele, entwickelt aufgrund der gegenwärtigen Lage und der prognostizierten Entwicklung[641]. Zu berücksichtigen ist bei der Abwägung im Rahmen einer Planungsentscheidung eine Vielzahl privater und öffentlicher Belange, die untereinander und mit anderen Zielen abzuwägen sind. Der gesetzgeberische Gestaltungsauftrag ist mit einer schwachen gesetzlichen Determinierung (Zweck-Mittel-Schema) verbunden, die aus rechtsstaatlicher Sicht zu hinterfragen und nur hinzunehmen ist, weil eine Gestaltung der vielfältigen und sich oft erst im Verfahren in allen Auswirkungen abzeichnenden Ursachen- und Problemzusammenhänge mit einer konditionalen Programmierung (Wenn-Dann-Schema) nicht zu bewältigen ist. Planung als Arbeitsweise, die vorausschauend und zwischen verschiedenen gegenläufigen Interessen einen Ausgleich

638 Az.: 11 C 14.99; Az. 11 C 13.99 (= NJW 2000, 3584 ff.); Az. 11 C 16.99.

639 s. hierzu Pfaff/Heilshorn, BWGZ 2002, 514, 517 sowie NVwZ 2004 (im Erscheinen). Ziel muss hierbei auch sein, in der Behördenpraxis mehr als eine vielfach als bloße „Abwägungslyrik" verstandene theoretische Pflichtübung zu erreichen.

640 BVerwG NJW 2000, 3584 f.; demgegenüber stellen Flugverfahren nach Ansicht des OVG NW (Urt. v. 04.03.2002 - 20 D 180/97.AK, Urteilsausfertigung S. 12) in ihrem Kern Maßnahmen der bloßen Gefahrenabwehr dar, die einen der jeweiligen Planungsentscheidung für einen Flughafen zugrunde liegenden Teil der prognostischen Annahmen – nämlich das sog. Flugbetriebsmodell – wieder aufgreifen; s. o., B III. 2.

641 Jarass, BImSchG, § 50 Rn. 4; Schulze-Fielitz in: Koch/Scheuing, GK-BImSchG, § 50 Rn. 74.

sucht, setzt nicht nur eine Analyse des vorhandenen Zustands (Ist-Zustand) und eine Erarbeitung von Planungszielen (Soll-Zustand) voraus, sondern auch die Zielfindung in einem iterativen Prozess, der in einem Hin und Her zwischen möglichem Ziel und vorhandener Problemkonstellation die jeweils optimale Lösung zu erreichen sucht[642].

Das **Gebot der planerischen Problembewältigung**[643] hinsichtlich der durch das konkrete Vorhaben aufgeworfenen Probleme schließt neben einer vollständigen Sachverhalts- und Problemermittlung (der sog. abwägungserheblichen Belange) eine Gewichtung der unterschiedlichen Interessen- und Problemlagen ebenso wie die Bevorzugung und Zurückstellung einzelner Belange ein. Die gerichtlich überprüfbare rechtliche Bindung des Entscheidungsspielraums (Planungsermessen) der Verwaltung geschieht im Rahmen der vom BVerwG entwickelten **Abwägungsfehlerlehre**[644].

Hiernach setzt eine rechtmäßige Abwägung voraus, dass

- eine (sachgerechte) Abwägung überhaupt stattfindet (sonst: Abwägungsausfall) und in diesem Zusammenhang die nach Lage der Dinge zu berücksichtigenden öffentlichen und privaten Belange ermittelt und in die Abwägung eingestellt werden (sonst: Abwägungsdefizit),

- die Bedeutung der betroffenen öffentlichen und privaten Belange nicht verkannt wird, diese Belange also entsprechend ihrer „objektiven Gewichtigkeit" bewertet werden (sonst: Abwägungsfehlgewichtung) und

- der Ausgleich zwischen den berührten öffentlichen und privaten Belangen im konkreten Fall in einer Weise vorgenommen wird, die zur objektiven Gewichtigkeit der Belange nicht außer Verhältnis steht (sonst: Abwägungsdisproportionalität).

Innerhalb des so gezogenen Rahmens wird das Abwägungsgebot nicht verletzt, wenn sich die Verwaltung in der Kollision zwischen verschiedenen Belangen für

642 vgl. Bender/Sparwasser/Engel, UmwR, Kap. 3 Rn. 51 f.
643 siehe hierzu BVerwGE 61, 295 ff.; BauR 1988, 448 ff.; NVwZ 1989, 960 f.
644 s. hierzu BVerwGE 34, 301, 304 ff. sowie Hoppe, DVBl. 2003, 697 ff.; BVerwGE 45, 309, 314 ff.; 56, 110, 122 ff.

die Bevorzugung des einen und damit notwendigerweise für die Zurückstellung eines anderen entscheidet. Diese Anforderungen beziehen sich mit Ausnahme des Abwägungsausfalls (der nur den Vorgang der Abwägung betrifft) auf den Abwägungsvorgang und das Abwägungsergebnis[645].

2.) a) Zusammenstellung des Abwägungsmaterials

Schwerpunkt der gerichtlichen Kontrolle einer Abwägungsentscheidung ist die Frage, ob alle im konkreten Fall abwägungserheblichen Fakten und Umstände, insbesondere also alle durch die Planung berührten schutzwürdigen Belange, ermittelt worden sind. Diese Zusammenstellung des Abwägungsmaterials steht nicht im Ermessen der planenden Behörde; vielmehr handelt es sich insoweit um Rechtsanwendung, d.h. um eine gerichtlich überprüfbare Tat- und Rechtsfrage[646].

Im Grundsatz lassen sich die **Ermittlungspflichten** wie folgt beschreiben: Es muss umso sorgfältiger ermittelt werden, je detaillierter und substantiierter die Belange im Anhörungsverfahren (ein solches fehlt freilich bisher noch – abgesehen von der Mitwirkung der Fluglärmkommission – im Rahmen der Flugroutenfestlegung) geltend gemacht worden sind, je wichtiger der zu beurteilende Belang in tatsächlicher und rechtlicher Hinsicht ist und je größer die potentielle Beeinträchtigung des Belangs sein kann[647]. In die Abwägung sind nicht nur die bekannten – von Trägern öffentlicher Belange oder Privaten vorgetragenen –, sondern auch die erkennbaren Belange einzustellen. Die Ermittlungsdichte bei der Frage der „Erkennbarkeit“ steht in Bezug zu dem Gewicht der betroffenen Belange: Das Prüfprogramm muss sich nämlich stets auf diejenigen Belange beziehen, die gesetzlich erwähnt oder mit besonderem Gewicht versehen sind. Der Gesetzgeber will in diesen Fällen den Vorhabenträger und die planende Behörde gewissermaßen warnend darauf hinweisen, diese Belange ausreichend zu ermitteln und in die Abwägung einzustellen[648].

---

645 BVerwGE 34, 301, 304 ff.; s. hierzu auch Hoppe, DVBl. 2003, 697 ff.; BVerwGE 45, 309, 314 ff.; 56, 110, 122 ff.

646 vgl. dazu z.B. BVerwG, Beschl. v. 09.03.1993 – 4 B 190.92, Buchholz 316 § 74 VwVfG Nr. 23.

647 BVerwG, DVBl. 1989, 1105 f.; BVerwGE 59, 87, 103.

648 Wahl/J. Dreier, NVwZ 1999, 606, 616; J. Dreier, Die normative Steuerung der planerischen Abwägung, S. 185 ff.; zur Zulässigkeit einer Als-Wahr-Unterstellung vgl. BVerwGE 61, 295, 304 f.; BVerwG, NVwZ-RR 1991, 129, 137; Kühling, Fachplanungsrecht, Rn. 194 ff.

Als **Faustformel** kann davon ausgegangen werden, dass alle abwägungserheblichen Belange so umfassend ermittelt werden müssen, dass eine tragfähige Prognose hinsichtlich der Auswirkungen der Planung und eine darauf beruhende Gewichtung der Belange im Rahmen der Planungsentscheidung möglich sind[649].

Prognosen sind auf der Grundlage fachwissenschaftlicher Maßstäbe methodisch einwandfrei und fachgerecht zu erstellen[650]. Es spielt für die Beurteilung der Rechtmäßigkeit der Planungsentscheidung im Prinzip keine Rolle, ob die ihm zugrunde gelegte Prognose durch die spätere Entwicklung falsifiziert wird. Vielmehr kommt es allein darauf an, ob die Prognose mit den seinerzeit zur Verfügung stehenden Erkenntnismitteln sachgerecht gestellt worden ist. Erst wenn infolge unvorhersehbarer Ereignisse die tatsächliche Entwicklung von einer zutreffend aufgestellten Prognose in extremer Weise abweicht, stellt sich die Frage, ob die Planungsentscheidung dadurch funktionslos und deshalb rechtswidrig geworden ist[651]. Der Umfang der anzustellenden Ermittlungen und die Abwägungserheblichkeit von Belangen bedingen sich damit gegenseitig. Eine fehlerhafte Sachaufklärung kann im gerichtlichen Verfahren nicht nachgeholt werden[652].

Die **gerichtliche Kontrolle einer Lärmprognose** ist allerdings auf methodische Mängel beschränkt[653]. Dazu gehört auch, ob bspw. die fachgutachterliche Stellungnahme über die mutmaßliche Lärmentwicklung, die einer Planungsentscheidung zugrunde gelegt wird, von einem zutreffenden Sachverhalt ausgegangen ist. Ein Tatsachengericht kann sich indes grundsätzlich ohne Verstoß gegen die ihm obliegende Aufklärungspflicht auf gutachterliche Stellungnahmen stützen, die eine Behörde im Verwaltungsverfahren eingeholt hat[654]. Das Einholen zusätzlicher gerichtlicher Gutachten liegt nach § 98 VwGO i.V.m. §§ 404 I, 412 I ZPO im Ermessen des Tatsachengerichts[655]. Um erfolgreich eine gerichtli-

649 Bender/Sparwasser/Engel, UmwR, Kap. 3 Rn. 164.

650 BVerwG, NVwZ-RR 1991, 129, 131; 91, 601, 609; zu Lärmprognosen s. Dürr, VBlBW 1993, 361, 364; zu Schadstoffprognosen BVerwG, UPR 1999, 271 ff.; VGH BW, Urt. v. 06.02.1998 – 3 S 731/97.

651 BVerwGE 56, 110, 122; 72, 282, 286; 75, 114, 234; bei einem planfestgestellten Vorhaben kann der Betroffene dann nachträgliche Schutzvorkehrungen oder Anlagen verlangen, § 75 II 2 VwVfG.

652 Bender/Sparwasser/Engel, UmwR, Kap. 3 Rn. 166.

653 BVerwGE 75, 214, 234; DVBl. 2001, 1848 ff.

654 BVerwGE 56, 110, 127; Buchholz 310 § 86 I VwGO Nr. 79; DVBl. 1980, 593 f.; NVwZ 1982, 309 f.; 1993, 268 f.

655 vgl. BVerwG NVwZ 1993, 268 f.; Buchholz 310 § 98 VwGO Nr. 31; 402.245 § 1 AsylVfG Nr. 36; NVwZ 1996, 1006, 1010.

che Lärmermittlung zu erreichen, bedarf es also recht erfahrener anwaltlicher Vertretung. Eine künftige Lärmbetroffenheit im Vorfeld abzuwehren, wird auch dadurch erschwert, dass – wie oben (A. I. 1. d, 2.) dargelegt – die Lärmwerte im Luftverkehrsbereich nicht normativ festgelegt und nur im Wege wertender Zumutbarkeit erheblich sind[656].

b) Gewichtung der abwägungserheblichen Belange

Das Abwägungsgebot ist verletzt, wenn die Belange zwar ordnungsgemäß eingestellt sind, die Bedeutung der betroffenen öffentlichen oder privaten Belange aber verkannt worden ist. Da das Gewicht eines Belangs sich erst aus der konkreten Situation ergibt, kommt der planenden Behörde für ihre Bewertung ein planerischer Gestaltungsspielraum zu. Die planerische Gestaltungsfreiheit wird dabei durch verschiedene Grundsätze und normative Gewichtungsvorgaben beeinflusst[657].

Je dringender ein Bedarf für ein Vorhaben ist, desto höher ist sein Gewicht in der Abwägung. Die **Gewichtung** einzelner Belange ergibt sich zum einen – je nach Art des geplanten Vorhabens – aus konkreten faktischen Situationen, z.B. aus der Nähe, in der ein Vorhaben an die geschlossene Ortslage heranrückt, oder aus der Seltenheit einer im betroffenen Gebiet vorkommenden Tierart und dem sich daraus ergebenden Grad des öffentlichen Erhaltungsinteresses. Daneben hat auch der Gesetzgeber die Bedeutung einzelner Belange in verschiedenen Vorschriften hervorgehoben, z.B. die Vermeidung von schädlichen Umwelteinwirkungen „so weit wie möglich" gemäß § 50 BImSchG oder schließlich § 29 b I 2 LuftVG, der besagt, dass auf die Nachtruhe der Bevölkerung in besonderem Maße Rücksicht zu nehmen ist[658].

---

656 s. Berkemann, ZUR 2002, 202, 206.

657 Wahl/J. Dreier, NVwZ 1999, 606, 617; J. Dreier, Die normative Steuerung der planerischen Abwägung, S. 76 ff.; s. auch Pfaff/Heilshorn, NVwZ 2004 (im Erscheinen); zur Problematik des bei der Flugroutenfestlegung vom BVerwG eingeräumten weiten Gestaltungsspielraums s.o., B. II. 4.

658 s. BVerwG, NVwZ 1998, 850 f.

aa) § 29 b LuftVG als Optimierungsgebot

Solche Vorschriften stellen nach heutiger Terminologie sog. **Optimierungsgebote** dar. Dies bedeutet, dass den darin genannten Belangen als gesetzlichen Zielvorgaben in der Abwägung eine besondere Bedeutung und damit ein höheres Gewicht, nämlich eine möglichst weitgehende Beachtung, zukommt[659]. Im Wege der Auslegung ist dabei auch abzugrenzen, ob die gesetzliche Anforderung an das Planungsvorhaben zwingend ist oder ob der Belang im Rahmen der Abwägung „soweit wie möglich" oder „besonders zu berücksichtigen" ist. Die normative Verbindlichkeit eines Optimierungsgebots kann also unterschiedlich sein[660].

Optimierung ist Leitziel verwaltungsrechtlicher Abwägung. Dies gilt bei der Abwägung von privaten Interessen untereinander oder mit öffentlichen Interessen, etwa bei der Konkretisierung unbestimmter Rechtsbegriffe des Umweltrechts. So sind bei der Vorsorge gegen schädliche Umwelteinwirkungen gem. § 5 I Nr. 2 BImSchG nach dem Standard der „praktischen Vernunft" die angemessenen Maßnahmen gegen vermutete Gefahren zu treffen; damit ist ein verhältnismäßiger Ausgleich zwischen Betreiber- und öffentlichen Interessen gefordert. Solche unbestimmten Rechtsbegriffe zielen auf eine am Verhältnismäßigkeitsprinzip orientierte optimierende Abwägung zwischen privaten und öffentlichen Interessen, die damit nicht auf Rechtsprinzipien beschränkt werden kann[661].

Seit den 60er Jahren wird im Planungsrecht das Handeln der Verwaltung durch den Auftrag zur Abwägung zwischen rechtlichen Planungsleitlinien gesteuert. Die Abwägung hat einen optimierenden Charakter, da die rechtlichen Planungsleitlinien nach dem Verhältnismäßigkeitsprinzip in einer sach-, zeit- und interessenadäquaten Weise in eine rechtsverbindliche Planung umgesetzt werden. Insofern ist das Abwägungsgebot ein allgemeines Optimierungsgebot bei der gesetzlich aufgegebenen Lösung von Konflikten bei der lokalen Nutzung von Boden[662]. Die Abwägung kann in einen vierstufigen Vorgang gegliedert

---

659 Bender/Sparwasser/Engel, UmwR, Kap. 3 Rn. 158, 169; Kloepfer, UmwR, § 10 Rn 97; § 1 Rn. 35, 39; Wahl, NVwZ 1990, 426 ff., 437; Hoppe, DVBl. 1992, 1381 ff., 1385, 1387 f.; Schulze-Fielitz in: GK-BImSchG, § 50 Rn. 28.

660 Jarass, DVBl. 1998, 1202, 1206; Würtenberger, VVDtRL 58, 1999, S. 146 Fn. 28, S. 147; umstritten ist innerhalb des BVerwG z.B. die Bedeutung des § 41 I BImSchG: Der 4. Senat sieht darin einen zwingenden Rechtssatz (BVerwG, UPR 1999, 268 f.), der 11. Senat einen Planungsspielraum (BVerwGE 104, 123 ff.; allerdings lässt der Senat in NVwZ 1999, 725, 727 offen, ob er an seiner Rechtsauffassung festhält), s. auch Jarass, BImSchG, § 41 Rn. 4, 54 u. ders., UPR 1998, 415, 419 f.

661 Würtenberger, VVDtRL 58, 1999, S. 145; s. auch Jarass, BImSchG, § 5 Rn. 60 m.w.N.; BVerfGE 49, 89, 143 f.; BVerwGE 69, 37, 45.

662 BVerwGE 56, 110, 116; 57, 297, 300; 61, 307, 311; Würtenberger, VVDtRL 58, 1999, S. 145; Hoppe, DVBl. 1994, 1033 f.

werden, nämlich in die Ermittlung der Belange, die Einstellung der Belange in die Abwägung, die Gewichtung der Belange sowie den Ausgleich oder die Optimierung der Belange[663].

Durch rechtliche Optimierungsgebote verlangt der Gesetzgeber die vorrangige Realisierung eines Rechtsprinzips, etwa die Beeinträchtigung der natürlichen Funktionen des Bodens so weit wie möglich zu vermeiden. Solche normativen Gewichtungsprivilegien erfordern eine optimierende Abwägung im Sinne des jeweiligen Rechtsprinzips und sind in erster Linie Maximierungsgebote: Beim Ausgleich zwischen verschiedenen Prinzipien soll das zu optimierende Prinzip möglichst vollständig realisiert werden[664].

Die normative Steuerungskraft von Optimierungsgeboten ist unterschiedlich, je nachdem, ob lediglich die optimierende Abwägung zwischen gleichgewichtigen, aber gegenläufigen Prinzipien oder bspw. nur die beste umweltschützende Praxis vorgegeben ist, oder ob unbestimmte Rechtsbegriffe mit dem Auftrag zu optimierender Abwägung bzw. präzise gefasste rechtliche Optimierungsgebote vorgegeben sind. Letztere fixieren die Zielsetzung der Verwaltungssteuerung, was eine Annäherung an den Modus der vollzugsrechtlichen Steuerung darstellt[665].

Der ambivalenten Programmierung von Planungsentscheidungen kann allerdings auch die Kategorie der Optimierungsgebote nicht entgehen: Je mehr Optimierungsgebote anerkannt sind und im konkreten Fall aufeinander treffen, desto geringer ist die Steuerungskraft und desto mehr eröffnet sich wieder der Entscheidungsspielraum für die planende Behörde: Es hat sich dann der offene Konflikt über „einfache" Belange in einen inhaltlich ebenso offenen Konflikt

---

663 Hoppe, DVBl. 1994, 1034.

664 Würtenberger, VVDtRL 58, 1999, S. 145 f., dort auch zu der neueren – europarechtlich initiierten – verfahrensorientierten Variante des Optimierungsgebots im Umweltschutz- und Wirtschaftsverwaltungsrecht bei Kontrollgenehmigungen; BVerwGE 71, 163, 165; 90, 329, 331; Wahl, NVwZ 1990, 437 f.; Hoppe, DVBl. 1992, 1387 f.; kritisch Bartlsperger DVBl. 1996, 1 ff., 11 f. mit verfassungsrechtlichen Bedenken im Hinblick auf die Frage, ob regelhafte „planungsrechtliche Optimierungsgebote" nicht bereits deshalb verfassungsrechtlichen Bedenken begegnen, weil das planungsrechtliche Abwägungsgebot allein schon als objektiv-rechtliche Funktions- und Handlungsnorm der Planungsverwaltung Anforderungen rechtsstaatlicher Verhältnismäßigkeit im und für den konkreten Fall unterliege. Die individualrechtliche Seite dieser Frage richte sich darauf, ob solche Optimierungsgebote im Hinblick auf planungsrelevante/-betroffene Grundrechte (insb. Eigentum) mit der grundrechtlichen Schrankenregelung vereinbar sind, wonach administrative Grundrechtseingriffe stets eine Verhältnismäßigkeitsprüfung unter den individuell konkreten Voraussetzungen des Falles erfordern. Das Gebot grundrechtlicher Verhältnismäßigkeit eines administrativen Eingriffs könne nur bedeuten, dass eine Abwägung bzw. „Optimierung" im und für den konkreten Fall zu erfolgen habe.

665 vgl. Würtenberger, VVDtRL 58, 1999, S. 147.

zwischen verschiedenen möglichst weit zu berücksichtigenden Belangen verlagert[666].

bb) Ausgleich unter den betroffenen Belangen

Im Kern des Abwägungsvorgangs steht der von der planenden Behörde vorzunehmende **Ausgleich** zwischen den von der Planung berührten öffentlichen und privaten Belangen. Er muss so vorgenommen werden, dass er zur objektiven Gewichtigkeit einzelner Belange nicht außer Verhältnis steht. Der **Grundsatz der Verhältnismäßigkeit** ist somit zu beachten. Inhalt, Bedeutung und Grenzen des Abwägungsgebots werden also nicht positiv umschrieben. Vielmehr erhält dieses seine Konturen von der Negation her, also von seinen möglichen Verletzungen und von dem, was nicht verletzt werden darf, damit dem Abwägungsgebot Rechnung getragen ist[667].

c) Alternativenauswahl und Konfliktbewältigung

Wichtige Teile der Planungsentscheidung sind das Prüfen und Ausscheiden von Alternativen und Varianten. Hier ist nur eine beschränkte gerichtliche Überprüfung möglich, da es sich im Kern um eine politische Entscheidung handelt[668]. Ein Abwägungsfehler liegt vor, wenn die planende Behörde sich aufdrängende oder sich nach Lage der Dinge anbietende Planungsalternativen (Planungsvarianten) übersieht oder nicht ausreichend in die Abwägung einbezieht[669].

---

666 Wahl, NVwZ 1990, 438.
667 Sendler, UPR 1995, 41.
668 ausführlich BVerwGE 107, 1, 10 ff.; BVerwG, NVwZ 1996, 1006, 1011.
669 s. hierzu BVerwGE 69, 256, 273 u. 75, 214, 237, 239 (Flughafen München I und II); 101, 166 ff. (Abfallentsorgungsplanung – keine eigenständige Pflicht zur Alternativenprüfung nach dem UVPG); 104, 144 ff. (A 94); BVerwG, NVwZ-RR 1998, 483 f.; außerdem BVerwGE 71, 166, 172 u. NVwZ-RR 1989, 528 f.: Eine Zurückweisung sich anbietender oder aufdrängender Planungsalternativen ist abwägend darzulegen. Insoweit besteht auch eine (formelle) Begründungspflicht. Vgl. des Weiteren BVerwG, NVwZ 1996, 389, 396: Parallelführung von Trassen drängt sich zur Minimierung des Landschaftsverbrauchs auf; NVwZ 1994, 1000 ff.: Ausbau statt Neubau ist nicht abwägungsfehlerhaft; VGH BW, VBlBW 1996, 468 ff.: Einer Gemeinde städtebauliche Entwick-

Bei der Sachverhaltsermittlung ist ein gestuftes Vorgehen im Sinne einer ersten Vorprüfung zulässig, mit der Planungsvarianten ausgeschieden werden, die sich „nach Lage der Dinge" als wenig realistisch erweisen werden („Trichtermodell")[670]. Das jeweilige Abwägungsmaterial muss in diesem Stadium der Planung „eben nur so genau und vollständig sein, dass es jene vorauswählende Entscheidung zulässt. Insoweit ist die Ermittlung des Sachverhalts und der berührten öffentlichen und privaten Belange relativ zur jeweiligen Problemstellung"[671]. Danach verbleibende planerische Alternativen müssen mit der ihnen objektiv zukommenden Bedeutung in die vergleichende Prüfung der von den möglichen Alternativen jeweils berührten öffentlichen und privaten Belange Eingang finden. Eine bei der Grobauswahl ausgeschiedene Variante kann im späteren Planungsverlauf wieder an Bedeutung gewinnen[672], und auch die sog. Null-Variante muss in die Prüfung einbezogen werden[673]. Die Prüfpflicht wird dadurch begrenzt, dass nur diejenigen Varianten untersucht werden müssen, die der jeweiligen (bspw. verkehrlichen oder abfallwirtschaftlichen) Zielsetzung gerecht werden[674].

Nach dem **Gebot der planerischen Konfliktbewältigung** muss die planerische Entscheidung die Konflikte, die sie aufwirft, auch lösen und dabei realisierbare Vorgaben für die Plandurchführung machen[675]. Eine „planerische Zurückhaltung" ist nur dann möglich, wenn in einem nachfolgenden Verfahren der Konflikt auch sachgerecht bewältigt werden kann[676]. Demzufolge können Teile einer einheitlichen Planungsentscheidung nach § 73 III VwVfG nur dann einer nachträglichen Entscheidung vorbehalten werden, wenn es sich um Einzelfragen handelt, die aus sachlichen Gründen noch nicht abschließend entschieden wer-

---

lungsmöglichkeiten offen zu halten, ist zulässig. Zur Alternativenprüfung näher Forschbach, Die Pflicht zur Standort-Alternativenprüfung in der Planfeststellung und in vorgelagerten Verfahren; Beckmann, DVBl. 1994, 236 ff.; Schink, DVBl 1994, 245 ff.; Steinberg, Fachplanung, § 4 Rn. 101 ff.

670 BVerwGE 100, 238, 249 f.; BVerwG, NVwZ-RR 1998, 292, 297: Ein Abwägungsfehler liegt nur dann vor, wenn die verworfene Variante sich als vorzugswürdig aufdrängen musste.

671 BVerwG, NVwZ 1993, 572, 574.

672 BVerwG, NVwZ-RR 1998, 292 ff.

673 BVerwG, NVwZ 1998, 508 ff.

674 BVerwGE 107, 1, 13 f.; Bender/Sparwasser/Engel, UmwR, Kap. 3 Rn. 172.

675 BVerwG, NVwZ-RR 1995, 130 f.; NVwZ 1996, 381, 385; 396, 399; NVwZ-RR 1998, 292, 296.

676 BVerwG, NVwZ-RR 1998, 292, 296 für das nachfolgende Flurbereinigungsverfahren. Bei der planerischen Abwägung können die künftigen Ergebnisse einer Unternehmensflurbereinigung nach § 87 FlurbG antizipiert berücksichtigt werden, wenn sie bereits mit hoher Wahrscheinlichkeit zu erwarten sind; s. auch BVerwG, DVBl. 1988, 532, 534; VGH BW, NVwZ-RR 1990, 66 ff.

den können, und eine Lösung des offen gehaltenen Problems nicht durch bereits getroffene Festlegungen fraglich werden kann. Die vorbehaltene Konfliktlage muss zumindest in ihren Umrissen im Voraus bekannt sein[677].

d) Das Gebot gerechter Lastenverteilung als Maßstab bei der Abwägungsentscheidung; Bündelung oder Streuung von Flugwegen?

Versucht man, nähere Maßstäbe zu bestimmen, die bei der Abwägungsentscheidung im Rahmen der Flugroutenfestlegung zu beachten sind, so sei hier das bereits oben angesprochene **Gebot der gerechten Lastenverteilung** erwähnt, welches aus dem allgemeinen Gleichheitssatz (Art. 3 I GG) gefolgert wird. Dieses Gebot entstammt ursprünglich dem Abgabenrecht, insbesondere dem Steuerrecht[678], und fand seine Weiterentwicklung im Polizeirecht, wo über die Heranziehung eines Störers im Lichte der gerechten Lastenverteilung zu entscheiden ist, diese also das Auswahlermessen hinsichtlich eines Störers beschränkt. Während auf der Primärebene die Effektivität der Gefahrenabwehr im Vordergrund steht, sind die Kriterien der gerechten Lastenverteilung auf der Sekundärebene maßgebend und dürfen etwa durch den haushaltsrechtlichen Aspekt der rechtzeitigen und vollständigen Einnahmeerzielung oder durch das Ziel der Internalisierung externer Effekte und Kosten nicht behindert werden[679].

Nicht geeignet zur Begründung für die Auswahl unter mehreren Störern ist hingegen das Verhältnismäßigkeitsprinzip, da es eine individualisierende Betrachtungsweise nahe legt. Die Frage der Verteilung der Lasten unter den Störern ist jedoch aufgrund einer vergleichenden Betrachtungsweise zu entscheiden. Dem Verhältnismäßigkeitsprinzip kommt erst dann eine Bedeutung zu, wenn feststeht, gegen wen die Maßnahme gerichtet werden soll[680].

---

677 BVerwGE 104, 123, 138. Möglich ist es hiernach bspw. beim Bau eines Straßentunnels, vorbehaltlich entsprechender Schadstoffmessungen die Errichtung nachträglicher Lüftungsbauwerke vorzusehen, VGH BW, NVwZ-RR 1996, 559, 565; s. ferner BVerwG, NVwZ-RR 1998, 292, 296 u. NVwZ 1997, 908 ff.; Bender/Sparwasser/Engel, UmwR, Kap. 3 Rn. 175.

678 s. Kukk, NVwZ 2001, 408 f.; BVerfG, NVwZ 1999, 176 f.; BVerfGE 55, 274, 303 = NJW 1981, 329, 331; Maaß, NVwZ 1988, 14, 20.

679 s. Giesberts, S. 45 ff., 58 ff., 66 f. m.w.N.; zur Schutzwirkung von Art. 14 GG gegen entsozialisierende Wirkungen bei Heranziehung eines Störers s. ders., S. 50 ff. u. S. 78 Fn. 43; Krampol in: Samper-FS, S. 153 ff.; Würtenberger/Heckmann/Riggert, PolizeiR, Rn. 328, 331.

680 Giesberts, S. 74 ff. m.w.N.; für eine Begrenzung des pflichtgemäßen Auswahlermessens durch den Grundsatz der Verhältnismäßigkeit hingegen Krampol in: Samper-FS, S. 156.

Bezogen auf die Festlegung von Flugverfahren sind diese Grundsätze unter Beachtung der Maßgabe anzuwenden, dass die Lasten hier nicht unter den Lärmverursachern, also den „Störern“, sondern – möglichst gerecht – auf die betroffene Bevölkerung, also auf „Nichtstörer“, zu verteilen sind.

Oft gilt es, über die Frage zu entscheiden, ob **Flugwege gebündelt oder** besser **gestreut** werden sollten, sprich, ob eine geringere Anzahl von Anwohnern stärker oder besser eine größere Personenzahl geringer mit Fluglärm belastet werden sollte. Grundsätzlich wird es nicht zu beanstanden sein, wenn zum Schutz einer Vielzahl von Anwohnern eine geringere Zahl von Anwohnern größerem Lärm als bei gleichmäßiger Verteilung des Flugaufkommens ausgesetzt wird[681]. Für eine Bündelung spricht, dass in den darunter liegenden Gebieten gezielte Schallschutzprogramme durchgeführt werden können. Zudem tritt die höchste Belastung in Gebieten nahe am Flughafen mit geringer Überflughöhe auf, wo ggf. eine Streuung am schwersten realisiert werden kann. Allerdings ist dabei zu beachten, dass ab einem bestimmten Maße die Belastung unzumutbar ist. Inwieweit die höhere Belastung weniger Menschen (Bündelung) einer weniger gravierenden Belastung mehrerer Menschen vorzuziehen ist, stellt eine Bewertungsfrage dar, die nur im Zusammenhang mit der Fluglärmwirkungsforschung diskutiert werden kann[682].

Die Entscheidung für eine solche Bündelung hält sich jedenfalls nur unter Beachtung gewisser Einschränkungen im Rahmen des der Verwaltung eingeräumten Ermessens. Beachtet werden muss nämlich, dass solche stärkeren Lärmbelastungen, die von einem Teil der Anwohner zu tragen sind, als **Sonderopfer** zu qualifizieren sind. Denn die Betroffenen sind von den Belastungen im Vergleich zu anderen ungleich belastet; ihnen wird ein besonderes, den übrigen Bürgern nicht zugemutetes Opfer für die Allgemeinheit (die einen infrastrukturellen Nutzen von dem Flughafenbetrieb hat) abverlangt[683].

Bei der Belastung Einzelner zugunsten der Nichtbelastung einer größeren Zahl von Personen ist daher in die Abwägung einzubeziehen, ob hinsichtlich

---

681 so auch HessVGH, Urt. v. 12.12.2002, Az.: 2 A 717/01, Urteilsausfertigung S. 17, s.o. B. III. 3.

682 s. Institut für angewandte Ökologie, Mediation Flughafen Frankfurt, Ergebnispapier V 11b/Ö 8b: Einfluss von Verfahren der Flugsicherung und Navigation auf Kapazität und Lärm lokal, S. 4.; vgl. auch Oeser/Beckers, Fluglärm 2000, S. 368 f. (Beckers, BVF-Merkblatt LT009: „Bündeln oder Streuen?“); hiernach muss im Ergebnis zumindest dort der Schutz der hochbelasteten Bevölkerung Vorrang vor der Anzahl der Belästigten haben, wo aufgrund häufigen oder besonders lauten Flugverkehrs Gesundheitsgefährdungen (auch für besonders schutzbedürftige Bevölkerungsgruppen wie Kinder, alte Menschen und Kranke) sowie in zweiter Linie unzumutbare Belästigungen i.S.v. § 29 b LuftVG zu befürchten sind.

683 vgl. zur Sonderopfertheorie BGHZ 6, 270, 280; 54, 293, 296; 99, 24, 31 f.; 65, 196, 206.

dieser Mehrbelastung einer kleinen Personengruppe **Ausgleichsmaßnahmen** geboten sind. Wer – zugunsten anderer Flughafenanwohner, -benutzer und sonst hiervon Begünstigter – mehr Fluglärm durch gebündelte Flugrouten hinzunehmen hat, besitzt einen sich aus dem Gebot der Lastengleichheit ergebenden Anspruch darauf, dass im Rahmen der Abwägung geprüft wird, wie für die Lärmbelastungen ein Ausgleich erfolgen kann[684]. Nach dem Kompensationsprinzip müssen isoliert betrachtet gleichheitswidrige Nachteile im Wege der Gewährung von Vorteilen aufs Ganze gesehen kompensiert werden. Im Rahmen des Sonderopferausgleichs sind gleichheitswidrige Auswirkungen staatlichen Handelns, die der Bürger aus Gründen des überwiegenden Interesses hinnehmen muss, zumindest auszugleichen[685].

Ein solcher Ausgleich sollte sich nicht im klassischen „Dulden und Liquidieren" erschöpfen – die Passivlastigkeit des FlugLG wurde oben bereits bemängelt. Vielmehr ist – auch und gerade im Rahmen der Abwägung – nach Wegen hin zu mehr aktivem Lärmschutz zu suchen. So ist hier insbesondere zu prüfen, ob ein Ausgleich auf zeitlicher Ebene geboten ist. Vor allem ist hierbei daran zu denken, die Belastung der kleineren Gruppe dadurch zu mindern, dass diese nicht ununterbrochen einer höheren Belastung ausgesetzt wird, sondern zu bestimmten Zeiten (z.B. nachts, in den sensiblen Tagesrandzeiten, zu bestimmten Monaten oder nach einer gewissen Zeitspanne) die Belastung dieser Gruppe ganz oder teilweise aufgehoben wird, dass also eine gewisse zeitliche Variabilität der Flugrouten festgelegt wird. Sowohl die (flugsicherungs-)technische Möglichkeit als auch die Zumutbarkeit einer evtl. Reduzierung in der Abwicklung der vorhandenen Verkehrsmenge als mögliche Konsequenz müssen freilich im konkreten Fall zu bejahen sein, ohne dass hierdurch der gesetzliche Flugsicherungsauftrag der sicheren, geordneten und flüssigen Verkehrsabwicklung (§ 27 c I LuftVG) gefährdet wird. Dabei kann eine exakte Festlegung von verkehrsstarken und verkehrsschwachen Zeiten in einer auf gewisse Dauer angelegten Regelung schwierig sein, da eine solche Einschätzung von variablen Faktoren, wie etwa der laufenden Änderung der Flugpläne, dem Wechsel im Einsatz unterschiedlicher Luftfahrzeugmuster etc., beeinflusst wird. Im Einzelfall werden die realisierbaren Ausgleichsmöglichkeiten sachverständigenseits zu klären sein[686].

---

684 vgl. grundlegend zum Kompensationsgedanken Voßkuhle, Das Kompensationsprinzip, 1999, S. 16 ff., 368 ff. m.w.N.

685 s. ausführlich Voßkuhle, a.a.O., S. 23 ff.

686 das Verfahren der Flugroutenfestlegung sollte u.a. deshalb auch von neutralen Sachverständigen begleitet werden, s. u., C. VI.

Zwar bedeuten solche Ausgleichsregelungen im Endeffekt keine unmittelbare Saldierung gegenteiliger Auswirkungen, wie sie der Kompensationsgedanke im engeren Sinne beinhaltet. Denn die Lasten werden genau genommen nicht durch anderweitige Vorteile ausgeglichen, sondern sie werden auf mehr Schultern verteilt und hierdurch für den jeweils betroffenen Einzelnen verringert. Der Kompensationsgedanke ist hier aber aufgrund der Vergleichbarkeit der Situationen und Zielsetzungen jedenfalls im Grundsatz entsprechend zu beachten und anzuwenden[687].

Die Berücksichtigung des Kompensationsgedankens dient zudem auch der Akzeptanzsicherung von Verwaltungsentscheidungen. Die Verwurzelung des Kompensationsprinzips im archaischen Prinzip der Tauschgerechtigkeit (Geben und Nehmen zur gegenseitigen Nutzenvergrößerung) spricht dafür, dass Kompensationsregelungen trotz ordnungsrechtlicher Provenienz grundsätzlich auf relativ breite Akzeptanz stoßen[688].

Erfolgt der Ausgleich zudem – wie hier – auf naturalem Wege (Lärmumverteilung) und nicht durch finanzielle Ausgleichszahlungen, droht auch nicht die Gefahr der Stigmatisierung des Ausgleiches als „Käuflichkeit"[689].

Die Suche nach Konsens und Akzeptanz ist keine Eigentümlichkeit des Verwaltungsverfahrens, sondern gehört zu den Essentialia des modernen Staates[690]. Akzeptanz als Ziel staatlichen Handelns erschöpft sich nämlich nicht in demokratietheoretischen und legitimatorischen Bezügen, sondern stellt einen wesentlichen, wenngleich schwer fassbaren Faktor dar für die effektive Durchsetzbarkeit staatlicher Maßnahmen. Innerhalb der heutigen medienvermittelten „Abstimmungsgesellschaft" ist der Staat auf die Zustimmung seiner mündigen und zunehmend kritikbewussten Bürger angewiesen. Folglich ergibt sich aus der generellen Akzeptanzfähigkeit eines Regelungskonzepts, also der Chance auf An-

---

687 vom Kompensationsgedanken abzugrenzen sind Vermeidungsanordnungen im engeren Sinne, die eine potentielle Rechtsgutsbeeinträchtigung schon an der Quelle gar nicht erst entstehen lassen, z.B. die nähere Ausgestaltung der Benutzung von Flughäfen, vgl. BVerwGE 75, 214, 243 (Einschränkung Nachtflugbetrieb); BVerwGE 87, 332, 342 ff., 350 f. (Lärmkontingentierung/Betriebsregelung); BVerwG, NVwZ-RR 1991, 129, 131 ff. (Flughafenausbau); Voßkuhle, a.a.O., S. 125.

688 s. Voßkuhle, Das Kompensationsprinzip, S. 94 f.

689 vgl. Voßkuhle, S. 96; Würtenberger, Die Akzeptanz von Verwaltungsentscheidungen, S. 94 f.; zur Kompensation von ungleichen Lärmbelastungen durch Lärmquotierungen etwa in Form von Lärmemissionshandel s. Czybulka in: Ziekow, Speyerer Luftverkehrsrechtstag 2001, S. 12, u. oben, Fn. 572.

690 Würtenberger, Die Akzeptanz von Verwaltungsentscheidungen, 1996, S. 54, 101; s. hierzu näher unten, B. V. 1 b).

erkennung trotz individueller Betroffenheit, ein nicht zu unterschätzendes Indiz für dessen Praktikabilität im Verwaltungsalltag[691].

Ein weiterer Vorteil für das Rechtssystem liegt in der dem Kompensationskonzept immanenten folgenorientierten Betrachtungsweise. Kompensationsregelungen zwingen den Rechtsanwender, sich über die konkreten nachteiligen Auswirkungen einer Maßnahme genaue Gedanken zu machen, eben weil entstandene Gemeinwohlverluste oder Beeinträchtigungen von Rechten Dritter adäquat auszugleichen sind. Die negativen externen Effekte einer Handlung[692], z.B. bei übermäßigen Nutzungen von Umweltressourcen, werden dadurch transparent, erfahren Reflexion und Diskussion, ein Umstand, der unmittelbar zurückwirkt auf die Einstellung und die Verhaltensweisen der Betroffenen: Wer die Konsequenzen (s)eines Tuns aufgezeigt bekommt, ändert sein Verhalten eher. Beide Seiten, Verwaltung wie Bürger, dürften von diesem Rationalisierungseffekt profitieren[693].

Fehlt die Prüfung und ggf. die Festsetzung von solchen oder vergleichbaren Kompensationsmaßnahmen, ist daher von einem Abwägungsfehler auszugehen.

Unabhängig davon kann die Belastung einer kleineren Personenzahl zur Vermeidung der Belastung einer größeren Gruppe nur dann das rechtmäßige (Teil-)Ergebnis einer Abwägung sein, wenn die zugelassene (Zusatz-)Belastung

---

691 ausführlich Voßkuhle, Das Kompensationsprinzip, S. 93 ff. m.w.N.; freilich steht und fällt die Akzeptanz von Kompensationsregelungen mit der Evidenz der Kompensationsbedürftigkeit: Besteht z.B. die Überzeugung, dass die Belastung durch den Lärm einer Flugroute rechtswidrig ist, wird die Bereitschaft gering sein, diesen Nachteil gegen belastungsfreie Zeiten als Kompensation hinzunehmen, da ein solcher Ausgleich sich bei dem jeweils Betroffenen lediglich als Verringerung der – seiner Ansicht nach insgesamt rechtswidrigen – Belastung auswirkt.

692 zur Internalisierung externer Effekte beim Verursacher im Wege des Ausgleichs s. Voßkuhle, a.a.O., S. 91.

693 s. Voßkuhle, a.a.O., S. 92; freilich sind die bestehenden Kompensationslösungen ihrerseits nicht ohne Probleme. Moniert wird z.B. das häufig überkomplexe Anwendungsdesign von Kompensationsregelungen, welches den Rechtsanwender überfordern kann und zur Flexibilisierung und effektiveren Verfolgung gesetzgeberischer Ziele oftmals nicht beizutragen geeignet ist. Problematisch sind außerdem die vielfältigen Bewertungsprobleme hinsichtlich der Adäquanz der Kompensationsleistung, der Mangel an ausreichenden Informationen auf Seiten der Behörde und des Bürgers über denkbare Kompensationsalternativen sowie der zusätzliche administrative Aufwand bei der Erarbeitung und Kontrolle von Kompensationslösungen, so dass hierdurch u. U. neue Vollzugsdefizite drohen; s. Voßkuhle, a.a.O., S. 99.

die Zumutbarkeitsschwelle nicht übersteigt. Die unzumutbare Beeinträchtigung eines Bürgers zur Entlastung anderer kann nicht das Ergebnis einer fehlerfreien Abwägung sein[694].

e) Kapazitätssteigerungen durch Flugverfahren als schutzwürdiger Belang?

Hiermit in Zusammenhang steht die oben getätigte Feststellung, dass die Flugverfahren nicht lediglich den durch die Flughafengenehmigung verursachten Lärm verteilen. Vielmehr sind durch die modernen technischen Möglichkeiten erhebliche Kapazitätssteigerungen im Rahmen der Flugverfahren möglich. Folglich kann es bei einer sachgerecht durchgeführten Abwägung zur Kollision zwischen den Lärmschutzinteressen der Betroffenen einerseits und dem Ziel der Schaffung einer möglichst großen An- und Abflugkapazität andererseits kommen. Hier stellt sich die Frage, ob der Belang der Erzielung einer größeren Kapazität die Beeinträchtigung der Lärmschutzinteressen der Betroffenen rechtfertigen kann. In der Regel variiert die Zahl der Flugbewegungen je nach Tages- und Nachtzeit erheblich. Eine Rechtfertigung von Lärmbeeinträchtigungen zur Kapazitätssteigerung kann daher jedenfalls nur für solche Tageszeiten möglich sein, zu denen bei einer anderen Flugroutenfestlegung die gewünschte Zahl von Abflügen nicht erreicht werden kann. Das Interesse an Kapazitätssteigerungen oder auch die Behebung von Kapazitätsengpässen zu bestimmten Tageszeiten kann daher eine konkrete Flugroutenfestlegung nicht pauschal für alle Tages- und Nachtzeiten rechtfertigen. Das Ziel der Schaffung einer möglichst großen Kapazität ist nicht generell geeignet, die Lärmschutzinteressen der Betroffenen zurückzustellen. Notwendig sind hier vielmehr eine konkrete Abwägung zwischen den unterschiedlichen Belangen mit der Erwägung einer zeitlichen Differenzierung entsprechend der jeweiligen Flugbewegungen (etwa Unterscheidungen in Tag- und Nachtflugregelungen) und die Prüfung, ob im Rahmen der technischen Möglichkeiten und vereinbar mit dem gesetzlichen Auftrag der sicheren, geordneten und flüssigen Abwicklung des Flugverkehrs (§ 27 c I LuftVG) eine **zeitlich variable Streckenführung** in Betracht kommt. Insbesondere gilt dies für die Nachtzeiten, da der Schutz der Nachtruhe gem. § 29 b I 2 LuftVG ein besonders zu beachtender Belang ist[695]. Auch die sensiblen Tages-

694 vgl. hierzu auch Oeser/Beckers, Fluglärm 2000, S. 368 f. sowie Beckers, BVF-Merkblatt LT009: „Bündeln oder Streuen?“; zur Ermittlung der Zumutbarkeitsschwellen s.o., A. I. 2.

695 zu § 29 b I 2 LuftVG als Optimierungsgebot s.o., B. IV. 1. b aa).

randzeiten (insbesondere die Abendstunden) sollten entsprechend ihrer Erholungs- und Freizeitfunktion (vor allem im Sommerhalbjahr bei verstärkter Nutzung der Außenwohnbereiche) möglichst weitgehend geschützt werden.

Die Steigerungsmöglichkeiten hinsichtlich der Kapazitäten aufgrund der modernen technischen Möglichkeiten wurden bisher allerdings nur unter dem Aspekt betrachtet, dass durch die „Verschmierung" oder Auffächerung der Flugrouten unschärfere oder diversifizierte Streckenführungen möglich sind, die zur Verlärmung vorher nicht oder nur geringfügig betroffener Gebiete führen (vgl. oben, B. II. 6.). Die große Genauigkeit der modernen Verfahren kann jedoch auch gegenteilig genutzt werden, nämlich zu einer besseren „Bündelung" von Flugrouten. Hierdurch könnten mehr oder weniger „zufällige" Lärmbetroffenheiten verhindert oder eingeschränkt werden, was mit Blick auf das aus Art. 20 a GG folgende Verschlechterungsverbot durchaus bedeutsam ist[696]. Denn eine Verlärmung bisher unbelasteter Gebiete wird tendentiell eher zu einer Verschlechterung des ökologischen Gesamtzustands führen als eine Bündelung über bereits belasteten Gebieten.

Die besondere Bedeutung des Schutzes der Nachtruhe (§ 29 b I 2 LuftVG) sowie des Schutzes vor unzumutbaren Lärmbeeinträchtigungen (§ 29 b II LuftVG) als Optimierungsgebote in der Abwägung wurde bereits oben (B. IV. 1. b aa) erläutert.

f) Die gemeindliche Planungshoheit als abwägungserheblicher Belang

Auch die durch Art. 28 II GG geschützte gemeindliche Planungshoheit stellt einen abwägungserheblichen Belang dar[697]. Die Planungshoheit ist nicht erst dann berührt, wenn verbindliche Bauleitpläne oder bestimmte planerische Vorstellungen vorliegen[698], sondern auch dann, wenn durch ein Vorhaben wesentliche Teile des Gemeindegebietes einer durchsetzbaren Planung der Gemeinde

---

696 vgl. Czybulka in: Ziekow, Speyerer Luftverkehrsrechtstag 2001, S. 23, der insoweit die Schaffung effektiven Rechtsschutzes für die Betroffenen fordert.

697 der VGH BW hat dem sogar durch die Anerkennung eines aus Art. 28 II GG folgenden Beteiligungsrechtes Rechnung getragen, s.o. B. III. 1 e).

698 s. hierzu VGH BW, VBlBW 1994, 353 (zum interkommunalen Gewerbegebiet); vgl. auch BVerwG, NVwZ 1990, 464 f.; BVerwGE 69, 256, 261; 81, 95, 106.

entzogen werden[699]. Die als interkommunale Abstimmungsgrundsätze entwickelten Maßstäbe mit dem Ziel der Rücksichtnahme und Vermeidung unzumutbarer Auswirkungen auf die Nachbarkommunen[700] gelten auch für Fälle, in denen eine Gemeinde nicht durch die Planung einer Nachbargemeinde, sondern durch die einer staatlichen Stelle betroffen wird, da das Recht aus Artikel 28 II GG auch gegenüber anderen Planungsträgern Geltung beansprucht[701].

So muss die Gemeinde z.B. im Rahmen ihrer Bauleitplanung die allgemeinen Anforderungen an gesunde Wohn- und Arbeitsverhältnisse sowie die Belange des Umweltschutzes berücksichtigen. Fluglärmbelastungen sind also in der Abwägung im Rahmen der Bauleitplanung zu berücksichtigen. Hierdurch kann im Einzelfall die Möglichkeit der Ausweisung eines Wohngebietes beeinträchtigt werden[702]. Somit können sich Flugverfahren auch auf die strukturelle Entwicklung von Kommunen auswirken, etwa, indem neue Baugebiete für aus der näheren Flughafennachbarschaft wegziehende Personen oder mit Rücksicht auf die Flughafennähe ansiedlungswillige Gewerbe- und Industriebetriebe ausgewiesen und erschlossen werden müssen[703]. Eingeschränkt werden können außerdem die Möglichkeiten zur Errichtung und zum Betrieb lärmsensibler öffentlicher Einrichtungen wie bspw. Krankenhäuser, Schulen, Kindergärten, Erholungs- oder Altersheime. Wird durch die Fluglärmbelastungen das Gemeindegebiet (teilweise) nachhaltig betroffen und in seiner Entwicklung beeinflusst, so dass es zu grundlegenden Veränderungen des örtlichen Gepräges oder der örtlichen Strukturen kommt, ist Artikel 28 II GG ebenfalls berührt[704]. Dies kann insbesondere in Kur- und Fremdenverkehrsorten relevant werden.

Soweit das gemeindliche Eigentum der Erfüllung kommunaler Aufgaben dient, ist es ebenfalls im Rahmen von Art. 28 II GG geschützt[705].

---

699 vgl. BVerwGE 74, 124, 132; 81, 95, 106; BVerwG, NVwZ 1990, 464; 1990, 657 f.

700 vgl. VGH BW, VBlBW 1994, 353 ff. m.w.N.

701 s. zum Schutz der gemeindlichen Planungshoheit gegenüber fremden Fachplanungen z.B. BVerwGE 90, 96, 100.

702 nach Giemulla in: ders./Schmid, LuftVG, Bd. I, § 9 Rn. 26 (zur Planfeststellung nach § 8 LuftVG) ist die Beeinträchtigung der Planungshoheit einer Gemeinde jedenfalls dann zu bejahen, wenn in ihrem Gebiet ein äquivalenter Dauerschallpegel von 55 dB(A) tags zu erwarten ist; vgl. auch BVerwGE 81, 95, 109 (Beeinträchtigung der Planungshoheit möglich, wenn konkret geplante Wohngebiete in unmittelbarer Nachbarschaft eines Flughafens liegen) und ferner BVerwGE 84, 209, 218.

703 s. Giemulla in: ders./Schmid, LuftVG, Bd. I, § 9 Rn. 26.

704 s. VGH BW, NVwZ-RR 1998, 219, 220 f. m.w.N.

705 vgl. BVerwGE 97, 143, 151 f.; 69, 256, 261.

g) Weitere abwägungserhebliche Belange und deren Gewichtung

Daneben gibt es weitere Belange – auch innerhalb des Lärmschutzaspektes –, die keine zwingend gebotenen „Planungsleitsätze“ bei den Flugroutenfestlegungen darstellen, sondern bei einer wertenden Entscheidung im Einzelfall zu beachten sind. Hierbei sind allgemeine Grundsätze des Immissionsschutzrechts heranzuziehen. Dazu gehören neben der bereits erörterten Frage nach einer Bündelung oder Streuung von Flugbewegungen und der Wahl zwischen Relationen von Bevölkerungszahl und Belastungsgrad, ob also bspw. mehr Menschen mit weniger Ereignissen oder niedrigeren Pegeln oder weniger Menschen mit mehr Ereignissen bzw. höheren Pegeln belastet werden sollten, z.B. die Fragen, ob eine **Altbelastung** aufrechterhalten bzw. verstärkt werden soll oder ob statt dessen bisher verschonte Gebiete **neu belastet** werden sollten; außerdem, ob die **Schutzbedürftigkeit** nach dem Charakter der überflogenen Gebiete (z.B. Wohngebiet), also **nach Art der baurechtlichen Planungskategorien,** oder nach der dortigen **Bevölkerungsverteilung und -dichte**[706] zu beurteilen und zu gewichten ist.

Hier zeigt ein Blick in § 50 BImSchG sowie in die 16. BImSchV, dass die Schutzbedürftigkeit grundsätzlich nach dem Gebietscharakter und der Schutzwürdigkeit der betroffenen Gebiete zu bestimmen ist.

Vorbelastungen reduzieren grundsätzlich die Schutzwürdigkeit des betroffenen Gebiets[707].

Dies spricht – ebenso wie das Verschlechterungsverbot des Art. 20 a GG – dafür, tendenziell Altbelastungen aufrechtzuerhalten, um die Verlärmung von bisher unbelasteten Gebieten zu verhindern. Solche immissionsschutzrechtlichen

---

706 an der Bevölkerungsdichte der betr. Gebiete orientiert sich z.B. das NIROS („Noise Impact Reduction and Optimization System“), vgl. Groeneveld/Pleines, NIROS System zur Bestimmung lärmminimaler Abflugrouten, in: Tagungsband zum Wissenschaftlichen Symposium Umweltkapazität von Flughäfen, Aspekte der Lärmwirkungsforschung, Schutzziele und Schutzmaßnahmen, 1999, Berlin-Köpenick, S. 2. Das NIROS-EDV-System berechnet die lokale Lärmbelastung, die von Flugzeugen auf computersimulierten Flugrouten ausgeht. Mit Hilfe von NIROS lassen sich unter Berücksichtigung der betrieblichen Randbedingungen die An- und Abflugrouten bestimmen, die grds. mit der geringsten Lärmbelastung verbunden sind. Die Einhaltung der Flugrouten im Bereich Flugsicherung und Navigation kann durch Flächennavigation (RNAV) unterstützt werden. Eine Überwachung der Einhaltung der Routen ist bereits heute über das Flight Track and Aircraft Noise Monitoring System (FANOMOS) möglich, vgl. Institut für angewandte Ökologie, Mediation Flughafen Frankfurt, Ergebnispapier V 11b/Ö 8b: Einfluss von Verfahren der Flugsicherung und Navigation auf Kapazität und Lärm lokal, S. 4; s. auch oben, B. I. 1 b, bb).

707 s. aber unten, C. I. 2.; außerdem unten, C. V.

Grundsätze, die hier als „Wertungshilfen" dienen, stellen aber freilich keine starren und zwingenden Vorgaben dar, die etwa eine unzumutbare Belastung eines vorbelasteten oder dünn besiedelten Gebietes rechtfertigen könnten, um ein unbelastetes bzw. dichter besiedeltes Gebiet zu schützen. Der **Grundsatz der Verhältnismäßigkeit** und **Zumutbarkeit** sowie der oben angesprochene **Kompensationsgedanke** mit dem **Gebot gleicher Lastenverteilung** sind im Rahmen der Abwägung stets zu beachten und können auch bei der Wahl zwischen den oben genannten Alternativen Entscheidungen gebieten, die die soeben skizzierten allgemeinen immissionsschutzrechtlichen Grundsätze im Einzelfall modifizieren.

Wie der oben (A. II. 3.) erläuterte Streitfall um den Flughafen Zürich zeigt, kann zudem das **Verursacherprinzip** eine gewichtige Rolle im Rahmen der Abwägung spielen, indem es sich auf die Schutzwürdigkeit bestimmter Belange auswirkt.

h) Ab welcher Intensität wird Fluglärm abwägungserheblich?

Wie bereits oben (B. I. 6.) dargelegt, umfasst das rechtsstaatliche Abwägungsgebot im Rahmen der Flugroutenfestlegung nicht nur die rechtlich geschützten, sondern alle abwägungserheblichen Belange. Zur Klärung der Frage, ab welchem Maße Lärmbeeinträchtigungen in der Abwägung zu berücksichtigen sind, gilt hinsichtlich des Fluglärms, dass jede Lärmbelastung, die nicht lediglich als geringfügig einzustufen ist, als abwägungserheblicher Belang anzusehen ist. Die Grenze der Abwägungserheblichkeit liegt also unterhalb der (fachplanungsrechtlichen) Zumutbarkeitsschwelle[708]. Hierzu kann auch vergleichsweise ein Blick auf die Rechtsprechung zur Abwägung im Rahmen der Bauleitplanung dienlich sein. Nach der Rechtsprechung ist dort eine zusätzliche Verkehrsbelastung grundsätzlich auch dann in die Abwägung einzustellen, wenn der zusätzliche Lärm unterhalb der Grenzen der Verkehrslärmschutzverordnung bleibt und akustisch kaum wahrnehmbar ist[709].

---

708 vgl. BVerwGE 82, 332, 341 ff. = NVwZ-RR 1991, 601 f.; BVerwGE 107, 313, 322 m.w.N.; nach Hofmann/Grabherr, LuftVG, § 10 Rn. 34 (zur Planfeststellung nach §§ 8 ff. LuftVG) ist jeder nicht ganz unerhebliche Fluglärm abwägungserheblich; zur Zumutbarkeitsschwelle s.o., A. I. 2 a, b); vgl. außerdem oben, B. I. 6.

709 s. BVerwG, NVwZ 1994, 683 f.: Das Interesse von Anwohnern an der Vermeidung einer Verkehrszunahme kann selbst dann zum notwendigen Abwägungsmaterial gehören, wenn die damit verbundene Lärmzunahme – bezogen auf einen rechnerisch ermittelten Dauerschallpegel – für das menschliche Ohr kaum wahrnehmbar ist; vgl. auch BVerwG, BauR 1999, 137 ff.; VGH BW, VBlBW 1994, 356 ff. (zur Antragsbefugnis gem. § 47 II 1 VwGO a.F.); vgl. zu einer Ausnahme von diesem Grundsatz VGH BW v. 14.05.1997,

Für nächtlichen Fluglärm ergibt sich dessen Abwägungserheblichkeit auch unterhalb der Zumutbarkeitsschwelle zudem aus dem Optimierungsgebot des § 29 b I 2 LuftVG[710].

i) Planungspflicht auch bei „faktischen Flugrouten"?

Während es sich bei den Flugrouten also um standardisierte Verfahren handelt, die grds. in verbindlicher Form (Rechtsverordnung nach der LuftVO) festgelegt werden, sind die Freigaben durch die Fluglotsen nach § 26 II LuftVO einzelfallbezogen, ohne dass ihnen eine Abwägungsentscheidung durch das LBA bzw. die DFS vorausgeht. Gleichwohl tritt auch hierbei z.T. aber noch lärmrelevanter Flugverkehr auf, und es kommt mitunter – je nach Freigabemuster – zu faktischen Flugrouten („directs"). Findet so erheblicher Flugverkehr außerhalb der eigentlichen Flugrouten statt (dahingehende Beobachtungen nehmen parallel zu den wachsenden technischen Möglichkeiten der Flugsicherungen zu), und wird hierdurch ein erhebliches Verkehrsbedürfnis außerhalb der festgelegten Flugverfahren indiziert, ist eine Planungspflicht des LBA nach den oben dargelegten Grundsätzen grundsätzlich zu bejahen, um eine Umgehung der hier dargelegten Planungsvorgaben bei der Festlegung von Flugrouten zu vermeiden (s.o., B. I. 1. b).

Az.: 3 S 1682/96, (Leitsatz): „Eine bei Verwirklichung eines Vorhabens- und Erschließungsplans zu erwartende, vom menschlichen Ohr nicht bzw. kaum feststellbare Zunahme des Dauerschallpegels bei Straßenverkehrs- und Gewerbelärmimmissionen betrifft einen Antragsteller dann nur geringfügig mit der Folge der fehlenden Abwägungserheblichkeit gem. § 1 VI BauGB, wenn es sich um einen sehr stark vorbelasteten innerstädtischen Bereich handelt und auch hinsichtlich der absoluten Lärmpegel kein besonderes Interesse an der Vermeidung einer Lärmzunahme anzuerkennen ist."; s. auch HessVGH, Urt. v. 11.02.2003 – Az. 2 A 1062/01 –, S. 9 ff.: Akustisch nicht wahrnehmbare Erhöhungen der Lärmbelastung (hier um 0,3-0,4 dB(A)) sind bei der Festlegung von Flugrouten nicht abwägungsrelevant, ebenso Mittelungspegel in Wohngebieten von 32-39 dB(A) tags und 26-30 dB(A) nachts, auch wenn dabei vereinzelte Maximalpegel bis zu 70 dB(A) auftreten; abwägungserheblich sind hingegen Mittelungspegel von 44-49 dB(A) tags und 36-41 dB(A) nachts, s. HessVGH, Urt. v. 11.02.2003 – 2 A 1569/01, S. 17 f.; s.o., B. III. 4.

710 s. hierzu oben, B. IV. 1 b, aa).

V. Verpflichtet Art. 2 II 1 GG zur Schaffung von Beteiligungs- und Verfahrensrechten?

Hinsichtlich der Gewährung von Beteiligungs- und Verfahrensrechten hat das OVG NW entschieden, dass solche Rechte nicht aus Art. 2 II 1 GG zu fordern seien, da die Flugverfahren im Kern Gefahrenabwehrmaßnahmen darstellten und mit ihnen keine Risiken verbunden seien, die nach Art und Umfang etwa mit den exponentiellen Risiken des Atomrechts vergleichbar seien. Eine Gewährung von Beteiligungsrechten im Rahmen des Planfeststellungs- und Genehmigungsverfahrens sei daher ausreichend[711].

1.) Der Schutzbereich von Art. 2 II 1 GG im Hinblick auf Gesundheitsrisiken

Diese Argumentation des OVG ist durchaus angreifbar. Leben und Gesundheit sind maßgebende Höchstwerte der grundrechtlichen Wertordnung und in ihrer Rückkoppelung zu Art. 1 GG nicht disponibel[712]. Der formale Gesetzesvorbehalt in Art. 2 II 3 GG kann niemals durch Eingriffe in die Gesundheit im Sinne körperlicher Integrität überwunden werden. Eine hierauf bezogene Abwägung im Sinne der Anforderungen des Gemeinwohls ist – anders als bei Art. 14 I GG, wo die Eigentumsnutzung bereits kraft Verfassung unter dem Vorbehalt des Gemeinwohls steht (Art. 14 II GG) – ausgeschlossen. Vor allem verweigert sich der Schutzbereich des Art. 2 II 1 GG, zugunsten Dritter – auch wenn diese ihrerseits Art. 12 I GG oder Art. 14 I GG für sich einleuchtend in Anspruch nehmen können – legitimierende Grundlage einer Einschränkung zu sein. Daher gibt es keinen Zweifel, dass eine Beschränkung nach Art. 2 II 3 GG in Bezug auf den durch Art. 2 II 1 GG gewährleisteten Schutz nur unter strengsten Voraussetzungen der Verhältnismäßigkeit zulässig ist. Auch der Verdacht von Gesundheitsgefahren darf nicht als Restrisiko verstanden werden, sondern verlangt präventivmedizinischen Schutz[713].

Ungezielte Eingriffe in die körperliche Unversehrtheit in Form von Gesundheitsrisiken, die unbeabsichtigte Folgen eines auf andere Ziele gerichteten Ver-

711 s. o., B. III. 2.; kritisch zur gängigen Differenzierung zwischen Verfahrensrecht und materiellem Recht bei Planungsentscheidungen Pöcker, DÖV 2003, 980 ff.

712 vgl. BVerfGE 39, 1, 42; 46, 160, 164; 49, 24, 53; BAG, NJW 1989, 2347, 2349; vgl. auch Hermann, Schutz vor Fluglärm bei der Planung von Verkehrsflughäfen im Lichte des Verfassungsrechts, S. 117 ff.

713 Berkemann, ZUR 2002, 202 f.

haltens darstellen, sind zwar bis zu einem bestimmten Grad mit Blick auf die – ebenfalls grundrechtlich geschützte Freiheit der Risikoverursacher – zu rechtfertigen, da ansonsten das menschliche Zusammenleben im sozialen Miteinander ebenso unmöglich gemacht würde wie die Erfüllung staatlicher Aufgaben. Andererseits muss effektiver Schutz gegen Risiken gewährleistet sein. Risiken, die so groß sind, dass sie als Gefahr qualifiziert werden müssen, können regelmäßig nicht gerechtfertigt werden und verletzen daher das Grundrecht[714]. Ein Risiko ist dann als Gefahr zu qualifizieren, wenn der Schadenseintritt hinreichend wahrscheinlich ist. Wann die Wahrscheinlichkeit hinreichend ist, hängt von der Größe des potentiellen Schadens ab. Nur verkehrsübliche oder ganz unwesentliche und damit zumutbare Eingriffe (Bagatelleingriffe) stellen keine Verletzung der körperlichen Unversehrtheit dar[715]. Der Hinweis des OVG NW auf die exponentiellen Risiken kerntechnischer Anlagen, die den Grundrechtsschutz in Form von Verfahrensrechten erfordern, stellt somit einen Verweis auf den im Recht der Gefahrenabwehr bzw. Risikovorsorge[716] allgemein gültigen Grundsatz dar: je größer der potentielle Schaden, desto geringer die erforderliche Eintrittswahrscheinlichkeit[717]. Damit ist jedoch nicht ausgesagt, dass etwa die Größe des potentiellen Schadens bei kerntechnischen Anlagen die Mindestanforderung bei der Gefahrenqualifizierung abgeben würde, die die Schaffung von Verfahrensrechten aufgrund von Art. 2 II 1 GG verlangt. Auch andere Anlagen als Kernkraftwerke, insbesondere der immissionsschutzrechtlichen Zulassung bedürftige Anlagen bergen erhebliche und vergleichbare Risiken für die menschliche Gesundheit[718]. Ausschlaggebend ist nicht die Spezifik der Gefahr, sondern entscheidend sind ihr Gewicht und das Ausmaß denkbarer Schädigungen, wobei zahlreiche Gefahrenlagen durch die Entwicklung von Wissenschaft und Technik sowie durch die Verdichtung von Lebensräumen neu entstehen[719]. Beides ist hinsichtlich der Flugverfahren relevant, wenn man – wie oben bereits

714 Murswiek in: Sachs, GG, Art. 2 Rn. 176; ders., Die staatliche Verantwortung für die Risiken der Technik, S. 139 ff.; ausführlich Di Fabio, Risikoentscheidungen im Rechtsstaat, S. 41 ff.

715 vgl. BVerfGE 17, 108, 114 ff.; streitig ist hierbei, ob in diesem Fall bereits der Schutzbereich des Grundrechts nicht beeinträchtigt ist oder ob der Eingriff zu bejahen, aber als gerechtfertigt anzusehen ist, vgl. Murswiek, Die staatliche Verantwortung für die Risiken der Technik, S. 193 ff.

716 zum fließenden Übergang zwischen Konzepten der Gefahrenabwehr und solchen der Vorsorge zum Zwecke des Gesundheits- und Umweltschutzes vgl. z.B. Kunig in: v. Münch/ders., GG, Art. 2 Rn. 68.

717 s. BVerwGE 45, 51, 61; BayVGH DVBl. 1979, 673, 675; VGH BW, ESVGH 32, 161, 191; vgl. auch Schulze-Fielitz in: H. Dreier, GG, Art. 2 Rn. 48.; zur „Dynamisierung" von Art. 2 II 1 GG durch Art. 20 a GG s. o., Fn. 572.

718 vgl. BVerfGE 56, 54, 78 (Flughafen); E 79, 174, 201 f. (Verkehrslärm); Kunig in: v. Münch/ders., GG, Art. 2 Rn. 68.

719 Kunig in: v. Münch/ders., GG, Art. 2 Rn. 68.

erläutert – bedenkt, dass aufgrund der technischen Entwicklungen erhebliche Kapazitätssteigerungen bei der Gestaltung der Flugverfahren bewirkt werden können, dass der Flugverkehr allen Prognosen zufolge weiter wachsen wird und dass die Flugrouten aufgrund des allgemeinen Siedlungsdrucks zunehmend über besiedelte Gebiete geführt werden müssen.

2.) a) Anspruch aus Art. 2 II 1 GG auf einfachgesetzliche Verfahrensgarantien

Aufgrund seiner Schutzpflicht ist der Gesetzgeber grundsätzlich verpflichtet, die Verursachung von Gefahren für Leib und Leben zu verbieten und hinreichende Vorkehrungen dafür zu treffen, dass das verfassungsrechtlich gebotene Maß an Sicherheit auch effektiv erreicht wird. Die Schutzdimension des Art. 2 II 1 GG gebietet die legislative und administrative Steuerung von Verhaltensweisen mit umweltbelastenden Wirkungen, wenn und soweit diese die körperliche Unversehrtheit von Menschen beeinträchtigen können. Dabei stellt das Grundrecht Weichen im Grundsätzlichen, kann aber wenig ergiebig sein für die Auffindung konkreter Belastungsschwellen. Durch einfaches Gesetzesrecht und seinen Vollzug muss sichergestellt werden, dass effektive Gefahrenabwehr gegenüber Gesundheitsbeeinträchtigungen stattfindet[720].

Art. 2 II 1 GG beinhaltet als „verfahrensgeprägtes" Grundrecht auch einen effektiven Rechtsschutz sowie eine faire Verfahrensgestaltung (Verfahrensteilhabe; Prüfungs-, Vorsorge- und Kontrollmaßnahmen durch vorherige Genehmigungsverfahren)[721]. Durch effektive **Prüfungen und Vorkehrungen**, **frühzeitige Beteiligung** und **wirksamen Rechtsschutz** im Genehmigungsverfahren (**Verfahrensgarantien**) sollen **Gefahren und Risiken minimiert** und ggf. „nachgebessert" werden[722]. Die **Verfahrensteilhabe Dritter** muss bei der Zulassung umweltbeeinträchtigenden Verhaltens gesetzlich eingerichtet werden, soweit das notwendig ist, um dem entscheidenden Staat die Möglichkeit zu verschaffen, den zur Entscheidung vorliegenden Sachverhalt vollständig zu erfas-

---

720 Kunig in: v. Münch/ders., GG, Art. 2 Rn. 67.

721 BVerfGE 53, 30, 65 ff.; 70, 297, 308; 77, 170, 214 f., 229 f.; BVerwG, NVwZ 1989, 1163 ff.; Katz, Staatsrecht, Rn. 697, 700; zum Grundrechtsschutz durch Verfahren s. auch Kahl, VerwArch 2004, 1 ff.

722 vgl. Laubinger, VerwArch 73 (1982), 60, 68 ff.; Dolde, NVwZ 1982, 65 ff.; BVerwG, NVwZ 1989, 1163 ff.; Schulze-Fielitz in: H. Dreier, GG, Art. 2 Rn. 48.

sen, zu überschauen und zu beurteilen. Hierbei geht es nicht um eine Entscheidungsverlagerung, sondern um die **Optimierung des Verfahrensprodukts**. Insbesondere im Anlagenzulassungsrecht gehört dazu, dass Dritten die rechtliche Chance zur Kontrollveranlassung eingeräumt wird, sei es im Verwaltungsverfahren oder im Rahmen eines nachfolgenden Prozesses. Werden Bürger individualisierbar in ihrem Recht auf Gesundheit durch staatliche Entscheidungsfindung potentiell gefährdet, verlangt die Verfahrensfunktion des Art. 2 II 1 GG, dass sie in Verwaltungs- und Gerichtsverfahren ihre **Interessen angemessen zur Geltung bringen** können[723]. Insbesondere im umweltrechtlich relevanten Genehmigungsverfahren wird diese Verfahrensfunktion zugunsten der Rechte auf Leben und Gesundheit praktisch wirksam, indem Betroffene ihre Grundrechtsinteressen gegen entgegenstehende Interessen (z.B. der Anlagenbetreiber) im Verfahren zur Geltung bringen können[724].

Grundrechtsschutz durch Verfahren spielt dort eine besondere Rolle, wo **hochkomplexe technische Anlagen** errichtet oder **Fachplanungsentscheidungen mit komplexen Umweltauswirkungen** (z.B. über Straßen oder Flughäfen) getroffen werden sollen. Die Genehmigungs- bzw. Planfeststellungsbedürftigkeit solcher Vorhaben hat nicht nur eine Grundlage im jeweiligen Fachgesetz, sondern eine derartige präventive Kontrolle der möglichen Auswirkungen des Projekts ist auch aus Gründen des Lebens- und Gesundheitsschutzes verfassungsrechtlich geboten, weil nur auf diese Weise mit hinreichender Sicherheit die Schädigung dieser Rechtsgüter vermieden werden kann[725]. Dabei muss das Zulassungsverfahren so ausgestaltet sein, dass es diese Aufgabe effektiv erfüllt, und die Verfahrensvorschriften müssen im Zweifel im Lichte des Art. 2 II 1 GG im Sinne einer **Schutzeffektivierung** ausgelegt werden. Die Verfahrensbeteiligung Betroffener ist insoweit verfassungsrechtlich geboten, als ihre Rechte anders nicht wirksam geschützt werden können[726].

723 Kunig in: v. Münch/ders., GG, Art. 2 Rn. 59, 69.

724 Schulze-Fielitz in: H. Dreier, GG, Art. 2 Rn. 55; Murswiek in: Sachs, GG, Art. 2 Rn. 192 ff.

725 Murswiek in: Sachs, GG, Art. 2 Rn. 192 f.; offen gelassen in BVerfGE 53, 30, 61, vgl. aber dort S. 65 f.

726 Murswiek in: Sachs, GG, Art. 2 Rn. 193.

b) Konsequenzen für die Festlegung von Flugverfahren

Wie oben (B. I. 1.) näher erläutert, stellen Flugrouten komplexe, mehrdimensionale Verfahren dar und besitzen weitreichende Konsequenzen hinsichtlich der Lärmbelastungen der Betroffenen, da mit den Flugrouten der Lärm erst auf die „Flugerwartungsgebiete" verteilt wird und überdies durch technische Fortschritte Kapazitätssteigerungen möglich sind, die zusätzliche Belastungen schaffen können, ohne dass hierfür die betreffende Flugroute neu festgelegt werden muss. Die Entscheidungen über die Flugroutenfestlegungen, die also erst zu den konkreten Belastungssituationen führen, sind jedoch nicht Gegenstand der Planfeststellungs- und Genehmigungsverfahren.

Ein verfassungsrechtliches Gebot der präventiven Kontrolle der Flugverfahren und ihrer möglichen Auswirkungen unter Beteiligung der Betroffenen ist daher nicht nur für die Planfeststellung bzw. luftverkehrsrechtliche Genehmigung zu bejahen, sondern grundsätzlich ebenso für die separat festzulegenden Flugverfahren.

Der VGH BW hat diese Parallele zwischen Genehmigungsverfahren und Festsetzung der Lärmschutzbereiche einerseits und Flugverfahren andererseits zu Recht hinsichtlich des Beteiligungsrechts der Gemeinden aus Art. 28 II GG gezogen[727].

Die Formulierung des Art. 28 II GG gibt freilich keinen näheren Hinweis darauf, wie die konkrete Ausgestaltung der Verfahrens- und Beteiligungsrechte der Kommunen auszusehen hat. Eine einfachgesetzliche Ausgestaltung der Beteiligung im Rahmen der Flugverfahren wäre daher sinnvoll, um den direkten Rückgriff auf Art. 28 II GG als „Notlösung" vermeiden zu können.

Erst recht gilt dies für Art. 2 II 1 GG, da auf dieses Grundrecht grundsätzlich nicht unmittelbar durch die Einräumung eines Beteiligungsrechts durch die Justiz zurückgegriffen werden kann; dem Gesetzgeber ist die „Vorhand" zu belassen[728].

Auch bei Gebrauch des weiten Entscheidungs-, Wertungs- und Gestaltungsspielraums durch den Staat[729] bei der Erfüllung seiner Schutzpflicht aus Art. 2 II 1 GG sprechen somit gute Gründe dafür, die Flugverfahren mit Verfahrens- und

727 a.A. Wysk, ZLW 1998, 289; BVerwG, Urt. v. 26.11.2003 – 9 C 6.02; s. o., B. III. 6.

728 Schulze-Fielitz in: H. Dreier, GG, Art. 2 Rn. 57; ebenso Kunig in: v. Münch/ders., GG, Art. 2 Rn. 70 mit Kritik an OVG Lüneburg, NuR 1986, 209 ff., allerdings mit der Einschränkung, dass ein unmittelbarer Rückgriff auf Art. 2 II 1 GG zulässig sei, wenn der Gesetzgeber subjektive Verfahrens- und Rechtsmacht verfassungswidrigerweise nicht hergestellt hat.

729 Schulze-Fielitz in: H. Dreier, GG, Art. 2 Rn. 51 ff.

Beteiligungsrechten für die Betroffenen auszustatten, zumal dies aus den oben aufgeführten Gründen verfassungsrechtlich geboten und der Entscheidungsspielraum insoweit weitgehend reduziert ist. Dies ist jedenfalls dann der Fall, wenn – etwa bei größeren Verkehrsflughäfen – die drohenden Belastungen und das Konfliktpotential erheblich sind[730].

Zu bedenken ist auch, dass gerade in Bereichen, wo angesichts materiell nur schwach determinierter und determinierbarer Vorgaben des Gesetzgebers Auslegungsspielräume entstehen, eine großzügige Beteiligung der Öffentlichkeit und damit auch der sachverständigen Verbände dazu beitragen kann, die begrenzte gerichtliche Kontrolldichte prozedural zu kompensieren. Eine solche Beteiligung zielt auf die Optimierung der Gemeinwohlrichtigkeit komplexer und daher vom Gesetzgeber notwendig offen gehaltener Entscheidungen[731].

Somit spricht auch der oben bereits angesprochene **Kompensationsgedanke** für die Schaffung von Verfahrens- und Beteiligungsrechten.

Selbst wenn man ein verfassungsrechtliches Gebot zur Schaffung von Beteiligungsrechten ablehnt, entspricht eine solche jedenfalls zur Erreichung einer größeren **Akzeptanz** der Flugverfahren dem Gebot praktischer Vernunft[732].

Die Suche nach Konsens und Akzeptanz ist keine Eigentümlichkeit des Verwaltungsverfahrens, sondern gehört zu den Essentialia des modernen Staates. Konsensbildung und Konfliktschlichtung durch Prozesse des Aushandelns und der Kompromissfindung sind Leitbilder des kooperativen Staates der Gegenwart. Planungsentscheidungen der Verwaltung sind stets von neuem an die Wünsche, Forderungen und Bedürfnisse der betroffenen Öffentlichkeit zurückzukoppeln. Zu diesem Zweck werden die betroffenen und interessierten Bürger in die Entscheidungsfindung der Verwaltung einbezogen. Dass dies kein unreflektiertes oder gar populistisches Übernehmen öffentlich favorisierter Alternativen bedeuten darf, steht außer Diskussion. Im Rahmen der rechtlichen Vorgaben wird vielmehr nach Entscheidungen gesucht, die von den Bürgern als Grundlage eines geordneten Zusammenlebens akzeptiert werden, wobei die Akzeptanz auch durch eine möglichst frühzeitige, verantwortungsvolle Teilnahme am Verwaltungsverfahren bewirkt werden kann[733].

---

730 vgl. Czybulka in: Ziekow, Speyerer Luftverkehrsrechtstag 2001, S. 16 f.

731 s. Calliess, NJW 2003, 97, 101.

732 vgl. insoweit auch Wysk, ZLW 98, 289; vgl. außerdem den Referentenentwurf zur Novellierung des FlugLG, unter B., Begründung zu Art. 2 Nr. 5 (§ 32 b I LuftVG), in dem eine stärkere Bürgerbeteiligung durch Erweiterung von § 32 b LuftVG (Fluglärmkommission) vorgesehen ist; zu dem Begriff der praktischen Vernunft s. I. Kant, Kritik der praktischen Vernunft, Erster Teil, Erstes Buch, Zweites Hauptstück; zur Methodenlehre der praktischen Vernunft s. ebenda, Zweiter Teil.

733 Würtenberger, Die Akzeptanz von Verwaltungsentscheidungen, 1996, S. 54, 101, 163; ders., NJW 1991, 257, 261; kritisch zu einer zu frühen Bürgerbeteiligung Schmittel, S.

Insbesondere wenn Verwaltungsentscheidungen einen Umverteilungseffekt besitzen, wenn also einem Nutzen für die Allgemeinheit ein Nachteil für eine Gruppe gegenübersteht und zugleich negative Auswirkungen auf die Umwelt zu befürchten sind, verbinden sich Eigeninteressen und Gemeinwohlforderungen zu einem besonders engagierten Bürgerprotest, der häufig zu langwierigen Rechtsschutzverfahren führt, welche die Realisierung von Verwaltungsentscheidungen deutlich verlängern. Die hierdurch entstehenden sozialen Kosten sind erheblich und in der Tendenz steigend[734].

Mit der zunehmenden Komplexität sozialer und ökonomischer Verhältnisse muss vermehrt nach Ermessen gehandelt oder planerisch gestaltet werden. Dies führt aber notgedrungen dazu, dass für diesen Bereich der „weich" programmierten Verwaltungsentscheidung ein besonderes Verwaltungsverfahrensrecht zu entwickeln ist, das dieser Verwaltung des sozialen und demokratischen Rechtsstaates gerecht wird. Insoweit hat also ein verwaltungsverfahrensrechtlicher Paradigmenwechsel eingesetzt[735].

Im Bereich der Planungsverwaltung hat der Gesetzgeber die Verwaltungsentscheidung lediglich final programmiert. Der Verwaltung wächst somit in den verschiedenen Bereichen des Fachplanungsrechts die Aufgabe zu, Zielvorstellungen zu entwickeln, Zielkonflikte zu erkennen, Handlungsalternativen aufzuweisen und zwischen diesen zu wählen. Die Verwaltung wird somit zum Ort politischer Auseinandersetzung, ihr Handeln ist nicht mehr vorrangig durch die Bindung an das demokratisch beschlossene Gesetz legitimiert, sondern bedarf darüber hinaus besonderer Verfahren, die Legitimität und Akzeptanz erzeugen. Zu diesem Zweck sucht man den Bürger im Verfahren der „kooperativen Interessenabstimmung, Zielentwicklung und Mittelbewertung" an der Konkretisierung der gesetzlich vorgegebenen Ziele und normativen Leitbilder teilnehmen zu lassen. Gerade im Bereich der Planungsverwaltung und der Genehmigungs-

66; zur Realität und Akzeptanz der Öffentlichkeitsbeteiligung im Atomrecht vgl. Gerhardt/Jacob, DÖV 1986, 258 ff., 270 ff.; zur Befriedungsfunktion mündlicher Verhandlungen vgl. Hinterseh, Ausschüsse gem. § 73 II VwGO – Funktion, Bedeutung und Perspektiven im Widerspruchsverfahren, S. 63 ff.; s. außerdem zu den Gestaltungsmöglichkeiten hinsichtlich der in Erörterungsterminen bei umstrittenen Großvorhaben angelegten konflikt- und emotionsgeladenen Situationen Beck, Verwaltung und Management, 2002, 179 ff.; zur Rechtsakzeptanz als echter Grenze des Rechts s. Mayer-Maly, Rechtsphilosophie, S. 58.

734 s. Würtenberger, Die Akzeptanz von Verwaltungsentscheidungen, S. 50 ff.; die Flankierung aller Bemühungen um eine Verfahrensbeschleunigung durch ein effizientes Akzeptanz-Management fordern auch Bullinger, Beschleunigte Genehmigungsverfahren, S. 90 f., sowie Brohm, NVwZ 1991, 1025, 1028.

735 s. Hoffmann-Riem, DVBl. 1994, 1381; zur zunehmenden Politisierung gesellschaftlicher Prozesse Benz, Kooperative Verwaltung, S. 45 ff., 52 f.; Würtenberger, Die Akzeptanz von Verwaltungsentscheidungen, S. 42; skeptisch Ronellenfitsch, DÖV 1989, 737, 749.

verfahren etwa von technischen Großanlagen wird dabei auch deutlich, in welchem Ausmaß der Grundkonsens abhanden gekommen ist[736].

Gerade vor dem Hintergrund der zunehmend geforderten Deregulierung und Reprivatisierung der Erledigung öffentlicher Aufgaben sollten der Einsatz von Verfahren der Konfliktmittlung und die Orientierung der Entscheidung an der Akzeptanz der Betroffenen mit dem Ziel einvernehmlichen Interessenausgleichs Vorrang haben vor einseitiger staatlicher Konfliktschlichtung. Im Sinne des Subsidiaritätsprinzips werden einer solchen Selbstregulierung durch Partizipationsverfahren Entscheidungsspielräume belassen. So ausgehandelte Kompromisse binden zwar die Entscheidungsbehörde nicht rechtlich und nehmen ihr auch nicht die Verantwortung für die Entscheidung, entfalten aber eine starke faktische Bindungswirkung, was jedoch dem Sinn und Zweck des Verwaltungsverfahrens durchaus entspricht. Durch die entscheidende Behörde erfolgt im Prinzip nur noch eine Rechtmäßigkeitskontrolle, wenn sie am Verfahren der Konfliktmittlung maßgeblich beteiligt war und nunmehr der ausgehandelte und Akzeptanz findende Kompromiss in die Form des öffentlichen Rechts gegossen wird[737].

Auch wenn der im Verwaltungsverfahren erreichte Konsens nicht unbedingt die gesellschaftliche Akzeptanz der Entscheidung sichert und auch eine frühzeitig begonnene öffentliche Diskussion zu einer Verhärtung der Fronten führen kann, die einen allseitig akzeptablen Kompromiss unmöglich macht[738], so überwiegen nach den Erfahrungen der Praxis im Endeffekt die positiven Effekte frühzeitiger Bürgerbeteiligung und eines gezielten Akzeptanzmanagements im Erörterungstermin[739]. In einem „Verfahren des Diskurses" entfaltet sich jenes Verwaltungsverfahren, das einer freiheitlichen und demokratischen Gesellschaft angemessen ist; nur hier sind realistischerweise eine Annäherung an richtige Verwaltungsentscheidungen und die Sicherung von deren Akzeptanz möglich[740].

736 Hill, DÖV 1987, 885, 888 ff.; Würtenberger, Die Akzeptanz von Verwaltungsentscheidungen, S. 43, 45.

737 Würtenberger, Die Akzeptanz von Verwaltungsentscheidungen, S. 146, 154 f. unter Anknüpfung an das in Art. 23 GG verankerte Subsidiaritätsprinzip als Ansatz für eine rechtliche Verankerung der Akzeptanz als Ermessensdirektive sowie mit Bezugnahme auf das Verhältnismäßigkeitsprinzip; s. auch Brohm, NVwZ 1991, 1030; zur abwägungsfehlerfreien Nachvollziehung s. BVerwGE 45, 309 ff.

738 s. hierzu Mayntz, Die Verwaltung 1990, 147 f.

739 Bundesminister für Verkehr (Hrsg.), Bürgerbeteiligung bei der Planung von Verkehrswegen, 1982, S. 110 f. u. passim.; Schmittel, Öffentlichkeitsbeteiligung, S. 66, der sich allerdings gegen eine zu frühe Bürgerbeteiligung wendet; Würtenberger, Die Akzeptanz von Verwaltungsentscheidungen, S. 162, 166 f. m.w.N.; kritisch R. Schmidt, Die Akzeptanz von Abfallentsorgungsanlagen, S. 117 f.; Henle, BayVBl. 1981, 1 ff., 11; Ronellenfitsch, DÖV 1989, 737 ff., 749.

740 vgl. BVerfGE 90, 1, 20 f.; Würtenberger, Die Akzeptanz von Verwaltungsentscheidungen, S. 153, 148 ff.; Schmidt-Aßmann, DVBl. 1993, 924, 933; rechtsstaatliche Bedenken finden sich hingegen bei Brohm, DVBl. 1990, 321, 327; Kunig/Rublack, Jura 1990,

Eine derartige konsensuale Teilhabe der betroffenen Bürger am Verwaltungsverfahren ist daher auch bei den Flugverfahren auf jeden Fall sinnvoll, wenn nicht gar schon – wie hier vertreten – grundrechtlich geboten. Freilich muss sie praktikabel sein, d.h. es müssen eine ausreichende Flexibilität und Funktionsfähigkeit der Aufgabenbewältigung auf dem Gebiet der Flugsicherung erhalten bleiben. Wie eine solche Verfahrensgestaltung aussehen könnte, soll sogleich (s.u., Abschnitt C.) entwickelt werden.

VI. Die für die Abwägung zuständige Stelle im Rahmen der Flugroutenfestlegung

Bei einer näheren Betrachtung des Abwägungsgebots im Rahmen der Flugroutenfestlegung ist zunächst unter Verweis auf das oben dargelegte Urteil des VGH BW festzuhalten, dass die Abwägung durch die zuständige Stelle, nämlich das LBA, zu erfolgen hat. Zwar überlässt das LBA die Abwägungsentscheidung üblicherweise im Wesentlichen der DFS. Die Festlegung wird hierdurch allein noch nicht willkürlich, wie das BVerwG festgestellt und das OVG NW unter Verweis auf die umfassende Sachkompetenz der DFS näher begründet hat[741]. Voraussetzung dafür ist aber, dass das LBA, welches für die Entscheidung verantwortlich bleibt, für die Einhaltung der zu beachtenden Maßstäbe Sorge trägt und die Nachprüfbarkeit ihrer Einhaltung sicherstellt[742]. Das bedeutet, dass das LBA zumindest die Herausarbeitung der in die Abwägung einzustellenden Belange und deren Gewichtung im Einzelnen zu überprüfen, also eine nachvollziehende Abwägung vorzunehmen hat. Die planende Behörde muss eine *eigene* Abwägungsentscheidung treffen, andernfalls liegt ein Fall des sog. Abwägungsausfalls vor[743].

5, 8 f., dort auch mit Bedenken bzgl. des Amtsermittlungsgrundsatzes (§ 24 VwVfG); s. auch den Bericht der Bundesregierung über die Möglichkeiten einer weiteren Beschleunigung und Vereinfachung der immissionsschutzrechtlichen Genehmigungsverfahren, BT-Drs. 12/6923, S. 21.

741 s. Urteilsausfertigung S. 17 f. und oben, B. III. 2 a).

742 BVerwG, NJW 2000, 3584 ff.; interessant wird in diesem – weiteren – Zusammenhang in den nächsten Jahren und Jahrzehnten die Beobachtung sein, inwieweit die in jüngerer Zeit erzielten privatisierungsbedingten Entlastungen der öffentlichen Hand durch wachsende Notwendigkeiten behördlicher Aufsichts-, Kontroll- und Beratungsmaßnahmen wieder kompensiert werden.

743 vgl. Kopp/Ramsauer, VwVfG, § 74 Rn. 54; s. hierzu auch HessVGH, Urt. v. 11.02.2003 – Az.: 2 A 1062/01 –, S. 20 ff., und 2 A 1569/01, S. 13 ff.; s.o., B. III. 4.

Entscheidend ist also, dass die Abwägungsentscheidung durch die DFS hinreichend dokumentiert wird und dadurch vom LBA nachvollzogen werden kann. Diese Nachvollziehung durch das LBA hat dann auch tatsächlich zu erfolgen, nicht ausreichend ist eine bloße Übernahme der Abwägungsentscheidung der DFS, da dies keine eigene Abwägungsentscheidung des LBA darstellen würde.

Grundsätzlich zulässig ist hingegen, die Zusammenstellung und Gewichtung des Abwägungsmaterials zunächst durch eine andere Behörde oder Stelle – hier die DFS in Kooperation mit der beratenden Fluglärmkommission (vgl. § 32 b LuftVG) – vornehmen zu lassen. Die DFS besitzt hierfür die Sachkompetenz und handelt zudem als Beliehene des BMVBW (vgl. §§ 27 c II, 32 b I 1 LuftVG in Verbindung mit der FS-AuftragsV[744]). Hierdurch ist sie mit der Wahrnehmung der Flugsicherung nach § 27 c LuftVG betraut und nimmt diese Aufgabe im Rahmen eines öffentlich-rechtlichen Auftragsverhältnisses hoheitlich und selbständig als Verwaltungsträger wahr[745].

Zur Aufgabe der Flugsicherung gehören u.a. auch die Steuerung der Luftraumnutzung (§ 27 c II Nr.1 b LuftVG) sowie die Planung von Verfahren für die Flugsicherung (§ 27 c II Nr.3 LuftVG) und damit also auch Aufgaben mit planerischen Bezügen, wie sie ja auch die Abwägungsentscheidung aufweist. Zudem ergibt sich etwa aus § 32 b LuftVG, dass die Flugsicherung auch für Maßnahmen des Lärmschutzes zuständig ist. Die Abwägungsentscheidung im Rahmen der Flugroutenplanung stellt nicht zuletzt einen solchen Lärmschutzbeitrag dar, zumal es sich bei Flugverfahren ja u.a. auch um betriebliche Lärmschutzmaßnahmen handelt.

Eine weitgehende Delegation der Abwägungsentscheidung auf die DFS ist also zulässig, solange die Abwägung ausreichend dokumentiert wird und dadurch für andere Stellen nachvollziehbar ist. Die nachvollziehende Kontrolle der Dokumentation obliegt dann dem LBA als der für die Festlegung der Flugverfahren zuständigen Stelle[746].

Dass in der Praxis die DFS die Abwägungsentscheidung faktisch weitgehend auf die **Fluglärmkommission weiter delegiert** und deren Empfehlungen berücksichtigt, soweit dies unter Berücksichtigung der Erfordernisse der Flugsicherheit vertretbar ist, erscheint zwar zunächst als sinnvoll – soweit freilich auch hinsichtlich dieser Abwägungen ein Nachvollzug durch das LBA möglich ist und auch tatsächlich erfolgt. Hierdurch werden nämlich eine Beteiligung betroffener Kreise und damit eine beschränkte Öffentlichkeitsbeteiligung erreicht, in

---

744 Verordnung zur Beauftragung eines Flugsicherungsunternehmens v. 11.11.1992, BGBl. 1992 I, 1928; s.o., B. I. 1.

745 vgl. zur Stellung des Beliehenen z.B. Maurer, AllgVerwR, § 23 Rn. 56 ff.; P. Stelkens/Schmitz in: S/B/S, VwVfG, § 1 Rn. 231 ff.; Wolff/Bachof/Stober, VerwR, Bd. I, § 22 Rn. 25; § 23 Rn. 31; § 34 Rn. 8; Bd. II, § 67 Rn. 20.

746 zu den Kriterien für ein abwägungsfehlerfreies Nachvollziehen s. BVerwGE 45, 309 ff.

deren Rahmen sich die Betroffenen, die auch genaue Kenntnisse von den Umständen vor Ort haben (z.B. benachbarte Gemeinden), auf bestimmte Kompromisse einigen müssen[747]. Die Beteiligung der Kommission dient also gewissermaßen der Akzeptanzgewinnung bezüglich der festzulegenden Flugverfahren.

Zum einen sollte aber die bislang lediglich auf § 32 b LuftVG gestützte Mitwirkung der Fluglärmkommission bei der Flugroutenfestlegung rechtlich klarer bestimmt werden[748]. § 32 b I LuftVG nennt zwar die Beratung der Genehmigungsbehörde sowie der für die Flugsicherung zuständigen Stelle über Maßnahmen zum Schutz gegen Fluglärm und gegen Luftverunreinigungen durch Luftfahrzeuge. Der Schutz vor Fluglärm ist ein bei der Flugroutenfestlegung zu beachtender Aspekt und häufig auch der Anlass zur Änderung von Flugverfahren (vgl. oben, B. I, 1. sowie B. III. 2.a).

Die Kommission nach § 32 b I LuftVG wird aber für Verkehrsflughäfen, für die ein Lärmschutzbereich nach dem FlugLG festzusetzen ist, gebildet. Folglich sind in der Kommission gem. § 32 b IV LuftVG nur Gemeinden aus der nächsten Umgebung des Flugplatzes vertreten, wobei die Zahl der Kommissionsmitglieder auf 15 begrenzt werden soll. Eine Beteiligung aller Gemeinden und Bürger, deren Belange durch Flugverfahren in abwägungserheblicher Weise betroffen sind[749], erfolgt also durch die Mitwirkung der Fluglärmkommission nicht. Folglich kann auch die Abwägung im Rahmen der Flugroutenfestlegung nur insoweit auf die Kommission subdelegiert werden, als es um die Abwägung der Belange geht, die die Kommissionsmitglieder (insbesondere die in den Lärmschutzbereichen gelegenen Gemeinden) selbst betreffen.

---

747 vgl. auch die diesbzgl. Argumente des OVG NW, s. oben, B. III. 2 a).

748 s. hierzu unten, C. VI.; vgl. in diesem Zusammenhang auch die Kompetenzprobleme zwischen Sachverständigengremien (z.B. gem. § 4 GenTG) und rechtlich verantwortlichen Genehmigungsbehörden im Bereich der Risikoentscheidungen sowie die noch klärungsbedürftige Situation des Dreiecksverhältnisses Gremium-Behörde-Drittbetroffener bzw. kontrollierende Gerichtsbarkeit, vgl. Di Fabio, Risikoentscheidungen im Rechtsstaat, S. 133 ff. Diese Problematik ist auf die Rolle der Fluglärmkommission allerdings nicht direkt übertragbar, da die Funktion der Sachverständigengremien (z.B. der Zentralen Kommission im Gentechnikrecht) über Empfehlungen und Beratungen weit hinausgeht. Vielmehr spielen diese Gremien aufgrund ihres Sachverstandes hinsichtlich sicherheitsrechtlicher Beurteilungen eine zentrale Rolle. Im Gegensatz dazu ist die Abwägung im Rahmen der Festlegung von Flugverfahren grds. auch dem LBA bzw. der DFS selbst möglich, die Kommission dient hier in erster Linie der Beteiligung der Betroffenen und der Konsensbildung. Wird hierfür die Abwägung (teilweise) auf die Kommission delegiert, ändert dies nichts an der Zurechnung der Abwägungsentscheidung an das LBA sowie an dessen damit verbundener inhaltlicher und rechtlicher Verantwortung für die Abwägung.

749 im o.g. RILAX-Verfahren betrug die Entfernung der Kläger zum Flughafen 40 bis 75 km.

Da, wie oben erläutert, das rechtsstaatliche Abwägungsgebot weder von seiner fachgesetzlichen Normierung noch von einer bestimmten Handlungs- oder Verfahrensform abhängt[750] und die Pflicht zur Beteiligung der betroffenen Bürger und Gemeinden aus Art. 2 II 1 bzw. 28 II GG resultiert und zudem auch der Ermittlung der abwägungserheblichen Belange dient, kann die Normierung des § 32 b LuftVG freilich auch keine Ausschlusswirkung im Sinne einer abschließenden Regelung zur Öffentlichkeitsbeteiligung haben.

Die Mitwirkung der Fluglärmkommission in ihrer derzeitigen Form ist also nicht geeignet, die oben bejahten Verfahrensrechte der Betroffenen zu gewährleisten[751]. Die Beteiligung der Kommission bei der Flugroutenfestlegung ist zwar sinnvoll, sollte aber zum einen auf eine klare rechtliche Grundlage gestellt werden und kann zum anderen dem LBA bzw. der DFS die Abwägung nicht (faktisch) abnehmen, da in ihr nur ein Teil der Betroffenen vertreten und somit eine Ermittlung aller abwägungserheblichen Belange nicht sichergestellt ist.

---

750 siehe BVerwGE 111, 276, 280.

751 vgl. hierzu Czybulka, UPR 1999, 128, der in der Stärkung der Rechte der Fluglärmkommission eine Möglichkeit sieht, die Beteiligung von Bürgern und Sachverständigen zu verbessern; vgl. auch den Beschluss des Dt. Bundestags v. 02.09.1998, Bericht und Beschlussempfehlung des Ausschusses für Verkehr (15. Ausschuss), BT-Drucks. 13/11140 v. 30.06.1998 und Plenarprotokoll (246. Sitzung) v. 02.09.1998 (S. 23016 D), sowie das Eckpunktepapier des BMU zur Novelle des FlugLG (Stand: Mai 2000), dort unter Ziff. 7; außerdem LAI, Leitlinie zur Beurteilung von Fluglärm durch die Immissionsschutzbehörden der Länder v. 14.05.1997, Abschn. A.

C. Mögliche Verfahrensgestaltungen bei der Festlegung von Flugrouten

Auch eine größtmögliche Optimierung der An- und Abflugrouten kann freilich erforderliche aktive und passive Schallschutzmaßnahmen nicht ersetzen[752]. Eine Gegenüberstellung des immissionsschutzrechtlichen Lärmschutzmodells mit dem luftverkehrsrechtlichen Instrumentarium zur Fluglärmbekämpfung soll im Folgenden sowohl die Parallelen als auch die Unterschiede dieser Regelungsbereiche zur Flugroutenfestlegung aufzeigen, um Ansätze für mögliche modifizierte Verfahrensgestaltungen bei den Festlegungen der Flugverfahren zu liefern.

Wie oben bereits angerissen, fehlt für den Lärmschutz beim Luftverkehr ein **„Lärmbekämpfungsmodell"**, wie es in den §§ 41 ff. BImSchG für den Lärmschutz an öffentlichen Straßen und Schienen enthalten ist. Im Folgenden soll daher geprüft werden, ob und inwieweit dieses Modell wirksam auf den Luftverkehrslärm übertragen werden könnte.

I. Zum Vergleich: Das Lärmbekämpfungsmodell des Bundesimmissionsschutzgesetzes

Die **§§ 41 - 43 BImSchG** enthalten zusammen mit **§ 50 BImSchG** eine **Stufenregelung für den Lärmschutz an öffentlichen Straßen und Schienenwegen**[753]: Die grundsätzliche Entscheidung und die Trassierung der Verkehrswege müssen gem. § 50 BImSchG so vorgenommen werden, dass schädliche Umwelteinwirkungen auf Wohngebiete und andere schutzwürdige Gebiete „so weit wie möglich"[754] vermieden werden **(planerischer Lärmschutz**[755]). Von grundlegender Bedeutung auch für die Verkehrsführung ist dieser allgemeine Grundsatz des gebietsbezogenen Immissionsschutzes, wonach bei raumbedeutsamen Planungen und Maßnahmen die für eine bestimmte Nutzung vorgesehenen Flächen einander so zuzuordnen sind, dass schädliche Umwelteinwirkungen auf die ausschließlich oder überwiegend dem Wohnen dienenden Gebiete sowie auf

752 so auch ein Ergebnis der Mediation Flughafen Frankfurt, vgl. Institut für angewandte Ökologie, Ergebnispapier V 11b/Ö 8b: Einfluss von Verfahren der Flugsicherung und Navigation auf Kapazität und Lärm lokal, S. 6 Fn. 3.

753 s. OVG RP, NVwZ 1990, 281 f.; Jarass, BImSchG, § 41 Rn. 2, 11, 14; Kloepfer, UmwR, § 14 Rn. 167 ff.; Bender/Sparwasser/Engel, UmwR, Kap. 8 Rn. 298 ff.

754 vgl. BVerwG, DVBl. 1985, 899, 900.

755 näher hierzu Jarass, BImSchG, § 50 Rn. 8-19; Schulze-Fielitz, DÖV 2001, 183 f.

sonstige schutzbedürftige Gebiete soweit wie möglich vermieden werden (§ 50 BImSchG)[756].

Wird dadurch ein ausreichender Lärmschutz nicht erreicht, sind gem. § 41 BImSchG an dem Verkehrsweg die notwendigen **aktiven Schutzmaßnahmen** (im weiteren Sinne) zu treffen, es sei denn, sie sind unangemessen (aktiver Lärmschutz[757]).

Schließlich muss der Staat gem. **§ 42 BImSchG** die Aufwendungen für **passive Schutzmaßnahmen** an Einrichtungen der Betroffenen ersetzen (passiver Lärmschutz[758]). Die näheren Einzelheiten werden gem. **§ 43 BImSchG** durch Rechtsverordnung geregelt, so in der **Verkehrslärmschutzverordnung (16. BImSchV)** vom 12.6.1990[759]. Anhaltspunkte sind zudem den Verkehrslärmschutzrichtlinien 1997[760] zu entnehmen; sie haben allerdings nicht einmal den Charakter von Verwaltungsvorschriften im Sinne des Art. 84 II GG[761].

Auch ohne die Konkretisierung durch eine Rechtsverordnung nach § 43 BImSchG ist die Vorschrift des § 41 BImSchG aber gleichwohl unmittelbar geltendes Recht[762]. Darüber hinaus enthält § 41 I eine zwingende Vorgabe, keinen bloßen Abwägungsbelang[763]. Die Anforderungen des § 50 BImSchG stehen selbständig neben denen des § 41[764].

1.) Planerischer Lärmschutz

§ 50 BImSchG soll bereits im Planungsstadium sicherstellen, dass bei der räumlichen Zuordnung unterschiedlicher Nutzungen den Zielen des BImSchG Rechnung getragen wird. Die Vorschrift verleiht als Ausdruck des Vorsorgeprinzips dem Immissionsschutz im Rahmen planerischer und ähnlicher Entscheidungen besonderes Gewicht, wenn auch keinen generellen Vorrang[765].

756 Kloepfer, UmwR, § 14 Rn. 168; Jarass, BImSchG, § 50 Rn. 11.
757 s. Jarass, BImSchG, § 41 Rn. 27 ff.; Schulze-Fielitz, DÖV 2001, 184.
758 s. hierzu Jarass, BImSchG, § 42 Rn. 1; Schulze-Fielitz, DÖV 2001, 185.
759 BGBl. I S. 1036.
760 VkBl. 1997, 434; abgedr. bei Hansmann in: Landmann/Rohmer, Umweltrecht, Bd. I, § 41 Rn. 18.
761 Jarass, BImSchG, § 41 Rn. 2.
762 BVerfGE 79, 174, 194; BVerwGE 71, 150, 154 f.; a.A. noch BVerwGE 61, 295, 298 ff.
763 VGH BW, VBlBW 1996, 423, 424; OVG Nds., UPR 1993, 192 f.; str., s.o. Fn. 660.
764 Jarass, BImSchG, § 41 Rn. 5.
765 Jarass, BImSchG, § 50 Rn. 1; BVerwGE 71, 163, 165; BayVGH, BauR 1981, 173 f.

§ 50 BImSchG gilt für alle öffentlich-rechtlichen Stellen, die raumbedeutsame Planungen und Maßnahmen vornehmen oder genehmigen. Raumbedeutsam sind Planungen bzw. Maßnahmen, wenn sie Grund und Boden in Anspruch nehmen oder die räumliche Entwicklung eines Gebiets beeinflussen (§ 3 Nr. 6 ROG). Planungen sind Programme für verbindliche oder mögliche Maßnahmen zur Erreichung bestimmter Ziele, entwickelt aufgrund der gegenwärtigen Lage und der prognostizierten Entwicklung. Als sonstige raumbedeutsame Maßnahmen sind Entscheidungen über raumbezogene Einzelvorhaben anzusehen, soweit in den Entscheidungen planerische Elemente eine Rolle spielen, sei es in Form von Ermessen oder von unbestimmten Rechtsbegriffen[766].

Im Einzelnen werden Planfeststellungen sowie Genehmigungen, bei denen der Genehmigungsbehörde eine räumliche Abstimmung aufgetragen ist, erfasst. Diese Voraussetzung liegt vor, wenn die Zulassung im Ermessen steht oder der Behörde ein Planungsspielraum eingeräumt wird, wie das für die immissionsschutzrechtliche Genehmigung im Bereich des § 5 I Nr. 2 BImSchG zutrifft. Baugenehmigungen werden im Bereich der §§ 34 f. BauGB erfasst[767].

Trotz der Formulierung in § 2 I Nr. 4 BImSchG gilt § 50 BImSchG auch für öffentliche Straßen und Schienenwege, Wasserstraßen sowie für Flugplätze, da § 2 II BImSchG nur die unmittelbaren Anforderungen an die Errichtung und den Betrieb von Flughäfen meint[768].

§ 50 schützt ausschließlich oder überwiegend dem Wohnen dienende sowie sonstige schutzwürdige Gebiete, die im Hinblick auf ihre Nutzung – ähnlich wie Wohngebiete – eines Schutzes vor Immissionen und, seit der Änderung von 1998[769], des Schutzes vor schweren Unfällen bedürfen. Für den Lärmschutz liefert das Beiblatt zur DIN-Norm 18005 Orientierungswerte. Quellenbezogene Regelwerke wie die TA-Lärm sind nur als Untergrenze der Anforderungen verwendbar[770].

---

766 Schulze-Fielitz in: Koch/Scheuing, GK-BImSchG, § 50 Rn. 74; Jarass, BImSchG, § 50 Rn. 2 ff.

767 Jarass, BImSchG, § 50 Rn. 6; Schulze-Fielitz in: Koch/Scheuing, GK-BImSchG, § 50 Rn. 78, 81.

768 Jarass, BImSchG, § 50 Rn. 7; Schulze-Fielitz in: Koch/Scheuing, GK-BImSchG, § 50 Rn. 89; BVerwGE 75, 214, 233.

769 durch Art. 1 des 5. Gesetzes zur Änderung des BImSchG v. 19.10.1998 (BGBl I 3178), s. Jarass, BImSchG, Einl. Rn. 2 Nr. 30.

770 Schulze-Fielitz in: Koch/Scheuing, GK-BImSchG, § 50 Rn. 119, 121 ff.; Jarass, BImSchG, § 50 Rn. 8, 10, 12; Fickert/Fieseler, BauNVO, § 1 Rn. 56 ff.

Die gebotene Zuordnung der Nutzungsgebiete erfolgt vor allem durch eine ausreichende **Trennung**[771]. Daneben kommen auch Nutzungsbeschränkungen und sonstige geeignete Festlegungen (z.B. Lärmschutzwälle) in Betracht, die sich sowohl auf die störenden wie auf die zu schützenden Flächen beziehen[772].

§ 50 enthält einen **Planungsleitsatz** in Form eines **Optimierungsgebots**. Es ist daher geboten, dass die immissionsschutzrechtlichen Gesichtspunkte in die planerische Abwägung erkennbar eingehen und dort mit dem ihnen zukommenden besonderen Gewicht Berücksichtigung finden[773]. Eine Vernachlässigung immissionsschutzrechtlicher Belange ist nur möglich, wenn die Planung durch entgegenstehende Belange mit hohem Gewicht zwingend geboten ist, etwa bei der Überplanung vorhandener Gemengelagen[774].

Die Vorschrift des § 50 enthält eine verbindliche Rechtspflicht. Rechtsvorschriften (z.B. Bebauungspläne), die dagegen verstoßen, sind unwirksam, Verwaltungsakte rechtswidrig[775].

Der Rechtsschutz fällt angesichts des höchst unterschiedlichen Charakters der von § 50 erfassten Planungen und sonstigen Maßnahmen sehr verschiedenartig aus. Bei fehlender Außenwirkung der erfassten Akte ist kein unmittelbarer Rechtsschutz möglich. Ist der Rechtsschutz grundsätzlich eröffnet, ist fraglich, ob § 50 nicht nur dem Allgemeininteresse, sondern auch dem Schutz von bestimmten Privatpersonen dient[776].

2.) Aktiver Lärmschutz

§ 41 BImSchG wendet sich als Grundpflicht an denjenigen, der die fragliche Straße bzw. den fraglichen Schienenweg baut oder wesentlich ändert, regelmä-

771 vgl. BVerwGE 45, 309 f.; BayVGH, NJW 1983, 297 f.

772 Schulze-Fielitz in: Koch/Scheuing, GK-BImSchG, § 50 Rn. 138 f.; Jarass, BImSchG, § 50 Rn. 14; VGH BW, NVwZ 1992, 802, 803.

773 BVerwGE 71, 163, 165 f.; NVwZ 1989, 151, 152; OVG RP, UPR 1985, 31 f.; Jarass, BImSchG, § 50 Rn. 16; kritisch zum Begriff der Planungsleitsätze Bender/Sparwasser/Engel, UmwR, Kap. 3 Rn. 158 f.

774 Schulze-Fielitz in: Koch/Scheuing, GK-BImSchG, § 50 Rn. 140 ff.; Jarass, BImSchG, § 50 Rn. 16.

775 Schulze-Fielitz in: Koch/Scheuing, GK-BImSchG, § 50 Rn. 210; Jarass, BImSchG, § 50 Rn. 20; BayVGH, NJW 1983, 297 ff.

776 bejahend Schulze-Fielitz in: Koch/Scheuing, GK-BImSchG, § 50 Rn. 239 f.; Jarass, BImSchG, § 50 Rn. 22; a.A. HessVGH, NVwZ 1991, 88, 90; offen gelassen in BVerwG, NVwZ 1989, 151 f.

ßig also an den Träger des Verkehrsweges bzw. der Baulast[777]. Die Behörde, die über die Zulassung von Bau und Änderung entscheidet, etwa die Planfeststellungsbehörde oder der Träger der Bauleitplanung, ist nicht Adressat der Norm[778]. Ihr ist aber die Durchführung des § 41 übertragen; sie ist daher ebenfalls an die Vorschrift gebunden[779].

Unter „**Bau**" ist ein Neubau an der betreffenden Stelle zu verstehen; eine **„wesentliche Änderung"** setzt eine **bauliche Änderung** voraus, die zu einer Erhöhung des Verkehrs und damit des Verkehrslärms führt[780]. Eine **Definition der „wesentlichen" Änderung** findet sich in **§ 1 II der 16. BImSchV**, womit allerdings keine abschließende Regelung des Begriffs getroffen wird[781]. Es ergeben sich aber aus § 1 II der 16. BImSchV wichtige Anhaltspunkte für die Bestimmung der wesentlichen Änderung: So ist nach § 1 II S.1 Nr.1 BImSchV eine Änderung wesentlich, wenn eine durchgehende Fahrbahn oder ein durchgehendes Gleis hinzugefügt wird. Des Weiteren liegt gem. § 1 II S.1 Nr.2 eine wesentliche Änderung vor, wenn die Geräusche um 3 dB(A) erhöht werden, was einer Verdoppelung der Fahrzeugmenge entspricht[782]. Schließlich liegt gem. § 1 II S.2 eine wesentliche Änderung vor, wenn das Lärmniveau bereits vor der Änderung mindestens 70 dB(A) tags oder 60 dB(A) nachts beträgt und eine zusätzliche, auch geringe Erhöhung hinzutrifft, außerdem, wenn durch die Lärmerhöhung die Grenze von 70 dB(A) tags oder 60 dB(A) nachts erreicht wird, § 1 II S.1 Nr.2.

§ 41 BImSchG dient der **Abwehr schädlicher Umwelteinwirkungen**[783], die durch die Nutzung des Verkehrswegs entstehen, der gebaut oder geändert wird[784].

Wann Verkehrsgeräusche zu schädlichen Umwelteinwirkungen führen, wird durch die 16. BImSchV näher geregelt. Dazu wurden in **§ 2 der 16. BImSchV Immissionsgrenzwerte** für den Tag (6 - 22 Uhr) und die Nacht (22 - 6 Uhr) festgelegt, die der relevante Beurteilungspegel nicht überschreiten darf. Je nach betroffener Schutzkategorie (Gebietscharakter) fallen die Grenzwerte unterschiedlich aus. Welche Kategorie einschlägig ist, muss nach § 2 II S.1 der 16.

---

777 Jarass, BImSchG, § 41 Rn. 17.

778 anders Schulze-Fielitz in: Koch/Scheuing, GK-BImSchG, § 41 Rn. 75.

779 Jarass, BImSchG, § 41 Rn. 17.

780 BVerwGE 97, 367, 369 f; Jarass, BImSchG, § 41 Rn. 18ff., 22.

781 Schulze-Fielitz in: Koch/Scheuing, GK-BImSchG, § 43 Rn. 63; Jarass, BImSchG, § 41 Rn. 23; a.A. Alexander, NVwZ 1991, 319.

782 BVerwG, NVwZ 1996, 1006, 1008.

783 s. hierzu § 3 I BImSchG.

784 vgl. BVerwGE 101, 1, 3 ff.; NVwZ 1997, 394 f.

BImSchV zunächst anhand der Festsetzungen der in der Nachbarschaft des Verkehrswegs geltenden Bebauungspläne bestimmt werden, bzw. falls ein solcher fehlt, kommt es darauf an, welcher der in Abs. 1 genannten Kategorien die Fläche hinsichtlich ihrer tatsächlichen Schutzwürdigkeit am nächsten steht[785].

Zu berechnen ist der Beurteilungspegel des neuen oder geänderten Verkehrsweges gem. § 3 S.1 der 16. BImSchV für Straßen nach Anlage 1 und für Schienenwege nach Anlage 2 zur 16. BImSchV[786]. Auf gemessene Werte kommt es nicht an[787].

Geräuschvorbelastungen sind ausweislich der Vorgaben der 16. BImSchV unerheblich[788]. Demgegenüber ist im Rahmen von § 41 BImSchG entsprechend des Immissionsbegriffs des BImSchG bei der Bewertung von Geräuschen auf die Gesamtbelastung abzustellen, also nicht nur auf die von dem neuen oder geänderten Verkehrsweg ausgehenden Geräusche[789]. Somit stellt sich die Frage, ob die 16. BImSchV die Anforderungen des § 41 abschließend konkretisiert, ob sie also nur Mindestanforderungen oder auch Höchstanforderungen enthält. Der abschließende Charakter der Verordnung wird aufgrund ihrer Klarstellungsfunktion hinsichtlich des Begriffs der schädlichen Umwelteinwirkungen grundsätzlich bejaht[790]. Ausnahmsweise ist allerdings wegen des Vorrangs des formellen Gesetzes unmittelbar auf § 41 zurückzugreifen, weil die Verordnung die Vorgaben dieser Vorschrift nicht vollständig umgesetzt hat[791]. Insbesondere im Hinblick auf Art. 20 a GG sind sonstige Quellen zumindest dann durch einen angemessenen Zuschlag zu berücksichtigen, wenn sie, etwa bei erheblichem zusätzlichem Fluglärm, zu wesentlichen Veränderungen der Gesamtbelastung führen. Des Weiteren muss man die Errichtung oder Änderung mehrerer Verkehrswege in einem bestimmten Gebiet, die in einem zeitlichen und funktionalen Zusammenhang steht, zusammenrechnen[792]. Für das BImSchG gilt also ein **akzeptorbezo-**

---

785 Jarass, BImSchG, § 41 Rn. 32 f.

786 für kaum rechtfertigungsfähig hält es Schulze-Fielitz, dass auf öffentlichen Straßen nach der 16. BImSchV ein Vielfaches an Verkehrslärm zulässig ist als auf den Straßen von privaten Anlagen, für welche die TA-Lärm 1998 gilt, s. Schulze-Fielitz in: Koch, Aktuelle Probleme des Immissionsschutzrechts, S. 195 Fn. 30.

787 BVerwGE 99, 166, 172; NVwZ 1996, 1006 ff.

788 Alexander, NVwZ 1991, 320; Jarass, BImSchG, § 41 Rn. 37.

789 s. Jarass, BImSchG, § 3 Rn. 17, 49 f.; § 41 Rn. 39; Hansmann, NuR 1997, 59; Silagi, UPR 1997, 277 f.; BR-Drs. 661, 89 – Beschl. Nr. 4).

790 BVerwG, DVBl. 1995, 514 f.; Jarass, BImSchG, § 41 Rn. 38.

791 Kloepfer, UmwR, § 14 Rn. 171; Jarass, BImSchG, § 41 Rn. 38 m.w.N.

792 Jarass, BImSchG, § 41 Rn. 41 und ders., UPR 1998, 415, 418 (mit dem Hinweis, dass der Immissionsbegriff in § 3 und § 41 BImSchG einheitlich auszulegen sei); s. auch Schulze-Fielitz in: Koch/Scheuing, GK-BImSchG, § 43 Rn. 84 f.; ders., DÖV 2001, 187

gener Ansatz, demzufolge die normierten Emissionsquellen unter Berücksichtigung vorfindlicher Vorbelastungen nicht zu schädlichen Umwelteinwirkungen beitragen dürfen[793]. Dem widerstreitet allerdings die immer noch maßgebliche Leitentscheidung des BVerwG, derzufolge jeder Verkehrsweg allein hinsichtlich der von ihm verursachten Immissionen zu bewerten ist[794].

Ein weiterer Rückgriff auf § 41 kann etwa bei erheblichen Beeinträchtigungen der Erholungsfunktion eines Gebietes durch Verkehrslärm in Betracht kommen, da die 16. BImSchV – anders als § 41 BImSchG – entsprechend der begrenzten Ermächtigung in § 43 I und ausweislich des § 2 I der VO nur Belastungen für Nachbarn erfasst, nicht aber für die Allgemeinheit[795].

Des Weiteren muss die Vermeidung der schädlichen Umwelteinwirkungen gem. § 41 I BImSchG nach dem „**Stand der Technik**" möglich sein. Die wesentliche Bedeutung dieser Einschränkung liegt darin, dass damit von § 41 I nur Vorkehrungen zur Ausgestaltung des Verkehrswegs erfasst werden. Nicht verlangt wird eine geringere Dimensionierung des Verkehrswegs oder gar ein Verzicht auf ihn, da der Stand der Technik auf eine Begrenzung der Emissionen einer Einrichtung bei gleichem Betriebsvolumen abzielt[796]. § 3 VI BImSchG verlangt allerdings auch den Einsatz fortschrittlicher Verfahren, Einrichtungen und Betriebsweisen. Hierzu gehören – bezogen auf § 41 – auch Maßnahmen der Verkehrsregelung und -begrenzung, etwa Geschwindigkeitsbeschränkungen, auf die auch die 16. BImSchV abstellt. Der Umstand, dass sich der Anwendungsbereich des § 41 auf bauliche Maßnahmen beschränkt, besagt nichts über die Rechtsfolgenseite[797].

Zum Schutzkonzept der §§ 41 ff. BImSchG ist mehrfach über die Frage entschieden worden, ob Maßnahmen des aktiven Schallschutzes unter den Voraussetzungen des § 41 I 2 BImSchG zwingend zu ergreifen sind oder ob darüber im Rahmen der planerischen Gestaltungsfreiheit nach Maßgabe des Gebots ge-

---

f.; Hansmann, NuR 1997, 53, 59; für eine Einbeziehung der Gesamtlärmbelastung unter Einschluss anderer Verkehrswege oder Lärmarten in die planerische Abwägung auch Bender/Sparwasser/Engel, UmweltR, Kap. 8 Rn. 305 (Fn. 277); von einem Verbot der Summenpegelbildung spricht hingegen BVerwG, NVwZ-RR 1999, 720, 723; vgl. auch BVerwGE 101, 1, 3 ff.; UPR 1999, 152; NVwZ-RR 1999, 556 f.; VGH BW, Urt. v. 28.01.2002 – 5 S 2328/99.

793 Koch/Prall, NVwZ 2002, 666, 673; vgl. auch Halama/Stüer, NVwZ 2003, 140, 143.

794 BVerwGE 101, 1 ff. = NVwZ 1996, 1003 ff. = NJW 1996, 3355 L.

795 Jarass, BImSchG, § 41 Rn. 27, 42.

796 Schulze-Fielitz in: Koch/Scheuing, GK-BImSchG, § 41 Rn. 6; Jarass, BImSchG, § 3 Rn. 83; § 41 Rn. 44.

797 Jarass, BImSchG, § 41 Rn. 47 m.w.N. und ders., DVBl. 1995, 591 f.; a.A. Schulze-Fielitz in: Koch/Scheuing, GK-BImSchG, § 41 Rn. 64.

rechter Abwägung zu entscheiden ist. Für die Abwägungsposition hat sich mehrfach der 11. Senat des Bundesverwaltungsgerichts (zum Schienenwegebau) ausgesprochen[798], während der 4. Senat § 41 I 2 BImSchG im Sinne einer gebundenen Entscheidung interpretiert. Allerdings hat der 4. Senat zugleich offen gelassen, ob in die Verhältnismäßigkeitsprüfung gem. § 41 II BImSchG neben Kostengesichtspunkten auch sonstige öffentliche Belange eingestellt werden dürften[799]. Damit geriete diese Entscheidung doch stark in die Nähe einer Abwägungsentscheidung. Insofern zeichnet sich eine deutliche Annäherung der beiden Senate ab[800].

§ 41 II BImSchG schränkt die Pflichten aus Abs. 1 unter dem Aspekt der **Verhältnismäßigkeit** ein. § 41 II ist über den dort genannten Kostenaufwand hinaus auch auf andere öffentliche und private Belange hin extensiv auszulegen[801]. Die Prüfung der Verhältnismäßigkeit erfolgt nach Auffassung des BVerwG im Wege einer Abwägung nach Art der planerischen Abwägung[802]. § 41 II gewährt der Behörde daher einen gerichtlich nur begrenzt überprüfbaren Abwägungsspielraum[803]. Dies ist problematisch, da Wortlaut und Entstehungsgeschichte von § 41 I für eine zwingende Vorgabe sprechen, die durch die Abwägung relativiert wird. Die Auffassung des BVerwG ist daher nur vertretbar, wenn § 41 I (und der 16. BImSchV) in der Abwägung besonderes Gewicht im Sinne eines Optimierungsgebots mit relativem Vorrang zukommt[804].

Zum Kern der Verhältnismäßigkeitsprüfung im Rahmen von § 41 II BImSchG, nämlich zur „wirtschaftlichen Zumutbarkeit“ von Schutzmaßnahmen, ist in jüngerer Zeit mehrfach entschieden worden. Eine „abstrakte“, fallunabhängige Präzisierung der Verhältnismäßigkeitsschwelle hält das BVerwG zutreffend für unmöglich. Insbesondere wird, ebenfalls einleuchtend, der Versuch abgelehnt, die Relation zwischen den Kosten aktiven Lärmschutzes und den da-

798 BVerwGE 104, 123, 139 = NVwZ 1998, 513 ff.; bestätigt in BVerwGE 110, 370 ff. = NVwZ 2001, 71 ff.

799 BVerwGE 108, 248 ff. = NVwZ 1999, 1222 ff.; weiterhin Zweifel an der Abwägungsposition hegt BVerwG, NVwZ 2001, 433 f.

800 s. Koch/Prall, NVwZ 2002, 666, 673 f.

801 BVerwG DVBl. 1997, 831, 836; 1991, 73, 85; Jarass, BImSchG, § 41 Rn. 49; a.A. Rieger, VBlBW 1998, 43.

802 BVerwG DVBl. 1997, 831, 836; DVBl. 1998, 330, 331; anders Dürr, UPR 1993, 166.

803 BVerwG DVBl. 1997, 831, 836.

804 vgl. VGH BW, VBlBW 1996, 424 f.; OVG Nds., UPR 1993, 192 f.; Schulze-Fielitz in: Koch/Scheuing, GK-BImSchG, § 41 Rn. 18; Jarass, BImSchG, § 41 Rn. 54, der dies aber neuerdings kritisch sieht und sich daher für eine Trennung der Abwägung im Rahmen des § 41 als einfache, aus dem Grundrechtsbereich bekannte Abwägung von der planerischen Abwägung ausspricht.

durch jeweils eingesparten Kosten für passiven Lärmschutz als Maßstab für die Verhältnismäßigkeit von Maßnahmen aktiven Lärmschutzes zu verwenden. Nicht auf diese Relation, sondern auf das Verhältnis zwischen den Kosten des aktiven Lärmschutzes einerseits und dem dadurch erzielten Maß an Lärmminderung andererseits sei abzustellen[805].

Bedarf die Errichtung oder wesentliche Änderung einer Planfeststellung, dann sind die Vorgaben des § 41 I und der 16. BImSchV als besonders gewichtiger Belang im Rahmen der Abwägung zu beachten. § 74 II S. 2 VwVfG wird in materieller Hinsicht durch § 41 verdrängt[806]. Außerhalb des Anwendungsbereichs des § 41 sind die materiellen Vorgaben des § 74 II S. 2 VwVfG zu beachten. Für die Entscheidung über das Ob des Verkehrswegs bzw. dessen Dimensionierung und Trassierung ist § 50 BImSchG mit dem darin enthaltenen Optimierungsgebot einschlägig. Darüber hinaus sind auch die Grundrechte des Art. 2 II 1 und Art. 14 I GG zu beachten. Zudem verbietet Art. 3 I GG bei der Behandlung verschiedener Betroffener unberechtigte Gleichbehandlungen[807].

Nicht geregelt werden durch § 41 die **Durchführung und Durchsetzung**; insoweit kommt das Verkehrswegerecht in vollem Umfang zur Anwendung. Die Lärmschutzanforderungen sind auf der Grundlage von § 74 II S. 2 VwVfG durch **Nebenbestimmungen zum Planfeststellungsbeschluss** festzulegen[808].

Erfolgt die Zulassung durch Bebauungsplan, dann ist § 41 strikt zu beachten. Im Übrigen gilt das Bauplanungsrecht, insbesondere § 1 BauGB, nicht aber § 74 II S. 2 VwVfG[809].

Treten **nach Unanfechtbarkeit** einer Planfeststellung unvorhersehbare Lärmbeeinträchtigungen auf, so hat die Planfeststellungsbehörde gem. § 75 II S. 2, 3 VwVfG auf Verlangen eines Betroffenen den Vorhabensträger zur Durchführung **nachträglicher Schutzvorkehrungen** zu verpflichten. Die Regelung wird nicht verdrängt, da § 41 nur vorhersehbare Auswirkungen erfasst[810].

Bei Bebauungsplänen wird man § 75 II S. 2, 3 VwVfG über ein ergänzendes Planfeststellungsverfahren entsprechend anzuwenden haben[811].

---

805 BVerwGE 108, 248 ff. = NVwZ 1999, 1222 ff.

806 BVerwGE 97, 367, 370 f.; Schulze-Fielitz in: Koch/Scheuing, GK-BImSchG, § 41 Rn. 102; Jarass, BImSchG, § 41 Rn. 56.

807 BVerwGE 97, 367, 372 f.; OVG NW, NVwZ-RR 1997, 686 f.

808 Schulze-Fielitz in: Koch/Scheuing, GK-BImSchG, § 41 Rn. 99; Jarass, BImSchG, § 41 Rn. 58.

809 BVerwG NJW 1995, 2572 ff.

810 Schulze-Fielitz in: Koch/Scheuing, GK-BImSchG, § 41 Rn. 82; Jarass, BImSchG, § 41 Rn. 62.

811 Jarass, BImSchG, § 41 Rn. 63.

§ 41 BImSchG hat **drittschützende Wirkung** für die Nachbarn[812], ebenso die 16. BImSchV, da die Rechtsgrundlage des § 43 I Nr.1 ausdrücklich die Nachbarn als geschützte Gruppe erwähnt[813]. Wird der Bau oder die wesentliche Änderung durch Planfeststellung vorgenommen, ist eine Anfechtung durch Dritte nur möglich, wenn der Verstoß gegen § 41 derart gewichtig ist, dass dadurch die Ausgewogenheit der Planungsentscheidung in Frage gestellt wird oder aus anderen Gründen ein ausreichender Rechtsschutz durch eine Planergänzung oder ein ergänzendes Verfahren nicht erreicht werden kann[814].

Wird der Bau oder die Änderung eines Verkehrsweges durch Bebauungsplan zugelassen, dann kann ein Verstoß gegen § 41 durch eine Normenkontrolle nach § 47 VwGO gerügt werden[815].

Bei der Errichtung/Änderung eines Verkehrswegs ohne Planfeststellung (oder -genehmigung) bzw. ohne Bebauungsplan kann eine allgemeine Leistungsklage auf Vornahme von Schutzmaßnahmen erhoben werden[816]. Werden Schutzmaßnahmen, die in einem Planfeststellungsbeschluss oder einer Plangenehmigung festgelegt wurden, nicht durchgeführt, kann das gerichtlich erzwungen werden, unabhängig davon, ob die Voraussetzungen des § 41 gegeben sind[817].

3.) Passive Schallschutzmaßnahmen

Trotz der Vorgaben des § 50 und des 41 BImSchG für den Bau und die wesentliche Änderung von Straßen und Schienenwegen ist es im Einzelfall möglich, dass die gem. § 43 I S.1 Nr.1 in der 16. BImSchV festgelegten **Grenzwerte überschritten** werden. In diesem Falle gewährt **§ 42 BImSchG** einen **Anspruch auf Erstattung der Kosten für passive Schallschutzmaßnahmen.** Dieser Anspruch ist eine Ausprägung des das gesamte öffentliche Planungsrecht

812 BVerwGE 101, 73, 84; NVwZ 1996, 389 ff.

813 Jarass, BImSchG, § 41 Rn. 66.

814 BVerwGE 84, 31, 45; NuR 1996, 523, 526; DVBl. 1997, 832 f.; Schulze-Fielitz in: Koch/Scheuing, GK-BImSchG, § 41 Rn. 84 f.; Jarass, BImSchG, § 41 Rn. 67.

815 Schulze-Fielitz in: Koch/Scheuing, GK-BImSchG, § 41 Rn. 83.

816 Alexander, NVwZ 1991, 323; Schulze-Fielitz in: Koch/Scheuing, GK-BImSchG, § 41 Rn. 87.

817 OVG Nds., NVwZ 1989, 274 f.; Jarass, BImSchG, § 41 Rn. 69.

beherrschenden Grundsatzes planerischen Nachteilsausgleichs in öffentlich-rechtlich gestalteten Nachbarschaftsverhältnissen[818].

Soweit § 74 II S. 2 VwVfG zu passiven Schutzmaßnahmen verpflichtet, ist die Regelung des § 42 (in deren Anwendungsbereich) im Umkehrschluss zu Abs. 2 S. 2 vorrangig, da die Ansprüche im praktischen Ergebnis die gleiche Wirkung haben[819]; für aktive Schutzmaßnahmen ergibt sich Entsprechendes bereits aus § 41 (s.o.). § 74 II S. 3 VwVfG kommt somit nur zum Tragen, soweit es um die Entschädigung außerhalb der Finanzierung von Schutzmaßnahmen geht, etwa hinsichtlich der Beeinträchtigung von Außenbereichen oder bzgl. der immissionsbedingten Wertminderung von Grundstücken[820].

§ 75 II VwVfG wird durch § 42 BImSchG nicht berührt, weil § 41 und damit auch § 42 nur vorhersehbare Auswirkungen erfassen. § 42 kann aber Anhaltspunkte für den Umfang des Anspruchs liefern. Ebensowenig wird ein Anspruch aus enteignungsgleichem bzw. enteignendem Eingriff von § 42 verdrängt[821].

Der Anspruch muss gem. § 42 I S.1 angemessen sein, was durch Abs. 2 abschließend näher ausgefüllt wird. Die Vorgaben werden durch die 24. BImSchV (Verkehrswege-SchallschutzmaßnahmenVO)[822] konkretisiert, wären aber auch ohne die Verordnung anwendbar[823]. Erfasst werden die Kosten für passive Schallschutzmaßnahmen, die sich im Rahmen der 24. BImSchV halten.

Anspruchsberechtigt sind der Eigentümer der betr. Anlage und (entspr. § 200 II BauGB) der Inhaber grundstücksgleicher Rechte, nicht hingegen Nießbraucher, Mieter oder Pächter. Anspruchsverpflichtet ist gem. Abs.1 S. 1 der „Träger der Baulast“[824].

Erfolgt die Zulassung des (Neu-)Baus bzw. der wesentlichen Änderung durch Planfeststellung bzw. -genehmigung, ist der Anspruch nach § 42 zumindest dem Grunde nach (vgl. § 74 III VwVfG) in dieser Zulassungsentscheidung zu regeln, ansonsten ist er mit der Unanfechtbarkeit der Zulassung präkludiert[825]. Wird der Verkehrsweg durch Bebauungsplan zugelassen, kann dort die Entschädigung nicht geregelt werden[826]. Insoweit ist der Anspruch auf § 42 selbst geltend zu

---

818 BVerwGE 79, 254, 262 f.; 80, 184, 190 ff.

819 BVerwG, DVBl. 1995, 750, 751; Jarass, BImSchG, § 42 Rn. 5.

820 BVerwG, NVwZ 1989, 255 ff.; DVBl. 1998, 330, 331; DVBl. 1997, 831, 838; vgl. auch BVerwG, NJW 1997, 142, 143.

821 Jarass, BImSchG, § 42 Rn. 6.

822 24. BImSchV vom 04.02.1997 (BGBl. I 172, ber. 1253), geändert durch MagnetschwebebahnVO v. 23.09.1997 (BGBl I, 2329); BGBl. III/FNA 2129-8-24.

823 BVerwG, DVBl. 1995, 1010 ff.; 1997, 831, 837; Jarass, BImSchG, § 42 Rn. 17 f.

824 s. hierzu Jarass, BImSchG, § 42 Rn. 20 f.

825 Jarass, BImSchG, § 42 Rn. 23; vgl. auch BVerwG, DVBl. 1987, 906 f. zu § 74 II S.4 VwVfG.

826 BVerwGE 80, 184, 186.

machen, sofern nicht in einem ergänzenden Planfeststellungsverfahren (etwa gem. § 17 III S. 2 FStrG) Regelungen getroffen werden[827].

II. Das bestehende Instrumentarium zur Bekämpfung von Fluglärm

Die Zulassung von Flugplätzen erfolgt, wie oben dargelegt, durch Dauerverwaltungsakte, die nicht rechtswidrig werden, wenn sich die für ihre Erteilung maßgebliche Sach- oder Rechtslage nachträglich ändert.

Als Korrektiv hierfür ist die Luftverkehrsbehörde gehalten, die Verträglichkeit ihrer Zulassungsentscheidung für die Umgebung des Flughafens unter Kontrolle zu halten, also insbesondere die Zumutbarkeit des Flugbetriebs von Amts wegen ständig zu überwachen. Für die Durchführung dieser **„Konzessionsaufsicht“**[828] mit der Möglichkeit, auf Änderungen der Sach- oder Rechtslage – z.T. unter Durchbrechung der Bestandskraft von Genehmigungen – wirksam zu reagieren, hält das luftrechtliche Planungsrecht ein Instrumentarium bereit.

Zunächst kann die Behörde sich die nötigen **Informationen beschaffen**, nämlich die Messdaten der Fluglärmüberwachungsanlage vorlegen lassen (§ 19 a LuftVG), Auskünfte des Flughafenbetreibers einholen oder möglicherweise sogar die Vorlage von Gutachten verlangen (Auflagenvorbehalte, § 47 I LuftVZO).

Zur weiteren Bewältigung der Fluglärmproblematik gilt nach der Rechtsprechung des BVerwG[829] die folgende Hierarchie der Instrumente:

In erster Linie ist bei einem Flughafenneubau (Vergleichbares gilt bei der wesentlichen Änderung eines bestehenden Flughafens) die Lärmproblematik durch entsprechende **„planerische Gestaltung“** zu bewältigen. Hierbei ist als abwägungserheblicher Belang jede nicht nur geringfügige Lärmbelastung einzustufen. Zur Planung gehören die Planrechtfertigung, die Prüfung von Alternati-

827 Jarass, BImSchG, § 42 Rn. 24; OVG NW, NVwZ-RR 1990, 234 f.; Schulze-Fielitz in: Koch/Scheuing, GK-BImSchG, § 41 Rn. 79; anders Silagi, UPR 1997, 276.

828 Wysk (in: Ziekow, Speyerer Luftverkehrsrechtstag, 2001, S. 34) bevorzugt den moderneren Begriff der „Anlagenüberwachung“; abzugrenzen hiervon ist die Luftaufsicht i.w.S. (§§ 29 I 1 LuftVG, 47 LuftVZO), die im vorliegenden Zusammenhang nur die Prüfung umfasst, ob der Betrieb dauerhaft in Übereinstimmung mit den jeweils gültigen Zulassungsgrundlagen stattfindet, deren „Umweltverträglichkeit“ in der aktuellen Situation aber nicht einschließt.

829 BVerwGE 87, 332 ff.; im Wesentlichen zustimmend Czybulka, UPR 1999, 126, 128; s. auch Dolde, Rechtliche Aspekte des Fluglärmschutzes, in: Ziekow, Speyerer Luftverkehrsrechtstag 2002, S. 37 ff.

ven (und Nullvarianten), die Lage des Flughafens und der Startbahnen. Es ist der Behörde damit zugleich eine gewisse **planerische Gestaltungsfreiheit** eingeräumt[830]. Hier wird die Parallele zur Festlegung von Flugverfahren deutlich: Auch bei den Letzteren sind diese Grundsätze rechtsstaatlicher Planung – mit gewissen Besonderheiten – zu beachten, wie oben entwickelt wurde (s. o., B. IV.).

In zweiter Linie kommen **Betriebsregelungen** in Frage, die rechtlich vor allem **als Nebenbestimmungen zu Verwaltungsentscheidungen** oder als **selbständige Anordnungen** fixierbar sind (vgl. § 6 IV S.1 LuftVG). Hierzu zählen z.B. Nachtflugverbote und -beschränkungen, aber auch Bewegungs- und Lärmkontingentierungen, etwa durch die Beschränkung der Anzahl der Flugbewegungen. Auch hier gilt die planerische Gestaltungsfreiheit mit der Konsequenz, dass jedenfalls bei aktiven Betriebsregelungen das Gericht nicht eigene Betriebsregelungen an die Stelle der von der Behörde angeordneten setzen darf[831].

Grundsätzlich erst **in dritter Linie,** also nachrangig zu planerischen und betrieblichen Regelungen, sind **zusätzliche Schutzmaßnahmen passiver Art** zu ergreifen. Beispiele hierfür sind z.B. Schallschutzfenster und -türen. Deren Erforderlichkeit richtet sich nach den §§ 74 II 2 - 4 VwVfG i.V.m. 9 II LuftVG.

Solche Schutzmaßnahmen können auch nachträglich erfolgen (nachträgliche Planergänzung). Praktisch handelt es sich hierbei ausschließlich um passiven Schallschutz[832] bei unzumutbarem Lärm, der entgegen der Prognose der Behörde oder nach Ablauf eines in früheren Entscheidungen angesetzten Prognosezeitraums eintritt und als seinerzeit nicht voraussehbare Wirkung des Flugbetriebs zu beurteilen ist. Für kleinere Flugplätze ohne Bauschutzbereich, die durch bloße Genehmigung zuzulassen sind (s.u., C. II. 1.), ist die Möglichkeit nachträglicher Genehmigungsergänzungsansprüche in entsprechender Anwendung der Planfeststellungsvorschriften anerkannt[833].

Die Gewährung individuellen Schallschutzes setzt zwar einen Antrag des betroffenen Anwohners voraus (§ 75 III VwVfG); dies dürfte aber nicht ausschließen, von Amts wegen Schutzgebiete (außerhalb des FlugLG) neu festzule-

---

830 vgl. BVerwGE 87, 332, 345; Czybulka, UPR 1999, 126, 128.

831 vgl. BVerwGE 87, 332, 344 f.

832 s. Wysk, ZLW 1998, 456, 463; Czybulka (Ziekow, Speyerer Luftverkehrsrechtstag 2001, S. 22) zieht insoweit den Vergleich zum „vor-rechtsstaatlichen Dulde und Liquidiere"; näher hierzu unten, C. VI.

833 siehe die Nachweise bei BVerwG, Urt. v. 15.09.1999 – 11 A 22.98 –, Buchholz 442.40 § 8 LuftVG Nr. 17; Wysk, ZLW 1998, 456, 465; ders. in: Ziekow, Speyerer Luftverkehrsrechtstag 2001, S. 34.

gen, mit denen die Zumutbarkeitsgrenze der aktuellen Daten- und Erkenntnislage (z.B. auch bei Flugroutenänderungen) angepasst wird[834].

Erfolgen **Betriebsbeschränkungen** der oben genannten Art **nachträglich**, ist bei kleineren Flugplätzen Rechtsgrundlage die Widerrufsvorschrift des § 6 II 4 LuftVG. Betriebsbeschränkungen sind dann als teilweiser Widerruf der Flugplatzgenehmigung anzusehen.

Unsicherheit über die Widerrufsmöglichkeit bestand lange Zeit bei planfeststellungsbedürftigen Flugplätzen: Hier schließt es die Konzentration des Rechtsschutzes auf den Planfeststellungsbeschluss – d.h. die in § 75 I 2 VwVfG angelegte Gestaltungswirkung gegenüber allen vom Plan Betroffenen – aus, auf die Widerrufsvorschrift des § 6 II 4 LuftVG zurückzugreifen; diese gilt nur für Flugplätze, die ausschließlich auf der Grundlage einer (isolierten) Genehmigung nach § 6 LuftVG betrieben werden, nicht aber, wenn es einen Planfeststellungsbeschluss gibt, der den Betrieb regelt und insoweit Sperrwirkung entfaltet[835]. Das BVerwG hat aber mittlerweile für das Luftverkehrsrecht (wie zuvor für das Atomrecht) geklärt, dass Planfeststellungsbeschlüsse – auch nach

§ 71 LuftVG fingierte – widerrufen werden können, und zwar nach der Allgemeinen Widerrufsvorschrift des § 49 II Nr. 5 VwVfG, die von § 72 I VwVfG in Bezug genommen wird. Aus Gründen der Verhältnismäßigkeit kommt ein solcher Widerruf freilich nur als **ultima ratio** in Betracht. Gegenüber planfestgestellten Verkehrsflughäfen kommen für durch Fluglärm Betroffene unter den Voraussetzungen des § 75 II S. 2 - 4 VwVfG Planergänzungsansprüche in Betracht, mit denen in erster Linie verbesserter baulicher Schallschutz an Gebäuden durchgesetzt werden kann. „Aktiver" Lärmschutz in Form von betrieblichen Einschränkungen des Nachtflugverkehrs kann von Drittbetroffenen in derartigen Fällen nur unter den Voraussetzungen des § 49 II VwVfG und nur dann beansprucht werden, wenn nachträgliche Schutzauflagen nicht ausreichen, um Gefahren für grundrechtlich geschützte Rechtsgüter zu begegnen. Durch (verbes-

---

834 Wysk in: Ziekow, Speyerer Luftverkehrsrechtstag 2001, S. 34.

835 vgl. BVerwG, Beschl. v. 19.08.1997 – 11 b 2.97 –, Buchholz 442.40 § 9 LuftVG Nr. 8 sowie das Urteil v. 28.06.2000 – 11 C 13.99 –, NJW 2000, 3584, 3586 unter Hinweis auf BVerwGE 105, 6 ff.; s. auch OVG Berlin, Urt. v. 09.05.2003 – 6 A 8.03 –; BVerwG, NVwZ 2000, 681. Ein Widerruf (nur) der Genehmigung verbietet sich bei planfeststellungsbedürftigen Flugplätzen in jedem Falle, gleichgültig, ob eine Einschränkung von Dritten im Rechtsschutzwege verlangt wird oder ob die Behörde von sich aus die Einschränkung betreibt. Der Widerruf der Genehmigung beseitigt zwar die Berechtigung des Flughafenbetreibers, den widerrufenen Teil des Betriebes durchzuführen; der Betreiber könnte diese Betriebseinschränkung indes wegen der Betriebspflicht, die weiterhin durch den unveränderten Planfeststellungsbeschluss bestimmt wird, nicht gegenüber den Nutzern seiner Anlage durchsetzen. Im „Außenverhältnis" zu den Luftfahrzeughaltern (Fluggesellschaften) bliebe also alles beim Alten, s. Wysk in: Ziekow, Speyerer Luftverkehrsrechtstag 2001, S. 35; vgl. auch ders., ZLW 1998, 463 f.

serte) Schallisolierung an Gebäuden kann grundsätzlich z.B. auch solcher Nachtfluglärm, der die verfassungsrechtliche Zumutbarkeitsschwelle überschreitet, in zum Schlafen geeigneten Räumen so weit verringert werden, dass eine Gefährdung der menschlichen Gesundheit nicht zu besorgen und deshalb ein Teilwiderruf der Flughafenplanfeststellung nicht als ultima ratio erforderlich ist[836].

Drittbetroffene können daher einen teilweisen Widerruf – und nur darum geht es praktisch – erst dann verlangen, wenn passiver Schallschutz als Abhilfe nicht ausreicht. In dieser Modifikation der Widerrufsnorm zeigt sich die erhöhte Bestandskraft des Planfeststellungsbeschlusses.

1.) Das Genehmigungsverfahren im Luftverkehrsrecht

Anlegung und Betrieb neuer Flugplätze sind stets **nach § 6 I LuftVG zu genehmigen**. Für Segelfluggelände und Landeplätze ohne Bauschutzbereich hat die Genehmigung eine Doppelnatur als Unternehmergenehmigung („Konzession") und abschließende Planungsentscheidung. Die Anlegung der in § 8 I LuftVG bezeichneten Flugplätze (Flughäfen und Landeplätze mit beschränktem Bauschutzbereich; nicht notwendig sämtliche ihrer Anlagen) erfordert **ergänzend eine Planfeststellung**. Nach dem klaren Gesetzeswortlaut von § 8 VI LuftVG n.F.[837] hängt die Rechtmäßigkeit eines unter der Geltung der Neuregelungen erlassenen Planfeststellungsbeschlusses nicht mehr davon ab, ob eine luftverkehrsrechtliche Genehmigung überhaupt vorliegt, ob sie wirksam ist oder ob sie das mit der Planfeststellung geregelte Vorhaben inhaltlich abdeckt[838].

---

836 s. HessVGH, Urt. v. 02.04.2003 – 2 A 2646/01 – (Flughafen Frankfurt), NVwZ-RR 2003, 729 ff. im Anschluss an BVerwGE 105, 6, 13 ff.; s. auch BVerwG, LKV 1998, 148; OVG Berlin, Urt. v. 09.05.2003 – 6 A 8.03 (Flughafen Tegel II); zum letzteren Aspekt des Nachtfluglärms s. o., A. I. 2. d).

837 geändert durch Art. 4 des Gesetzes zur Vereinfachung der Planungsverfahren für Verkehrswege v. 17.12.1993, BGBl. I S. 2123; für Flughafenprojekte in den neuen Bundesländern wurde das Planungsrecht bereits durch das Verkehrswegeplanungsbeschleunigungsgesetz v. 16.12.1991, BGBl. I S. 2174, zuletzt geändert und bis zum 31.12.1999 verlängert durch Gesetz vom 15.12.1995, BGBl. I S. 1840, reformiert und verschlankt, vgl. Wysk, ZLW 1998, 456.

838 BVerwG, Buchholz 442.40 § 8 LuftVG Nr.12; vgl. dazu die Gesetzesmaterialien in BR-Drs.756/92, S. 58; Wysk, ZLW 1998, 458; Quaas, NVwZ 2003, 649 f.; zur alten Rechtslage vgl. BVerwGE 75, 214, 222 (Genehmigung und Planfeststellung als mehrstufiges Verwaltungsverfahren); Bäumler, DÖV 1981, 43; Schmidt-Aßmann, DVBl.

Zwar darf der Flugplatzbetreiber ohne Genehmigung auch weiterhin von der Planfeststellung keinen Gebrauch machen. Ausreichend ist aber, dass die Genehmigung gemäß § 6 I LuftVG „nach dem Ergebnis des Planfeststellungsverfahrens" erteilt wird (arg. §§ 10 I S. 3 VerkPBG, 6 IV S.1 LuftVG). Der Behörde bleibt also die Wahl, die Genehmigung vor, nach oder zeitgleich mit dem Planfeststellungsbeschluss zu erteilen.

Für planfeststellungsbedürftige Änderungen bestehender Flugplätze hat § 8 VI LuftVG allenfalls deklaratorische Funktion: Eine erteilte luftrechtliche Genehmigung muss vor dem Erlass eines Änderungsplanfeststellungsbeschlusses jedenfalls so lange nicht geändert werden, wie das beantragte Planfeststellungsverfahren sich auf das Vorhaben bezieht, für dessen Anlegung und Betrieb eine Genehmigung vorliegt[839].

Auf Segelfluggeländen und Landeplätzen ohne beschränkten Bauschutzbereich bedürfen sämtliche wesentlichen Änderungen der Anlage oder des Betriebs eines Teilwiderrufs oder einer Änderungsgenehmigung nach § 6 IV S. 2 LuftVG, die sowohl in ihrem verwaltungsverfahrensrechtlichen Entstehungsvorgang als auch in ihren materiellen Voraussetzungen den Vorschriften für die Erteilung unterliegt[840].

Auf Flugplätzen i.S.d. § 8 I S.1 LuftVG (Flughäfen und Landeplätze mit beschränktem Bauschutzbereich) sind wesentliche Betriebsänderungen regelmäßig ebenfalls ausschließlich durch Änderungsgenehmigung zuzulassen. § 8 IV S. 2 LuftVG, der **betriebliche Regelungen** jetzt durchgängig als **planfeststellungsfähig** einstuft, bestätigt, dass eine **Planfeststellung** in jedem Falle **unterbleiben kann**, und zwar selbst dann, wenn die Betriebsregelung ursprünglich planfestgestellt wurde. **Bauliche Änderungen** der Flugplatzanlage sind im Ansatz hingegen **planfeststellungspflichtig**. Maßnahmen mit Auswirkungen von geringerem Gewicht können statt durch Planfeststellungsbeschluss durch Plangenehmigung zugelassen werden (§ 8 II LuftVG). Bei Änderungen von unwesentlicher Bedeutung können die Planfeststellung und -genehmigung entfallen (sog. Unterbleibensentscheidung, s.u. C. II. 8.). Soweit nach dem Ergebnis eines Planfeststellungs- oder Plangenehmigungsverfahrens geboten, ist die Genehmigung gem. § 6 IV S.1 LuftVG anzupassen – der Anpassungsbescheid unterliegt nicht

---

1981, 334; Wahl, DVBl. 1982, 51; Geiger, NuR 1982, 129; Ronellenfitsch, DVBl. 1984, 501; Franke, Lärmgrenzwerte, S. 38 ff.

839 Wysk, ZLW 1998, 459; BVerwGE 75, 221 ff.; ZLW 1991, 50 ff.; zu den materiellen Umweltschutzstandards bei der Zulassung von Flughäfen s. Storost, NVwZ 2004, 257 ff.

840 BVerwG, NJW 1980, 718 f.; BVerwGE 82, 246, 249 f.

den Regeln der Änderungsgenehmigung, sondern hängt materiell allein vom Regelungsgehalt des Beschlusses ab[841].

Nach der Feststellung eines Plans (§ 74 I VwVfG), aber vor der Fertigstellung des Vorhabens dürfen Änderungen in einem verkürzten Planänderungsverfahren gem. § 8 I LuftVG i.V.m. § 76 II, III VwVfG vorgenommen werden; für unwesentliche Änderungen greifen weitere Erleichterungen. Für die Heilung formeller und materieller Mängel bis zur Bestandskraft stehen gem. § 10 VIII S. 2 LuftVG n.F. Planergänzung und ergänzendes Verfahren zur Verfügung.

Für militärische Flugplätze hält § 30 LuftVG Sonderregeln bereit, die in § 8 V und VII LuftVG n.F. durch Bestimmungen über die erleichterte Zulassung einer zivilen Mitbenutzung oder Anschlussnutzung (Konversion) durch isolierte Änderungsgenehmigung, die Planungscharakter hat, ergänzt werden[842].

2.) Rechtsschutz gegen luftverkehrsrechtliche Genehmigungen

Isolierte Genehmigungen und Änderungsgenehmigungen nach § 6 I, IV S. 2 LuftVG bilden – als endgültige Entscheidungen über die Zulassung – für jeden (Dritt-)Betroffenen den möglichen Anknüpfungspunkt der Anfechtung. Der **Rechtsschutz** folgt den **fachplanungsrechtlichen Grundsätzen**: Mittelbar betroffene Private können sich auf die Verletzung ihrer materiellen Rechte (insb. Art. 2 II 1, 14 I GG) und ihrer eigenen abwägungserheblichen Belange berufen. Aus Nutzungseinschränkungen und anderen Beeinträchtigungen des Eigentums kann nur Eigentümern, nicht auch Mietern oder Pächtern ein Abwehrrecht zufließen[843]. Selbstverwaltungskörperschaften im Einwirkungsbereich können ihre materiellen Rechte aus Art. 28 II 1 GG geltend machen, und zwar vornehmlich wegen Beeinträchtigungen ihrer Planungshoheit und ihrer kommunalen Einrichtungen gegen Nutzungseinbußen[844]. Außerdem steht den Gemeinden zur

841 Wysk, ZLW 1998, 460.

842 vgl. hierzu BVerwG, DVBl. 1997, 434 f.; VGH BW, NVwZ 1997, 594 ff.; BayVGH, UPR 1996, 360 (Ls.).

843 BVerwG, NVwZ 1997, 917 f.; NVwZ 1996, 389 ff.

844 gegen Beeinträchtigungen ihres Grundeigentums hilft zwar nicht der Schutz des Art. 14 GG, wohl aber stehen ihnen alle Rechte aus den §§ 903 ff. BGB zu, BVerwG, NuR

Absicherung ihrer Rechte aus Art. 28 II GG ein eigenständig durchsetzbares Recht auf Beteiligung (grds. durch Information und Anhörung) an jedwedem luftrechtlichen Verfahren zu, in dem ihre Rechte berührt sein können[845].

3.) Rechtsschutz bei Planfeststellung

Bedarf eine Maßnahme der Planfeststellung, so ist der Rechtsschutz im Grundsatz auf den (Änderungs-)Planfeststellungsbeschluss konzentriert. Dieser allein wirkt mit umfassender Zulassungs- und Gestaltungswirkung auf den Rechtskreis der von ihm Betroffenen ein (vgl. § 9 I S. 2 LuftVG; § 75 I VwVfG), so dass eine Rechtsverletzung erst mit seinem Erlass eintreten kann. Für die Anfechtung einer vorgängigen Genehmigung fehlt privaten Flugplatznachbarn die Klagebefugnis i.S.d. § 42 II VwGO. Selbstverwaltungskörperschaften hingegen können die Genehmigung wegen einer Verletzung ihres Beteiligungsrechts angreifen, eine Prüfung inhaltlicher Mängel allerdings ebenfalls erst im Rahmen der Anfechtung des Planfeststellungsbeschlusses erreichen[846].

4.) Lärmschutz durch Planergänzung

Soweit es um den Schutz vor unzumutbarem Lärm geht, hängt die Rechtmäßigkeit eines Planfeststellungsbeschlusses von der Anordnung einer gebotenen Schutzanlage i.S. des § 9 II LuftVG i.V.m. § 74 II S. 2, 3 VwVfG ab. Ein solcher Mangel führt aber nur dann zur Aufhebung des Planfeststellungsbeschlusses, wenn er von so großem Gewicht ist, dass dadurch nicht nur der einzelne Betroffene benachteiligt, sondern die Ausgewogenheit der Planung in Frage gestellt wird. Ansonsten korrespondiert der objektiven Rechtswidrigkeit des Beschlusses allein ein Anspruch auf Planergänzung um die gebotene Anordnung;

1998, 221 f.; VGH BW, NVwZ-RR 1998, 219 ff.; BVerwG, NVwZ 1996, 895 ff.; vgl. auch oben, B. IV. 1. g).

845 s. hierzu BVerwG, DVBl. 69, 362 ff.; ZLW 1980, 69, 75; Wysk, ZLW 1998, 462; Quaas, NVwZ 2003, 649 ff.

846 vgl. BVerwG, Buchholz 442.40 § 6 LuftVG Nr.6 (S. 22 f.) u. Nr.8 (S. 4 ff., 11 f.); OVG Hamburg, UPR 1997, 471 ff. = NuR 1997, 452 ff.; Wysk, ZLW 1998, 463.

bereits die Möglichkeit einer solchen Ergänzung schließt den Anspruch auf (Teil-)Aufhebung aus[847].

Die Begriffe „Anlagen" bzw. „Vorkehrungen" im Sinne der genannten Vorschriften sind weit auszulegen und umfassen das gesamte Spektrum sachdienlicher Maßnahmen zur Fluglärmminderung, etwa, dem Flugplatzunternehmer die Gewährung passiven Schallschutzes (insbesondere Schallisolierung an Gebäuden) aufzuerlegen oder auch die Verpflichtung zu aktivem Schallschutz durch von ihm auszusprechende betriebliche Regelungen (z.B. durch Ausgestaltung der Benutzungsordnung). Die Grenze der zulässigen Auferlegung von Lärmschutzmaßnahmen liegt dort, wo Maßnahmen einer Regelung durch Rechtssatz oder einer anderen Stelle vorbehalten sind, wie es etwa bei der Festlegung von Flugverfahren der Fall ist[848], ferner dort, wo der Flugplatzunternehmer rechtlich nicht in der Lage ist, die Maßnahme gegenüber den Flugplatzbenutzern (insbesondere den Fluggesellschaften) durchzusetzen. Damit scheiden sachliche und zeitliche Begrenzungen der genehmigten Nutzung als „Vorkehrungen" aus; der Flugplatzunternehmer darf namentlich nicht verpflichtet werden, seinerseits Lärmkontingentierungen durch Festschreibung eines Dauerschallpegels, unmittelbar kapazitätssteuernde Koordinierungseckwerte oder Flugbetriebsbeschränkungen an Wochenenden und Feiertagen einzuführen. Die Benutzbarkeit des Platzes in solcher Weise zum Zwecke der Problembewältigung zu begrenzen, ist vielmehr der Genehmigungs- oder Planfeststellungsbehörde selbst überantwortet. Sie darf derartige Betriebsregelungen als allgemein gültige Auflagen aufgrund von § 8 IV S.1 LuftVG n.F.[849] verfügen[850].

Der Unterschied zwischen Schutzanlagen und Auflagen macht sich sachlich, rechtlich und prozessual wegen der zwischen ihnen bestehenden **Subsidiarität** bemerkbar: „Notwendig" im Sinne des § 9 II LuftVG sind Schutzanlagen nur dann, wenn die Planfeststellungsbehörde sich abwägungsfehlerfrei nicht in der Lage sieht, die Problembewältigung durch eigene planerische Gestaltung (z.B. durch betriebliche Auflagen) zu leisten. Dies schneidet den Spielraum für Maßnahmen, die nach § 9 II LuftVG beansprucht werden können, im Kern auf passiven Schallschutz zurück. Aber auch insoweit steht die Festlegung konkreter Schutzauflagen grundsätzlich im pflichtgemäßen Ermessen der Planfeststellungsbehörde[851].

Soweit es um genehmigungsbedürftige Vorhaben geht, setzt sich zunehmend die Erkenntnis durch, dass Schutzanlagen in entsprechender Anwendung von § 9

---

847 s. BVerwGE 101, 73, 85; 56, 110, 132 f.; Wysk, ZLW 1998, 463.

848 s. hierzu oben, B. I. 1. und Wysk, ZLW 1998, 285, 291 f.

849 früher §§ 8 I i.V.m. 6 IV S.1 LuftVG a.F.

850 vgl. BVerwG, Urt. v. 29.01.1991 – 4 C 51.89 – E 87, 332, 343 ff.; Wysk, ZLW 1998, 464.

851 s. hierzu Wysk, ZLW 1998, 464.

II LuftVG i.V.m. § 74 II S. 2, 3 VwVfG auch in isolierten Genehmigungsverfahren erstritten werden können (Genehmigungsergänzungsanspruch)[852]. Ist die Beseitigung der unzumutbaren Lärmbelastung durch konzeptionsneutrale Ergänzung der Genehmigung möglich, so greift der für die Planfeststellung entwikkelte Vorrang der Planergänzung vor der Planaufhebung (s.o.) auch im Genehmigungsverfahren Platz.

5.) Rechtsschutz bei ungenehmigter Nutzung

Dritte, die durch nicht zugelassenen Flugbetrieb (z.B. ungenehmigte Strahlflugzeugbewegungen) mit Lärm belastet werden, haben im Allgemeinen keinen Rechtsanspruch auf Durchführung des rechtlich gebotenen Verwaltungsverfahrens, so dass darauf gerichtete Leistungsklagen nicht zulässig sind. Private werden aber durch Unterlassungs- und Beseitigungsansprüche geschützt[853]. Öffentlich-rechtlich kann die Luftaufsichtsbehörde ersucht werden, gegen den ungenehmigten Flugbetrieb auf der Grundlage von § 29 I LuftVG einzuschreiten[854].

6.) Rechtsschutz bei unterlassener Planfeststellung

Lässt die Behörde einen Flugplatz oder eine Ausbaumaßnahme entgegen § 8 I LuftVG durch bloße Genehmigung zu, so können sich die privaten Umlieger hiergegen, gestützt auf ihre materiellen Rechtspositionen, mit der Anfechtungsklage zur Wehr setzen. Für den Erfolg der Klage ist allerdings nicht nur die objektive Rechtswidrigkeit der Genehmigung, sondern auch eine Rechtsverletzung Dritter erforderlich (vgl. § 113 I S.1 VwGO). Denn § 8 I LuftVG kommt mit dem Erfordernis einer Planfeststellung keine drittschützende Wirkung zu[855]. Außerdem erfordert eine Rechtsverletzung durch Verfahrensfehler auch die Feststellung, dass sich der Verstoß möglicherweise auf eine (nicht präkludierte)

852 OVG NW, Urt. v. 02.02.1995 – 20 A 3485/91; OVG Bremen, DVBl. 1994, 767 (Ls. 3).

853 s. dazu Wysk, ZLW 1998, 465.

854 vgl. zu den mit dieser Norm verbundenen Schwierigkeiten Wysk, ZLW 1998, 18, 26 ff.

855 OVG NW, Urt. v. 02.02.95 –20 A 3485/91; BVerwG, Beschl. v. 14.03.1996 – 4 B 124.95; VGH BW, VBlBW 1994, 62 ff.; Wysk, ZLW 1998, 466; vgl. auch BVerwGE 62, 243, 246; DÖV 1991, 249 f.

materiell-rechtliche Position des Drittbetroffenen ausgewirkt hat[856]. Daran fehlt es regelmäßig, wenn – wie vielfach Verwaltungspraxis – das Genehmigungsverfahren unter Öffentlichkeitsbeteiligung durchgeführt worden ist. Etwaige zivilrechtliche Ansprüche auf Betriebseinstellung oder -einschränkung leben aber auch dann fort – ungeachtet der erteilten luftrechtlichen Genehmigung –, weil die Sperrwirkung des § 9 III LuftVG ohne Planfeststellung nicht eintritt[857].

Auch Kommunen haben regelmäßig keinen Anspruch auf Durchführung des richtigen Verfahrens. Nur ausnahmsweise kann ihr formelles Beteiligungsrecht zu einem materiellen Sachbescheidungsanspruch erstarken, gerichtet auf Durchführung des „richtigen“ Verwaltungsverfahrens und dessen Abschluss mit einer Sachentscheidung. Voraussetzung hierfür ist, dass eine Koordination unter mehreren hoheitlichen Planungsträgern geboten ist und nur auf der Grundlage einer abschließenden Entscheidung im richtigen Verfahren sinnvoll stattfinden kann[858].

7.) Rechtsschutz gegen Plangenehmigungen

Die Plangenehmigung ist ein Instrument für die Zulassung von Vorhaben mit mindergewichtigen Umwelt- und Drittauswirkungen. Sie ist eine Planungsentscheidung ohne Öffentlichkeitsbeteiligung und ist mithin dem Abwägungsgebot verpflichtet. Rechtsschutz hiergegen bietet die Anfechtungsklage, die indes nur erfolgreich sein kann, soweit die Plangenehmigung aus Gründen rechtswidrig ist, die eine Rechtsverletzung gerade des Klägers beinhalten. Plangenehmigungen dürfen an Stelle eines Planfeststellungsbeschlusses erteilt werden; sie setzen damit eine planfeststellungsfähige Maßnahme voraus, die aber „Rechte anderer nicht beeinträchtigt“, es sei denn, die Betroffenen haben sich mit der Inanspruchnahme ihres Eigentums oder eines anderen Rechts schriftlich einverstanden erklärt; mit den Trägern öffentlicher Belange, deren Aufgabenbereich durch das Vorhaben „berührt“ wird, ist das Benehmen herzustellen (§ 4 I S. 1 VerkPBG; § 8 II S. 1 LuftVG)[859].

---

856 BVerwG, UPR 1998, 117 ff.; UPR 1989, 224 ff.; DVBl. 1969, 586 f.

857 Wysk, ZLW 1998, 466.

858 BVerwG, Buchholz 442.40 § 30 LuftVG Nr.1 (S.1, 11-14); § 25 LuftVG Nr.1 (S.3); im Übrigen kann eine formlose Anhörung der zu beteiligenden Gemeinde genügen, s. BVerwG Buchholz 442.40 § 25 LuftVG Nr.1 (S.3); Wysk, ZLW 1998, 466.

859 Wysk, ZLW 1998, 467; zur Unterscheidung der gesetzlichen Termini „Verletzung“, „Beeinträchtigung“, „Berühren“ und „Beeinflussung“ s. ders, ZLW 1998, 467 f.

Beeinträchtigt eine plangenehmigte Maßnahme die Rechte anderer, so kann die Behörde dies nicht durch Anordnung von Schutzanlagen i.S.d. §§ 9 II LuftVG, 74 II S. 2, 3 VwVfG ausräumen. Diese Vorschriften für das Planfeststellungsverfahren lassen sich auf die Plangenehmigung nicht übertragen. Dies folgt aus § 8 II S. 2 LuftVG, aber auch aus der Systematik des Luftverkehrsgesetzes: Der bei Planfeststellungen u.a. durch Anlagen zu bewerkstelligende Schutz der Rechte anderer ist bei der Plangenehmigung bereits durch die Erteilungsvoraussetzungen des § 8 II S.1 Nr.1 LuftVG sichergestellt[860].

Die Plangenehmigung ist somit verfahrensrechtlich mehr der luftrechtlichen Genehmigung als der Planfeststellung angeglichen, was sich auch bei der Bekanntgabe bemerkbar macht – hier allerdings mit unliebsamen Konsequenzen für die Bestandskraft. Der Behörde ist nämlich gem. § 8 II S. 2 HS. 2 LuftVG die für die Planfeststellung bestehende Möglichkeit verschlossen, durch Auslegung der Plangenehmigung in der Gemeinde oder durch öffentliche Bekanntmachung (§ 74 IV, V VwVfG) auch gegenüber allen unerkannt Betroffenen eine Zustellungsfiktion auszulösen und dadurch die Monatsfrist für die Klageerhebung (§ 74 I S. 2 VwVfG) rundum in Gang zu setzen. Der Behörde ist somit verwehrt, die allgemeine Unanfechtbarkeit der Plangenehmigung herbeizuführen und dem Unternehmer alsbald eine rechtsbeständige Grundlage für sein Vorhaben zu schaffen[861].

8.) Rechtsschutz gegen die Zulassung unwesentlicher Änderungen

Sind Änderungen, die ihrer Art nach nicht planfeststellungsbedürftig sind, als unwesentlich i.S.d. § 6 IV S. 2 LuftVG einzustufen, so entfällt die luftverkehrsrechtliche Genehmigungspflicht von Gesetzes wegen. Der Genehmigungsbehörde obliegt es aber, dies im Rahmen ihrer Zuständigkeit besonders auszusprechen. Demgemäß mündet ihre Prüfung in einen gesetzesgebundenen feststellenden Verwaltungsakt[862].

Darf bei Änderungen „von unwesentlicher Bedeutung" eine Planfeststellung unterbleiben[863], stellt eine solche Unterbleibensentscheidung nach ganz überwiegender Ansicht einen Verwaltungsakt dar[864].

---

860 vgl. BVerwG, UPR 1997, 100 f. (für Plangenehmigung nach § 19 I WaStrG).

861 Wysk, ZLW 1998, 469 f.

862 Wysk, ZLW 1998, 471.

863 zum Merkmal der Unmittelbarkeit in § 8 III S. 2 LuftVG s. Wysk, ZLW 1998, 473 f.

864 s. VGH BW, ZLW 1996, 439, 441; Kopp/Ramsauer, VwVfG, § 74 Rn. 179; Jarass, DVBl. 1997, 795 f.

Private Betroffene, die aufgrund einer freigestellten Änderung Fluglärm ausgesetzt sind, können Rechtsschutz mit drei Zielrichtungen suchen: Sie können zum einen Unterlassungs- und Beseitigungsansprüche erheben (vgl. oben, C. II. 5.). Zum anderen steht es ihnen frei, mit der Anfechtungsklage die Aufhebung der Entscheidung selbst zu betreiben. Dies beseitigt die Zulassungswirkung der Feststellung, so dass der Flugplatzbetreiber eine geplante Maßnahme unterlassen, eine vollzogene rückgängig machen muss. Schließlich besteht noch die Möglichkeit, Schutzanlagen entsprechend § 9 II LuftVG zu erstreiten, wenn zu Unrecht ein Verfahren unterlassen worden ist, in dem solche Vorkehrungen hätten beansprucht werden können; Klagegegner ist die Behörde des richtigen Verfahrens[865]. Ein Anfechtungskläger muss sich allerdings nicht, wie bei Planfeststellungsbeschlüssen, auf Schutzanlagen verweisen lassen: Zulassungsfreistellungen der beschriebenen Art sind keine Planungsentscheidungen; fehlen die gerichtlich voll überprüfbaren Voraussetzungen für sie, so kann es von vornherein nicht um die Heilung eines Abwägungsmangels durch Planergänzung gehen[866].

Gegen rein faktische Zulassungen ohne Freistellungsbescheid ist die Klage auf Feststellung statthaft, dass eine Zulassung erforderlich ist[867].

9.) Unterschiede zwischen den Verfahren zur Neuanlage eines Flughafens und nachträglichen Maßnahmen

Sieht man sich das rechtliche Instrumentarium der nachträglichen „Konzessionsaufsicht" unter dem Blickwinkel an, wie es die Flughafennachbarschaft im Verhältnis zu Verfahren bei der Neuanlage eines Flughafens schützt, so sind vor allem zwei Unterschiede zu erkennen: Zum einen findet eine Abwägung des (ohne Schutzvorkehrungen) zumutbaren Lärms nicht mehr statt. Dies ist allerdings systematisch konsequent, da die Entscheidung über den zumutbaren Lärm mit der Erstzulassung bereits gefallen ist und grundsätzlich nicht mehr in Frage gestellt werden kann[868].

---

865 BVerwG, DÖV 1981, 719, 721; Wysk, ZLW 1998, 474 f.

866 Wysk, ZLW 1998, 475.

867 Bonk/Neumann in: S/B/S, VwVfG, § 74 Rn. 161; vgl. auch VGH BW, NuR 1996, 607 ff.; Wysk, ZLW 1998, 475.

868 s. Wysk in: Ziekow, Speyerer Luftverkehrsrechtstag 2001, S. 36, der zudem darauf hinweist, dass eine solche Abwägung nach der Behördenpraxis ohnehin ein eher theoretischer Posten sei. Dem häufig zu hörenden Einwand, dass von den Eingriffsbefugnissen in Form von betrieblichen Regelungen praktisch kein Gebrauch gemacht werde, tritt Wysk zumindest teilweise unter Verweis auf eingeführte Nachtflugbeschränkungen (etwa mittels Bonuslisten) entgegen.

Zum anderen liegt aber eine Verschlechterung gegenüber der Erstzulassung darin, dass die Vorbelastung, die durch den Flughafen selbst mitbestimmt wird, wächst und bis zur Grenze des Grundrechtseingriffs anwachsen kann. Denn die fachplanerische Zumutbarkeitsgrenze ist nirgends nummerisch fixiert, sondern ergibt sich aus einer Güterabwägung im Einzelfall[869].

III. Lärmbekämpfung an der Quelle durch technische Fortschritte

Das Instrumentarium zur Fluglärmbekämpfung setzt auf verschiedenen Regelungsebenen an: Neben den in dieser Arbeit schwerpunktmäßig erörterten Flugverfahren (§ 27 a LuftVO) als flugbetriebliche und planerische Maßnahmen und dem soeben erläuterten Genehmigungs- und Planfeststellungsverfahren für Flugplätze gibt es auch unterschiedliche Instrumente zur Förderung einer Lärmreduktion an der Quelle (insbesondere Reduzierung des Triebwerkslärms), so insbesondere auf der Grundlage des Luftfahrtabkommens der ICAO. Insoweit wird auf die obigen Ausführungen verwiesen[870].

IV. Keine exakten Zumutbarkeitsmaßstäbe beim Fluglärm

Wie ebenfalls bereits oben (C. I.) festgestellt, fehlt es bei den luftverkehrsrechtlichen Planfeststellungen an einem Pendant des in den §§ 41 ff. BImSchG für Verkehrswege normierten vierstufigen „Lärmbekämpfungsmodells". Insbesondere fehlt es an festgelegten Immissionsgrenzwerten wie in der Verkehrslärmschutzverordnung (16. BImSchV). Zudem existiert kein gesetzlich normierter Vorrang des aktiven Lärmschutzes, auch wenn die Rechtsprechung, wie oben (C. II.) dargelegt, eine solche Hierarchie der Instrumente grundsätzlich anerkennt.

Allerdings sind auch dem von einem Flughafen zu erwartenden Lärm im Planfeststellungsverfahren äußerste Grenzen zu ziehen. Den letztlich in den §§ 41 ff. BImSchG i.V.m. der 24. BImSchV garantierten passiven Schallschutz für

869 s. hierzu oben, A. I. 2.; Wysk in: Ziekow, Speyerer Luftverkehrsrechtstag 2001, S. 36.
870 s. o., A. II. 1.

den Innenbereich gewährleistet in ähnlicher Weise § 9 II LuftVG, dem die Rechtsprechung das kategorische, der Abwägung entzogene Gebot entnimmt, keine unzumutbaren Lärmbelastungen durch den Flughafenbetrieb zuzulassen; hinsichtlich der unzumutbar Betroffenen setzt § 9 II LuftVG der Planungsentscheidung eine äußerste, mit einer „gerechten Abwägung" nicht mehr überwindbare Grenze[871]. Allerdings ist diese entscheidende Schwelle nicht explizit rechtlich geregelt. In der Rechtsprechung des BVerwG und der Oberverwaltungsgerichte wird – auf der Grundlage der Ergebnisse der Lärmwirkungsforschung – angenommen, dass dann keine unzumutbaren Verhältnisse im Wohninnenbereich auftreten, wenn keine höheren Schallpegel als 55 dB(A) innen zu verzeichnen sind[872]. Insbesondere wird dabei als medizinisch gesichert vorausgesetzt, dass die Aufweckschwelle durch Fluglärm erst jenseits der Pegelspitzen von 55 dB(A) liege. Allerdings müsste dabei auch berücksichtigt werden, dass Schlafstörungen und damit – von einer gewissen Intensität an – erhebliche Belästigungen bereits bei Pegelspitzen von 45 dB(A) innen bzw. Mittelungspegeln innen über 35 dB(A) auftreten können[873].

Für unzumutbare Belastungen des Außenbereichs sind angemessene Entschädigungen in Geld gem. § 74 II 3 LVwVfG festzulegen[874].

Nach gefestigter Rechtsprechung sind auch unterhalb dieser äußersten Grenze, die § 9 II LuftVG den Belastungen durch Lärm zieht, zu erwartende Lärmbelastungen in die planerische Abwägung einzustellen[875]. Dabei ist im Rahmen der planerischen Abwägung eine Fülle von Gestaltungsmöglichkeiten zum Lärmschutz in Betracht zu ziehen. Insbesondere können nicht nur in der Luftverkehrsgenehmigung, sondern auch im Planfeststellungsbeschluss betriebliche Regelungen getroffen werden (§ 8 IV LuftVG), zu denen u.a. Nachtflugverbote und -beschränkungen, aber auch Tagflugkontingente zählen[876]. Eine Behörde, die von vornherein ihre Erwägungen auf passive Schallschutzmaßnahmen be-

871 BVerwGE 87, 332, 342 ff.; 56, 110, 123 f.; 107, 313, 323; NVwZ 1992, 166 f. (L); Koch, NVwZ 2000, 498 f.; demgegenüber hat das BVerwG in seinen Urteilen vom 28.06.2000 hinsichtlich der Flugverfahren entschieden, dass eine unzumutbare Lärmbelastung einer konkreten Flugroutenfestlegung noch nicht zwingend entgegenstehe, s.o. B. II. 1.

872 näher hierzu s.o., A. I. 2 a, aa, bb); BVerwGE 87, 332, 354 ff.; BVerwGE 107, 313, 329 f. setzt sich erneut detailliert mit der medizinischen Forschung auseinander, s. hierzu oben, A. I. 2.

873 s. Hofmann/Grabherr, LuftVG, § 9 Rn. 64 ff.; Wysk, ZLW 1998, 485 ff.; Koch, NVwZ 2000, 499, und oben, A. I. 2 a, aa, bb).

874 vgl. BVerwGE 107, 313, 334.

875 BVerwGE 87, 332, 341 ff. = NVwZ-RR 1991, 601 f.; BVerwGE 107, 313, 322; s. o., B. IV. 1. i).

876 s.o., C. II.; Koch, NVwZ 2000, 499; Wysk, ZLW 1998, 464.

schränken und die genannten Instrumentarien aktiven Schallschutzes nicht in Erwägung ziehen würde, verstieße gegen das Gebot gerechter Abwägung[877].

Planerisch relevant ist im Übrigen das bereits oben erörterte Fluglärmgesetz, das in Schutzzonen mit Dauerschallpegeln von 75 bzw. 65 dB(A) teilweise zu Bauverboten, teilweise zu Entschädigungsansprüchen wegen Lärms führt[878]. Wie bereits oben dargelegt, ist das Fluglärmgesetz aber nicht aktiv auf die Eindämmung des Fluglärms gerichtet.

V. Die Berücksichtigung von Vorbelastungen

Nur wenige Äußerungen der Rechtsprechung finden sich zur **Summationsproblematik**. Der Bundesgerichtshof billigt die schutzmindernde Beachtung von Lärmvorbelastungen bis zur sog. Enteignungsschwelle (s. hierzu oben, A. I. 2. a. bb) und relativiert das Schutzniveau nach der städtebaulichen Gebietsqualität[879]. Auch die Pflicht zur gegenseitigen Rücksichtnahme soll sich – zumindest teilweise – schutzmindernd auswirken[880].

Das BVerwG berichtet in einem Beschluss[881] über ein lärmphysikalisches Gutachten, in dem eine Prognose der „Gesamtverkehrsbelastung" aus Straßen-, Schienen-, Fluglärm und dem Lärm eines geplanten Güterverkehrszentrums der Deutschen Bahn AG erarbeitet worden ist. Dies erweckt den Eindruck, dass die Tendenz zu einer summativen Betrachtungsweise besteht. Das BVerwG scheint jedoch auch im Luftverkehrsrecht an seiner bisherigen Vorbelastungsrechtspre-

877 BVerwGE 87, 332, 348 = NVwZ-RR 1991, 601 f.

878 s.o., A. I. 3., II. 2.

879 BGH, JZ 1994, 259, 261 f.; Berkemann (ZUR 2002, 202, 204 f.) hält die schutzmindernde Wirkung der Lärmvorbelastung sowohl in ihrer grundsätzlichen Zulässigkeit als auch im Bereich summativer Betrachtung für zweifelhaft. Da der Gesetzgeber hierzu schweigt, sollten seiner Ansicht nach die Gerichte auch hier den Mut finden, sich von sich aus den Fragen der Summation, der Berücksichtigung von Spitzenpegeln und der Forderung nach einer Risikovorsorge anzunehmen; vgl. auch BVerwGE 101, 1, 10; 104, 123 ff.; Hansmann, NuR 1997, 53, 59; kritisch Silagi, UPR 1997, 272, 277; s. auch oben, A. II. 1. c) u. C. I. 2.

880 vgl. BGH, NJW 1995, 132 f.; BVerwGE 59, 253, 263.

881 BVerwG, ZLW 1999, 244, 247 = LKV 1999, 144 ff. zum Flughafen Halle-Leipzig.

chung[882] festhalten zu wollen[883]. Zutreffend ist an dieser Rechtsprechung, dass eine vorhandene Belastung schutzmindernd ist – sofern sie sich im Rahmen der Variationsbreite des gebietsadäquaten Immissionsniveaus bewegt –, und dass eine für sich genommen irrelevante Zusatzbelastung keine Maßnahme erfordert – es sei denn, es drohen erkennbar weitere „irrelevante" Zusatzbelastungsbeiträge. Die drohende Summation inkrementaler Beiträge ist als Vorsorgeproblem rechtserheblich[884]. Erreicht die Gesamtbelastung die Schwelle der Gesundheitsgefährdung i.S.v. Art. 2 II 1 GG, können Gründe der hinzunehmenden Vorbelastung, der Sozialadäquanz oder sonstige Summationsmodelle jedenfalls nicht mehr rechtfertigend wirken[885].

Der Träger einer Planung hat im Sinne des Verursacherprinzips grundsätzlich nur das (Ausgleichs-)Risiko zu tragen, das in dem konkret vorgesehenen Projekt selbst angelegt ist und nicht bereits aus anderen Gründen auf der Umgebung lastet. Ausnahmen ergeben sich u.U. dort, wo bereits der frühere Zustand zu einer Verletzung des Grundrechts auf körperliche Unversehrtheit (Art. 2 II 1 GG) oder zu einer schweren und unerträglichen Belastung des Grundeigentums (Art. 14 I GG) geführt hat; hier muss die planende Behörde nicht „wegen", sondern „aus Anlass" der Planung angemessene Ausgleichsmaßnahmen anordnen, um dem Grundsatz der Konfliktbewältigung vor dem Hintergrund der staatlichen Schutzpflichten ausreichend Rechnung zu tragen[886].

Die Berücksichtigung tatsächlicher Vorbelastungen stellt somit weniger ein Zumutbarkeits-, sondern vielmehr ein Kausalitätsproblem dar, wobei die Grenzen freilich fließend sind. Praktisch geht es darum, solche Aspekte, die im Rahmen der Zumutbarkeitserwägungen sinnvollerweise keinen Eingang finden konnten, unter dem Blickwinkel der sachgerechten Verantwortungszuweisung einer zweiten „Filterung" zu unterziehen. Denkbar ist insoweit auch die Anerkennung einer gemeinsamen Verantwortung mit der Folge der Kostenaufteilung für entsprechende Schutzmaßnahmen je nach Ursachenbeitrag[887].

---

882 BVerwGE 87, 332, 356 ff. = NVwZ-RR 1991, 601 f.

883 diese hält Koch, NVwZ 2000, 499, für „teils missverständlich, teils problematisch und keinesfalls weiterführend".

884 Koch in: ders./Scheuing, GK-BImSchG, § 3 Rn. 155, 174 ff.; ders., NVwZ 2000, 499.

885 vgl. Berkemann, ZUR 2002, 202 f., 205.

886 vgl. hierzu BVerwGE 56, 110, 132; 59, 253, 265 ff.; 71, 150, 155; Halama/Stüer, NVwZ 2003, 140, 143.

887 s. Voßkuhle, Das Kompensationsprinzip, S. 123 f.; vgl. auch BVerwGE 71, 166, 173 f.; 41, 178, 185 ff.; DÖV 1974, 241, 568; MDR 1990, 180 ff.

VI. Möglichkeiten zur Verbesserung der Rechtsposition von Fluglärmbetroffenen

1.) Stärkere Hinwendung zu kooperativen Verfahrensformen

Stellt man Überlegungen an, wie die Rechtsschutzsituation gegen Fluglärm verbessert werden könnte, fällt auf, dass sich in diesem wichtigen Bereich des Umweltschutzes derzeit außer der Bildung des beratenden Ausschusses nach § 32 a LuftVG und der Fluglärmkommission gem. § 32 b LuftVG kaum kooperative Formen finden. Hier ist eine Hinwendung zu Formen kooperativer Planung und Betriebsgestaltung zu empfehlen. Da es sich in der Regel um äußerst teure Projekte oder Vorhaben handelt, sind auch aufwändige Verfahren wie etwa der Einsatz von „Planungszellen" wirtschaftlich, wenn sie zu besserer Akzeptanz der Flughafenplanung und des Betriebs führen[888]. Erforderlich wäre eine **bessere Einbeziehung der Bürger und von Sachverständigen bei der Planung** (auch bei der Aufstellung von Lärmminderungsplänen[889]) sowie beim Betrieb und bei der Änderung von Flugrouten. Dies könnte u.a. durch eine **Stärkung der Rechte der Fluglärmkommissionen** geschehen[890], wobei bereits ausgeführt wurde, dass diese allein die Verfahrensrechte der Betroffenen bei der

888 vgl. oben, B. IV. 1. e) und B. V. b); die BVF hält in ihrer Stellungnahme zu den Eckwerten des BMU zur FlugLG-Novellierung (www.fluglaerm.de/bvf/stfluglg.htm) aufgrund der Erfahrungen beim Ausbau des Frankfurter Flughafens auch eine formale Einbindung von Mediationsverfahren für erwägenswert (s. zu dem in Frankfurt aufgrund einer im Sommer 1998 erfolgten Anregung der hessischen Landesregierung durchgeführten Mediationsverfahren http://195.27.205.171/online/mediation/de/jsp/med_mediationsverfahren.jsp); vgl. hierzu auch das Referat von Müller beim gemeinsamen Symposium des UBA und der Forschungsstelle Umweltrecht der Universität Hamburg v. 10. - 11.06.2002 in Hamburg, s. den Bericht von Mechel, DVBl. 2002, 1459 f.

889 zur Entwicklung der Lärmminderungsplanung s. A. Schmidt, UPR 1995, 379 ff.; zu Rechtsfragen der Durchsetzung von Luftreinhalte- und Lärmminderungsplänen Schulze-Fielitz, UPR 1992, 41 ff.; s. außerdem ders./Berger, DVBl. 1992, 389 ff.; Bender/Sparwasser/Engel, UmweltR, Kap. 8 Rn. 329 ff.; Jarass, BImSchG, § 47a Rn. 1 ff.; BVF-Merkblatt BV005: „Lärmminderungspläne nach § 47a BImSchG als wirksames Mittel zur Fluglärmbekämpfung", www.fluglaerm.de/bvf/mlmplan.htm; Oeser/Beckers, Fluglärm 2000, S. 350 f.

890 Czybulka, UPR 1999, 128; vgl. auch den Beschluss des Dt. Bundestags v. 02.09.1998, Bericht und Beschlussempfehlung des Ausschusses für Verkehr (15. Ausschuss), BT-Drucks. 13/11140 v. 30.06.1998 und Plenarprotokoll (246. Sitzung) v. 02.09.1998 (S. 23016 D), sowie das Eckpunktepapier des BMU zur Novelle des FluglärmG (Stand: Mai 2000), dort unter Ziff. 7; außerdem LAI, Leitlinie zur Beurteilung von Fluglärm durch die Immissionsschutzbehörden der Länder v. 14.05.1997, Abschn. A; Näheres zur Funktion der Fluglärmkommission oben, B. VI.

Festlegung oder Änderung von Flugverfahren nicht „stellvertretend" wahrnehmen können (s.o., B. VI.).

Auch bei der geplanten Novellierung des Fluglärmgesetzes ist eine **Stärkung der Bürgerbeteiligung im Luftverkehrsrecht** vorgesehen[891]. Bereits im Rahmen der aktuellen Fassung des FlugLG vom 30.03.1971 wurden umweltbezogene Bestimmungen in das LuftVG aufgenommen. Die Erfahrungen mit der Anwendung dieser Regelungen gaben Anlass, die Vorschriften des Luftverkehrsrechts zum Schutz vor Fluglärm im Rahmen dieses Gesetzes weiter zu konkretisieren, sie für die Anwendungspraxis besser handhabbar zu machen und hinsichtlich der materiellen Ziele auszuweiten. Dazu sind Regelungen für eine bessere Unterrichtung der Bürger, zur verstärkten Einbindung von Betroffenenvertretern in Beratungs- und Entscheidungsgremien, zu Art und Umfang der zu veröffentlichenden Messdaten von Fluglärmüberwachungsanlagen an zivilen Flugplätzen, zur Unabhängigkeit und zu den Befugnissen des Fluglärmschutzbeauftragten, zur Zusammensetzung des beratenden Ausschusses sowie zur Pflicht für die Errichtung von Lärmschutzkommissionen an militärischen und an weiteren zivilen Flugplätzen mit Lärmschutzbereich geplant. Die große Bedeutung der Lärmschutzbelange bei der Festlegung von Betriebsregelungen in der Umgebung von Flugplätzen sowie bei den Entgeltregelungen an den Flugplätzen soll dadurch herausgestellt werden, dass Rechtsverordnungen hierzu im Einvernehmen mit dem BMU erlassen werden. Im Rahmen dieser Novelle sollen zudem die Beteiligungs- und Klagerechte der BVF und der nach § 29 I BNatSchG anerkannten Verbände bei luftrechtlichen Planfeststellungen bestimmt werden[892].

891 s.o., A. II. 2. g).

892 s. Begründung des Referentenentwurfs zur FlugLG-Novelle, Stand: 15.11.2000, Abschn. Allgemeines, A.5; BMU, Eckpunktepapier zur FlugLG-Novelle (Stand: Mai 2000), unter 7.; vgl. auch Czybulka, UPR 1999, 126, 128; Näheres zur geplanten Novellierung des FlugLG s.o., A. II. 2.

2.) Vorrang des aktiven Lärmschutzes und Verknüpfung von Flugverfahren mit betrieblichen und immissionsschutzrechtlichen Maßnahmen

Wie im Lärmbekämpfungsmodell der §§ 41 ff. BImSchG sollte mit Blick auf das immissionsschutzrechtliche Vorsorgeprinzip[893] sowie die staatliche Schutzpflicht, die eine auf Grundrechtsgefährdungen bezogene Risikovorsorge mit umfasst[894], auch bei der Bekämpfung des Fluglärms der aktive Lärmschutz Vorrang erhalten. Je wirksamer die Maßnahmen des aktiven Lärmschutzes geregelt und vollzogen werden, desto geringere Eingriffe sind in die Rechtspositionen der Lärmbetroffenen (Bürger, Gemeinden) erforderlich[895].

Um dem Vorrang des aktiven Lärmschutzes auch bei der Festlegung von Flugrouten mehr Gewicht zu verschaffen, würde es sich empfehlen, eine Verbindung von Flugverfahren mit immissionsschutzrechtlichen und betrieblichen Regelungen zu ermöglichen[896].

3.) Integrative Verfahrensgestaltung in Annäherung an das Planfeststellungsverfahren

Daneben ist auch den planerischen und abwägenden Elementen bei der Festlegung der Flugverfahren durch eine entsprechende Verfahrensgestaltung Rechnung zu tragen.

Für die erstmalige Flugroutenfestlegung ist daher ein **integratives, mit dem Genehmigungs- oder Planfeststellungsverfahren verbundenes Verfahren** zu befürworten. Hierdurch würde dem Prinzip der umfassenden Konfliktbewältigung im Planfeststellungsverfahren, welches bei jeder Entscheidung mit planerischen Elementen oder mit Umweltbezug als Teilanspruch des Abwägungsgebots zu beachten ist[897], sowie einem Trend des europäischen Gemeinschaftsrechts entsprochen[898]. So wird etwa in § 1 Nr. 2 UVPG eine Einbeziehung der Um-

---

893 s. hierzu oben, B. II. 4.; außerdem Feldhaus, DVBl. 1980, 133 ff.; Sellner, NJW 1980, 1255 ff.

894 BVerfG, NJW 1981, 1655, 1657; s.o., B. V. I.

895 Luckow, DVBl. 1981, 1133 f., 1141.

896 hierzu sogleich unten, C. VI. 4 b).

897 vgl. Kopp/Ramsauer, VwVfG, § 74 Rn. 26, 50.

898 s. Czybulka in: Ziekow, Speyerer Luftverkehrsrechtstag 2001, S. 16; vgl. auch das Referat von Berkemann beim gemeinsamen Symposium des UBA und der Forschungsstelle Umweltrecht der Universität Hamburg v. 10. - 11.06.2002 in Hamburg (s. den Bericht von Mechel, DVBl. 2002, 1459, 1461): In den Planfeststellungsbeschluss könne der Vorbehalt aufgenommen werden, Flugbahnen durch Verordnung zu regeln; zur Lärm-

weltverträglichkeitsprüfung „so früh wie möglich bei allen behördlichen Entscheidungen über die Zulässigkeit“ (eines Vorhabens) gefordert. Inwiefern die Flugroutenfestlegung in diesen Fällen ein „vorgelagertes Verfahren“ im Sinne des § 2 III Nr. 2 UVPG ist, ist nicht ganz eindeutig, aber nach Sinn und Zweck der dem UVPG zugrundeliegenden gemeinschaftsrechtlichen Regelung ist jedenfalls eine Sonderstellung der Flughafenplanung zu verneinen[899].

4.) Behördliche Verfahrenszuständigkeiten

Nur ein solches integratives Verfahren ermöglicht etwa die Berücksichtigung der Planungshoheit der überflogenen Gemeinden. Wesentlich ist hierbei allerdings die Entscheidung, welche Behörden Träger eines solchen Verfahrens sein könnten bzw. sollten.

Sichergestellt werden müsste hierbei nämlich, dass die Lärmschutzbelange ergebnisrelevant optimiert werden. Erforderlich wäre eine Kooperation der zuständigen Landesbehörden (Immissionsschutzbehörden und Landesluftfahrtbehörden) mit dem LBA (und der DFS). Das einst vom BVerfG begründete Verbot der Mischverwaltung[900] steht hier nicht entgegen, zumal das LuftVG selbst Beispiele solcher (erforderlicher) „Mischverwaltung“ kennt, wie etwa die Einbeziehung der Fluglärmkommission nach § 32 b LuftVG zeigt[901]. Zudem sind die Grenzen der Zulässigkeit des Zusammenwirkens von Bund und Ländern erst dann erreicht, wenn die im Grundgesetz festgelegte bundesstaatliche Gliederung oder die grundgesetzlich vorgenommene Kompetenzverteilung verschoben oder unterlaufen würde[902]. Dies kann bei einer Kooperation der oben beschriebenen Art zwischen den zuständigen Landesbehörden und dem LBA bzw. der DFS nicht angenommen werden. Kooperativer Föderalismus in Form der Zusammenarbeit koordinierender Gremien ist nach dem modernen Verständnis des Föderalismus zulässig. Auch wird hier nicht an eine Verwaltungsorganisation gedacht, bei der eine Bundesbehörde einer Landesbehörde übergeordnet ist, bei der ein mehr als nur kooperativ-koordinierendes Zusammenwirken von Bundes- und Landesbehörden, etwa in Form von Zustimmungserfordernissen, erfolgt[903] oder

minderung mit Hilfe der Planfeststellung vgl. auch den Beitrag von Bayr, ebenda, S. 1460.

899 insoweit etwas unklar Erbguth/Schink, UVPG, § 2 Rn. 53 unter Bezug auf § 6 LuftVG.

900 vgl. hierzu BVerfGE 11, 105, 124; 39, 96, 120; Czybulka, NuR 2001, 367, 371, sowie Lerche in: M/D, GG, Art. 83 Rn. 85.

901 Czybulka in: Ziekow, Speyerer Luftverkehrsrechtstag 2001, S. 16.

902 Maurer, AllgVerwR, § 22 Rn. 45.

903 vgl. BVerfGE 11, 105, 124.

bei der es um Mitplanungs-, Mitverwaltungs- und Mitentscheidungsbefugnisse des Bundes im Aufgabenbereich der Länder geht[904].

Eine solche Mitwirkung der örtlich zuständigen Immissionsschutzbehörden als dezentrale Einheiten mit genaueren Kenntnissen der lokalen und regionalen Verhältnisse und Konflikte ist auch einer Mitwirkung des UBA bei der Flugroutenfestlegung, wie in dessen Referentenentwurf zur Novelle des FlugLG vorgeschlagen[905], vorzuziehen. Dies schließt zudem ja nicht aus, dass das UBA von den beteiligten Behörden zu komplexen Fragen um Rat ersucht werden kann.

Die möglichen Flugrouten sollten also von Beginn an bereits in die Flughafenplanung integriert werden[906], bei den Planfeststellungsverfahren (Neubau/wesentliche Änderung von Flughäfen) sollten die Flugrouten parallel dazu festgelegt werden[907]. Dem Argument, mit den Flugverfahren müsse bereits genehmigter Lärm eben irgendwie verteilt werden, könnte so vorgebeugt werden, da die geplanten Flughafenkapazitäten und Betriebsregelungen im Planfeststellungsverfahren nicht genehmigt werden können, wenn schon dort absehbar ist, dass hiermit Flugverfahren verbunden wären, die zu unzumutbaren Belastungen führen würden.

Ebenso beinhaltet die **nachträgliche Änderung von Flugrouten** Elemente einer Planungs- und Abwägungsentscheidung und sollte daher – auch mit Blick auf die Art. 2 II 1 und 28 II GG[908] – in einem getrennten, rechtsstaatlichen und transparenten Verfahren mit Öffentlichkeitsbeteiligung (insbesondere Beteiligung der Betroffenen und der Gemeinden) beschlossen werden[909].

---

904 s. BVerfGE 39, 96, 120.

905 s. o., A. II. 2. h).

906 so Czybulka in: Ziekow, Speyerer Luftverkehrsrechtstag 2001, S. 16 sowie bei Guckelberger, NVwZ 2001, 1015.

907 vgl. auch BVF, Stellungnahme zur Novellierung des FlugLG, Anhang 1: Festlegung von Flugrouten und immissionsschutzrechtliche Betriebsregelungen, unter www.fluglaerm.de/bvf/st-fluglaermgesetz-anhang1.htm.

908 s. o., B. V.

909 s. Czybulka in: Ziekow, Speyerer Luftverkehrsrechtstag 2001, S. 16.

a) Die erneute Frage nach der Rechtsform der Flugverfahren

Stellt man nun nähere Überlegungen dazu an, wie eine solche Verfahrensgestaltung – und hierbei auch deren Annäherung an das Planfeststellungsverfahren – aussehen könnte, kann erneut die Frage gestellt werden, ob die Flugverfahren nicht besser in der rechtsschutzfreundlicheren Form des Verwaltungsaktes anstatt per Rechtsverordnung festgelegt werden sollten. Die Normaussage einer Flugroutenfestlegung, die jeweils für ganz bestimmte Flughäfen erfolgt[910], regelt nämlich konkret eine einzelne Fallkonstellation[911]. Der Adressatenkreis ist durch seine innere Beziehung zu dieser Flugroute bestimmbar: es ist jeder (Flugzeugführer), welcher sich anschickt, den Flughafen X aus der genannten Richtung anzufliegen. Daher sind die Flugroutenfestlegungen an sich materiell Allgemeinverfügungen[912].

Würden die Flugrouten durch Verwaltungsakt festgelegt, wäre die Festlegung dieser Verfahren als Teil der Planfeststellung integrierbar. Bei der Beibehaltung der Flugroutenfestlegung in Form der Rechtsverordnung ist diese hingegen nicht als Teil der Planfeststellung möglich, da Verwaltungsverfahren gem. § 9 VwVfG auf Erlass eines Verwaltungsakts gerichtet sind, was bei einem als Rechtsverordnung erlassenen Flugverfahren eben nicht der Fall ist.

Grundsätzlich möglich ist allerdings, die Verfahren zur Flugroutenfestlegung parallel zur Planfeststellung durchzuführen. Hierdurch könnten die mit dem Flugverfahren verbundenen Auswirkungen (Lärmbelastungen) in die Abwägung, die im Rahmen der Planfeststellung vorzunehmen ist, eingestellt und darin berücksichtigt werden. Denn das Abwägungsgebot gilt umfassend für alle mit dem Vorhaben zusammenhängenden Fragen. Alle relevanten Gesichtspunkte sind darin einzubeziehen[913].

Nachdem das BVerwG mit seinen Urteilen vom 28.06.2000 nun den Rechtsschutz auch gegen die nach § 27 a II 1 LuftVO als Rechtsverordnung erlassenen Flugrouten eröffnet hat, kann es letztlich auch bei dieser Rechtsform bleiben, ohne dass Bedenken mit Blick auf Art. 19 IV GG gehegt werden müssten. Mate-

910 s. z.B. die 26. VO zur Änderung der 28. DVO zur LuftVO v. 10.12.1987, BAnz. 1987, Nr. 4 S. 50 f. (An- u. Abflugverfahren für IFR-Flüge, Flughafen Hannover); 3. VO zur Änderung der 9. DVO zur LuftVO v. 16.04.1970, BAnz. Nr. 81, S. 5; 12. DVO zur LuftVO v. 20.04.1970, BAnz. Nr. 81, S. 5 (An- u. Abflugverfahren für IFR-Flüge, Flughafen München).

911 z.B.: „Der aus Richtung des Funkfeuers M auf Landebahn 25 des Flughafens MUC anfliegende Flugzeugführer hat das Verfahren/die Standardflugbahn xy einzuhalten."

912 Czybulka, DÖV 1990, 1033, 1038; s. auch oben, B. I. 2 c).

913 vgl. Kopp/Ramsauer, VwVfG, § 74 Rn. 51, 53.

riell und insbesondere auch mit Blick auf die unten de lege ferenda vorgeschlagene Verfahrensgestaltung wäre allerdings die Rechtsform des Verwaltungsakts passender.

b) Immissionsschutzrechtliche und betriebliche Maßnahmen

Einbezogen werden sollte in das Verfahren von Anfang an neben dem Beratenden Ausschuss nach § 32 a LuftVG auch der lokale bzw. regionale Sachverstand der örtlichen Kommission nach § 32 b LuftVG[914]. Die Festlegung der Flugrouten könnte durch die nach Landesrecht zuständige Immissionsschutzbehörde im Einvernehmen mit der Flugsicherung unter Beteiligung und Anhörung der Fluglärmkommission, des Fluglärmbeauftragten, der Landesluftfahrtbehörde sowie der betroffenen Bürger und Gemeinden[915] erfolgen. Ermöglicht würden hierdurch aus Lärmschutzgründen angezeigte zeitliche Einschränkungen und flexible Steuerungen des Flugbetriebs im Rahmen der Flugverfahren. Eingeschränkt werden könnten etwa die Zahl und Art lärmintensiver Flüge in bestimmten Zeiträumen (z.B. nachts), wobei die ausnahmsweise Zulassung von Flugbewegungen in diesen Zeiträumen dann der Immissionsschutzbehörde obliegen sollte.

In Betracht kämen etwa Nachtflugbeschränkungen, Einschränkungen und Gebührenregelungen für lärmintensive Flugzeuge, lärmarme An- und Abflugverfahren sowie die Steuerung der Immissionslage durch die Auswahl der Start- und Landebahnen (bzw. bei Flughafensystemen auch die Verteilung der Flugzeuge auf verschiedene Flughäfen). Auch technische Anforderungen (GPS/FMS-System, Lärmtore etc.) könnten aufgrund örtlicher immissionsschutzrechtlicher Anforderungen bestimmt werden. Durch eine solche Steuerung des Flugbetriebs könnte eine verstärkte Nutzung lärmarmer Flugzeuge z.B. auch in den Tagesrandzeiten gefördert werden[916].

---

914 Czybulka in: Ziekow, Speyerer Luftverkehrsrechtstag 2001, S. 17, 23; in der Praxis ist dies schon heute meist der Fall, wobei umstritten ist, inwieweit der Wortlaut des Gesetzes dies hergibt, vgl. Wysk, ZLW 1998, 288, und oben, B. VI.

915 s. hierzu sogleich unten d).

916 vgl. die Stellungnahme der BVF zur Novellierung des FlugLG, Anhang 1: Festlegung von Flugrouten und immissionsschutzrechtliche Betriebsregelungen, unter www.fluglaerm.de/bvf/st-fluglaermgesetz-anhang1.htm.

Mit Blick auf die oben dargelegte Problematik des bilateralen Abkommens bzgl. Zürich-Kloten[917] wird zudem deutlich, dass die Aufnahme einer solchen immissionsschutzrechtlichen Regelung auch deshalb sinnvoll wäre, damit umweltrechtliche Maßnahmen als – zulässige – Einschränkungen der europarechtlich gewährleisteten Verkehrsrechte klarer geregelt werden und so umfangreichen Rechtsstreitigkeiten vorgebeugt werden könnte.

c) Konzentrationswirkung von Flugverfahren

Durch die Festlegung einer Flugroute unter bestimmten betrieblichen Auflagen und Bedingungen zur Erreichung von Immissionsschutzzielen käme dem Flugverfahren bei wertender Betrachtungsweise gewissermaßen – ähnlich wie der Planfeststellung – eine **Konzentrationswirkung**[918] zu – auch wenn hier keine an sich erforderliche immissionsschutzrechtliche Genehmigung durch das Flugverfahren ersetzt wird. Denn die Festlegung der Flugroute beinhaltet eine Entscheidung über ihre räumliche Lage und die voraussichtlichen Schallimmissionen für das betroffene Gebiet, wobei eine „parzellenscharfe" Ermittlung der Belastung nicht erforderlich ist[919]. Es wird also bei der Festlegung der Flugroute mit entschieden, welche Immissionsbelastung den überflogenen Gebieten künftig zulässigerweise zugemutet wird.

d) Verfahrensgestaltung nach dem Vorbild der Planfeststellung

Entsprechend wären auch die **Regelungen des Planfeststellungsverfahrens zur Öffentlichkeitsbeteiligung** (§ 73 VwVfG) heranzuziehen. Zwecke der Regelungen über das Planfeststellungsverfahren sind der Schutz der Rechte und Interessen des Vorhabenträgers, die Wahrung betroffener öffentlicher Belange, der Schutz der Allgemeinheit vor Gefahren, Belästigungen und Nachteilen, der

917 s. hierzu oben, A. II. 3.

918 vgl. hierzu Kopp/Ramsauer, VwVfG, § 74 Rn. 11 ff.; § 75 Rn. 7 ff.; vgl. auch die Stellungnahme der BVF zur Novellierung des FlugLG, Anhang 1: Festlegung von Flugrouten und immissionsschutzrechtliche Betriebsregelungen, unter www.fluglaerm.de/bvf/st-fluglaermgesetz-anhang1.htm.

919 vgl. BVerwG, Urt. v. 28.06.2000 – 11 C 13.99 –, NJW 2000, 3584 ff.

Schutz einzelner Betroffener, der Ausgleich der betroffenen Interessen durch eine möglichst richtige und gerechte Entscheidung, die auf einer Abwägung aller betroffenen öffentlichen und privaten Belange beruht, sowie die Legitimation des Ergebnisses und damit auch die Akzeptanz des Vorhabens durch die Allgemeinheit und die Betroffenen[920].

Diesen Zwecken kommt, wie bereits dargelegt wurde, gerade auch bei den Flugverfahren eine herausragende Bedeutung zu, so dass die Schaffung eines der Planfeststellung entsprechenden Beteiligungsverfahrens für die Festlegung von Flugrouten angemessen wäre. Hierdurch würde nicht nur der Rechtskreis der Lärmbetroffenen erweitert. Auch die für die Flugverfahren zuständigen Stellen sowie die davon tangierten Flug(hafen)gesellschaften erhielten durch die materielle Präklusionswirkung eines solchen Beteiligungsverfahrens (vgl. § 73 IV VwVfG) mehr Rechtssicherheit.

Eine öffentliche Auslegung der Planunterlagen zur öffentlichen Einsichtnahme (vgl. § 73 III VwVfG) sollte also förmliche Voraussetzung sein.

Hierbei stellt sich dann die weitere Frage, **welcher Personenkreis durch das Vorhaben berührt und damit als einwendungsberechtigt** anzusehen ist (vgl. § 73 IV VwVfG). Ausreichend hierfür ist grundsätzlich die nicht ganz entfernte Möglichkeit, dass jemand in seinen Belangen durch das Vorhaben berührt wird. In räumlicher Hinsicht hängt bei Planfeststellungsverfahren die Einwendungsbefugnis ähnlich wie die Betroffenheit wesentlich von der Art des Vorhabens und der zu erwartenden Einwirkungen auf die Umwelt ab. Als Gegenstand bzw. Grundlage einer Einwendung genügt grundsätzlich jedes nach vernünftiger Erwägung durch die Sachlage gerechtfertigte, nach den immanenten Wertungen der Rechtsordnung schutzwürdige Interesse (Belang) rechtlicher, wirtschaftlicher oder ideeller Natur[921].

Die Bestimmung der Betroffenheit durch Fluglärm ist aufgrund von dessen Besonderheiten schwierig. Unterhalb des Flugerwartungsgebiets ist sicher mit Fluglärm zu rechnen. Die Charakteristik der Einzelschallereignisse und die am Boden zu erwartende Gesamtbelastung im Einwirkungsbereich von Flugrouten hängen indes von Faktoren ab, die nicht durch das zugrunde liegende Flugver-

920 siehe Kopp/Ramsauer, VwVfG, § 72 Rn. 4.
921 vgl. Kopp/Ramsauer, VwVfG, § 73 Rn. 53 ff., 55, 59 f.; vgl. auch BVerwGE 61, 256 ff. = NJW 1981, 1393 ff. (zur Klagebefugnis bei der Genehmigung von Kernkraftwerken).

fahren beeinflusst werden. Zu denken ist insbesondere an die Emissionsdaten der verkehrenden Baumuster, Witterungseinflüsse, die Auslastung des Platzes oder der Strecke und die Überflughöhe, die nicht vorgegeben ist und wegen der unterschiedlichen Leistungsprofile der Luftfahrzeuge stark variiert. Grundsätzlich ist es gleichwohl möglich, die konkrete Belastung in einem beliebigen Punkt des Einwirkungsbereichs anhand des Datenerfassungssystems des Flugplatzes in Verbindung mit der Anleitung zur Berechnung von Lärmschutzbereichen nach dem Fluglärmschutzgesetz (AzB[922]) zu berechnen[923]. Die Ermittlung der Personen, deren Belange durch das betreffende Flugverfahren berührt werden, ist also durchaus mit zumutbarem Aufwand möglich.

Allerdings muss die **Praktikabilität** des Beteiligungsverfahrens gewahrt bleiben. Dieses muss mit den begrenzt verfügbaren zeitlichen, sächlichen und personellen Ressourcen zu bewältigen sein und bei der Festlegung und Änderung von Flugrouten die notwendige Flexibilität erhalten. Da sich Fluglärm anders und weiträumiger ausbreitet als z.B. der Lärm einer Straße und die Möglichkeiten der Abschirmung stärker begrenzt sind[924], wird hier der Kreis der Betroffenen hinsichtlich der Beteiligungsrechte u.U. einzuschränken sein. Eine anhörungsrelevante Betroffenheit kann schwerlich mit der Abwägungserheblichkeit der Belange (jede nicht ganz unerhebliche Lärmbelastung, s.o., B. IV. 1. h) gleichgesetzt werden, da ansonsten der Kreis der zu Beteiligenden kaum mehr einzugrenzen und zu bewältigen wäre.

Hinsichtlich der Gemeinden ist deren Betroffenheit mit der Folge der Beteiligungspflicht zu bejahen, wenn durch das betreffende Flugverfahren ihr durch Art. 28 II GG geschütztes Selbstverwaltungsrecht, namentlich ihre Planungshoheit, möglicherweise berührt wird (s.o., B. IV. 1 f). Insbesondere bei Kur- und Fremdenverkehrsorten werden an die Bejahung einer solchen möglichen Beeinträchtigung keine hohen Anforderungen zu stellen sein.

Das Beteiligungsrecht der privaten Betroffenen folgt nach der hier vertretenen Ansicht letztlich aus Art. 2 II 1 GG, entspricht aber auch unterhalb der Schwelle der Gesundheitsgefährdung dem Gebot praktischer Vernunft und dient zudem der umfassenden Ermittlung der abwägungserheblichen Belange (s.o., B. V.). Als „Kompromiss“ zwischen dem Ziel, diese Belange möglichst vollständig zu ermitteln, und der Notwendigkeit eines mit überschaubarem Zeit- und Ressourcenaufwand praktikablen Verfahrens könnte die Schwelle, ab der eine Lärmbetroffenheit Beteiligungsrechte der hier vorgeschlagenen Art eröffnet, bspw. an der Grenze zur „erheblichen Belästigung“ durch Lärm orientiert wer-

922 Erlass des BMI v. 27.02.1975 (GMBl. 1975, 162) mit Ergänzung v. 20.02.1984 – U II 4 – 560 120/43.

923 Wysk, ZLW 1998, 286.

924 vgl. hierzu z.B. Oeser/Beckers, Fluglärm 2000, S. 366 f. (Beckers/Kraft, BVF-Merkblatt LT 008: „Zu den irreführenden Vergleichen Kraftfahrzeuglärm/Fluglärm“).

den, also wenn eine erhebliche Lärmbelästigung der jeweiligen Betroffenen zumindest nicht ganz entfernt als möglich erscheint. Die Bestimmung einer solchen Belästigungsschwelle bzgl. des Lärms ist in der Rechtsordnung nicht neu (vgl. § 5 I Nr.1 BImSchG sowie Nr. 6 der TA-Lärm), und diese ist erreicht, wenn das Wohlbefinden eines Menschen beeinträchtigt wird, ohne dass darin bereits eine erhebliche Beeinträchtigung der Gesundheit liegt und damit ein Gesundheitsschaden besteht. Geschützt ist neben dem körperlichen auch das seelische Wohlbefinden. Zu berücksichtigen ist dabei die Gesamtbelastung, also auch Vor- und Fremdbelastungen[925].

Freilich müssen in der behördlicherseits vorzunehmenden Abwägung weiterhin alle Belange, die nach den oben (B. IV.) entwickelten Grundsätzen abwägungserheblich sind, berücksichtigt werden. Die aus Praktikabilitätsgründen hier gegenüber der Abwägungsrelevanz heraufgesetzte Schwelle zur Eröffnung von Beteiligungsrechten begrenzt das Abwägungsmaterial und die diesbezüglichen behördlichen Ermittlungspflichten nicht.

e) Ausnahmen zum Verfahrenserfordernis aus Praktikabilitätsgründen

Wie soeben im Rahmen der Betroffenheitsfrage erläutert, muss bei der hier favorisierten stärkeren formalen Beachtung der Rechtsschutzinteressen der Betroffenen darauf geachtet werden, dass die Festlegung von Flugverfahren trotzdem **praktikabel** bleibt. Die DFS betreut an 52 Flughäfen (mit jeweils vier Abflugrichtungen) und Verkehrslandeplätzen mit Instrumentenflugbetrieb insgesamt rund 1000 Flugverfahren in Deutschland, jährlich werden rund 100 Verfahren festgelegt bzw. geändert. Die Möglichkeit, flexibel und unverzüglich auf geänderte Sicherheitserfordernisse bei der Flugverfahrensgestaltung zu reagieren, wäre stark eingeschränkt, wenn bei jeder Flugverfahrensänderung ein planfeststellungsartiges Beteiligungsverfahren durchzuführen wäre. Das Erfordernis der Durchführung dieses Verfahrens sollte vielmehr auf solche Fälle beschränkt werden, in denen mit den Flugverfahren längerfristige und erhebliche Belastungssituationen geschaffen, verändert oder verlagert werden.

Vom Erfordernis der hier empfohlenen Öffentlichkeitsbeteiligung ausgenommen werden könnten daher – unabhängig von der oben vorgeschlagenen

925 s. Jarass, BImSchG, § 3 Rn. 12, 31, 34; § 5 Rn. 16, 30.

Begrenzung des Kreises der zu Beteiligenden – Verfahren mit relativ geringen Auswirkungen wie etwa geringfügige Änderungen vorhandener Flugrouten ohne erhebliche Auswirkungen auf die Belastungssituation, die Konzentration von Flugbewegungen auf vorhandene Flugrouten, sofern erhebliche zusätzliche Belastungen nicht zu befürchten sind, Festlegungen von Flugrouten, die wesentlich durch Flugsicherheitsaspekte vorgegeben werden, sowie Flugverfahren innerhalb der zulässigen Korridorbreiten der Flugrouten[926]. Von der Durchführung des Beteiligungsverfahrens kann auch ab einer bestimmten Mindestflughöhe (sofern eine solche vorgegeben ist) abgesehen werden, also dort, wo – auch unter Berücksichtigung der schwersten Baumuster, der lärmintensivsten technischen Standards und aller sonstigen möglichen Bedingungen (z.B. Witterung) – erhebliche Belästigungen der überflogenen Bevölkerung aufgrund der Flughöhe nicht mehr möglich sind.

f) Schallimmissions- und Konfliktplan als Entscheidungsgrundlage

Das Verfahren sollte zur „Problemabschichtung" phasenhaft in eine Grob- und eine Feinsteuerung gegliedert und durch neutrale Sachverständige begleitet werden. Um für einen möglichst exakten flächenbezogenen Lärmschutz sorgen zu können, wäre es zudem sinnvoll, die **Grundsätze der Lärmminderungsplanung (§ 47 a BImSchG)** im Rahmen des Verfahrens zur Flugroutenfestlegung anzuwenden[927]. Durch die in den Lärmminderungsplänen festgehaltenen deskriptiven Angaben bezüglich der zu erwartenden Lärmbelästigungen (vgl. § 47 a III Nr. 1 BImSchG)[928] würde auch eine aussagekräftige Tatsachengrundlage für die zu treffende Abwägungsentscheidung geschaffen.

Materielle Voraussetzung für die Festlegung einer Flugroute sollte also das Vorliegen eines Schallimmissionsplans, eines Gebietsplans und eines Konfliktplanes sein. Aus dem **Schallimmissionsplan** gehen die unterschiedlichen Schallquellen (Flugzeuge im An- oder Abflug, Sicht- oder Instrumentenanflug,

926 vgl. die Stellungnahme der BVF zur Novellierung des FlugLG, Anhang 1: Festlegung von Flugrouten und immissionsschutzrechtliche Betriebsregelungen, unter www.fluglaerm.de/bvf/st-fluglaermgesetz-anhang1.htm.

927 vgl. auch Czybulka in: Ziekow, Speyerer Luftverkehrsrechtstag 2001, S. 17, 23.

928 vgl. Jarass, BImSchG, § 47a Rn. 6; wie umfangreich diese Angaben sind, liegt im Planungsermessen der Behörde, s. ders., a.a.O., § 47 Rn. 10.

CDA-Anflug[929] etc.) hervor. Die Lage und Funktion der berührten Gebiete, Art und Bestand der Bebauungsstruktur und der Nutzungen sind derart zu erfassen, dass schutzbedürftige Gebiete und Einrichtungen erkennbar werden. Diese Aufgabe obliegt den jeweiligen Gemeinden.

Im **Konfliktplan** sind Richtwertüberschreitungen[930] – getrennt nach Beurteilungszeiträumen – zu erfassen. Die Darstellung der Belastungssituation (Zahl der Bewegungen, Ruhepausen, lärmsensible Zeiträume und Dauerschallpegel) kann in dem Konfliktplan oder in dem Schallimmissionsplan vorgenommen werden. Die genaue Darstellung der Lärmbelastung ist die Grundlage für die weiteren Entscheidungen.

Die Festlegung einer Flugroute auf der Grundlage der planerischen Erfassung der betroffenen Gebiete sowie des Schallimmissions- und Konfliktplans, unter Beteiligung der Fluglärmkommission und nach öffentlicher Auslegung der Unterlagen mit der Möglichkeit der Eingabe von Einwendungen durch die Betroffenen, gewährleistet, dass der festlegenden Stelle alle für die Abwägung erforderlichen Informationen vorliegen.

Bei der Abwägung im Rahmen der Flugroutenfestlegung unterlaufende Mängel sind schließlich nach den für die Planfeststellung gültigen Grundsätzen nur erheblich, wenn sie offensichtlich und auf das Abwägungsergebnis von Einfluss gewesen sind (vgl. §§ 75 I a VwVfG, 10 VIII LuftVG)[931].

Durch die Festlegung von Flugrouten in einem so ausgestalteten Verfahren ergeben sich **klare Handlungsoptionen** für die Regionen, Gemeinden und Betroffenen und hierdurch auch **mehr Rechtssicherheit für alle Beteiligten**. Die Belastung der jeweiligen betroffenen Gebiete wird in den Schallimmissions- und

929 Continous-Descent-Approach, d.h. die Phase, bevor der eigentliche Instrumentenanflug beginnt. Ziel ist dabei, das Flugzeug möglichst lange in größerer Höhe zu halten. Die Verringerung der Flughöhe wird in Geschwindigkeit umgesetzt. Dabei wird die Triebwerkskraft verringert, s. www.fluglaerm.com/glossar.shtml. Diesem Verfahren liegt die einfache Idee zugrunde, dass Flugzeuge mit einer kontinuierlichen Sinkrate bei gleichmäßiger Triebwerksleistung weniger Lärm erzeugen. Bei konsequenter Anwendung kann so in schwachen und mittleren Verkehrszeiten die Lärmbelastung vermindert werden; ausführliche Erläuterungen hierzu s. unter www.dfs.de.

930 Immissionsrichtwerte finden sich z.B. in den Regelwerken der TA-Lärm (Nr.6), VDI 2058 (Blatt 1: Beurteilung von Arbeitslärm in der Nachbarschaft, Berlin 1985) u. DIN 18005 (Teil 1: Schallschutz im Städtebau; Berechnungsverfahren. Teil 2: Berechnungsverfahren; schalltechnische Orientierungswerte für die städtebauliche Planung, Berlin 1987); vgl. auch Oeser/Beckers, Fluglärm 2000, S. 91, 101.

931 Näheres zur Abwägungsfehlerlehre s. o., B. IV.; vgl. zur Abwägungsfehlerlehre bei luftverkehrsrechtlicher Genehmigung auch BVerwG, NVwZ 2002, 1235 ff.

Konfliktplänen eindeutig dargestellt und kann somit bei der Regional- und Bauleitplanung in Form von Siedlungsbeschränkungen berücksichtigt werden. Der Rechtsschutz beschränkt sich auf die Fälle erheblicher Abwägungsmängel, denn nur in diesen ist denkbar, dass Flugrouten mit weniger belastenden Wirkungen möglich sind[932].

g) Die Möglichkeit nachträglicher Lärmschutzmaßnahmen

Durch die im Rahmen der Öffentlichkeitsbeteiligung mit der Einwendungsfrist verbundene materielle Präklusionswirkung hinsichtlich verspäteter Einwendungen (vgl. § 73 IV VwVfG) stellt sich allerdings hier erneut die Frage nach Mitteln der „Konzessionsaufsicht", also **nachträglicher Lärmschutzmaßnahmen**[933]. Wie oben erläutert wurde, können Kapazitätssteigerungen aufgrund technischer Fortschritte zu höheren Lärmbelastungen führen, ohne dass hierfür die Flugverfahren neu festgelegt werden müssen. Um auch hier nach Abschluss des Verfahrens weiteren aktiven Lärmschutz zu ermöglichen, sind betriebliche und immissionsschutzrechtliche Anordnungen der zuständigen Immissionsschutzbehörden (im Einvernehmen mit der Flugsicherung) hinsichtlich der Flugverfahren auch nachträglich zuzulassen, um die Einhaltung der im vorangegangenen Verfahren genehmigten Immissionsgrenzwerte (siehe dazu unten 5.) zu sichern (vgl. § 6 IV LuftVG).

Zudem ist zu empfehlen, dass die „Änderung" eines Flugverfahrens und das damit verbundene Verfahrenserfordernis auch dann zu bejahen sind, wenn flugbetriebliche Änderungen zu höheren Lärmbelastungen führen. Als verfahrensauslösende Änderung der Lärmbelastung könnte hier z.B. – entsprechend § 1 II Nr. 2 der 16. BImSchV – eine Erhöhung des Beurteilungspegels um mindestens 3 dB(A) gelten[934]. Hierdurch würde dem Umstand Rechnung getragen, dass bei Flugverfahren aus der Natur der Sache heraus keine Anknüpfung an

932 vgl. die Stellungnahme der BVF zur Novellierung des FlugLG, Anhang 1: Festlegung von Flugrouten und immissionsschutzrechtliche Betriebsregelungen, unter www.fluglaerm.de/bvf/st-fluglaermgesetz-anhang1.htm; die BVF schlägt zudem vor, auch die Lärmschutzbereiche nach dem FlugLG auf der Basis der Flugrouten festzusetzen.

933 vgl. hierzu oben, C. II.

934 Nach Ansicht der BVF ist hingegen aufgrund der lärmphysikalischen Unterschiede ggü. linearen Verkehrsträgern bereits eine Steigerung von 1 dB(A) relevant, vgl. hierzu Oeser/Beckers, Fluglärm 2000, S. 370 f. (Beckers, BVF-Merkblatt LT010: „Wahrnehmen von Pegeländerungen").

„bauliche" Veränderungen möglich ist, wie sie die 16. BImSchV hinsichtlich linearer Verkehrsträger voraussetzt.

Auch die geplante Novellierung des FlugLG tendiert übrigens in diese Richtung: In § 4 II FlugLG soll künftig die wesentliche Änderung der Fluglärmbelastung aufgrund betrieblicher Änderungen als Auslösekriterium für eine Neufestsetzung des Lärmschutzbereichs neu definiert werden: Wesentlich soll eine solche Änderung sein, wenn sich die Zahl der Flugbewegungen um mehr als 25 % erhöht oder wenn sich der äquivalente Dauerschallpegel an der Grenze der Schutzzone 2 oder der Nachtschutzzone um mindestens 3 dB(A) ändert[935].

h) Verknüpfung der Flugroutenfestlegung mit der den Flughafen betreffenden Planfeststellung

Freilich lassen sich betriebliche Anordnungen wie bspw. Nachtflugbeschränkungen oder die Nutzung bestimmter Pisten im Rahmen der Flugverfahren nicht durchsetzen, wenn die Betriebsgenehmigung bzw. Planfeststellung bezüglich des Flughafens solche Beschränkungen nicht vorsieht. Erforderlich ist daher eine Verknüpfung der Flugroutenfestlegung mit der den Flughafen betreffenden Planfeststellung. Vorstellbar ist eine solche in Form eines im LuftVG zu normierenden (Teil-)Widerrufsvorbehalts (vgl. § 36 II Nr. 3 VwVfG) hinsichtlich des Planfeststellungsbeschlusses für den Fall, dass im Rahmen der Flugroutenfestlegung ein ausreichender Lärmschutz unter den Prämissen des genehmigten Flughafenbetriebes nicht möglich ist.

Zwar ist ein solcher (Teil-)Widerruf durch die Flughafengenehmigungsbehörde auch bisher (nach allgemeinen Grundsätzen gemäß § 49 VwVfG) möglich, wie das BVerwG in seinen Urteilen vom 28.06.2000 (s. o., B. I. 3.) bestätigt hat. Allerdings kommt hier regelmäßig nur § 49 II Nr. 5 VwVfG in Betracht (Widerruf zur Verhütung oder Beseitigung schwerer Nachteile für das Gemeinwohl), der eng auszulegen ist und nur als ultima ratio in Betracht kommt[936], also erst nach Ausschöpfung der Mittel passiven Rechtsschutzes (s.o., C. II., 4.). Ein Vorrang aktiven Lärmschutzes auch im Rahmen der Flugverfahren lässt sich hiermit also nicht durchsetzen.

---

935 s.o., A. II. 2. c, d).

936 Meyer in: Knack, VwVfG, § 49 Rn. 60 ff.; Sachs in: S/B/S, § 49 Rn. 79 f.; Bonk in: S/B/S, § 60 Rn. 28; auch ernsthafte Gefährdungen und Beeinträchtigungen von Leben und Gesundheit können solche Nachteile darstellen, s. Kopp/Ramsauer, VwVfG, § 49 Rn. 54 ff., 57.

i) Zusätzlicher Verwaltungsaufwand statt Deregulierung?

Freilich kann gegen die hier dargelegten Vorschläge eingewandt werden, dass die Schaffung zusätzlicher Verfahrenserfordernisse dem unter dem Eindruck knapper öffentlicher Kassen allgemein formulierten Ziel des „schlanken Staates" entgegenläuft.

Zum einen wurde aber bereits oben angesprochen, dass Verfahrensverzögerungen aufgrund (wachsenden) Bürgerprotests zu erheblichen sozialen Kosten führen. Der häufig gezogene Schluss „Weniger Verfahren – weniger Kosten" trifft im Endeffekt also in dieser Pauschalität nicht zu.

Zum anderen können im sozialen Rechtsstaat, in dessen Bevölkerung zudem ein ausgeprägtes (und zunehmendes) „Rechtsschutzbewusstsein" besteht, Bemühungen zur Senkung des Verwaltungsaufwands keine Begründung dafür sein, Verfahrensrechte zur Wahrung des Grundrechtsschutzes einzuschränken resp. ihre Schaffung abzulehnen.

Dass die in Deutschland ja keineswegs neuen – und im Grundsatz durchaus richtigen und vielfach auch notwendigen – Bemühungen zur Rechtsvereinfachung und „Entbürokratisierung" in der Bilanz bisher nur mäßig erfolgreich sind, hat seine Ursache im Übrigen auch in den strukturellen sozialen Gegebenheiten: Die Vorstellung, eine moderne Industrie- und Dienstleistungsgesellschaft mit ihren komplexen und vielfältigen – auch gegenläufigen – sozioökonomischen Strukturen, Sachzwängen und Bedürfnissen mittels einfacher, umfassend deregulierter Rechts- und Organisationsvorgaben ordnen und führen zu können, wird aus der Natur der Sache heraus weitgehend Illusion bleiben.

5.) a) Einführung von Grenzwerten nach dem Vorbild der 16. BImSchV

Allerdings bedarf es für die Entscheidung, ob und ggf. welche Maßnahmen aus immissionsschutzrechtlichen Gründen geboten sind, eines Maßstabs in Form von Grenzwerten. Die Beurteilungspegel der Lärmschutzzonen nach dem FlugLG stellen keine Grenzwerte im Sinne des Immissionsschutzrechts dar, da das FlugLG nur ein passives Planungs- und Entschädigungsgesetz darstellt und bei Überschreitung der Beurteilungspegel keine betrieblichen Beschränkungsmaßnahmen festgelegt sind. Zudem gelten diese Werte eben nur für die in der näheren Flughafenumgebung belegenen Lärmschutzbereiche. Auch eine Aufwertung allein dieser Beurteilungspegel zu „echten", einzuhaltenden Grenzwerten wäre unzureichend. Denn die Lärmschutzbereiche sind ohnehin neu festzusetzen, wenn eine Änderung in der Anlage und im Betrieb des Flugplatzes zu einer wesentlichen Lärmbelastung in dessen Umgebung führt (§ 4 II FlugLG).

Wären die jeweiligen Dauerschallpegel der Lärmschutzbereiche als Grenzwerte einzuhalten, würde dies dort folglich nur zu einer faktischen Festschreibung der bestehenden Lärmschutzbereiche führen.

Auch vor dem Hintergrund der Bedeutung des Grundrechts aus Art. 2 II 1 GG (s.o., B. V.) ist es schwerlich vertretbar, dass sich der lärmbetroffene Bürger in einer kaum mehr durchschaubaren Gemengelage von gesetztem Recht, administrativem „Gestaltungsfreiraum" und tatrichterlicher Würdigung befindet, die ihm und seinem anwaltlichen Vertreter eine Prognose über einen günstigen Prozessausgang fast unmöglich macht[937]. Hier ist schon unter grundrechtlichem und rechtsstaatlichem Aspekt mehr Rechtssicherheit in Form von Lärmgrenzwerten zu schaffen.

Auch angesichts der Vielzahl der bei der Ermittlung der Zumutbarkeitsgrenzen zu berücksichtigenden Faktoren und dem damit verbundenen technischen Aufwand erscheint das Bedürfnis nach einheitlichen Beurteilungsstandards, die gleichzeitig ein ausreichendes Differenzierungspotential aufweisen, kaum von der Hand zu weisen[938]. Hinsichtlich des Fluglärms hat auch die Rechtsprechung bereits ihr Bedauern und Unverständnis darüber bekundet, dass sie eine Vielzahl allgemeiner Fragen lösen musste, deren Beantwortung eigentlich dem Gesetzgeber zugekommen wäre[939]. Im Bereich der durch den Straßen- und Schienenverkehr verursachten Geräuschemissionen, wo lange Zeit ebenfalls ein normatives Vakuum bestand, hat der Gesetzgeber durch die §§ 41 ff. BImSchG hinsichtlich des Neubaus und der wesentlichen Änderung von Straßen und Schienenwegen Abhilfe geschaffen und die Zumutbarkeit in der Verkehrslärmschutzverordnung (16. BImSchV) näher konkretisiert[940]. Zunächst hatten sich Verwaltung und Gerichte lange Zeit mit dem Rückgriff auf Verwaltungsvorschriften, private Regelwerke oder sonstige Grenzwertfestlegungen beholfen, die den Entscheidungen als Orientierungs- oder Richtwerte zugrunde gelegt wurden[941], bis das BVerwG sich unter Betonung der Notwendigkeit einer einzelfallbezogenen Betrachtungsweise ausdrücklich gegen eine solche Vorgehensweise wandte und

937 Berkemann (ZUR 2002, 202) bezeichnet dies als „rechtsstaatliches Ärgernis". Auch erschweren das Vorhandensein zahlreicher Planungsakte, die unterschiedlichen Einwirkungsmöglichkeiten Dritter und die Überlagerung von Teilrechtsordnungen den Betroffenen, die „richtigen" anzugreifenden Akte zu identifizieren und rechtsschutzeffektive Klageanträge zu formulieren. Zudem ist es für die Gerichte äußerst kompliziert, die Schwelle der Gesundheitsgefährdung zu bestimmen, vgl. Wysk beim gemeinsamen Symposium des UBA und der Forschungsstelle Umweltrecht der Universität Hamburg v. 10. - 11.06.2002 in Hamburg, s. den Bericht von Mechel, DVBl. 2002, 1459, 1461.

938 Voßkuhle, Das Kompensationsprinzip, S. 121.

939 s. BayVGH, BayVBl. 1990, 82 f.; kritisch auch BVerwGE 61, 295, 298 ff.

940 s.o., C. I.

941 so etwa die DIN 18005 „Schallschutz im Städtebau" v. 01.05.1987, die Grenzwerte der TA-Lärm Nr. 2.321 und die der VDI-Richtlinie 2058 („Beurteilung von Arbeitslärm in der Nachbarschaft"); vgl. auch Muthesius, VR 1985, 233 ff.

eine Entscheidung des Gesetzgebers forderte[942]. Dahinter steht die Erkenntnis, dass die Konkretisierung der Zumutbarkeitsschwelle weitgehend eine Wertungsfrage darstellt, die sich rechtlicher Deduktion entzieht und deshalb besonderer demokratischer Legitimation bedarf. Auch nach Erlass der 16. BImSchV behält die nach spezifischen Besonderheiten differenzierende Rechtsprechung jedoch ihren Wert. Die Vielschichtigkeit der Zumutbarkeitsgesichtspunkte kann durch das schematische Raster von Tag- und Nachtwerten in unterschiedlichen Baugebieten kaum abschließend erfasst werden, so dass in besonders gelagerten, atypischen Fällen, für deren Vorliegen die Verwaltung eine erhöhte Begründungslast trägt, ein Abweichen von den vorgesehenen Standards notwendig erscheint[943].

Um eine Annäherung des Luftverkehrsbereichs an das Bundesimmissionsschutzgesetz sowie an das sonstige Umweltrecht zu erzielen, würde sich also eine **Grenzwertregelung entsprechend der 16. BImSchV**, die die Schutzwürdigkeit der jeweiligen planerischen Gebiete berücksichtigt, anbieten[944]. § 32 I 1 Nr. 15 LuftVG bietet hierfür eine hinreichende Ermächtigungsgrundlage[945].

Bei der Ermittlung der Lärmbelastung in Anwendung solcher Grenzwerte sollte insbesondere mit Blick auf Art. 20 a GG zumindest dann eine Berücksichtigung anderer Lärmquellen – etwa von anderen Verkehrsträgern am Boden – durch einen angemessenen Zuschlag erfolgen, wenn diese zu wesentlichen Veränderungen der Gesamtbelastung führen[946]. Eine solche **summative Betrachtung der Lärmquellen** entspricht auch der europarechtlichen Zielsetzung,

942 BVerwGE 77, 285, 286 ff.; vgl. auch Wahl, NVwZ 1990, 439 f.

943 Voßkuhle, S. 122; Schulze-Fielitz in: Koch/Scheuing, GK-BImSchG, § 41 Rn. 59; § 43 Rn. 81 ff.; Michler, S. 164 f.; zurückhaltender VGH BW, NVwZ-RR 1997, 85, 87; BayVGH, NVwZ-RR 1997, 159, 162 ff.; a.A. Alexander, NVwZ 1991, 318, 320: Der planende Vorhabenträger könne mit vertretbarem Aufwand einer differenzierenden Einzelfallbeurteilung nicht nachkommen. Die Verordnung mit ihren normativen Grenzwerten ermögliche dagegen eine praktikable und rechtssichere Planung.

944 für den Erlass einer Fluglärmschutzverordnung auf der Grundlage von § 32 I Nr. 15 LuftVG nach dem Muster der 16. BImSchV mit individuellen Schutzrechten vor Gesundheitsgefährdungen und erheblichen Belästigungen sprach sich auch Schulze-Fielitz beim gemeinsamen Symposium des UBA und der Forschungsstelle Umweltrecht der Universität Hamburg v. 10. - 11.06.2002 in Hamburg aus, s. den Bericht von Mechel, DVBl. 2002, 1459 f.; s. außerdem Franke, Lärmgrenzwerte, S. 137 ff.

945 vgl. den Beschluss der Landesverkehrsminister v. 03./04.11.1999; außerdem BVerfGE 79, 174 ff. mit der Feststellung einer Pflicht des Verordnungsgebers zur Ausfüllung der ihm erteilten Ermächtigung. Sieht man in dieser Norm hingegen keine ausreichende Ermächtigung, wäre eine solche eben noch im LuftVG zu schaffen.

946 Jarass, BImSchG, § 41 Rn. 41; Schulze-Fielitz in: Koch/Scheuing, GK-BImSchG, § 43 Rn. 84 f.; s.o., C. I. 2.

wie sie z.B. in der neuen Umgebungslärm-Richtlinie[947] (Art. 3) zum Ausdruck kommt.

Im Rahmen einer so gestalteten Eröffnung aktiven Lärmschutzes und dessen Vorrangs vor passivem Lärmschutz ist im Einzelfall auch von der Behörde zu klären, ob und welche betrieblichen Maßnahmen anzuordnen sind. Hierbei erscheint ebenfalls eine Orientierung an § 41 BImSchG sachgerecht. Ähnlich wie im Rahmen von § 41 II BImSchG ist eine **Verhältnismäßigkeitsprüfung** im Wege einer Abwägung nach Art der planerischen Abwägung durchzuführen[948]. In diese sind die – zutreffend erkannten – relevanten Belange nachvollziehbar einzustellen, das Gewicht der Belange ist zutreffend zu ermitteln und der Ausgleich der Belange im konkreten Zusammenhang in einer Art und Weise vorzunehmen, die zur objektiven Gewichtigkeit der Belange nicht außer Verhältnis steht[949]. Die Vorgaben des § 41 I BImSchG und der 16. BImSchV sind dabei als Optimierungsgebot mit relativem Vorrang zu berücksichtigen[950].

Eine Unverhältnismäßigkeit hiernach wird etwa dann anzunehmen sein, wenn einerseits die betrieblichen Maßnahmen einen großen Aufwand erfordern oder erhebliche wirtschaftliche oder betriebliche Einschränkungen oder Belastungen für den Flugbetrieb mit sich bringen und auf der anderen Seite der hierdurch erzielte Lärmschutz verhältnismäßig geringfügig ist.

Wird eine solche Verhältnismäßigkeit im Einzelfall verneint, sind – auch insoweit **in Orientierung an § 42 BImSchG – Entschädigungen für Schallschutzmaßnahmen** zu gewähren.

Diese sind im Rahmen des hier vorgeschlagenen planfeststellungsähnlich gestalteten Verfahrens zur Flugroutenfestlegung zu beantragen. Dort ist zumindest dem Grunde nach auch darüber zu entscheiden (vgl. § 75 III VwVfG)[951]. Um die Verfahren zu entlasten und die Festlegung der Flugverfahren nicht unnötig zu verzögern, kann die Entscheidung über die Höhe der Entschädigungsansprüche dann in einem separaten Verfahren erfolgen[952].

---

947 RL 2002/49/EG vom 25.06.2002, Abl.EG 2002, Nr. L 189; KOM (2000) 468 endg.; s.o., A. II. 1. c); s. auch Irmer in: BVF, Fluglärm, S. 107 ff.

948 vgl. BVerwG, DVBl. 1997, 831, 836; 1998, 330 ff.; anders Dürr, UPR 1993, 166; s. auch Jarass, BImSchG, § 41 Rn. 54, der eine Trennung der Abwägung im Rahmen des § 41 als einfache, aus dem Grundrechtsbereich bekannte Abwägung von der planerischen Abwägung befürwortet.

949 vgl. Jarass, BImSchG, § 41 Rn. 51.

950 s. hierzu oben, C. I. 2.

951 vgl. Jarass, BImSchG, § 42 Rn. 23.

952 vgl. die Stellungnahme der BVF zur Novellierung des FlugLG, Anhang 1: Festlegung von Flugrouten und immissionsschutzrechtliche Betriebsregelungen, unter www.fluglaerm.de/bvf/st-fluglaermgesetz-anhang1.htm

Im Bereich der Lärmschutzbereiche würden hierdurch die derzeit nach § 9 FlugLG bereits bestehenden Erstattungsansprüche bzgl. Aufwendungen für bauliche Schallschutzmaßnahmen im Ergebnis an die neu eingeführten Grenzwerte angeknüpft und durch deren Überschreitung ausgelöst.

Für das oben (B. IV.) erläuterte Abwägungsgebot bedeutet dies, dass in die Abwägung der betroffenen Belange einzustellen ist, wie die Betroffenheit durch Anordnung von aktivem oder passivem Lärmschutz ausgeglichen werden kann, sofern Lärm oberhalb der Grenzwerte der Fluglärmschutzverordnung zu erwarten ist[953].

b) Mittelungspegel oder Maximalpegel?

Bei einer solchen Festlegung von Grenzwerten würde sich allerdings die Frage stellen, ob eine alleinige Heranziehung des Mittelungspegels zur Ermittlung der Lärmbelastungen sachgerecht ist. Der Mittelungspegel wird nach einem bestimmten Verfahren[954] für einen festgelegten Zeitraum aufgrund bestimmter schallrelevanter Daten (z.B. Mess- oder Prognosedaten)[955] errechnet. Für den Beurteilungszeitraum ist der Mittelungspegel als Dauerschallpegel den von ihm umfassten Einzelschallpegeln (z.B. energetisch) äquivalent. Dieser Dauerschallpegel basiert – als Ergebnis einer auf die logarithmische Skala Bedacht nehmenden sog. „energetischen Mittelung" – auf der Mittelung der Schallintensitäten aller Einzelpegel über die Zeiteinheit; er liegt höher als das arithmetische Mittel der Einzelpegel. Der daraus resultierende Dauerschallpegel dient – u. U. modifiziert als „Beurteilungspegel"[956] – als Kenngröße für physische und psy-

---

953 vgl. OVG NW, DVBl. 2002, 1436.

954 s. auch oben, A. II. 2. b).

955 z.B. werden die bei Straßenverkehrsgeräuschen auftretenden Immissions-Mittelungspegel insb. durch folgende Größen beeinflusst: Verkehrsstärke, -zusammensetzung (insb. Lkw-Anteil), zulässige Höchstgeschwindigkeit, Steigungen, Art der Straßenoberfläche, Entfernung des Immissionsorts von der Straße, Schallausbreitungsbedingungen (Wind, Regen, Gelände, Bewuchs...), aktive Lärmschutzmaßnahmen. Bei Straßenverkehrslärm wird zur Bildung des Beurteilungspegels zum berechneten Mittelungspegel ein Zuschlag für die erhöhte Störwirkung von lichtzeichengeregelten Kreuzungen und Einmündungen angesetzt, s. Bender/Sparwasser/Engel, UmwR, Kap. 8 Rn. 32 Fn. 24.

956 Der Beurteilungspegel wird durch eine Bewertung aus dem Mittelungspegel gebildet. Im Beurteilungspegel wird etwa die Länge der Einwirkzeit des Geräusches zum Beur-

chische Wirkungen von Lärmimmissionen. Die Aussagekraft des Mittelungspegels für die Lästigkeit des Lärms schwindet mit der Häufung von das Grundgeräusch überragenden Einzelimpulsen. Dies ist z.B. bei Fluglärm der Fall[957]: Während der Straßenverkehrslärm in stärker belasteten Gebieten mehr oder weniger als Dauergeräusch in Erscheinung tritt, kann hier die Lästigkeit häufig nur durch Einzelpegel und deren Häufigkeit adäquat wiedergegeben werden[958].

Verschiedentlich wird daher vertreten, dass neben Mittelungspegelkriterien zusätzlich auch Maximalpegelkriterien eingeführt werden sollten[959].

Andererseits ist jedoch zu beachten, dass Maximalpegel schwierig zu handhaben und derzeit nicht für alle Wirkungsbereiche belastbare Maximalpegelkriterien ableitbar sind. Außerdem ergibt sich in Abhängigkeit vom Mittelungspegel LAeq zwangsläufig eine Maximalpegelbegrenzung, die u.a. von der Einwirkdauer des einzelnen Geräusches und von seiner Häufigkeit abhängt[960].

Schließlich wird auch beim Schienenverkehrslärm zur Beurteilung der Lärmwirkung gem. §§ 41 ff. BImSchG i.V.m. der 16. BImSchV auf den Mittelungspegel abgestellt, obwohl er sich in der Zeitstruktur vom Straßenverkehrslärm erheblich unterscheidet[961].

---

teilungszeitraum in Beziehung gesetzt. In diesen Pegel gehen auch Abschläge für Fremdgeräusche sowie Zuschläge für Ruhezeiten, Ton-, Impuls- oder Informationshaltigkeit ein; Geräusche sind tonhaltig, wenn besondere Einzeltöne (z.B. singende oder kreischende Töne) hervortreten; sie sind impulshaltig, wenn sie durch knall- oder schlagartige Schalleindrücke mitgeprägt werden; s. Bender/Sparwasser/Engel, UmwR, Kap. 8 Rn. 35.

957 außerdem bei nächtlichem Eisenbahnverkehr und gewissen Sportlärmarten, vgl. hierzu die 18. BImSchV.

958 Bender/Sparwasser/Engel, UmwR, Kap. 8 Rn. 32 f., 35; vgl. auch Berkemann, ZUR 2002, 202, 204 sowie zu den Unterschieden zwischen Straßenverkehrs- und Fluglärm Oeser/Beckers, Fluglärm 2000, S. 366 f. (Beckers/Kraft, BVF-Merkblatt LT008: „Zu den irreführenden Vergleichen Kraftfahrzeuglärm/Fluglärm"), die aufgrund der physikalisch unterschiedlichen Lärmpegelausbreitung unter Berufung auf OLG Koblenz (Urt. v. 06.05.1998 – 1 U 1568/93) den „Fluglärmmalus" mit 10 dB(A) beziffern.

959 s. etwa SRU, Sondergutachten Umwelt u. Gesundheit 1999, Tz. 92, sowie BVF, Stellungnahme zur FlugLG-Novellierung (www.fluglaerm.de/bvf/stfluglg.htm) mit dem Hinweis, dass insb. der Nachtlärm durch Mittelungspegel nicht wirkungsgerecht beschrieben werden könne. Um das eigentliche Kriterium mit Mittelungspegeln zu umfassen, müssten die Grenzwerte unnötig tief abgesenkt werden, was zu mehr Schutzaufwand als erforderlich führen würde und damit unökonomisch sei; vgl. auch Berkemann, ZUR 2002, 202, 204.

960 s. Ortscheid/Wende, Studie Fluglärmwirkungen (2000), www.umweltbundesamt.de/uba-info-daten/daten/fluglaerm/4.htm.

961 s.o., Fn. 957; dem Schienenverkehrslärm wird zudem bei der Bildung des Beurteilungspegels in der 16. BImSchV ein „Schienenbonus" von 5 dB(A) zugebilligt, da er in

Eine generelle Festlegung von Maximalpegeln für den Fluglärm erscheint daher vor dem Hintergrund dieser Erwägungen nicht als unbedingt geboten[962].

---

der Bevölkerung mehr toleriert wird (höhere Sozialadäquanz), s. Jarass, BImSchG, § 43 Rn. 5; BVerwG, UPR 1994, 261 = NuR 1994, 391; Halama/Stüer, NVwZ 2003, 137 ff., 140; zum „Wiedervereinigungsbonus" bei der Wiederinbetriebnahme teilungsbedingt stillgelegter Bahnanlagen in den neuen Ländern s. BVerwGE 107, 350 ff. = NVwZ 1999, 539 ff.; NVwZ-RR 1999, 720 ff.; NVwZ 2000, 567 ff.

962 vgl. Ortscheid/Wende, Studie Fluglärmwirkungen, www.umweltbundesamt.de/uba-info-daten/daten/fluglaerm/4.htm.

VII. Schlussbemerkung

Die Problematik des Fluglärms ist äußerst komplex und vielschichtig, ihre Lösung wird zudem künftig nicht einfacher werden. Insbesondere hinsichtlich des noch in den Kinderschuhen steckenden Rechtsschutzes gegen Flugverfahren gilt es zunächst, schwierige Abwägungsprozesse abzustimmen und zu entwikkeln. Konzepte zur Bekämpfung des Fluglärms und zur Verbesserung des dagegen gewährten Rechtsschutzes müssen an verschiedenen Punkten, namentlich auf planerischer, immissionsschutzrechtlicher und verfahrensrechtlicher Ebene, ansetzen, um erfolgversprechend zu sein. Einen solchen integrativen Lösungsansatz zu entwickeln, wurde in dieser Arbeit versucht. Mit den hier dargelegten Vorschlägen der verfahrensrechtlichen Partizipation der Betroffenen, der Verknüpfung von Flugverfahren mit betrieblichen und immissionsschutzrechtlichen Regelungen sowie der Festsetzung von normativen Grenzwerten wird ein aktiver Schutz vor Fluglärm eröffnet, der einen möglichst weitgehenden und gerechten Interessensausgleich zwischen den Beteiligten erzielen soll und nicht zuletzt auch den Weg einschlägt hin zu der von verschiedener Seite postulierten Einführung einer „Umweltkapazität", d.h. der größten Menge an Umweltbelastung durch den Luftverkehr, die in der Nähe von Flughäfen noch zumutbar ist, als vorrangiger Maßstab bei Flughafenplanung und -ausbau[963].

Neben den unvermindert erforderlichen Anstrengungen zur Lärmverringerung wird – wie die gesamte Abwägungsproblematik sowie das oben dargelegte Beispiel des Flughafens Zürich-Kloten aufzeigen – gerade auch die Frage der gerechten Lärmverteilung eine wachsende Herausforderung darstellen, der sich die Staatsgewalten stellen müssen. Denn die Gerechtigkeitsfrage ist auch im modernen Gemeinwesen unserer Tage präsent, die Frage des *Hl. Augustinus* hat im Grundsatz und insbesondere auch im Bewusstsein der Bevölkerung nichts an

963 s. hierzu BT-Drs. 13/11140 v. 23.06.1998; vgl. außerdem die Mitteilung der Kommission v. 01.12.1999, KOM 99, 640 endg., Tz. 53; BVF, Stellungnahme zur Novellierung des FlugLG, www.fluglaerm.de/bvf/st-fluglaermgesetz-refl.htm sowie www.fluglaerm.de/bvf/stfluglg.htm; die BVF schlägt eine Änderung bzw. Ergänzung von § 29 I LuftVG dahingehend vor, dass Flugbewegungen aus immissionsschutzrechtlichen Gründen zeitlich eingeschränkt oder gesteuert werden können, sofern es die Siedlungsnähe und die Umweltkapazität des Flughafens erfordern. Immissionsschutzrechtliche Regelungen sollten – im Einvernehmen mit der Flugsicherung oder der Landesluftfahrtbehörde – sowohl im Rahmen der Betriebsgenehmigung und im Rahmen örtlicher Regelungen des Fluglärmbeauftragten, der Flugsicherung oder der örtlich zuständigen Luftaufsicht als auch im Rahmen der Festlegung von Flugrouten getroffen werden können, s. www.fluglaerm.de/bvf/st-fluglaermgesetz-vorschlag.htm; s. auch den Vorschlag zur technischen Ermittlung der Umweltkapazität von Flughäfen bei Oeser/Beckers, Fluglärm 2000, S. 181 ff.

Aktualität eingebüßt: Remota itaque iustitia quid sunt regna nisi magna latrocinia?[964]

964 „Was sind Staaten ohne Gerechtigkeit anderes als große Räuberbanden?“, in: De civitate Dei, 4,4; s. Mayer-Maly, Rechtsphilosophie, S. 13; s. allerdings auch zu den zahlreichen und vielgestaltigen Grenzen des Spielraums des Rechts ebenda, S. 55 ff., 59.

Flugspuraufzeichnungen

Anlage 1

Flugwegspuren vom 6. Juni 2002

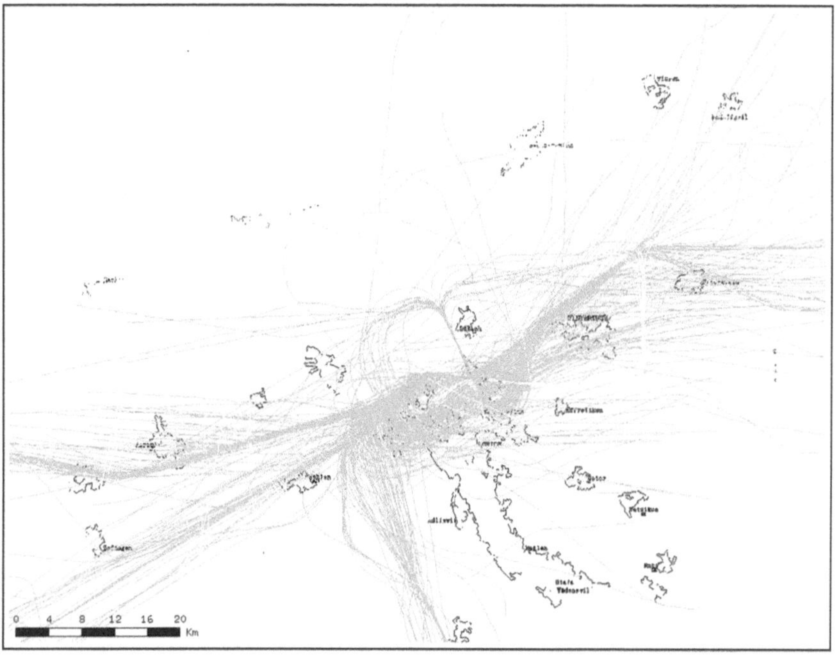

Abflüge

Anflüge

Die Karte zeigt die Flugspuren der Flüge nach Instrumentenflugregeln bis zu einer Höhe von 4'500 Metern über Meer.

Flughafen Zürich
Gewitterwolken, Nordwind

Anlage 2

Flugspuren vom 29. Dezember 2002

2.Stufe Staatsvertrag (Wochenend- und Feiertagsregelung mit Nachtflugsperre über Süddeutschland von 2000 bis 0900 Uhr)

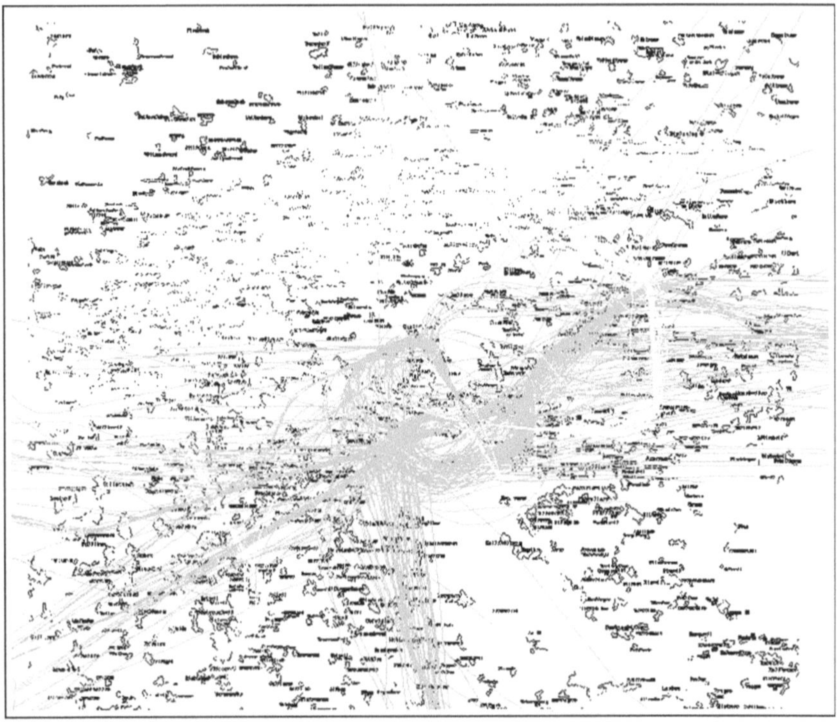

Abflüge

Anflüge

Die Karte zeigt die Flugspuren der Flüge nach Instrumentenflugregeln bis zu einer Höhe von 4'500 Metern über Meer.

Flughafen Zürich

Anlage 3 EuroAirport Basel/Mulhouse-Freiburg

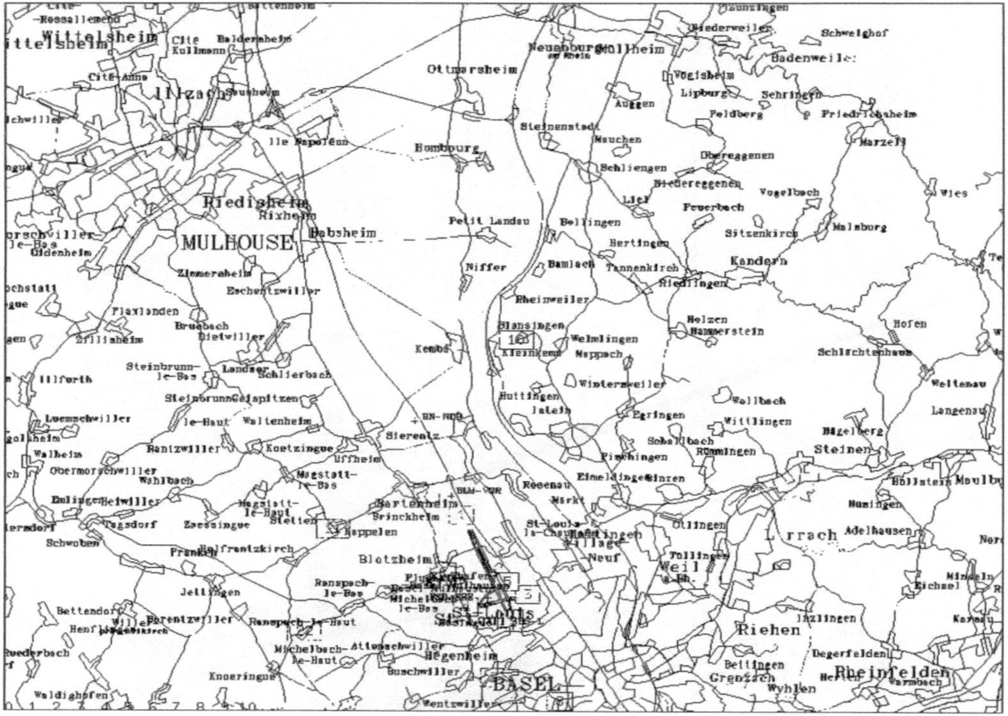

Normalsituation am Flughafen (90-95% des Tages); Landungen aus dem Norden mit ILS und Starts aus dem Süden. 07.07.2002; 273 Flugbewegungen.

Anlage 4 EuroAirport Basel/Mulhouse-Freiburg

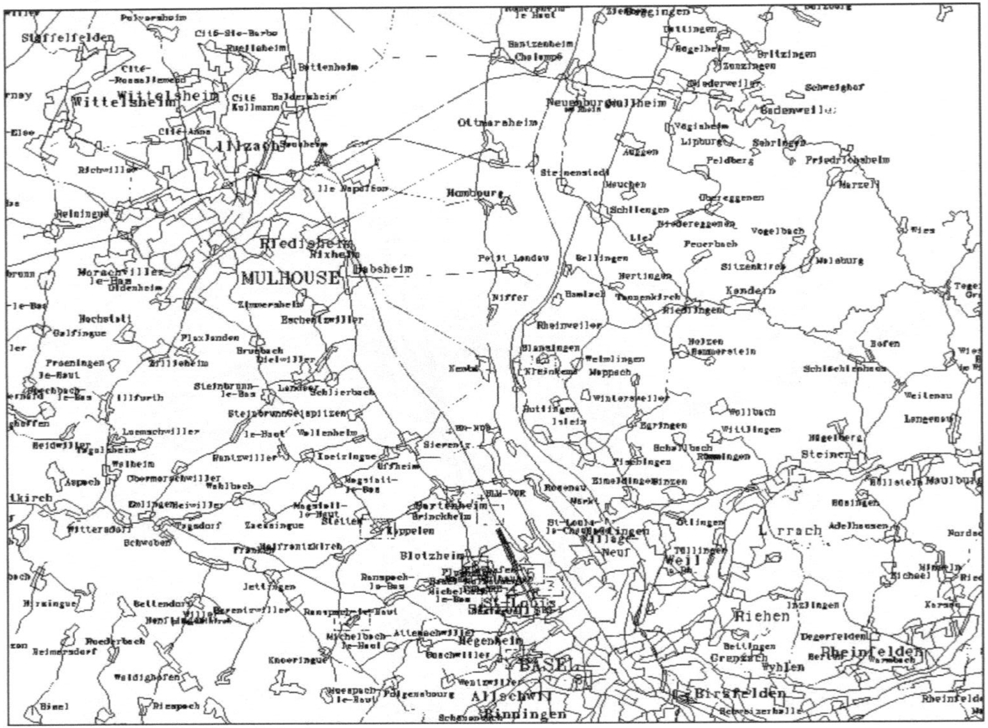

Nord-Wind-Situation (5-10% der Tage im Jahr): Pistennutzung muss gedreht werden.
30.06.2002; 264 Flugbewegungen

Achterberg, Norbert / Püttner, Günter / Würtenberger, Thomas (Hrsg.), Besonderes Verwaltungsrecht, Band I: Wirtschafts-, Umwelt-, Bau- und Kultusrecht, 2. Auflage, Heidelberg 2000 (zit.: Bearbeiter in: Achterberg/Püttner/Würtenberger, BesVerwR Bd. I).

Alexander, Hans, Aktuelle Fragen des Verkehrslärmschutzes unter besonderer Berücksichtigung der Verkehrslärmschutzverordnung (16. BImSchV), NVwZ 1991, S. 318 ff.

Aulehner, Josef, Rechtsschutz gegen Rechtsverordnungen des Bundes, JA 2001, S. 291 ff.

Bader, Johann / Funke-Kaiser, Michael / Kuntze, Stefan / von Albedyll, Jörg, Verwaltungsgerichtsordnung, 2. Auflage, Heidelberg 2002 (zit.: Bearbeiter in: Bader/Funke-Kaiser/Kuntze/von Albedyll, VwGO).

Badura, Peter, Die Standortentscheidung bei der Unternehmergenehmigung mit planungsrechtlichem Einschlag, BayVBl. 1976, S. 515 ff.

Bäumler, Helmut, Rechtsschutz gegen Flughafenplanungen, DÖV 1981, S. 43 ff.

Baldus, Manfred, Übertragung von Hoheitsrechten auf ausländische Staaten im Bereich der Sicherheitsverwaltung, Die Verwaltung 1999, S. 481 ff.

Bartels, Karl-Hermann / Ising, Hartmut, Nachtfluglärmproblematik. Ergebnisse des Workshops in Neufahrn im Juli 2001; Berlin 2001.

Bartlsperger, Richard, Planungsrechtliche Optimierungsgebote, DVBl. 1996, S. 1 ff.

Bartlsperger, Richard, Die Bauleitplanung als Reservat des Verwaltungsstaates, DVBl. 1967, S. 360 ff.

Beaucamp, Guy, Aktuelle Probleme des Luftverkehrs – Bericht über die Frühjahrstagung des Wissenschaftsverbunds Um-Welt (WVU) der Universität Rostock, ZLW 1999, S. 66 ff.

Beck, Dieter, Verwaltungshandeln bei umstrittenen Großvorhaben – Zur Sozialpsychologie von Erörterungsterminen, Teil 2: Fallvergleich zweier unterschiedlich konflikthafter Erörterungstermine, Verwaltung und Management 2002, S. 179 ff.

Beckers, Joachim Hans, „Führen weniger laute Flugzeuge zu einem Rückgang der Lärmprobleme?“, ZfL 38 (1991), S. 109 ff.

Beckmann, Martin, Verfahrensrechtliche Anforderungen an die Standortsuche für Abfalldeponien, DVBl. 1994, S. 236 ff.

Bender, Bernd / Sparwasser, Reinhard / Engel, Rüdiger; Umweltrecht – Grundzüge des öffentlichen Umweltschutzrechts, 4. Auflage, Heidelberg 2000 (zit.: Bender/Sparwasser/Engel, UmwR).

Benz, Arthur, Kooperative Verwaltung – Funktionen, Voraussetzungen und Folgen, Baden-Baden, 1. Auflage 1994.

Berkemann, Jörg, Verfassungsrechtlicher Schutzanspruch der Bürger versus Förderung des Luftverkehrs und Notwendigkeit der Verteidigung, in: Deut-

scher Arbeitsring für Lärmbekämpfung e.V. (Hrsg.), Interdisziplinäre Konferenz Fluglärm, S. 133 ff. (zit.: Bearbeiter in: DAL, Interdisziplinäre Konferenz Fluglärm).
Berkemann, Jörg, Verfassungsrechtlicher Schutzanspruch der Bürger versus Förderung des Luftverkehrs und Notwendigkeit der Verteidigung, ZfL 48 (2001), S. 134 ff.
Berkemann, Jörg, Fluglärm – Offene, aber zu lösende Rechtsfragen, ZUR 2002, S. 201 ff.
Bock, Eckard, Verbesserung des Schutzes gegen Fluglärm – Planerische Aspekte, in: Deutscher Arbeitsring für Lärmbekämpfung e.V. (Hrsg.), Interdisziplinäre Konferenz Fluglärm, S. 125 ff. (zit.: Bearbeiter in: DAL, Interdisziplinäre Konferenz Fluglärm).
Bock, Eckard, Einfluss von Fluglärm auf Siedlungsentwicklung und Raumordnung; Siedlungsbeschränkungen nach dem Novellierungsvorschlag der BVF, in: BVF (Hrsg.), Fluglärm – Aufgaben und Möglichkeiten für die Kommunen, S. 85 ff. (zit.: Bearbeiter in: BVF, Fluglärm).
Böckstiegel, Karl-Heinz / Reifarth, Jürgen, Die Luftaufsicht im südwestdeutschen Raum, insbesondere die Einschaltung der schweizerischen Luftaufsicht und die An- und Abflüge zum und vom Flughafen Zürich im deutschen Luftraum, ZLW 1983, S. 183 ff.
Böhm, Monika, Der Normmensch. Materielle und prozedurale Aspekte des Schutzes der menschlichen Gesundheit vor Umweltschadstoffen, Tübingen 1996.
Brenner, Michael / Nehrig, Anja, Das Risiko im öffentlichen Recht, DÖV 2003, S. 1024 ff.
Brentzien, Joachim, Der deutsch-schweizerische Vertrag über die Durchführung der schweizerischen Flugverkehrskontrolle im süddeutschen Luftraum und über Auswirkungen des Zürcher Flughafenbetriebes auf deutschem Hoheitsgebiet, ZLW 2002, S. 493 ff.
Brohm, Winfried, Beschleunigung der Verwaltungsverfahren – Straffung oder konsensuales Verwaltungshandeln?, NVwZ 1991, S. 1025 ff.
Brohm, Winfried, Verwaltungsverhandlungen mit Hilfe von Konfliktmittlern?, DVBl. 1990, S. 321 ff.
Buchner, Reimar, Anmerkung zu VGH BW, Urt. v. 22.03.2002 – 8 S 1271/01 –, DVBl. 2002, S. 1136 ff.
Bullinger, Martin, Beschleunigte Genehmigungsverfahren für eilbedürftige Vorhaben, Baden-Baden, 1. Auflage 1991.
Calliess, Christian, Die umweltrechtliche Verbandsklage nach der Novellierung des Bundesnaturschutzgesetzes, NJW 2003, S. 97 ff.
Czybulka, Detlef, Anmerkung zu BVerwG, Urteil vom 28.06.2000 – 11 C 13.99 –, ZUR 2001, S. 268 ff.
Czybulka, Detlef, Die rechtliche Bewältigung der Fluglärmproblematik, UPR 1999, S. 126 ff.

Czybulka, Detlef, Verwaltungsprozessuale Probleme bei der Klage gegen die Festlegung von „Flugrouten“, DÖV 1991, S. 410 ff.
Czybulka, Detlef / Wandres, Thomas, Rechtsschutz gegen zivilen Fluglärm bei der Festlegung von „Flugrouten“, DÖV 1990, S. 1033 ff.
Czybulka, Detlef, Der Nachbarschutz im bayerischen Baurecht – kritische Anmerkungen zur Rechtsprechung des Bayerischen Verwaltungsgerichtshofs zu den Artikeln 17 und 18 BayBO, BayVBl. 1975, S. 550 ff.
Di Fabio, Udo, Risikoentscheidungen im Rechtsstaat: zum Wandel der Dogmatik im öffentlichen Recht, insbesondere am Beispiel der Arzneimittelüberwachung, Tübingen 1994.
Dolde, Klaus-Peter (Hrsg.), Umweltrecht im Wandel. Bilanz und Perspektiven aus Anlass des 25-jährigen Bestehens der Gesellschaft für Umweltrecht (GfU), Berlin 2001.
Dolde, Klaus-Peter, Grundrechtsschutz durch einfaches Verfahrensrecht?, NVwZ 1982, S. 65 ff.
Dreier, Horst, Grundgesetz, Band I u. II, Tübingen 1996/98 (zit.: Bearbeiter in: H. Dreier, GG).
Dreier, Johannes, Die normative Steuerung der planerischen Abwägung: strikte Normen, generelle Planungsleitbegriffe, Planungsleitlinien und Optimierungsgebote, Berlin 1995.
Dürr, Hansjochen, Baurecht, 10. Auflage, Baden-Baden 2001.
Dürr, Hansjochen, Die Entwicklung der Rechtsprechung zur Antragsbefugnis bei der Normenkontrolle von Bebauungsplänen, NVwZ 1996, S. 105 ff.
Dürr, Hansjochen, Rechtliche Aspekte der Verkehrsberuhigung von Innenstädten, VBlBW 1993, S. 361 ff.
Dürr, Hansjochen, Aus der verwaltungsgerichtlichen Rechtsprechung zur Planfeststellung von Straßen, UPR 1993, S. 161 ff.
Eiding, Lutz, Neue Möglichkeiten für Nachtflugbeschränkungen aufgrund jüngster Entwicklungen in Rechtsetzung und Rechtsprechung, in: BVF (Hrsg.), Fluglärm – Aufgaben und Möglichkeiten für die Kommunen, S. 101 ff. (zit.: Bearbeiter in: BVF, Fluglärm).
Erbguth, Wilfried, Luftverkehr und Raumordnung – am Beispiel der Flughafenplanung, NVwZ 2003, S. 144 ff.
Erbguth, Wilfried, Anmerkungen zum administrativen Entscheidungsspielraum – Am Beispiel der Planfeststellung, DVBl. 1992, S. 398 ff.
Erbguth, Wilfried / Schink, Alexander, Gesetz über die Umweltverträglichkeitsprüfung (UVPG), 2. Auflage, München 1996.
Eyermann, Erich, Verwaltungsgerichtsordnung, 11. Auflage, München 2000 (zit.: Bearbeiter in: Eyermann, VwGO).
Falke, Josef, Neueste Entwicklungen im Europäischen Umweltrecht, ZUR 2001, S. 198 ff.
Feldhaus, Gerhard, Der Vorsorgegrundsatz des Bundesimmissionsschutzgesetzes, DVBl. 1980, S. 133 ff.

Fickert, Hans Carl / Fieseler, Herbert, Baunutzungsverordnung, 10. Auflage, Stuttgart 2002.
Finkelnburg, Klaus / Ortloff, Karsten-Michael, Öffentliches Baurecht, Band I: Bauplanungsrecht, 3. Auflage, München 1995 (zit.: Bearbeiter in: Finkelnburg/Ortloff, Öff. BauR, Bd. I).
Flint, Thomas, Die Übertragung von Hoheitsrechten. Zur Auslegung der Artikel 23 I 2 und 24 I GG, Berlin 1998.
Forschbach, Gregor, Die Pflicht zur Standort-Alternativenprüfung in der Planfeststellung und in vorgelagerten Verfahren, Frankfurt a.M. 1998.
Franke, Sonja, Lärmgrenzwerte für die Planung von Verkehrsflughäfen, Berlin 2003 (zit.: Franke, Lärmgrenzwerte).
Frenz, Walter, Der Rechtsschutz gegen unmittelbar beeinträchtigende Normen, BayVBl. 1993, S. 483 ff.
Friedrich, Axel, Ökonomische Aspekte zur Novellierung des Fluglärmgesetzes, in: Deutscher Arbeitsring für Lärmbekämpfung e.V. (Hrsg.), Interdisziplinäre Konferenz Fluglärm, S. 103 ff. (zit.: Bearbeiter in: DAL, Interdisziplinäre Konferenz Fluglärm).
Gaul, Hans-Friedhelm, Die Mitwirkung des Zivilgerichts an der Vollstreckung von Verwaltungsakten und verwaltungsgerichtlichen Entscheidungen, JZ 1979, S. 496 ff.
Geiger, Harald, Die Planung von Verkehrsflughäfen, NuR 1982, S. 127 ff.
Geisler, Markus, Die „Bonusliste" des Bundesministerium für Verkehr als Grundlage für Nachtflugbeschränkungen auf deutschen Flughäfen?, ZLW 1997, S. 307 ff.
Gerhardt, Michael / Jacob, Peter, Die ungeliebte Öffentlichkeit – Drittbeteiligung im Atomrecht zwischen Verfassungsgebot und Farce, DÖV 1986, S. 258 ff.
Geulen, Reiner / Klinger, Remo, Rechtsschutz Dritter gegen Flughafenlärm, NJW 2001, S. 1038 f.
Giemulla, Elmar / Schmid, Ronald, Luftverkehrsgesetz, Band I, Frankfurt a.M.; Stand: 14. EL 1990.
Giesberts, Ludger, Die gerechte Lastenverteilung unter mehreren Störern, Berlin 1990.
Giesberts, Ludger / Geisler, Markus, „Flughafengebühren" – Neue Entwicklungen bei Entgelten für die Benutzung von Flughäfen, ZLW 1998, S. 35 ff.
Gramm, Christof, Verfassungsrechtliche Grenzen der Zusammenarbeit mit auswärtigen Staaten im Hoheitsbereich, DVBl. 1999, S. 1237 ff.
Griefahn, Barbara / Jansen, Gerd / Scheuch, Klaus / Spreng, Manfred, Fluglärmkriterien für ein Schutzkonzept bei wesentlichen Änderungen oder Neuanlagen von Flughäfen/Flugplätzen, ZfL 49 (2002), Nr. 5, S. 171 ff.
Guckelberger, Annette, Dritte Speyerer Planungsrechtstage und Speyerer Luftverkehrsrechtstag, NVwZ 2001, S. 1015 f.

Guski, Rainer, Fluglärm und Reaktionen der Betroffenen in der Umgebung von Verkehrsflughäfen, in: BVF (Hrsg.), Fluglärm – Aufgaben und Möglichkeiten für die Kommunen, S. 23 ff. (zit.: Bearbeiter in: BVF, Fluglärm).

Halama, Günter / Stüer, Bernhard, Lärmschutz in der Planung, NVwZ 2003, S. 137 ff.

Hansmann, Klaus, Rechtsprobleme bei der Bewertung von Lärm, NuR 1997, S. 53 ff.

Henle, Victor, Die Masse im Massenverfahren – Dargestellt am Beispiel des Planfeststellungsverfahrens für den Flughafen München, BayVBl. 1981, S. 1 ff.

Hermann, Martin, Schutz vor Fluglärm bei der Planung von Verkehrsflughäfen im Lichte des Verfassungsrechts, Berlin 1994.

Hill, Herrmann, Rechtsstaatliche Bestimmtheit oder situationsgerechte Flexibilität des Verwaltungshandelns, DÖV 1987, S. 885 ff.

Hinterseh, Sven, Ausschüsse gem. § 73 Abs. 2 VwGO – Funktion, Bedeutung und Perspektiven im Widerspruchsverfahren, auch unter Berücksichtigung der verwaltungswissenschaftlichen Gesichtspunkte, Speyer 2002.

Hobe, Stefan / Stoffel, Wilhelm, Völkerrechtliche und europarechtliche Rahmenbedingungen für die Einführung eines Nachtflugverbots am Flughafen Frankfurt/Main, ZLW 2003, S. 1 ff.

Hoffmann-Riem, Wolfgang, Reform des Allgemeinen Verwaltungsrechts: Vorüberlegungen, DVBl. 1994, S. 1381 ff.

Hofmann, Max / Grabherr, Edwin, Luftverkehrsgesetz, 2. Auflage, München 1992, Stand: 15. Dezember 2003.

Hoppe, Werner, Entwicklung von Grundstrukturen des Planungsrechts durch das BVerwG, DVBl. 2003, S. 697 ff.

Hoppe, Werner, „Verwirrung" und „Entwirrung" beim Abwägungsgebot (§ 1 Abs. 6 BauGB), UPR 1995, S. 201 ff.

Hoppe, Werner, Das Abwägungsgebot in der Novellierung des Baugesetzbuches, DVBl. 1994, S. 1033 ff.

Hoppe, Werner, Landschaftsplanung als Umweltleitplanung?, DVBl. 1992, S. 1381 ff.

Ipsen, Knut, Völkerrecht, 4. Auflage, München 1999.

Irmer, Volker, Die Berücksichtigung von Summenpegeln bei unzumutbaren Belastungen, in: BVF (Hrsg.), Fluglärm – Aufgaben und Möglichkeiten für die Kommunen, S. 107 ff. (zit.: Bearbeiter in: BVF, Fluglärm).

Isensee, Josef / Kirchhof, Paul, Handbuch des Staatsrechts, Band III: Das Handeln des Staates, 2. Auflage, Heidelberg 1996 (zit.: Bearbeiter in: Isensee/Kirchhof, HdStR, Bd. III).

Isensee, Josef / Kirchhof, Paul, Handbuch des Staatsrechts, Band VII: Normativität und Schutz der Verfassung – internationale Beziehungen, Heidelberg 1992 (zit.: Bearbeiter in: Isensee/Kirchhof, HdStR, Bd. VII).

Jäde, Henning, Planungsgebot – Abwägungsgebot – Rücksichtnahmegebot; Zur Einheit des Bauplanungsrechts, BayVBl. 1985, S. 577 ff.

Jannasch, Alexander, Europarecht im deutschen Verwaltungsprozess (11): Straßen- und Wege-, Wasser- und Luftverkehrsrecht, VBlBW 2001, S. 470 ff.
Jansen, G. / Notbohm, G. / Schwarze, S., Gesundheitsbegriff und Lärmwirkungen, in: Materialien zur Umweltforschung Nr. 33, hrsg. vom Sachverständigenrat für Umweltfragen, Stuttgart 1999.
Jarass, Hans D., Bundesimmissionsschutzgesetz, 5. Auflage, München 2002 (zit.: Jarass, BImSchG).
Jarass, Hans D., Europäisierung des Immissionsschutzrechts, UPR 2000, S. 241 ff.
Jarass, Hans D., Die materiellen Voraussetzungen der Planfeststellung in neuerer Sicht, DVBl. 1998, S. 1202 ff.
Jarass, Hans D., Aktuelle Rechtsprobleme des Lärmschutzes an Straßen und Schienenwegen, UPR 1998, S. 415 ff.
Jarass, Hans D., Aktuelle Probleme des Planfeststellungsrechts – Plangenehmigung, Planänderung, Planergänzung, ergänzendes Verfahren, DVBl. 1997, S. 795 ff.
Jarass, Hans D., Das Immissionsschutzrecht für Verkehrswege – ein reformbedürftiges Rechtsgebiet, DVBl. 1995, S. 589 ff.
Jarass, Hans D. / Pieroth, Bodo, Grundgesetz, 6. Auflage, München 2002 (zit.: Bearbeiter in: Jarass/Pieroth, GG).
Johlen, Heribert, Zum Erfordernis der Rechtsverletzung im Sinne der §§ 42 II, 113 I 1 VwGO bei der Anfechtung eines Planfeststellungsbeschlusses, DÖV 1989, S. 204 ff.
Kahl, Wolfgang, Grundrechtsschutz durch Verfahren in Deutschland und in der EU, VerwArch 2004, S. 1 ff.
Kapsa, Bernhard, Aus der neueren Rechtsprechung des BGH zur Enteignungsentschädigung, insbesondere bei Drittrechten, NVwZ 2003, S. 1423 ff.
Katz, Alfred, Staatsrecht – Grundkurs im öffentlichen Recht, 15. Auflage, Heidelberg 2002 (zit.: Katz, Staatsrecht).
Kilian, Wolfgang, Rechtsschutz gegen Bundes-Rechtsverordnungen, NVwZ 1998, S. 142.
Kimminich, Otto / Hobe, Stephan, Einführung in das Völkerrecht, 7. Auflage, Tübingen 2000.
Kloepfer, Michael, Umweltrecht, 2. Auflage, München 1998 (zit.: Kloepfer, UmwR).
Kloepfer, Michael, Die europäische Herausforderung – Spannungslagen zwischen deutschem und europäischem Umweltrecht, NVwZ 2002, S. 645 ff.
Kloepfer, Michael, Umweltschutz als Verfassungsrecht: Zum neuen Art. 20 a GG, DVBl. 1996, S. 73 ff.
Knack, Hans-Joachim (Hrsg.), Verwaltungsverfahrensgesetz, 7. Auflage, Köln/Berlin/Bonn/München 2000 (zit.: Bearbeiter in: Knack, VwVfG).
Knemeyer, Franz-Ludwig, Der Schutzanspruch im Baurecht – Individualschutz durch die Verwaltung –, DVBl. 1978, S. 37 ff.

Koch, Hans-Joachim (Hrsg.), Aktuelle Probleme des Immissionsschutzrechts, 1. Auflage, Baden-Baden 1998.
Koch, Hans-Joachim, Aktuelle Probleme des Lärmschutzes, NVwZ 2000, S. 490 ff.
Koch, Hans-Joachim, Das Abwägungsgebot im Planungsrecht, DVBl. 1983, S. 1125 ff.
Koch, Hans-Joachim / Caspar, Johannes (Hrsg.), Klimaschutz im Recht, 1. Auflage, Baden-Baden 1997 (zit.: Bearbeiter in: Koch/Caspar, Klimaschutz im Recht).
Koch, Hans-Joachim / Prall, Ursula, Entwicklungen des Immissionsschutzrechts, NVwZ 2002, S. 666 ff.
Koch, Hans-Joachim / Scheuing, Dieter Helmut (Hrsg.), Gemeinschaftskommentar zum Bundesimmissionsschutzgesetz, Düsseldorf, Stand: November 1997 (zit.: Bearbeiter in: Koch/Scheuing, GK-BImSchG).
Kodal, Kurt / Krämer, Helmut, Straßenrecht, 6. Auflage, München 1999.
Kopp, Ferdinand O. / Ramsauer, Ulrich, Verwaltungsverfahrensgesetz, 7. Auflage, München 2000 (zit.: Kopp/Ramsauer, VwVfG).
Kopp, Ferdinand O. / Schenke, Wolf-Rüdiger, Verwaltungsgerichtsordnung, 12. Auflage, München 2000 (zit.: Kopp/Schenke, VwGO).
Korbmacher, Günter, Eigentums- und entschädigungsrechtlich bedeutsame Entscheidungen in der fachplanerischen Abwägung, DÖV 1982, S. 517 ff.
Kotzur, Markus, Der Begriff der inländischen juristischen Personen nach Art. 19 III GG im Kontext der EU, DÖV 2001, S. 192 ff.
Krampol, Karl, Bei Vorhandensein von Zustandsstörer und Handlungsstörer: Freies Ermessen in der Auswahl? Verhältnismäßigkeitsgrundsatz? Beispiel: Öltransportunfälle, in: *Schreiber, Manfred (Hrsg.),* Polizeilicher Eingriff und Grundrechte, Festschrift zum 70. Geburtstag von Rudolf Samper, S. 153 ff., Stuttgart/München/Hannover 1982.
Kubala, Felicitas / Petschow, Ulrich, Verwaltungsreform und Nachhaltigkeit, Verwaltung und Management, 2001, S. 171 ff.
Kunig, Philip / Rublack, Susanne, Aushandeln statt Entscheiden? – Das Verwaltungsverfahrensrecht vor neuen Herausforderungen, Jura 1990, S. 1 ff.
Kühling, Jürgen, Fachplanungsrecht, 2. Auflage, Düsseldorf 2000.
Kukk, Alexander, Nachtflugbeschränkungen in Heathrow: Zwang zur genaueren Prüfung des Bedarfs auch im nationalen Luftverkehrsrecht, NVwZ 2002, S. 307 ff.
Kukk, Alexander, Rechtsschutz von Flughafenanwohnern gegen die Festlegung von Flugrouten: Zwei Schritte vor, ein Schritt zurück, NVwZ 2001, S. 408 ff.
Kutscheid, Ernst, Rechtsprobleme bei der Bewertung von Geräuschimmissionen, NVwZ 1989, S. 193 ff.
Lahl, Uwe, Stand der Novellierung des Fluglärmgesetzes, in: BVF (Hrsg.), Fluglärm – Aufgaben und Möglichkeiten für die Kommunen, S. 41 ff. (zit.: Bearbeiter in: BVF, Fluglärm).

Landmann, Robert von / Rohmer, Gustav, Umweltrecht, Band I: Bundesimmissionsschutzgesetz, München 1991.
Laubinger, Hans-Werner, Grundrechtsschutz durch Gestaltung des Verwaltungsverfahrens, VerwA 73 (1982), S. 60 ff.
Laven, Gerd, Einfluss von Fluglärm auf Siedlungsentwicklung und Raumordnung; Siedlungsbeschränkungen aus Sicht der Planungsbehörden, in: BVF (Hrsg.), Fluglärm – Aufgaben und Möglichkeiten für die Kommunen, S. 65 ff. (zit.: Bearbeiter in: BVF, Fluglärm).
Lerche, Peter, Rechtsprobleme der wirtschaftslenkenden Verwaltung, DÖV 1961, S. 486 ff.
Luckow, Klaus-R., Systematik und Instrumente des öffentlich-rechtlichen Schutzes gegen Fluglärm, DVBl. 1981, S. 1133 ff.
Maaß, Rainald, Die neuere Rechtsprechung des BVerfG zum allgemeinen Gleichheitssatz – Ein Neuansatz?, NVwZ 1988, S. 14 ff.
Maier, Walther, Lärmschutz an Verkehrswegen – Die 16. Verordnung zur Durchführung des Bundesimmissionsschutzgesetzes (Verkehrslärmschutzverordnung), BWVP 1991, S. 101 ff.
Marohn, H.-D., Die Entwicklung des Fluglärms seit Beginn des Linienfluges mit Strahlflugzeugen und Ausblick, in: BVF (Hrsg.), Fluglärm – Aufgaben und Möglichkeiten für die Kommunen, S. 7 ff. (zit.: Bearbeiter in: BVF, Fluglärm).
Marschall, Ernst A. / Schroeter, Wolfgang / Kastner, Fritz, Bundesfernstraßengesetz (FStrG), 5. Auflage, Köln/Berlin/Bonn/München 1998 (zit.: Bearbeiter in: Marschall/Schroeter/Kastner, FStrG).
Maschke, C., Nachtfluglärmwirkungen und ihr Einfluss auf die Gesundheit, in: BVF (Hrsg.), Fluglärm – Aufgaben und Möglichkeiten für die Kommunen, S. 31 ff. (zit.: Bearbeiter in: BVF, Fluglärm).
Maschke, C. / Hecht, K. / Wolf, U ., Beginnende Aufwachreaktionen bei Maximalpegeln von 60 dB(A)?, Bundesgesundheitsblatt 2001, S. 1001 ff.
Maschke, C. / Hecht, K. / Wolf, U. / Feldmann, J., 19 x 99 Dezibel (A) – ein gesicherter Befund der Lärmwirkungsforschung?, Bundesgesundheitsblatt 2001, S. 137 ff.
Maschke, C. / Ising, H. / Arndt, D., Nächtlicher Verkehrslärm und Gesundheit: Ergebnisse von Labor- und Feldstudien, Bundesgesundheitsblatt 1995, S. 130 ff.
Maunz, Theodor / Dürig, Günter, Grundgesetz, Band II u. III, München, Stand: Juli 2001 (zit.: Bearbeiter in: M/D, GG).
Maurer, Hartmut, Allgemeines Verwaltungsrecht, 14. Auflage, München 2002 (zit.: Maurer, AllgVerwR).
Mayer-Maly, Theo, Rechtsphilosophie, Wien/New York 2001.
Mayntz, Renate, Entscheidungsprozesse bei der Entwicklung von Umweltstandards, Die Verwaltung 1990, Heft 23 (2) S. 137ff.
Mechel, Friederike, Umweltprobleme des Luftverkehrs – Bericht über das gemeinsame Symposium des Umweltbundesamtes Berlin und der Forschungs-

stelle Umweltrecht der Universität Hamburg am 10. und 11. Juni 2002 in Hamburg, DVBl. 2002, S. 1459 ff.

Mevenkamp, Andreas, Betriebliche Notwendigkeiten – Flugsicherung, in: Deutscher Arbeitsring für Lärmbekämpfung e.V. (Hrsg.), Interdisziplinäre Konferenz Fluglärm, S. 89 ff. (zit.: Bearbeiter in: DAL, Interdisziplinäre Konferenz Fluglärm).

Meyer-Ladewig, Jens, Sozialgerichtsgesetz, 6. Auflage, München 1998 (zit.: Meyer-Ladewig, SGG).

Michler, Hans-Peter, Rechtsprobleme des Verkehrsimmissionsschutzes, Düsseldorf 1993.

Münch, Ingo von / Kunig, Philip, Grundgesetz-Kommentar, Band I u. II, 4./5. Auflage, München 2000/2001 (zit.: Bearbeiter in: v. Münch/Kunig, GG).

Murswiek, Dietrich, Staatsziel Umweltschutz (Art. 20 a GG), NVwZ 1996, S. 222 ff.

Murswiek, Dietrich, Die staatliche Verantwortung für die Risiken der Technik: verfassungsrechtliche Grundlagen und immissionsschutzrechtliche Ausformung, Berlin 1985.

Muthesius, Thomas, Rechtsprobleme des Lärmschutzes an Straßen, VR 1985, 233 ff.

Obermayer, Klaus, Verfassungsrechtliche Aspekte der verwaltungsgerichtlichen Normenkontrolle, DVBl. 1965, S. 625 ff.

Nettesheim, Martin, Die EG-Dienstleistungsfreiheit für Luftfahrtunternehmen, ZLW 2002, S. 240 ff.

Oeser, Kurt / Beckers, Joachim Hans (Hrsg.), Fluglärm 2000 – 40 Jahre Fluglärmbekämfung, Forderungen und Ausblick, Düsseldorf 1999 (zit.: Oeser/Beckers, Fluglärm 2000).

Ortscheid, Jens / Wende, Heidemarie, Fluglärmwirkungen, hrsg. vom Umweltbundesamt, 2000 (Stand: 14.08.2001).

Ossenbühl, Fritz, Staatshaftungsrecht, 5. Auflage, München 1998.

Ossenbühl, Fritz, Vorsorge als Rechtsprinzip im Gesundheits-, Arbeits- und Umweltschutz, NVwZ 1986, S. 161 ff.

Peine, Franz-Joseph, Verkehrslärm und Entschädigung, DÖV 1979, S. 812 ff.

Pfaff, Richard / Heilshorn, Torsten, Die Flugstreckenfestlegung als Abwägungsentscheidung, NVwZ 2004 (im Erscheinen).

Pfaff, Richard / Heilshorn, Torsten, Rechte der Gemeinden bei der Festlegung/Änderung von Flugrouten, in: BVF (Hrsg.), Fluglärm – Aufgaben und Möglichkeiten für die Kommunen, S. 95 ff. (zit.: Bearbeiter in: BVF, Fluglärm).

Pfaff, Richard / Heilshorn, Torsten, Rechtsschutz der Gemeinden gegen Flugrouten und Warteverfahren des Luftverkehrs, BWGZ 2002, S. 514 ff.

Pietzner, Rainer / Ronellenfitsch, Michael, Das Assessorenexamen im Öffentlichen Recht, Widerspruchsverfahren und Verwaltungsprozess, 10. Auflage, Düsseldorf 2000 (zit.: Pietzner/Ronellenfitsch).

Pöcker, Markus, Irritationen einer Grundlage des Rechtssystems: Die Problematik des Verhältnisses von materiellem Recht und Verfahrensrecht bei Planungsentscheidungen, DÖV 2003, S. 980 ff.

Quaas, Michael, Die Stellung der Gemeinde in der luftverkehrsrechtlichen Fachplanung, NVwZ 2003, S. 649 ff.

Quaas, Michael, Der Schutz vor unzumutbarem Fluglärm in der Planfeststellung – Rechtliche Anwendungsprobleme nach dem Luftverkehrsgesetz, NVwZ 1991, S. 16 ff.

Redeker, Konrad, Neue Experimente mit der VwGO?, NVwZ 1996, S. 521 ff.

Redeker, Konrad / Oertzen, Hans-Joachim von, Verwaltungsgerichtsordnung, 13. Auflage, Stuttgart/Berlin/Köln 2000 (zit.: Redeker/v. Oertzen, VwGO).

Rehbinder, Eckard, Das deutsche Umweltrecht auf dem Weg zur Nachhaltigkeit, NVwZ 2002, S. 657 ff.

Rengeling, Hans-Werner (Hrsg.), Handbuch zum europäischen und deutschen Umweltrecht, Band II: Besonderes Umweltrecht, Köln 1998.

Rieger, Wolfgang, Das Verhältnis zwischen aktivem und passivem Lärmschutz im Lärmschutzsystem des § 41 BImSchG, VBlBW 1998, S. 41 ff.

Robbers, Gerhard, Anspruch auf Normerlass – OVG Koblenz, NJW 1988, 1684 –, JuS 1988, S. 949 ff.

Ronellenfitsch, Michael, Standortwahl bei Abfallentsorgungsanlagen: Planfeststellungsverfahren und Umweltverträglichkeitsprüfung, DÖV 1989, S. 737 ff.

Ronellenfitsch, Michael, Vorüberlegungen zur Bereinigung des luftrechtlichen Verfahrensrechts, DVBl. 1984, S. 501 ff.

Rubner, Jeanne, Die Last des Lärms – Neue Studie belegt schädliche Wirkung von Nachtflügen, Süddeutsche Zeitung (SZ) vom 24.10.2002.

Rupp, Hans Heinrich, Rechtsschutz gegen die Festlegung von An- und Abflugwegen von Flughäfen, NVwZ 2002, S. 286 ff.

Rupp, Hans Heinrich, Kritische Bemerkungen zur Klagebefugnis im Verwaltungsprozess, DVBl. 1982, S. 144 ff.

Sachs, Michael, Grundgesetz, 3. Auflage, München 2003 (zit.: Bearbeiter in: Sachs, GG).

Saxer, Urs, Die Voranwendung von Staatsverträgen – ein rechtsstaatliches Problem, Neue Zürcher Zeitung (NZZ) vom 28.10.2002.

Schenke, Wolf-Rüdiger, Rechtsschutz gegen Normen, JuS 1981, S. 81 ff.

Schenke, Wolf-Rüdiger, Rechtsschutz bei normativem Unrecht, Berlin 1979.

Scheuing, Dieter Helmut, Grenzwerte für Verkehrslärm: Ein umweltrechtliches Schwarzer-Peter-Spiel – BVerwGE 77, 285 –, JuS 1988, S. 860 ff.

Schink, Alexander, Rechtsnormative Anforderungen an Standorte für Abfallentsorgungsanlagen, DVBl. 1994, S. 245 ff.

Schmidt, Alexander, Entwicklung der Lärmminderungsplanung, UPR 1995, S. 379 ff.

Schmidt, Reiner, Die Akzeptanz von Abfallentsorgungsanlagen. Strategien zu ihrer Verbesserung, Typoskript 1993.

Schmidt-Aßmann, Eberhard, Deutsches und Europäisches Verwaltungsrecht – Wechselseitige Einwirkungen, DVBl. 1993, S. 924 ff.
Schmidt-Aßmann, Eberhard, Rechtsstaatliche Anforderungen an Regionalpläne, DÖV 1981, S. 237 ff.
Schmitt Glaeser, Walter / Horn, Hans-Detlef, Verwaltungsprozessrecht, 15. Auflage, Stuttgart 2000.
Schmittel, Wolfram, Öffentlichkeitsbeteiligung im Rahmen eines wasserrechtlichen Planfeststellungsverfahrens. Der Fall Negertalsperre, 2. Auflage, Speyer 1991.
Schnebelt, Günter / Sigel, Karin, Straßenrecht, 1. Auflage, Baden-Baden 2002.
Schoch, Friedrich, Individualrechtsschutz im deutschen Umweltrecht unter dem Einfluss des Gemeinschaftsrechts, NVwZ 1999, S. 457 ff.
Schoch, Friedrich / Schmidt-Aßmann, Eberhard / Pietzner, Rainer, Verwaltungsgerichtsordnung, Band I, München, Stand: Januar 2002.
Schütz, Peter, Anmerkung zu VGH BW, Normenkontroll-Urteil vom 13.05.1997 – 8 S 2814/96 –, VBlBW 1997, S. 428 ff.
Schulte, Martin / Schröder, Rainer, Europäisches Lärmschutzrecht – Gegenwärtiger Stand und künftige Entwicklung; Perspektiven im Lichte der Erweiterung der EU –, DVBl. 2000, S. 1085 ff.
Schulze-Fielitz, Helmuth, Lärmschutz bei der Planung von Verkehrsvorhaben, DÖV 2001, S. 181 ff.
Schulze-Fielitz, Helmuth, Rechtsfragen der Durchsetzung von Luftreinhalte- und Lärmminderungsplänen, UPR 1992, S. 41 ff.
Schulze-Fielitz, Helmuth, Rechtsfragen der Verkehrslärmschutzverordnung (16. BImSchV), UPR 1994, S. 1 ff.
Schulze-Fielitz, Helmuth / Berger, Albert, Lärmminderungspläne als neue Form der Umweltplanung, DVBl. 1992, S. 389 ff.
Schumacher, Kai, Europäisierung des nationalen Umweltrechts: Stand und Perspektiven – Rostocker Umweltrechtstag 2000, NVwZ 2001, S. 1382 ff.
Schwenk, Walter, Überblick über neue deutsche Entscheidungen zum Luftrecht, NZV 1998, S. 314 ff.
Schwenk, Walter, Handbuch des Luftverkehrsrechts, 2. Auflage, Köln/Berlin/Bonn/München 1996.
Sellmann, Christian, Die eigentumsrechtliche Inhalts- und Schrankenbestimmung – Entwicklungstendenzen, NVwZ 2003, S. 1417 ff.
Sellner, Dieter, Zum Vorsorgegrundsatz des Bundesimmissionsschutzgesetzes, NJW 1980, S. 1255 ff.
Sellner, Dieter / Scheidmann, Hartmut, Umgebungsschutz für Störfallanlagen (auch in Bezug auf Flugrouten), NVwZ 2004, S. 267 ff.
Sendler, Horst, Die Bedeutung des Abwägungsgebots in § 1 VI BauGB für die Berücksichtigung der Belange des Umweltschutzes in der Bauleitplanung, UPR 1995, S. 41 ff.
Sening, Christoph, Zum Umweltgrundrecht des Bürgers – zugleich Anmerkung zu den Urteilen des Bundesverwaltungsgerichts vom 09.07.1977 – IV C 51.75

– und des Oberverwaltungsgerichts Berlin vom 02.05.1977 – OVG II B 2.77 – , BayVBl. 1978, S. 205 f.
Silagi, Michael, Zu den Grenzen des Verkehrslärmschutzes, UPR 1997, S. 272 ff.
Sodan, Helge / Ziekow, Jan, Verwaltungsgerichtsordnung, Band I, 1. Auflage, Baden-Baden 1996, Stand: Dezember 2001 (zit.: Bearbeiter in: Sodan/Ziekow, VwGO).
Steinberg, Rudolf / Berg, Thomas / Wickel, Martin, Fachplanung, 3. Auflage, Baden-Baden 2000 (zit.: Steinberg, Fachplanung).
Stelkens, Paul / Bonk, Heinz Joachim / Sachs, Michael, Verwaltungsverfahrensgesetz, 6. Auflage, München 2001 (zit.: Bearbeiter in: S/B/S, VwVfG).
Storost, Ulrich, Umweltprobleme bei der Zulassung von Flughäfen – Materielle Schutzstandards (Immissions- und Naturschutz), NVwZ 2004, S. 257 ff.
Stüer, Bernhard, 27. Umweltrechtliche Fachtagung der Gesellschaft für Umweltrecht in Leipzig – Arhus-Konvention und Flughafenzulassung, DVBl. 2004, S. 27 ff.
Voßkuhle, Andreas, Das Kompensationsprinzip: Grundlagen einer prospektiven Ausgleichsordnung für die Folgen privater Freiheitsbetätigung – zur Flexibilisierung des Verwaltungsrechts am Beispiel des Umwelt- und Planungsrechts, Tübingen 1999.
Wahl, Rainer, Rechtsschutz in der Fachplanung, NVwZ 1990, S. 923 ff.
Wahl, Rainer, Entwicklung des Fachplanungsrechts, NVwZ 1990, S. 426 ff.
Wahl, Rainer, Genehmigung und Planungsentscheidung – Überlegung zu zwei Grundmodellen des Verwaltungsrechts und zu ihrer Kombination, DVBl. 1982, S. 51 ff.
Wahl, Rainer / Dreier, Johannes, Entwicklung des Fachplanungsrechts, NVwZ 1999, S. 606 ff.
Wendland, Hans-Heinrich, Einfluss von Fluglärm auf Siedlungsentwicklung und Raumordnung; Siedlungsbeschränkungen aus Sicht der Immissionsschutzbehörden, in: BVF (Hrsg.), Fluglärm – Aufgaben und Möglichkeiten für die Kommunen, S. 79 ff. (zit.: Bearbeiter in: BVF, Fluglärm).
Weyreuther, Felix, Abwägung der gemeindlichen Belange und Anhörung der Gemeinden bei der Festsetzung von Lärmschutzbereichen?, DÖV 1982, S. 173 ff.
Weyreuther, Felix, Rechtliche Bindung und gerichtliche Kontrolle planender Verwaltung im Bereich des Bodenrechts, BauR 1977, S. 293 ff.
Wichmann, H.-E. / Schlipköter, H.-W. / Füllgraf, G., Handbuch der Umweltmedizin, Landsberg 1994.
Wilken, Rainer, Rechtsschutz gegen Normen und verwaltungsgerichtliche Normenkontrolle, DVBl. 1969, S. 532 ff.
Wolff, Hans J. / Bachof, Otto / Stober, Rolf, Verwaltungsrecht, Band I, 11. Auflage, München 1999.
Wolff, Hans J. / Bachof, Otto / Stober, Rolf, Verwaltungsrecht, Band II, 6. Auflage, München 2000.

Wolfrum, Rüdiger; Tiefflüge vor den Verwaltungsgerichten: Anmerkungen zu Urteilen des VG Darmstadt und des VG Oldenburg, NVwZ 1990, S. 237 ff.

Wolfrum, Rüdiger / Lübben, Natalie / Ohlhoff, Stefan, Zugang zu grenznahen Flughäfen – Gedanken zum An- und Abflug nach Zürich über Deutschland, ZLW 2001, S. 350 ff.

Würtenberger, Thomas, Rechtliche Optimierungsgebote oder Rahmensetzungen für das Verwaltungshandeln?, VVDStRL Heft 58, 1999, S. 141 ff.

Würtenberger, Thomas, Verwaltungsprozessrecht, München 1998.

Würtenberger, Thomas, Die Akzeptanz von Verwaltungsentscheidungen, 1. Auflage, Baden-Baden 1996.

Würtenberger, Thomas/Heckmann, Dirk/Riggert, Rainer, Polizeirecht in Baden-Württemberg, 5. Auflage, Heidelberg 2002.

Würtenberger, Thomas, Akzeptanz von Verwaltungsentscheidungen, NJW 1991, S. 257 ff.

Würtenberger, Thomas, Die Normerlassklage als funktionsgerechte Fortbildung verwaltungsprozessualen Rechtsschutzes, AÖR 105 (1980), S. 370 ff.

Wysk, Peter, Ausgewählte Probleme zum Rechtsschutz gegen Fluglärm, Teil I: Voraussetzungen und Grenzen einer Inanspruchnahme der am Luftverkehr Beteiligten, ZLW 1998, S. 18 ff.

Wysk, Peter, Ausgewählte Probleme zum Rechtsschutz gegen Fluglärm, Teil II: Rechtsschutz bei der Festlegung sog. Flugrouten, ZLW 1998, S. 285 ff.

Wysk, Peter, Ausgewählte Probleme zum Rechtsschutz gegen Fluglärm, Teil III: Luftrechtliches Planungsrecht und Fluglärmbewertung, ZLW 1998, S. 456 ff.

Ziekow, Jan (Hrsg.), Flughafenplanung, Planfeststellungsverfahren, Anforderungen an die Planungsentscheidung – Vorträge auf den Dritten Speyerer Planungsrechtstagen und dem Speyerer Luftverkehrsrechtstag vom 21. bis 23. März 2001 an der deutschen Hochschule für Verwaltungswissenschaften Speyer, Berlin 2001 (zit.: Bearbeiter in: Ziekow, Speyerer Luftverkehrsrechtstag 2001).

Ziekow, Jan (Hrsg.), Bewertung von Fluglärm – Regionalplanung – Planfeststellungsverfahren – Vorträge auf den Vierten Speyerer Planungsrechtstagen und dem Speyerer Luftverkehrsrechtstag vom 13. bis 15. März 2002 an der deutschen Hochschule für Verwaltungswissenschaften Speyer, Berlin 2003 (zit.: Bearbeiter in: Ziekow, Speyerer Luftverkehrsrechtstag 2002).

Zuleeg, Manfred, Die Ermessensfreiheit des Verordnungsgebers, DVBl. 1970, S. 157 ff.

Zurkinden, Philipp, Der Staatsvertrag Schweiz-Deutschland unter EU-rechtlichen Gesichtspunkten, Jusletter vom 27.08.2001.

FSC
www.fsc.org
MIX
Papier | Fördert
gute Waldnutzung
FSC® C083411

Kolibri 360 GmbH
Ferdinand-Jühlke-Straße 7
99095 Erfurt, Deutschland
produktsicherheit@kolibri360.de

Druck:
CPI Druckdienstleistungen GmbH
im Auftrag der
Kolibri 360 GmbH
Ferdinand-Jühlke-Str. 7
99095 Erfurt